JN120799

【図説】

日本の財政

令和5年度版

関口祐司
【編著】

財経詳報社

はしがき

本書は，財政の仕組みや現状について，図表を用いながら，できるだけ具体的にわかりやすく，また幅広く解説した本として，昭和30（1955）年に初めて刊行されて以来，多くの社会人や学生の方々に読み継がれてきました．ここに，その令和５（2023）年度版をお届けします．

令和５（2023）年度版の編集にあたっては，これまで同様，豊富な図表によるわかりやすい説明を心がけました．また，「コラム」を活用して，国内外を通じた最近の話題を含めて，財政に関する事項や様々な経済政策について，編著者なりの視点からの解説を試みています．

まず，第Ⅰ部第１章では「日本の財政の現状」について説明しています．まずは，この部分に目を通していただいて，我が国の財政の現状や課題について，概括的な把握をしていただければと思います．

そのうえで，本書は，財政の解説書として，財政の理論（第Ⅰ部）や当初予算の解説（第Ⅱ部），歴史（第Ⅲ部），海外の状況（第Ⅳ部）のほか，財政投融資，国庫金制度，税制改正，金融政策（第Ⅱ部各章）など関連制度について解説しています．

さらに，各コラムでは，財政に関する素朴な疑問や，諸外国の金融政策等を取り上げています．コラムを通じて，幅広い観点から，財政をめぐる課題についてご理解を深めていただければ幸いです．

我が国の財政を語るにあたっては，三つの視点が欠かせないと思います．

一つ目は，75歳以上の人口が急増し，医療費・介護費が増加する一方，今後，人口減少のペースが加速し，働き盛り世代が急速に減少することが見込まれる中で，いかに持続可能な財政基盤を確保していくのか，ということです．

二つ目は，世界的にインフレや中央銀行による利上げが見られる一方，日本でも，約40年ぶりの消費者物価指数の上昇率が見られるなど，マクロ経済環境に変化が見られる中，利払い費の増加リスクに備える必要があるのではないか，ということです．

三つ目は，将来的に生じうる外的なショックに対応できる財政余力を確保していく必要があるのではないか，ということです．

特に，三つ目の点に関連して，近年，我が国はいくつものショックに直面してきました．

2020年3月の世界保健機関（WHO）によるパンデミック宣言以降，新型コロナウイルスとの闘いに打ち克ち，経済を再生させるため，危機に対する必要な財政支出を躊躇なく行ってきました．３年あまりが経った2023年５月には，新型コロナウイルスの感染症法上の位置付けが，季節性インフルエンザと同じ分類である５類に移行するなど，徐々に，平時の日本を取り戻しつつあります．これまでの新型コロナウイルス感染症への対応により，我が国の財政状況は過去に例を見ないほど厳しさを増していることを踏まえれば，新型コロナ対応という「例外」から脱却し，平時に移行していく中で，財政健全化目標の達成に向けて取り組んでいくことが重要です．

国際社会に目を向けると，2022年２月には，ロシアによるウクライナ侵略が起こりました．我が国の周辺国，地域においても，核・ミサイル能力の強化や急激な軍備増強，力による一方的な現状変更の試みなどの動きが一層顕著になっています．このように，我が国の安全保障環境が深刻化する中で，我々は，我が国の抑止力と対処力を強化していく必要に迫られています．

感染症危機や安全保障の面以外でも，気候変動や遠くない将来にも想定される大規模地震など，我が国の置かれた状況は不確実性を高めています．

国民の暮らしや命を守るために必要な財政出動を躊躇なく行うためにも，危機に対応できる財政余力を今後も確保し，かつ，危機への財政上の対応が万が一にも財政そのものの危機につながらないようにしていかなくてはなりません．振り返ってみれば，日露戦争で戦費調達のために発行した外債を我が国は敗戦後も長らく償還し続け，その他戦前に発行した外債を1988年までかけて償還してきました．こうした積み重ねによって，日本という国に対する信用も守られてきました．先人たちの過去の努力・取組みの上に立ち，我々の世代も歳出・歳入の両面からの改革を続け，経済再生と財政健全化の両立を図っていくことが重要です．そうした努力を積み重ねることによってはじめて，豊かで持続可能な社会を作り上げ，希望ある社会を次の世代につないでいくことができます．

財政は難解なものではなく，個々人の生活に縁遠いものでもありません．社会保障，教育から公共事業，防衛まで，国民が必要とする公のサービスを，国民皆が税金を出し合って実施していくのが財政です．多くのサービスを受けるために多くの税金を払うのか，それとも，少ない税金で賄える少ないサービスでよしとするのか，また，サービスを賄うための税金が不足して将来に借金を残していくことをどう考えるのか，いずれも，国民一人一人の今と将来に直結する問題であり，国民一人一人が真剣に向き合うべき切実な課題と言えるでしょう．

本書がこの切実な課題に向き合うための一助となることを，筆者一同心から願っております．

令和５年10月末日

編著者一同

図説　日本の財政　令和５年度版

目次

第Ⅰ部　財政についての基本問題

第Ⅲ部　我が国財政のあゆみ

我が国財政のあゆみ　400

第Ⅳ部　諸外国の財政

第1章　主要国の予算制度の国際比較　424

図表目次

第Ⅰ部　財政についての基本問題

第Ⅱ部　予算制度と関連する施策

第Ⅲ部　我が国財政のあゆみ

第Ⅳ部　諸外国の財政

第 I 部

財政についての基本問題

第1章

日本の財政の現状

我が国の財政は非常に厳しい状況となっており，現在の財政構造をこのまま放置した場合，将来において，我が国の財政及び経済は大きな困難に直面する懸念がある．このため，財政健全化は，我が国が取り組まなければならない重要な課題である．

財政健全化は，現在，そして将来においてどの程度の規模の政府を選択するのかという，国民的合意の形成を要する非常に大きな問題であり，国民の痛みをともなう厳しい一面をもっている．しかし，我が国の経済社会を健全で活力のあるものとして，安心で豊かな社会を実現していくためには，さまざまな政策要請に十分に対応できる財政構造を構築し，将来世代に責任がもてる財政を確立することが必要である．本章では，我が国の財政がいかに厳しい状況に陥っており，その状況を放置することはいかなるリスクがあるのか，また，我が国財政の健全性を取り戻すために，政府がどのような取組みを行ってきたのか，そして今後何をしていくべきかを概観する．

1 はじめに

まずは，財政について論じる前に，我が国の経済環境を確認する．我が国経済は，1990年代初頭におけるバブル崩壊を大きな節目として，低い経済成長と長引くデフレによる停滞の20年を経験してきた．このため，安倍内閣は，「大胆な金融政策」，「機動的な財政政策」，「民間投資を喚起する成長戦略」の「三本の矢」からなる経済政策（「アベノミクス」）を一体的に推進してきた．この「三本の矢」の取組みによって，「デフレ脱却・経済再生」と「財政健全化」は

図表Ⅰ.1.1　普通国債残高の累増

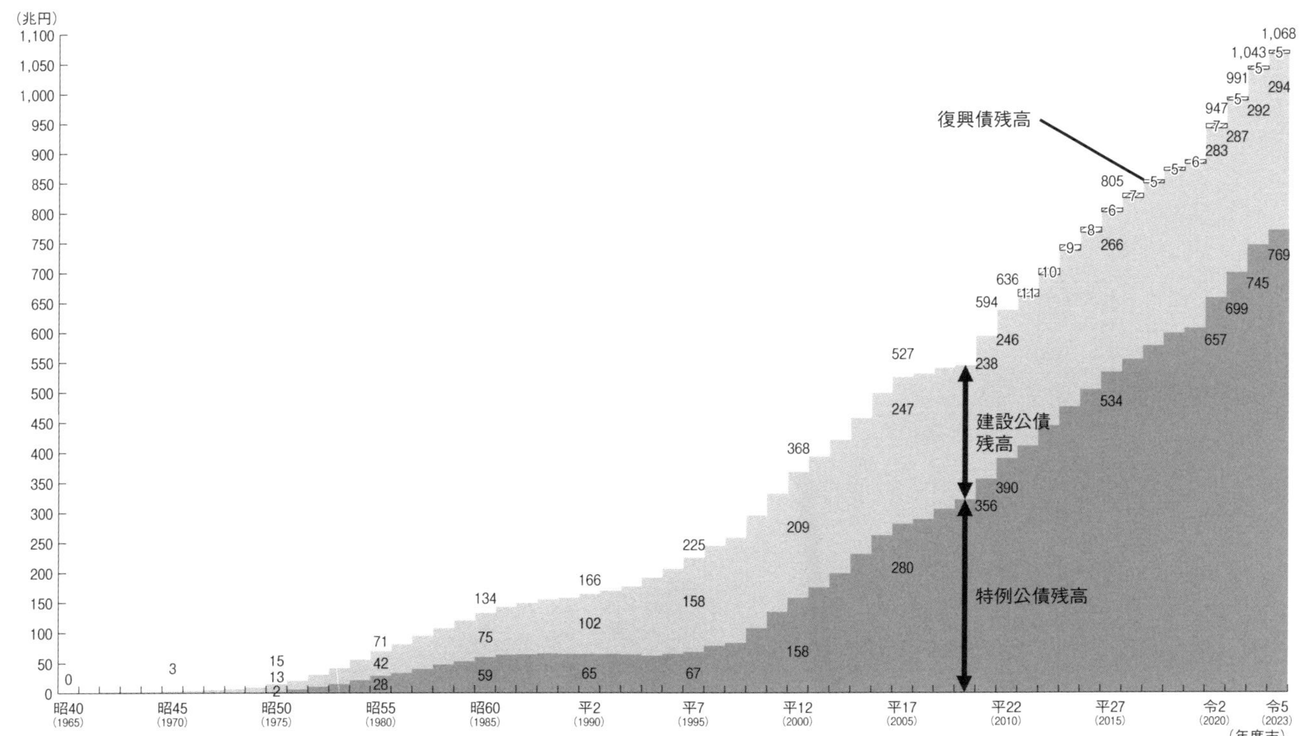

（注１）令和３年度末までは実績，令和４年度末は第２次補正後予算，令和５年度末は予算に基づく見込み.
（注２）普通国債残高は，建設公債残高，特例公債残高及び復興債残高．特例公債残高は，昭和40年度の歳入補填債，国鉄長期債務，国有林野累積債務等の一般会計承継による借換債，臨時特別公債，減税特例公債，年金特例公債及びGX 経済移行債を含む.
（注３）令和５年度末の翌年度借換のための前倒債限度額を除いた見込額は1,043兆円程度.

双方ともに大きく前進してきた．令和２年９月に発足した菅内閣においても，アベノミクスを継承し，さらなる改革を進めることとした．また，令和３年10月に発足した岸田内閣においても，経済あっての財政との考え方の下，経済を立て直し，財政健全化に向けて取り組むこととしている．そして，社会課題を成長のエンジンへと転換し，社会課題の解決と経済成長を同時に実現することで，持続可能で包摂的な経済社会を創り上げる「新しい資本主義」の実現に向けて改革を進めることとしている．

我が国経済はマクロ面からみてもミクロ面からみても，1990年代初頭のバブル崩壊後，およそ四半世紀ぶりの良好な状況を達成しつつある．財政状況に目を転じてみても，国・地方の基礎的財政収支（以下，プライマリーバランス）赤字の対GDP比は，平成20年秋のリーマン・ショックの影響により，平成21年度は▲7.3％まで悪化したが，その後は改善傾向にあった．しかし，新型コロナウイルス感染症への対応のため，令和２年度は▲9.1％まで再び赤字が拡大し，令和３年度は▲5.5％，令和４年度は▲8.8％の赤字となった．長期的には，赤字が継続している我が国の財政とその大宗を占める社会保障が，現状のままでは立ち行かなくなるおそれがある．2025年以降も少子高齢化が他国に類を見ない速度で進展し，人口が減少していくことが見込まれるなかで，こうした状況を脱却し，次世代への責任の視点に立って改革を進め，社会保障制度を持続可能なものとし，財政を健全化する必要がある．

このような状況を放置して，将来世代に大きな負担を残したままにすることは，決して許されることではない．

2　財政の現状

(1)　我が国財政の概況

令和５年度一般会計予算の規模は114.4兆円となっている．（図表Ⅰ.1.2）．

歳出について見ると，社会保障関係費が36.9兆円で歳出全体の32.3％と最大の割合を占めており，これに国債の元本償還及び利子支払に充てられる費用である国債費25.3兆円（歳出全体の22.1％）と地方交付税交付金等16.4兆円（歳出全体の14.3％）を加えた３経費で歳出全体の約３分の２を上回っている．

図表Ⅰ.1.2　一般会計会計予算の規模

	一般会計（A）（億円）	うち基礎的財政収支対象経費（B）（億円）	国内総生産（C）（名目・兆円程度）	(A)／(C)（%程度）	(B)／(C)（%程度）
令和４年度	1,075,964	673,746	560.2	19.2	12.0
令和５年度	1,143,812	727,317	571.9	20.0	12.7
令和５年度の対前年度伸び率	6.3%	8.0%	21%程度	—	—

(注) 1　４年度の（A）欄及び（B）欄は，当初予算の計数である．
2　４年度及び５年度の（C）欄は，５年度政府経済見通しによる．（４年度は実績見込み，５年度は見通し）

図表Ⅰ.1.3　令和５年度一般会計予算

（１）歳出内訳

国の一般会計歳出では，社会保障関係費と地方交付税交付金等と国債費（国債の元利払いに充てられる費用）で歳出全体の３分の２を上回っています．

（２）歳入内訳

令和５年度の一般会計予算における歳入のうち税収は約69兆円を見込んでいます．本来，その年の歳出はその年の税収やその他収入で賄うべきですが，令和５年度予算では歳出全体の約３分の２しか賄えていません．この結果，残りの約３分の１を公債金すなわち借金に依存しており，これは将来世代の負担となります．

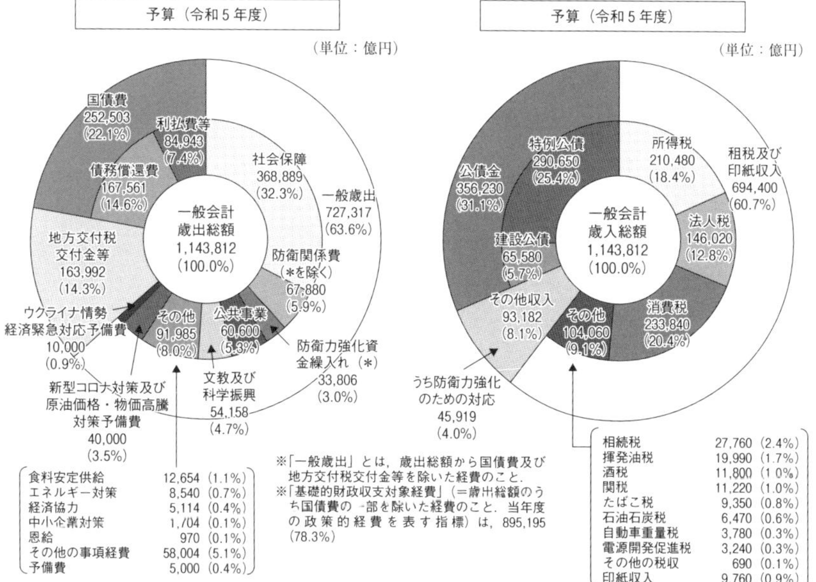

(注１) 計数については，それぞれ四捨五入によっているので，端数において合計とは合致しないものがある．
(注２) 一般歳出における社会保障関係費の割合は50.7%．

図表Ⅰ.1.4　一般会計歳出総額，税収及び公債発行額の推移

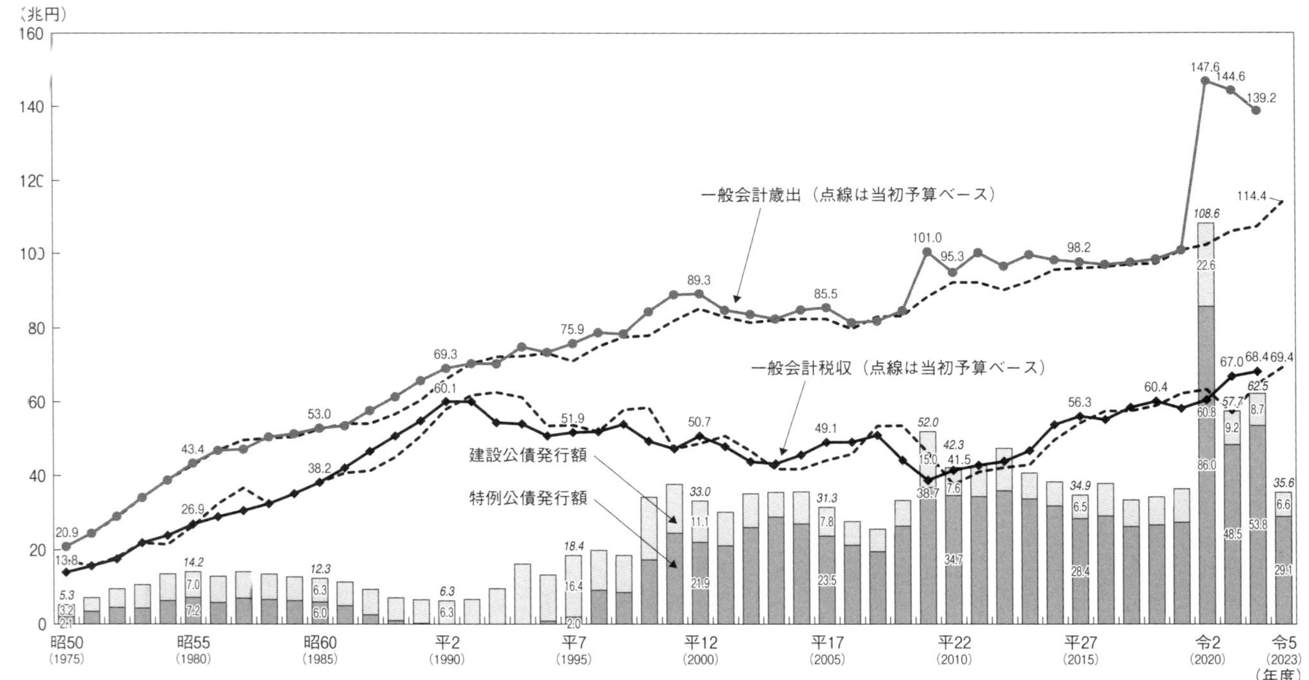

（注１）令和３年度までは決算，令和４年度は第２次補正後予算，令和５年度は予算による．点線は令和４年度までは当初予算，令和５年度は予算による．
（注２）公債発行額は，平成２年度は湾岸地域における平和回復活動を支援する財源を調達するための臨時特別公債，平成６～８年度は消費税率３％から５％への引上げに先行して行った減税による租税収入の減少を補うための減税特例公債，平成23年度は東日本大震災からの復興のために実施する施策の財源を調達するための復興債，平成24年度及び25年度は基礎年金国庫負担２分の１を実現する財源を調達するための年金特例公債を除いている．
（注３）令和５年度の歳出については，令和６年度以降の防衛力整備計画対象経費の財源として活用する防衛力強化資金繰入れ3.4兆円が含まれている．

図表Ⅰ.1.5　公債発行額及び公債依存度の推移

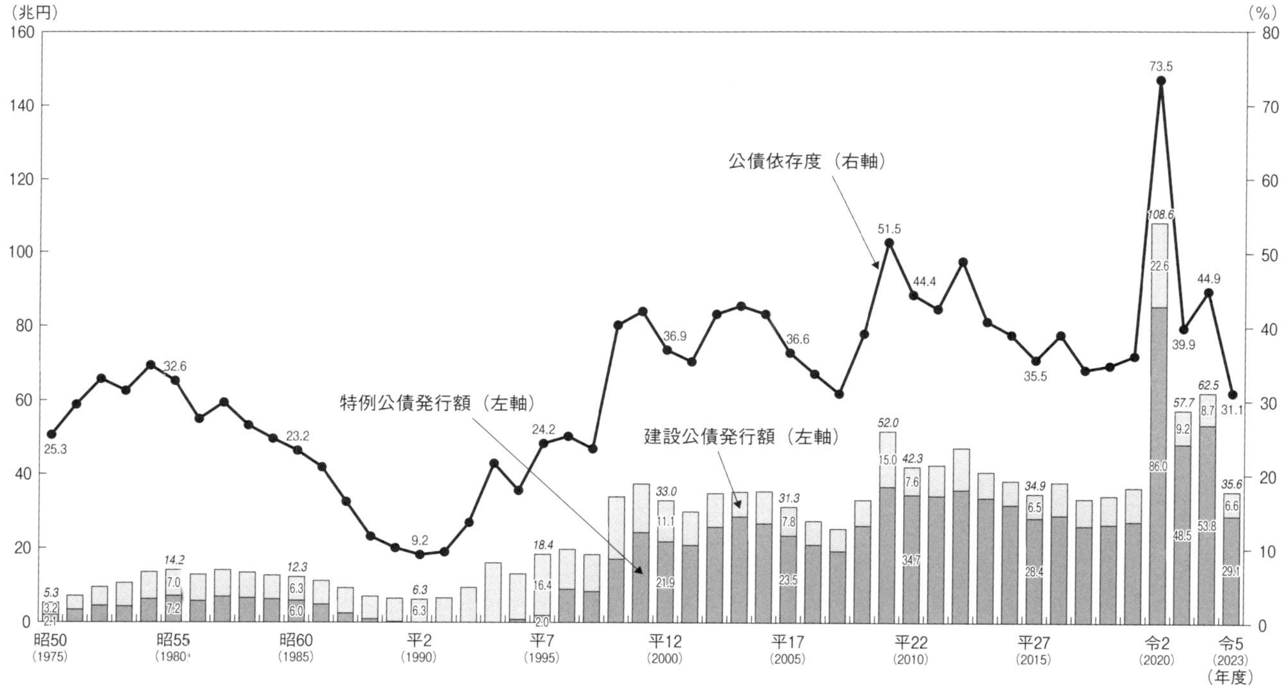

（注1）令和3年度までは決算，令和4年度は第2次補正後予算，令和5年度は予算による．
（注2）公債発行額は，平成2年度は湾岸地域における平和回復活動を支援する財源を調達するための臨時特別公債，平成6～8年度は消費税率3％から5％への引上げに先行して行った減税による租税収入の減少を補うための減税特例公債，平成23年度は東日本大震災からの復興のために実施する施策の財源を調達するための復興債，平成24年度及び25年度は基礎年金国庫負担2分の1を実現する財源を調達するための年金特例公債を除いている．
（注3）公債依存度は公債発行額を一般会計歳出総額で除して算出．

図表Ⅰ.1.6　国及び地方の長期債務残高

（単位　兆円）

		令和3年度末 (2021年度末) 〈実績〉	令和4年度末 (2022年度末) 〈国：補正後予算, 地方：見込み〉	令和5年度末 (2023年度末) 〈予算〉
国		1,017程度 (1,002程度)	1,068程度 (1,048程度)	1,097程度 (1,072程度)
	普通国債残高	991程度 (976程度)	1,043程度 (1,023程度)	1,068程度 (1,043程度)
	対GDP比	180% (177%)	186% (183%)	187% (182%)
地方		191程度	188程度	183程度
	対GDP比	35%	34%	32%
国・地方合計		1,208程度 (1,193程度)	1,257程度 (1,237程度)	1,280程度 (1,255程度)
	対GDP比	219% (217%)	224% (221%)	224% (219%)

（注1）GDPは，令和3年度までは実績値，令和4年度及び令和5年度は政府経済見通しによる.
（注2）債務残高は，令和3年度までは実績値．国は，令和4年度については第2次補正後予算，令和5年度については予算に基づく見込み，地方は，地方債計画等に基づく見込み.
（注3）東日本大震災からの復興のために実施する施策に必要な財源として発行される復興債，基礎年金国庫負担2分の1を実現する財源を調達するための年金特例公債及び，GX経済移行債を普通国債残高に含めている.
（注4）令和3年度末までの（　）内の値は翌年度借換のための前倒債発行額を除いた計数．令和4年度末，令和5年度末の（　）内の値は，翌年度借換のための前倒債限度額を除いた計数.
（注5）交付税及び譲与税配付金特別会計の借入金については，その償還の負担分に応じて，国と地方に分割して計上している．なお，平成19年度初をもってそれまでの国負担分借入金残高の全額を一般会計に承継したため，平成19年度末以降の同特会の借入金残高は全額地方負担分（令和5年度末で28兆円）である.
（注6）このほか，令和5年度末の財政投融資特別会計国債残高は104兆円.

歳入について見ると，租税及び印紙収入は69.4兆円となっている．税収でまかなわれているのは歳入全体の約3分の2に過ぎず，残りの約3分の1（35.6兆円）は将来世代の負担となる借金（公債金収入）に依存している（図表Ⅰ.1.3～図表Ⅰ.1.4）.

令和5年度一般会計予算における新規国債発行額は，当初予算ベースで35.6兆円，公債依存度（歳出総額のうち公債発行でまかなわれている割合）は当初予算ベースで31.1%となった．また，普通国債残高は，累増の一途をたどり，令和5年度末には1068兆円に上ると見込まれ，我が国財政は予断を許さない状況にある（図表Ⅰ.1.5～図表Ⅰ.1.6）.

(2) 財政状況の国際比較

財政状況の国際比較をする場合には，各国ごとに予算制度上の相違が存在することなどから，国際的な基準である国民経済計算（SNA：System of National Accounts）における財政収支や債務残高などを比較するのが一般的である．

我が国の財政状況を，財政収支の対名目 GDP 比（フロー概念）でみると，世界的な景気後退の影響により，急速に収支が悪化したのち，主要先進国が2010年代に入って財政収支を着実に改善していくなかで，我が国は依然として大幅な赤字を抱えている．また，2020年は，新型コロナウイルス感染症の影響への対応のため，リーマン・ショックを超える赤字幅となった．こうした財政

図表Ⅰ.1.7　財政収支の国際比較（対 GDP 比）

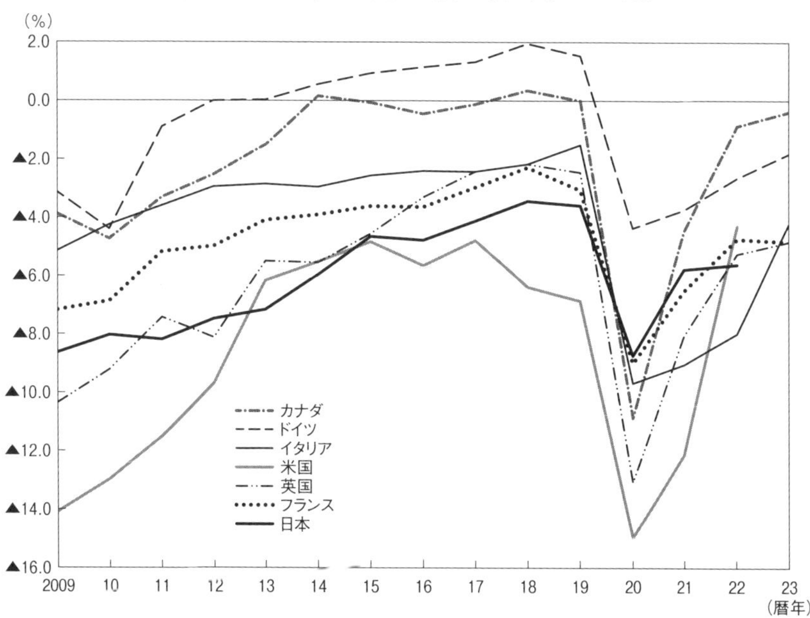

（出所）OECD "Economic Outlook 113"（2023年６月７日）
（注１）数値は一般政府（中央政府，地方政府，社会保障基金を合わせたもの）ベース．ただし，日本は社会保障基金，米国は社会保障年金信託基金を除いた値．
（注２）日本は2022年，それ以外の国々は2023年が推計値．ただし，日本及び米国については2023年の推計値は掲載されていない．

図表Ⅰ.1.8 債務残高の国際比較

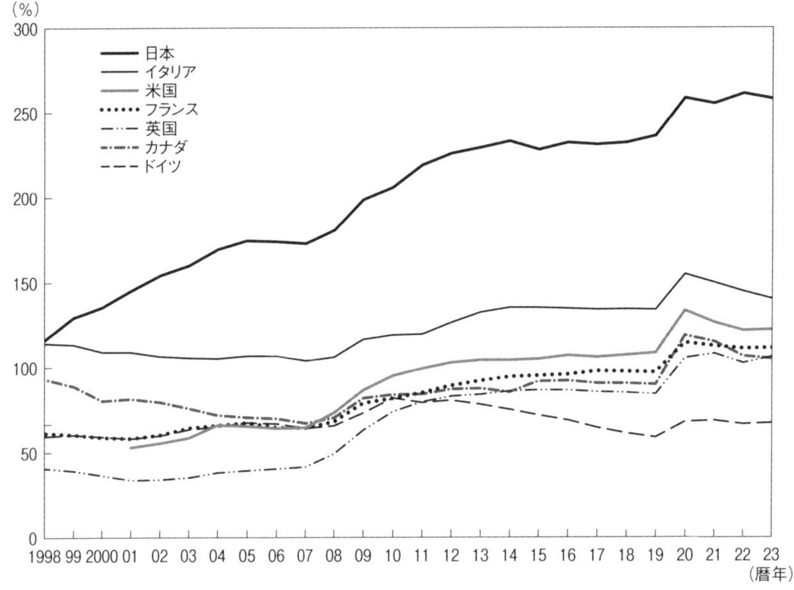

(出所) IMF "World Economic Outlook" (2023年4月)
(注1) 数値は一般政府(中央政府, 地方政府, 社会保障基金を合わせたもの)ベース.
(注2) 日本, 米国及びフランスは, 2022年及び2023年が推計値. それ以外の国は, 2023年が推計値.

赤字の積み重ねにより, 債務残高の対名目GDP比(ストック概念)は, 1998年にはイタリアとほぼ同じ水準であったものの, その後の著しい増加により, 主要先進国のなかで最悪の水準となっている. (図表Ⅰ.1.7, 図表Ⅰ.1.8).

(3) これまでの財政状況

(イ) 財政状況悪化の経緯

次に, 我が国の財政状況がここまで悪化した経緯を概観する(詳細については第Ⅲ部「我が国財政のあゆみ」を参照). 我が国の財政は, 当初から多額の公債発行に依存していたわけではない. 我が国が戦後初めて赤字公債を発行したのは昭和40年度のことであり, この年は, 不況による税収不足が発生したため, それを補うために, 補正予算において歳入補塡のために公債を発行した. その後, しばらくは特例公債の発行は行われなかったものの, 景気悪化にともなう税収の伸び悩みの影響により, 昭和50年度補正予算において再び発行されることとなった．それ以降，我が国の財政は，毎年度多額の特例公債に依存することとなる．

こうした財政の悪化に対し，政府は，毎年の予算における厳しい概算要求基準の設定，国鉄改革，医療保険制度改革をはじめとした歳出の削減・合理化など，行財政改革の努力を続けてきた．加えて，昭和60年代のいわゆるバブル経済による高い税収の伸びにも恵まれ，平成２年度においては特例公債を発行することなく予算を編成し，いったんは特例公債依存体質からの脱却が実現した．

しかし，その後，景気の低迷への対応のために補正予算などの財政措置を含めた経済対策を累次にわたって講じたことや，高齢化の進展により社会保障給付額が急速に増大したことなどにより歳出が増加し，一方でバブル経済の崩壊による景気の低迷や，景気対策として実施された制度的な減税により税収が減少したことで，我が国財政は再び悪化に転じた．また，近年は，リーマン・ショックによる景気の低迷や，その後の経済危機対応により，歳出と税収の乖離がさらに拡大するなど，財政状況が著しく悪化している．平成２年度（歳出と税収の乖離が近年で最も小さい年）決算時には60.1兆円あった税収が，平成21年度（新型コロナの影響を受ける令和２年度以前で，歳出と税収の乖離が最も大きい年）決算時では38.7兆円まで減少する一方，一般会計歳出総額は，平成２年度決算時の69.3兆円から，平成21年度決算時では101.0兆円にまで増大した．そして，令和２年度決算時には，新型コロナウイルス感染症の影響への対応により，歳出・税収の乖離は最大の86.8兆円となった．足下では，令和５年度予算における歳出・税収の乖離は44.9兆円となっている（図表Ⅰ.1.9)．

(ロ) 歳出構成の推移

国の一般会計歳出について，当初予算の主要経費別推移を見ると，特例公債依存からの脱却を達成した平成２年度と比較して，高齢化の急速な進展を背景とした社会保障関係費の増加（平成２年度：11.6兆円→令和５年度：36.9兆円）や，債務残高の累増を背景とした国債費の増加（平成２年度：14.3兆円→令和５年度：25.3兆円）が顕著である．その一方で，公共事業関係費や文教及び科学振興費，防衛関係費といったその他の経費は，平成２年度とほぼ同じ水準となっており，政府の社会保障以外の支出（対GDP比）は，OECD諸国に比べ低い水準にあることがわかる．こうしたことから，我が国財政は，歳出全

図表Ⅰ.1.9　戦後における

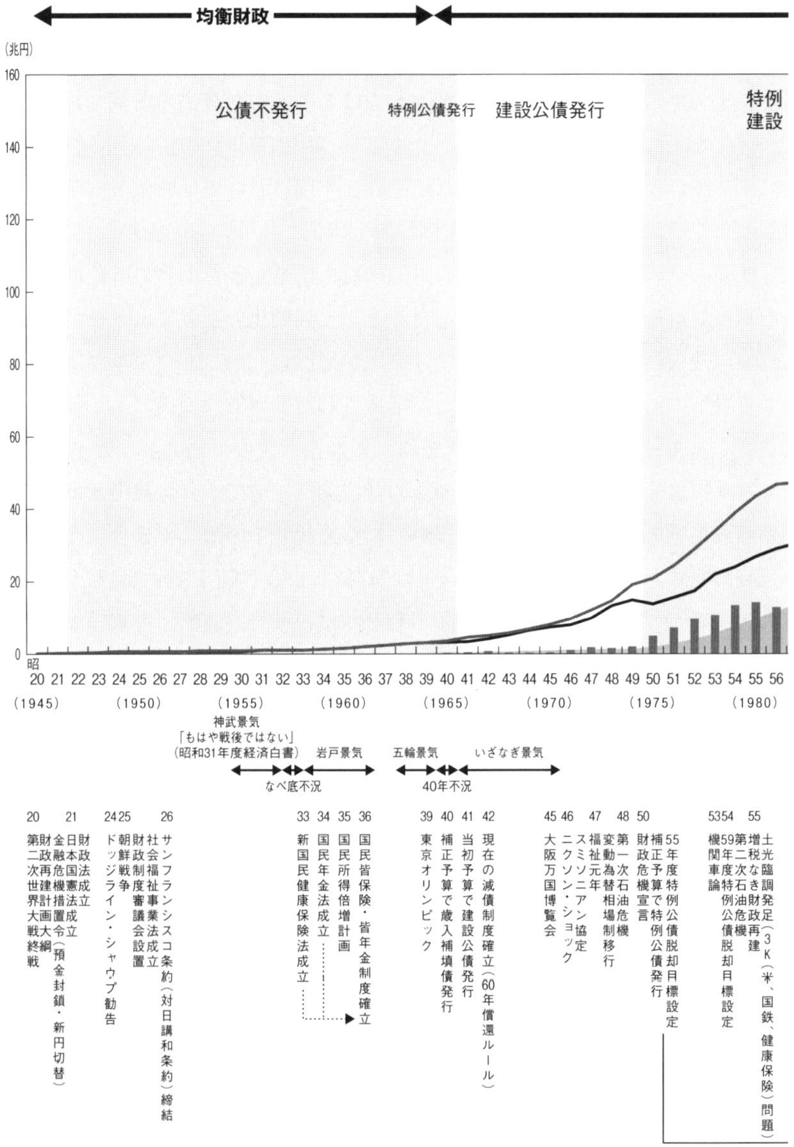

均衡財政

(兆円)

160 / 140 / 120 / 100 / 80 / 60 / 40 / 20 / 0

公債不発行　　特例公債発行　建設公債発行　　特例 建設

昭 20 21 22 23 24 25 26 27 28 29 30 31 32 33 34 35 36 37 38 39 40 41 42 43 44 45 46 47 48 49 50 51 52 53 54 55 56

(1945)　(1950)　(1955)　(1960)　(1965)　(1970)　(1975)　(1980)

神武景気　「もはや戦後ではない」(昭和31年度経済白書)　岩戸景気　五輪景気　いざなぎ景気

なべ底不況　40年不況

20 第二次世界大戦終戦
財政再建計画大綱
21 金融危機措置令(預金封鎖・新円切替)
日本国憲法成立
財政法成立
24 ドッジライン・シャウプ勧告
25 朝鮮戦争
財政制度審議会設置
26 社会福祉事業法成立
サンフランシスコ条約(対日講和条約)締結
33 新国民健康保険法成立
34 国民年金法成立
35 国民所得倍増計画
36 国民皆保険・皆年金制度確立
39 東京オリンピック
40 補正予算で歳入補填債発行
41 当初予算で建設公債発行
42 現在の減債制度確立(60年償還ルール)
45 大阪万国博覧会
46 ニクソン・ショック
スミソニアン協定
47 福祉元年
48 変動為替相場制移行
第一次石油危機
50 財政危機宣言
補正予算で特例公債発行
55年度特例公債脱却目標設定
53 機関車論
54 59年度特例公債脱却目標設定
第二次石油危機
増税なき財政再建
55 土光臨調発足(3K(米、国鉄、健康保険)問題)

(注1) 一般会計税収，一般会計歳出及び新規国債発行額は，令和3年度までは決算，令和4年度は第2次補正後
(注2) 普通国債残高は，令和3年度末までは実績，令和4年度末は第2次補正後予算，令和5年度末は予算に基

我が国財政の変遷

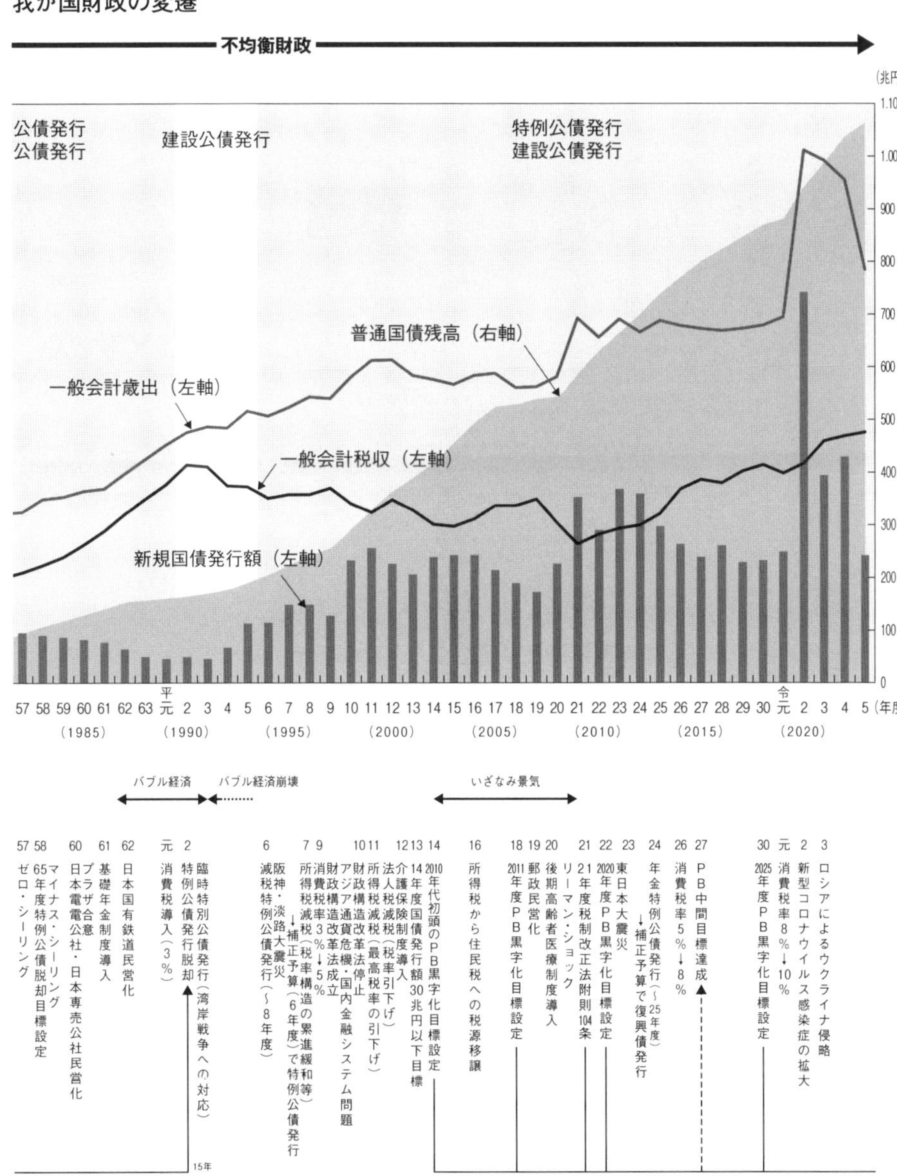

予算，令和5年度は予算による．
づく見込み．

図表Ⅰ.1.10　平成2年度と令和5年度における国の一般会計歳入・歳出の比較

（単位：兆円）

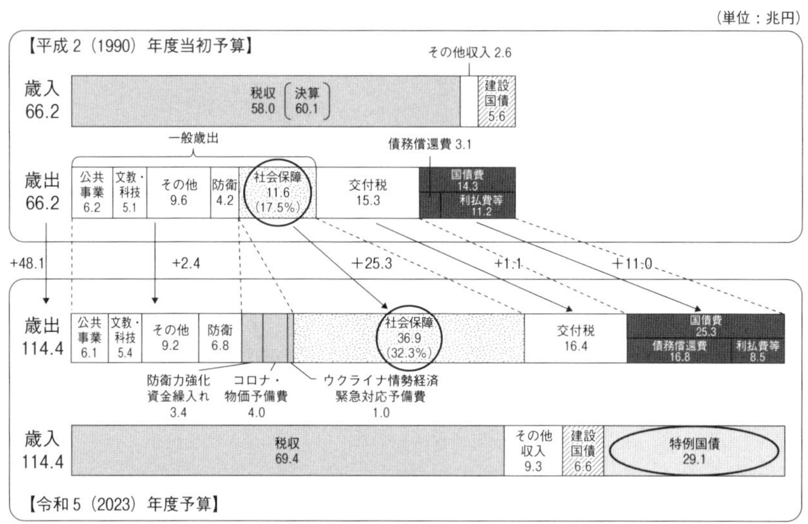

（注）括弧内は一般会計歳出に占める社会保障関係費の割合.

体に占める社会保障関係費及び国債費の割合が増大することで，政策の自由度の低下をもたらしている（いわゆる「財政の硬直化」）ほか，社会インフラ整備や教育など，いわば将来への投資に相当する分野に予算を振り向けることが容易ではない構造になっていると言える（図表Ⅰ.1.10，図表Ⅰ.1.11）.

（注）平成2年度は当初予算ベース，令和5年度は予算ベース.

(ハ) 歳入構成の推移

一般会計歳入を租税及び印紙収入，その他収入，公債金に大別し，その構成の推移を長期的に見てみる．戦後，昭和30年代から昭和40年代半ばにかけて，歳出総額のうち租税及び印紙収入でまかなわれる割合（税収比率）は，おおよそ80～90％台で推移していたが，公債の大量発行を余儀なくされた昭和50年代には税収比率は60％台まで落ち込み，公債依存度が30％を上回る年もあった．その後，政府の財政健全化努力とバブル経済を背景とする税収増により特例公債依存から脱却した平成2年度には，税収比率86.8％，公債依存度9.2％まで財政状況が改善した．しかし，バブル経済が崩壊すると税収は減少に転じ，さらに累次の制度的な減税の実施などにより，税収比率は長期にわたり，かつ

図表Ⅰ.1.11　社会保障支出・社会保障以外の支出の対 GDP 比

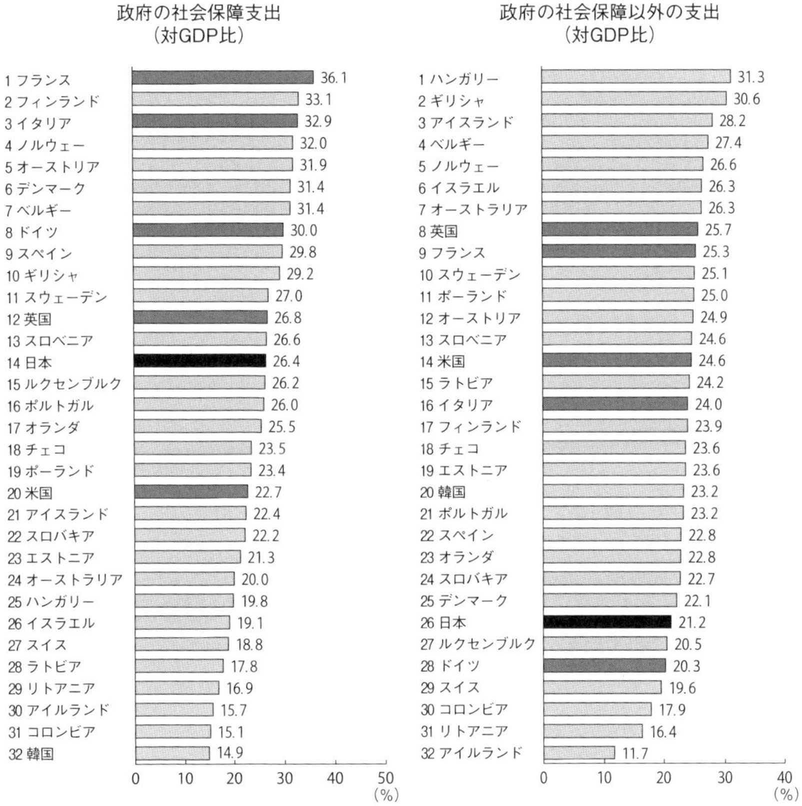

政府の社会保障支出（対GDP比）

順位	国	（%）
1	フランス	36.1
2	フィンランド	33.1
3	イタリア	32.9
4	ノルウェー	32.0
5	オーストリア	31.9
6	デンマーク	31.4
7	ベルギー	31.4
8	ドイツ	30.0
9	スペイン	29.8
10	ギリシャ	29.2
11	スウェーデン	27.0
12	英国	26.8
13	スロベニア	26.6
14	日本	26.4
15	ルクセンブルク	26.2
16	ポルトガル	26.0
17	オランダ	25.5
18	チェコ	23.5
19	ポーランド	23.4
20	米国	22.7
21	アイスランド	22.4
22	スロバキア	22.2
23	エストニア	21.3
24	オーストラリア	20.0
25	ハンガリー	19.8
26	イスラエル	19.1
27	スイス	18.8
28	ラトビア	17.8
29	リトアニア	16.9
30	アイルランド	15.7
31	コロンビア	15.1
32	韓国	14.9

政府の社会保障以外の支出（対GDP比）

順位	国	（%）
1	ハンガリー	31.3
2	ギリシャ	30.6
3	アイスランド	28.2
4	ベルギー	27.4
5	ノルウェー	26.6
6	イスラエル	26.3
7	オーストラリア	26.3
8	英国	25.7
9	フランス	25.3
10	スウェーデン	25.1
11	ポーランド	25.0
12	オーストリア	24.9
13	スロベニア	24.6
14	米国	24.6
15	ラトビア	24.2
16	イタリア	24.0
17	フィンランド	23.9
18	チェコ	23.6
19	エストニア	23.6
20	韓国	23.2
21	ポルトガル	23.2
22	スペイン	22.8
23	オランダ	22.8
24	スロバキア	22.7
25	デンマーク	22.1
26	日本	21.2
27	ルクセンブルク	20.5
28	ドイツ	20.3
29	スイス	19.6
30	コロンビア	17.9
31	リトアニア	16.4
32	アイルランド	11.7

（出所）内閣府「国民経済計算」，OECD "National Accounts" "Revenue Statistics" 等.

（注１）日本は2020年度実績値。オーストラリア，アイルランドは2020年実績値（コロンビアは2019年実績値，リトアニアは2017年実績値）．それ以外の国は推計による2020年暫定値.

（注２）数値は一般政府（中央政府，地方政府，社会保障基金を合わせたもの）ベース.

図表Ⅰ.1.12　一般会計歳入（主要科目別）の推移

（単位　億円）

		昭和 45年度	昭和 55年度	平成 2年度	平成 12年度	令和 4年度	令和 5年度
租税及び印紙収入（A）		72,958	268,687	601,059	507,125	683,590	694,400
その他収入		8,162	30,018	42,856	96,445	83,817	93,182
公債金（B）		3,472	141,702	73,120	330,040	624,789	356,230
合　計		84,592	440,407	717,035	933,610	1,392,196	1,143,812
参考	歳出総額（C）	81,877	434,050	692,686	893,210	1,392,196	1,143,812
	税収比率（%） ((A)/(C))	89.1	61.9	86.8	56.8	49.1	60.7
	公債依存度（%） ((B)/(C))	4.2	32.6	10.6	36.9	44.9	31.1

（注1）平成12年度までは決算，令和4年度は第2次補正後予算，令和5年度は当初予算による．
（注2）平成2年度は，湾岸地域における平和回復活動を支援する財源を調達するための臨時特別公債を含む．

急速に低下する一方，公債依存度は高い水準で推移するようになる．近年でも，国の一般会計全体の6割程度しか税収でまかなえておらず，約3割を借金（公債金収入）に依存するなど，非常に厳しい状況にある（図表Ⅰ.1.12）．

3　財政の課題

(1)　概要

我が国の債務残高はほぼ他に類を見ない水準まで累増しているものの，これまでは家計が保有している潤沢な金融資産の存在など国内の良好な資金環境を背景として，毎年度の多額の国債発行を国内で安定的に消化することができたと言える．しかしながら，諸外国に類のないほど急速に少子高齢化が進展しているなど，我が国の経済社会構造が大きく変化していくなかで，現在の財政構造を放置することは大きなリスクをともなうということを認識する必要がある．

(イ)　社会保障と財政の関係

我が国の社会保障は，社会保険方式をとりながらも，高齢者向け給付などを中心に国や地方の公費負担を投入している．このため，近年，高齢化の急速な進展にともなって高齢者医療や介護保険の給付費が大きく増加するなかで，勤労者（働き手世代）の保険料負担の増大以上に公費負担の必要額が大きくなっ

図表Ⅰ.1.13 OECD 諸国における社会保障支出と国民負担率の関係

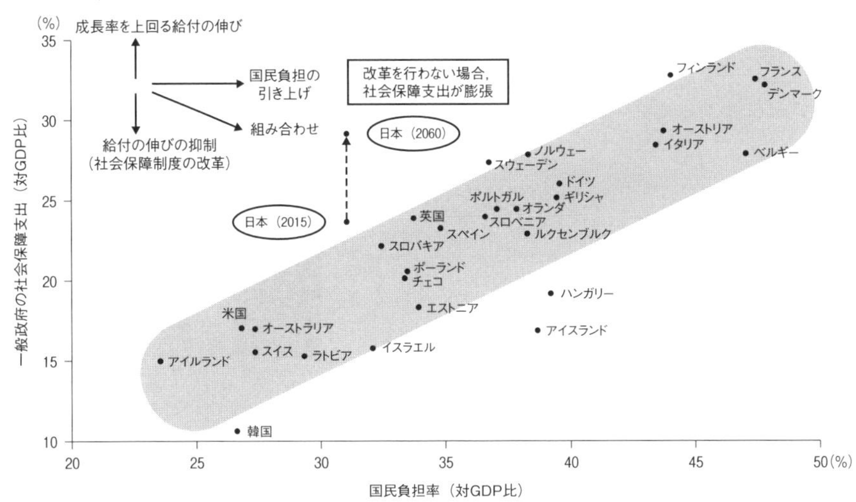

(出所) 国民負担率:OECD "National Accounts", "Revenue Statistics", 内閣府「国民経済計算」等.
社会保障支出:OECD "National Accounts", 内閣府「国民経済計算」.
(注1) 数値は一般政府(中央政府, 地方政府, 社会保障基金を合わせたもの)ベース.
(注2) 日本は, 2015年度まで実績, 諸外国は2015年実績(アイスランド, オーストラリアについては2014年実績).
(注3) 日本の2060年度は, 財政制度等審議会「我が国の財政に関する長期推計(改訂版)」(2018年4月6日起草検討委員提出資料)より作成.
(注4) 網掛け部分は, 日本・諸外国の各座標とその回帰線からの距離の95%信頼区間を表している.

ている. 本来, 社会保障制度の給付と負担がバランスしているためには, 保険料負担と同様, この公費負担についてもすべて現在の世代の税負担でまかなわれる必要があるが, 税収が社会保障給付の増大に追いつかず, 特例公債発行というかたちで負担を将来世代へ先送りし続けているという構図になっている. 実際, 第1章2 (3) (ロ) などで述べたように, 財政赤字が急速に拡大した平成2年度以降でみると, 社会保障関係費が20兆円以上増加している(平成2年度:11.6兆円→令和5年度:36.9兆円)のに対して, 税収は11兆程度の増加となっており(平成2年度58.0兆円→令和5年度69.4兆円), このギャップの拡大が財政赤字の主要因となっている.

(注) 平成2年度は当初予算ベース, 令和5年度は予算ベース.

他の OECD 諸国と比較してみても, 戦後から1990年頃まで, 我が国の社会保障制度の給付と負担はバランスしてきたが, それ以降現在に至るまで, 経済成長の低迷と高齢化の進行により, そのバランスが大きく崩れていることが分

図表Ⅰ.1.14　社会保障給付費と財政の関係

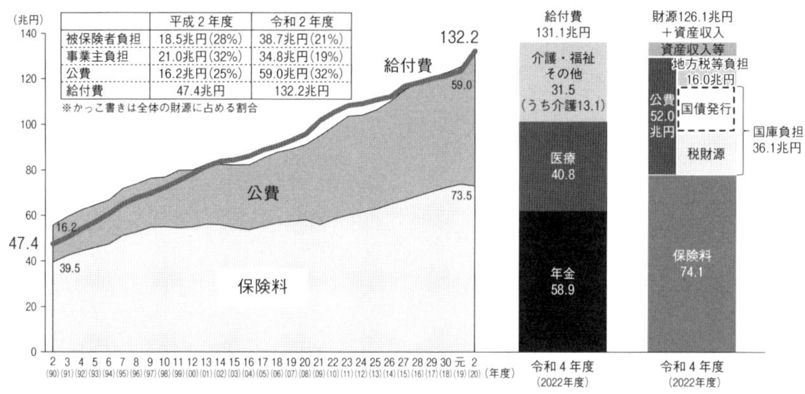

（出所）国立社会保障・人口問題研究所「令和２年度社会保障費用統計」，令和４年度の値は厚生労働省（当初予算ベース）

（注１）令和２年度以前については決算ベース，令和４年度については当初予算ベースであり，新型コロナウイルス感染症対策に係る事業等に伴う支出の扱いが異なる点に留意．

（注２）令和２年度の給付費については，社会保障給付費（公表値）から新型コロナウイルス感染症対策に係る事業等に係る費用（公表値）を除いた場合，125.0兆円となる．

かる（図表Ⅰ.1.13）．

今後，高齢化のさらなる進展にともない，社会保障給付の増加が引き続き見込まれるなかで，こうした状況を放置すれば，財政状況はさらに悪化する可能性が高い．また，このまま財政赤字や債務残高の累増を放置して，現在の世代が負うべき負担まで将来世代に負わせることは，世代間に著しい不公平を生みかねず，こうしたことは，社会保障制度などの持続可能性への懸念を高め，消費の抑制など，経済にも悪影響を与える可能性があることにも留意する必要がある．このように財政赤字は，社会保障制度における給付と負担のアンバランスと裏腹であり，少子高齢化に直面する我が国にとって先送りすることのできない構造的課題である（図表Ⅰ.1.14）．

（ロ）国債金利と利払費

ここまで債務残高が累増しているにもかかわらず，令和５年度一般会計予算においては，国債の利払費は8.5兆円程度と，債務残高の大きさに比べると低く抑えられているのは，緩和的な金融環境を背景として国債金利が低水準で推移していることの影響が大きい．しかしながら，我が国は，近年では毎年30兆円を超える規模の新規国債のほか，150兆円に近い借換債を発行しており，国

図表Ⅰ.1.15　利払費と金利の推移

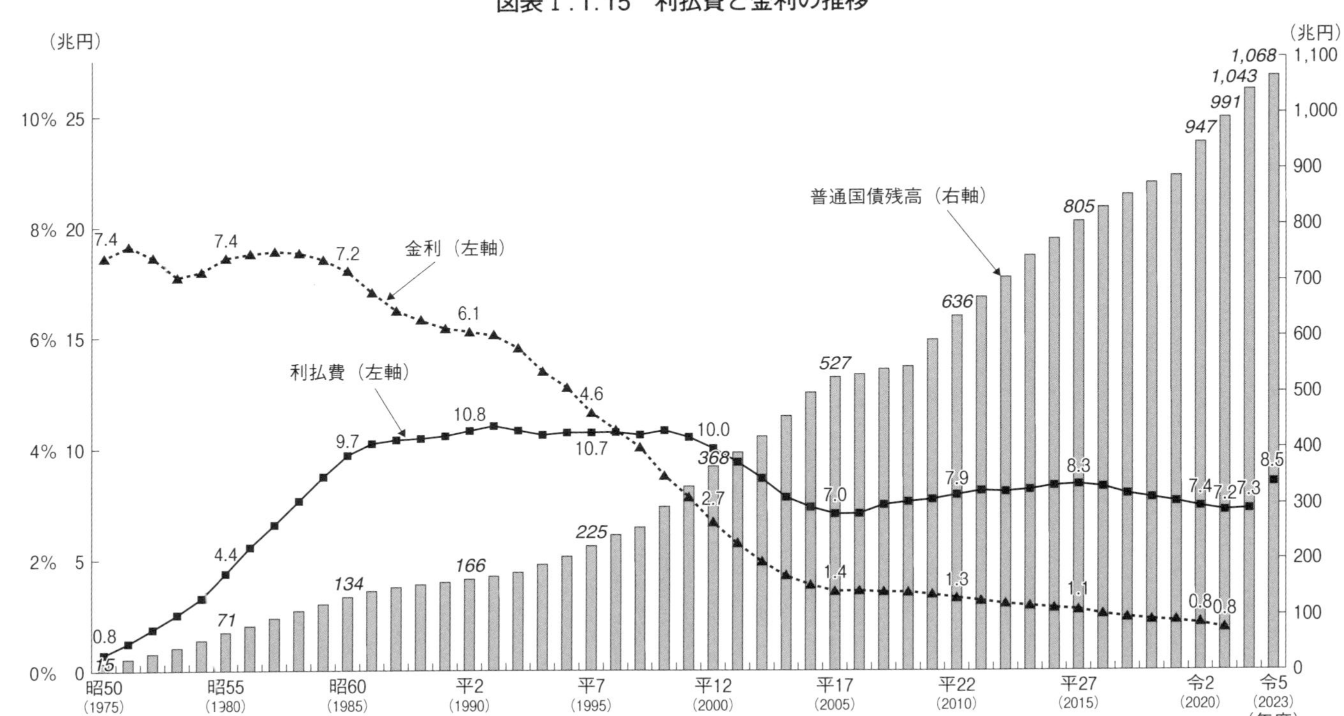

（注1）利払費は，令和3年度までは決算，令和4年度は第2次補正後予算，令和5年度は予算による．
（注2）金利は，普通国債の利率加重平均の値を使用．
（注3）普通国債残高は各年度3月末現在高．ただし，令和4年度は第2次補正後予算，令和5年度は予算に基づく見込み．

図表Ⅰ.1.16　国債発行総額の推移

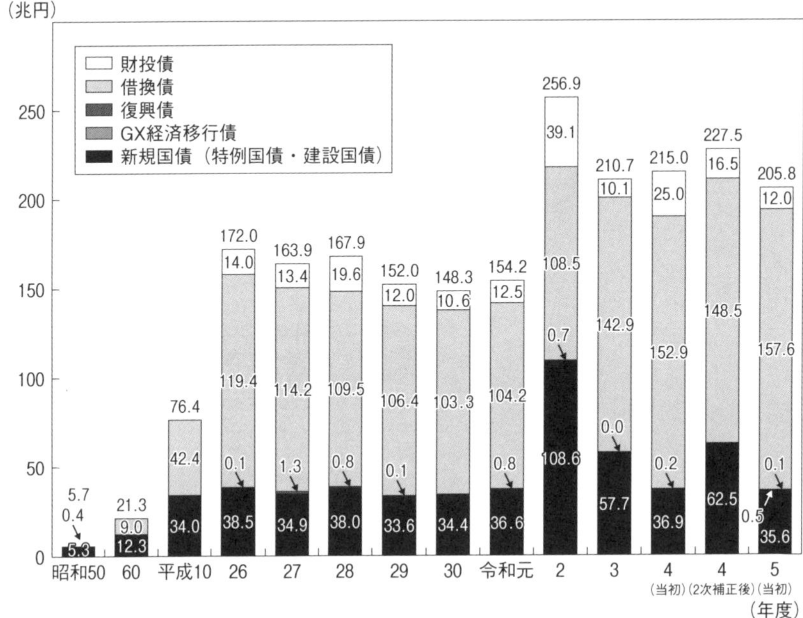

（注1）令和3年度までは実績.
（注2）計数ごとに四捨五入したため，合計において一致しない場合がある.

全体では200兆円を超える国債を発行している状況にある．このようななかで，我が国財政に対する信認が失われ，ひとたび金利が急激に上昇するようなことがあれば，利払費が大幅に増加することが懸念される．また，債券市場において，国債はベンチマークとしての役割を果たしているため，国債金利の上昇は企業や地方自治体の調達金利の上昇にもつながり，経済や自治体財政にも悪影響を及ぼしかねないことや，国債を多く保有する国内金融機関の自己資本にも影響を与え，金融システムの不安定化をもたらす可能性があることにも留意する必要がある（図表Ⅰ.1.15，図表Ⅰ.1.16）.

(ハ) 家計の金融資産と経常収支の変化

日銀の統計によれば，家計の金融資産残高は足下で約2005兆円となっているが，ここから住宅ローンなどの金融負債残高を差し引いた家計の純（ネット）資産残高は約1632兆円である．これに対して，一般政府の金融債務残高は年々

図表Ⅰ.1.17 日本の一般政府債務と家計金融資産の推移

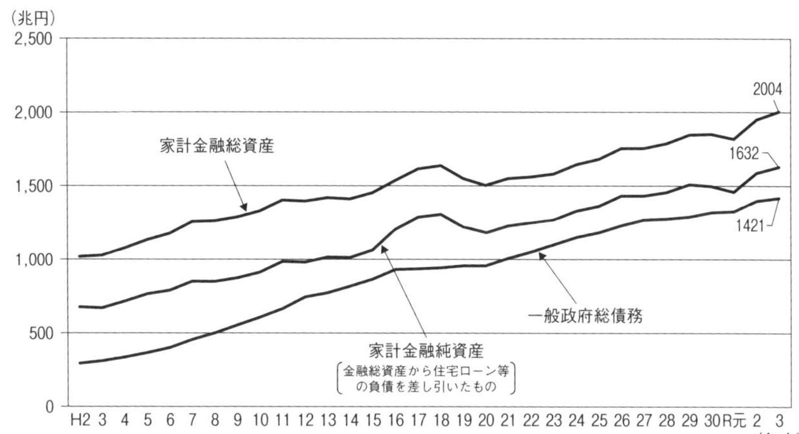

(出典) 日本銀行「資金循環統計」
(注) 一般政府債務と家計金融資産については，各年度末の数値

図表Ⅰ.1.18 経常収支の推移(令和4年度中)

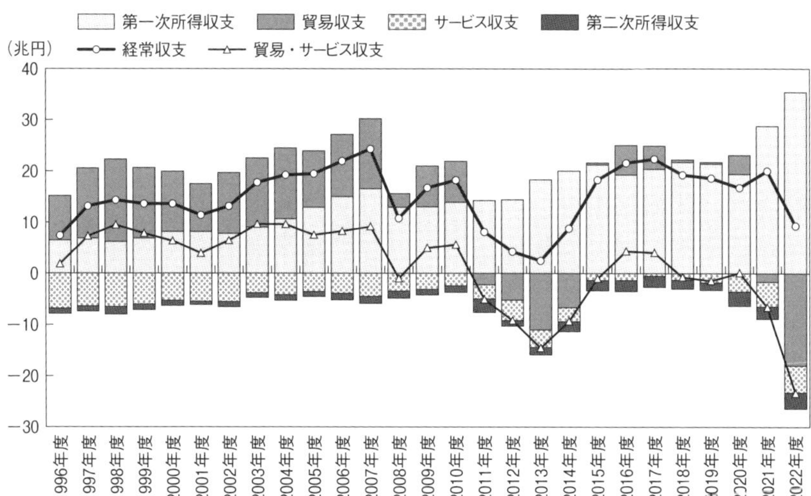

着実に増加してきており，特にリーマン・ショック後は国債発行額が増大したことにより，そのペースが加速してきている．今後，高齢化の進展により家計の貯蓄率が低下し，家計の金融資産残高が伸び悩むことになれば，国内におけ

る国債の消化能力が低下し，今まで国債の安定的な国内消化を支えてきた現在の構造はいずれ変化する可能性があることに留意する必要がある．また，近年は経常収支が黒字で推移しているが，将来，経常収支が赤字に転じる可能性もあることにも留意すべきである．このことは，国内の資金需要の一部を海外からファイナンスすることを意味している．国債についても，こうして海外投資家の保有割合が高まれば，このような主体の投資動向が金利などに大きな影響を及ぼすことになる．特に海外部門は財政リスクに敏感であるため，金利の変動をもたらしやすくなることに留意すべきである（図表Ⅰ.1.17，図表Ⅰ.1.18）．

(2) 財政健全化に向けた努力

（イ）財政健全化と経済成長の両立

財政健全化を進めることにより，国民の将来不安が軽減され，消費の拡大を通じて経済成長が促されることが期待されるほか，金利の上昇が抑制され，企業投資の活発化などを通じて持続的な経済成長の基盤が築かれる．

また，先述のように，仮に，国債金利が実体経済から乖離して急上昇する事態になれば，国債の主な保有主体である金融機関のバランスシートを毀損することが想定される．これによって，金融システムが不安定化し，企業や家計の資金調達を困難にさせるなど経済や国民生活に多大な悪影響を及ぼす可能性があるため，財政健全化の取組みを進め金利を適正な水準で安定させることは経済成長にとっても重要である．

以上のように，財政健全化は持続的な経済成長の基盤であり，財政健全化の取組みを着実に進めることが不可欠である．

なお，経済が成長すれば，所得，企業収益，個人消費などの増加を通じて税収も増加するため，経済成長は税収増というかたちで財政健全化に貢献することになる．また，財政が持続可能であるためには，一般的に公債残高が経済規模と比べて安定的な水準にあるかどうか（公債残高対 GDP 比が安定しているかどうか）が重要であると考えられるため，財政の持続可能性を維持するためにも，経済が成長することは重要であり，現在の岸田内閣でも，経済あっての財政との考え方の下，経済を立て直し，財政健全化に向けて取り組むこととしている．しかし，我が国の場合，歳出規模に対する歳入規模が他の先進国と比較しても小さく，経済成長による増収に過度に期待することができない一方で，経済成長による物価上昇にともない，歳出にも増加圧力が働く．また，高齢化の急速な進展により，経済成長の伸びを大きく超えて社会保障給付費が大きく増加することが予想される．財政健全化を実現するためには，経済成長のみならず，歳出の見直しや歳入の確保といった歳出・歳入両面からの財政収支改善の取組みも行っていかなければならない．

(ロ) 財政健全化の取組み

バブル崩壊以降，悪化を続ける財政状況を前にして政府は，いたずらに手を拱いていたわけではない．それぞれの政権において，財政健全化に向けたさまざまな取組みを進めてきたが，いずれもその時々の目標を達成するに至らなかった．たとえば，橋本内閣は，平成9年に「財政構造改革の推進に関する特別措置法（財政構造改革法）」を成立させ，平成15年度までの特例公債発行からの脱却などを目標に掲げたものの，その後のアジア通貨危機や国内の金融システムの不安定化などによる景気の急激な減退で，翌年には同法が凍結された．

また，小泉内閣は，聖域なき構造改革により歳出削減を進めるとともに，平成18年7月7日に「経済財政運営と構造改革に関する基本方針2006」（以下「基本方針2006」）を閣議決定し，将来世代への負担の先送りを避け，持続可能な財政制度を確立するため，歳出削減を徹底したうえで，それでも対応しきれない場合には歳入改革で対応するという歳出・歳入一体改革について取り決めた．「基本方針2006」において，2011年度（平成23年度）までに国・地方のプライマリーバランスを確実に黒字化するとの財政健全化目標を掲げたものの，この目標についてもその後のリーマン・ショックなどの世界的な金融・経済危機の影響により結果的に頓挫することとなった．

このような中で，安倍内閣は，平成25年6月14日に「経済財政運営と改革の基本方針～脱デフレ・経済再生～」（「骨太方針2013」）を閣議決定し，①国・地方のプライマリーバランスについて，2015年度（平成27年度）までに2010年度（平成22年度）に比べ赤字の対GDP比を半減，2020年度（平成32年度）までに黒字化，②その後の債務残高の対GDP比の安定的な引下げを目指す，とのフロー・ストック両面の財政健全化目標を掲げた．また，同年8月には，この財政健全化目標の達成に向けた具体的な道筋を示した，「当面の財政健全化に向けた取組等について―中期財政計画―」(「中期財政計画」) を策定し, 同年9月に開催されたG20サンクトペテルブルク・サミットにおいてその内容を報告し, 我が国の財政健全化目標とその目標達成に向けた取組みを国際的にもコミットした.

他方, 日本銀行はこれまでとは次元の違う大胆な金融緩和を進めているが, これは平成25年1月22日に政府と日本銀行が共同で公表した「デフレ脱却と持続的な経済成長の実現のための政府・日本銀行の政策連携について (共同声明)」にもあるとおり, 政府が「持続可能な財政構造を確立するための取組を着実に推進する」ことが前提となっている. そのため, 日本銀行が大量の国債購入を行っていくなか, 政府が, 財政健全化への取組みを着実に進展させ, 具体的な成果をあげなければ, 我が国財政に対する市場の信認を失って金利の急騰を招き, 金融緩和の効果を減殺することになりかねない. こうした観点からも, 財政健全化目標の達成に向けて政府が着実な取組みを進めることが重要である.

さらに, 安倍内閣は, 平成27年6月30日に「経済財政運営と改革の基本方針2015～経済再生なくして財政健全化なし～」(「骨太方針2015」) を閣議決定し, 経済と財政の一体的な再生を目指す「経済・財政再生計画」を策定した. 本計画においては,「デフレ脱却・経済再生」,「歳出改革」,「歳入改革」を3本柱とする「経済・財政一体改革」を推進することにより, 経済再生を進めるとともに, 2020年度の国・地方のプライマリーバランス黒字化目標を堅持することが示されている. また, 国の一般歳出水準については, 増加を前提とせず歳出改革に取り組むこととされ, 安倍内閣のこれまでの3年間の取組みでは一般歳出の総額の実質的な増加が1.6兆円程度となっていること, 経済・物価動向等を踏まえ, その基調を2018年度まで継続させていくこととされた.

その方針のもとで経済財政運営を行ってきた結果, 国・地方の歳入は, 2014年4月の消費税率の5%から8%への引上げや景気回復の継続に伴い増加する一方, 歳出は, 2016年度から2018年度の集中改革期間における一般歳出等の目安に沿った予算編成が行われ, 国・地方のプライマリーバランス対GDP比は, 2012年度の▲5.4%から2018年度には▲1.9%と赤字幅が縮小した.

しかしながら, 経済・財政再生計画策定当初の見込みと比べると, 成長低下に伴い税収の伸びが当初想定より緩やかだったことや, 消費税率の8%から

10％への引上げの延期，補正予算の影響により，プライマリーバランスの改善は遅れ，さらに，「新しい経済政策パッケージ」（平成29年12月８日閣議決定）において，人づくり革命の安定的財源を確保するために，2019年10月に実施された消費税率引上げ分の使い道の見直しを行った．これらの要因などにより，2020年度のプライマリーバランス黒字化目標の達成は困難となった．また，債務残高対 GDP 比の上昇は緩やかとなったが，着実な引下げまでには至っていない．

しかし，安倍内閣はプライマリーバランス黒字化を目指すという目標を堅持し，平成30年６月15日に閣議決定された「経済財政運営と改革の基本方針2018」（骨太方針2018）において，プライマリーバランス黒字化の達成時期を明示するとともに，目標達成のための新たな計画として，「新経済・財政再生計画」を策定した．本計画においては，「経済再生なくして財政健全化なし」との基本方針を堅持し，引き続き，「デフレ脱却・経済再生」，「歳出改革」，「歳入改革」の３本柱の改革を加速・拡大し，また，経済・財政一体改革のこれまでの進捗・評価を踏まえた対応や将来予想される大きな変化やリスクを見据えた課題への対応を適切かつ着実に実行することとなっている．本計画において，2022年からは団塊の世代が75歳に入り始め，社会保障費の急増が見込まれるため，令和元年度から令和３年度を「基盤強化期間」と位置付けた．また，新たな財政健全化目標として，2025年度の国・地方を合わせたプライマリーバランス黒字化を目指すと同時に，債務残高対 GDP 比の安定的な引き下げを目指すことを堅持することとした．

その後，新型コロナウイルス感染症の影響を受けて日本の財政はさらに悪化したが，こうした状況の中，安倍政権を引き継いだ菅政権においても，財政健全化の旗は降ろさず，引き続き経済財政一体改革に取り組むこととし，令和３年６月18日に閣議決定された「経済財政運営と改革の基本方針2021」（骨太方針2021）において，2025年度のプライマリーバランスの黒字化等の財政健全化目標を堅持することとした．また，令和３年度が基盤強化期間の最終年であることを踏まえ，2022年度から2024年度までの３年間について，これまでと同様の歳出改革努力を継続することが明記された．

これらの方針に基づきながら，引き続き，経済再生と財政健全化の両立に向

図表Ⅰ.1.19 国民負担率（対国民所得比）の推移

（%）

	平成29年度	平成30年度	令和元年度	令和2年度	令和3年度	令和4年度	令和5年度
①国民負担率	43.3	44.2	44.3	47.9	48.1	47.5	46.8
うち租税負担	25.5	26.0	25.7	28.2	28.9	28.6	28.1
うち社会保障負担	17.8	18.2	18.6	19.8	19.3	18.8	18.7
②国及び地方の財政赤字	5.1	4.4	5.3	15.0	9.2	13.6	7.1
③潜在的な国民負担率	48.4	48.6	49.6	62.9	57.4	61.1	53.9

1．令和3年度までは実績，令和4年度は実績見込み，令和5年度は見通しである．
2．08 SNAに基づく計数である．ただし，租税負担の計数は租税収入ベースであり，SNAベースとは異なる．
3．財政赤字の計数は，国及び地方の財政収支の赤字である．

図表Ⅰ.1.20 国民負担率の主要先進国との比較

【国民負担率＝租税負担率＋社会保障負担率】【潜在的な国民負担率＝国民負担率＋財政赤字対国民所得比】

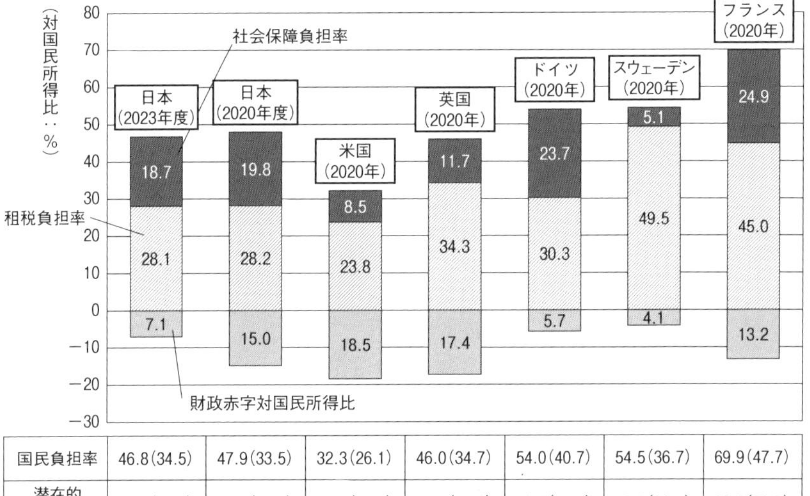

国民負担率	46.8(34.5)	47.9(33.5)	32.3(26.1)	46.0(34.7)	54.0(40.7)	54.5(36.7)	69.9(47.7)
潜在的国民負担率	53.9(39.7)	62.9(43.9)	50.8(41.1)	63.4(47.8)	59.7(45.1)	58.6(39.5)	83.0(56.7)

（対国民所得比：%（括弧内は対GDP比））

（出所）日本：内閣府「国民経済計算」等　諸外国：OECD “National Accounts”, “Revenue Statistics”, “Economic Outlook 112”（2022年11月）
（注1）日本の2023年度（令和5年度）は見通し，2020年度（令和2年度）は実績．諸外国は推計による2020年暫定値．
（注2）財政収支は，一般政府（中央政府，地方政府，社会保障基金を合わせたもの）ベース．
ただし，日本については，社会保障基金を含まず，米国については，社会保障年金信託基金を含まない．

けて，歳出・歳入両面の改革を着実に進めることが重要である．

(3) 参考

（イ）国及び地方の長期債務残高

税財源によってまかなわれる公的な債務は，国債だけではない．以下では，国の一般会計に加え，特別会計，地方公共団体の長期債務（資金繰りのための短期の債務などを除いた長期の債務）などを合わせた長期債務残高という観点から，国及び地方の債務について整理する．

（ｉ）国債

国が発行する債券である国債は，普通国債と財政投融資特別国債（財投債）に区分される．財投債は財政融資資金の財源として発行されるが，その償還や利払いは財政融資による独立行政法人などへの貸付回収金により行われるため，将来の税財源を償還財源とする普通国債とは区別され，国及び地方の長期債務残高にも含まれない．

普通国債は，主として，公共事業，出資金及び貸付金の財源として発行される建設国債と，それ以外の歳出に充てられ，赤字国債とも呼ばれる特例国債に区分される．その残高は，令和５年度末で建設国債294兆円程度，特例国債769兆円程度と見込まれ，平成23年度より発行された復興債５兆円程度を加えた普通国債の残高は1068兆円程度（対 GDP 比約187％）に達すると見込まれている

（ⅱ）一般会計及び特別会計による借入金などを含む国の長期債務残高

令和５年度末で1068兆円程度にものぼる普通国債残高はこれ自体巨額なものであるが，それでも国の長期債務残高の一部をなしているにすぎない．国の長期債務としては，このほかに，出資・拠出国債（国際機関に出資・拠出する現金に代えて，これらの機関に交付される国債）や交付国債（弔慰金などの金銭の給付に代えて交付される国債）に加え，交付税及び譲与税配付金特別会計，国有林野特別会計などのさまざまな特別会計の借入金などがある．これらを足し合わせた国の長期債務残高は，令和５年度末で1097兆円程度（対 GDP 比約192％）に達すると見込まれている．

（iii）地方公共団体による借入れを含めた長期債務残高

国のほか，地方公共団体も多額の借入れを行っており，地方債をはじめとする地方の長期債務残高は，令和５年度末で183兆円程度（対GDP比約32%）に達すると見込まれている．よって，国と地方を合わせた長期債務残高は令和５年度末で1280兆円程度（対GDP比約224%）となることが見込まれている．

(ロ) 国民の受益と負担（国民負担率）の動向

国民負担率は，租税負担額及び社会保障負担額（年金や医療保険にかかる支払保険料）の国民所得に対する比率で表される．これは，国民が徴収される経済的な負担の大きさを示すものであるが，同時に租税や社会保険料は社会保障給付をはじめとする公的サービスの財源であることから見れば，政府の活動の大きさを国民負担の面から間接的にとらえた数字になっていると言える．

（ｉ）国民負担率

近年の我が国の国民負担率は，ほぼ横ばいで推移しており，令和５年度の国民負担率は46.8%程度と推計されており，諸外国と比べて低いのが現状である(図表Ⅰ.1.19，図表Ⅰ.1.20).

（ii）潜在的国民負担率

ただし，この国民負担率には，我が国が抱えている多額の財政赤字が算入されておらず，見かけ上，相当低くなっている点に留意する必要がある．言いかえれば，現状は，財政赤字というかたちで将来世代へ負担の先送りをしつつ，現在の世代が負担を上回る行政サービスを享受している状況にある．財政赤字(という将来の国民負担）を含めた国民負担率を「潜在的国民負担率」と呼ぶが，この潜在的国民負担率は令和５年度において53.9%と推計される．

今後の財政運営にあたっては，人口減少と超高齢化が進むなかでも社会の活力を維持するため，現在の国民の負担である租税・社会保障負担に加え，将来世代への負担の先送りとなる財政赤字をも含めた潜在的国民負担率にも着目して，あるべき給付と負担の姿についてしっかりと議論していく必要がある．

特設コラム 財政に関する Q&A

Q1 日本人が国債を買っているから，財政は破綻しない？

A1 日本の財政について，「日本人が国債を買っているから，財政は破綻しない」という意見がある．

令和4年12月時点では，国債及び国庫短期証券（以下「国債等」）発行残高のうち，8割強は国内投資家が保有しており，海外投資家が保有する割合は1割強（13.8%）となっている．これは，日本の金融機関が安全資産である日本国債を中心に運用したり，担保として利用したりする傾向にあるためだが，この状況は変化し得るものであり，現に，海外投資家が保有する割合の推移をみると，近年では上昇傾向にある．足もとでは，低金利環境の継続や，日本銀行の金融緩和による国債需給のタイト化などにより，日本の金融機関では，国債中心の資産運用から社債や外債，投資信託などを含めた資産運用へ多様化が進んでいる．

また，ストックベースではなくフローベースでみると，令和4年10-12月期では，国債流通市場における海外投資家の売買シェアは現物では42.0%，先物では71.7%となっており，保有割合と比べて大きなプレゼンスを占めていることにも留意が必要である．海外投資家の国債保有については，投資家層の多様化により国債の安定的な消化につながる一方，活発な取引により金利水準に影響を及ぼす一要因となり得るため，その動向を注視する必要がある．

現在では，日本国債は市場で安定的に消化されているが，仮に，日本国債にかかる政府の返済能力に対する市場の信認が失われる事態が生じれば，金利の上昇を通じて市場からの資金調達が困難となる可能性がある．また，金利が大幅に上昇（国債価格が下落）した場合には，令和4年12月末時点で国債等発行残高1,198兆円のうち，175兆円を保有している銀行等に大きな評価損が生じ，金融機関の財務の悪化，ひいてはマクロ経済に悪影響を及ぼす可能性があるなど，様々な影響が生じ得る．

このため，日本国債の保有主体が誰かにかかわらず，政府の返済能力や財政規律に対する市場の信認を確保できるよう，財政健全化の取組みを着実に進めていくことが重要である．

特設コラム　財政に関するQ&A

Q2 日本銀行が国債を買い続けるから，国債の消化は問題ない？

A2 日本の財政について，「日本銀行が国債を買い続けるから，国債の安定消化に問題はない」という意見がある．

「日本銀行が国債を買い続けるから，国債の安定消化に問題はない」という考え方は，政府と日本銀行を一体の存在ととらえて政府の財政状況を見るべきであるという考え方に立っているといえる．こうした考え方は，政府があたかも日本銀行に対して国債の売買・引受けを強制できるということを前提とする一方で，日本銀行が保有する国債は政府の債務ではないとみなすものであって，中央銀行である日本銀行が，政府の財政赤字を補填するかたちで資金を提供することを意味する「財政ファイナンス」を容認した考え方であるといえる．しかしながら，「財政ファイナンス」は，戦前，戦中において大量の公債発行が日本銀行の直接引受けによって行われた結果，激しいインフレーションを引き起こしたことへの反省に基づいて規定された財政法第５条本文における「すべて，公債の発行については，日本銀行にこれを引き受けさせ，又，借入金の借入については，日本銀行からこれを借り入れてはならない」との条文に反することになる（参考）．また，日本銀行法第３条第１項における「日本銀行の通貨及び金融の調節における自主性は，尊重されなければならない」との条文にも反することとなる．

政府と日本銀行の政策連携について，政府と日本銀行は，平成25年１月に，「デフレ脱却と持続的な経済成長の実現のための政府・日本銀行の政策連携について（共同声明）」を公表し，その連携を強化した．同共同声明において，日本銀行は，「物価安定の目標を消費者物価の前年比上昇率2%とする」，「上記の物価安定の目標のもと，金融緩和を推進し，これをできるだけ早期に実現することを目指す」こととされている．これを受けて，日本銀行は，平成25年４月に「量的・質的金融緩和」を導入した．その後，日本銀行は，累次の追加緩和（注）を行い，令和５年４月現在においては，「長短金利操作付き量的・質的金融緩和」の枠組みのもと，10年物国債金利がゼロ％程度で推移するよう，上限を設けず必要な金額の長期国債の買入れを行うこととしている．

このように，「量的・質的金融緩和」に始まり「長短金利操作付き量的・質的金融緩和」の枠組みに至るまで，日本銀行による国債買入れは，2%の物価安定目標の実現という金融政策の目的のもと，具体的な金融政策の手法の1つとして，日本銀行自らの判断により行われている点に留意する必要がある．

一方，同共同声明においては，「政府は，日本銀行との連携強化にあたり，財政運営に対する信認を確保する観点から，持続可能な財政構造を確立するための取組を着実に推進する」こととされている．政府には，この共同声明にしたがって，財政健全化の取組みを着実に進めていくことが求められている．

なお，令和5年4月にも，政府・日銀の間で，共同声明の考え方は適切であり，直ちに見直す必要はないとの認識で一致し，引き続き，同共同声明に則った政策運営が行われることが確認された．

（参考）小村武『五訂版　予算と財政法』新日本法規出版，平成28年．

（注）平成26年10月に「量的・質的金融緩和」の拡大，平成28年1月に「マイナス金利付き量的・質的金融緩和」の導入，同年7月に「金融緩和の強化」，同年9月に「長短金利操作付き量的・質的金融緩和」の導入，平成30年7月に「強力な金融緩和継続のための枠組み強化」，令和2年3月に「新型感染症拡大の影響を踏まえた金融緩和の強化」，同年4月に「金融緩和の強化」，令和3年3月に「より効果的で持続的な金融緩和」が決定された．

特設コラム　財政に関する Q&A

Q3　債務をネット（純債務）で見ればたいしたことないのではないか？

A3　一国の財政の健全性を見る際，国際機関などでは，中央政府・地方政府・社会保障基金を合わせた負債の残高（「総債務残高」）の対 GDP 比が用いられることが多いが，我が国は255.4%（一般政府ベース，2021年）に達しており，主要先進国中最悪の水準である．

ただ，こうした計算に用いる，我が国の「債務残高」を考えるにあたっては，上記のような「総債務残高」のほかに，「純債務残高」を用いる場合もある．

純債務残高とは，総債務残高から，一般政府が保有する金融資産を差し引いたものである．確かに，純債務残高の対 GDP 比は，総債務残高の対 GDP 比に比べると小さくなるが，我が国の純債務残高の対 GDP 比は主要先進国で最も厳しい水準156.9%（一般政府ベース，2021年）となっており，財政の健全性に問題がないとの結論が得られるわけではない．

また，そもそも，一般政府の金融資産の多くは，①将来の年金給付のための備えや，②為替政策上必要な外貨証券などの政策上保有が必要な資産などであり，売却し債務の返済に用いることができない性質のものである．したがって，政府の純債務のみに着目して議論をするのは必ずしも適当ではないことに留意する必要がある．なお，ユーロ圏においては，過剰財政赤字を是正する手続きの開始要件として，グロスの政府債務残高（対 GDP 比60%）という指標が採用されている．

また，純債務残高を用いる考えには，「一般政府の金融資産に加え，日本銀行の保有資産も差し引くべき」との説もある．しかしながら，① Q2で述べたように，そもそも日本銀行と政府はそれぞれ独立した存在である．②また，「日本銀行は政府の子会社だから連結すれば子会社が保有する親会社の債務はネットアウトされる」という主張であれば，当然，日本銀行の負債も連結ベースの債務としてカウントする必要がある．③さらに，この説では，政府から独立して金融政策を決めている日本銀行が，現在，長短金利操作付き量的・質的金融緩和等を通じて買い入れている国債をあたかも永遠に保有し続けることを前提としているように見える．仮に，こうした説をもって日本の財政の健全性を見る考えが一般に広がれば，結果的に，我が国は「財政ファイナンス」を狙っているのではないかとのそしりを招きかねない点に留意する必要がある．

財政の健全性を見る際，どのような指標を用いるかは，単なる技術論を超え，我が国に対する市場や国際社会からの信認の確保に影響を及ぼし得るということを常に念頭に置かなければならない．また，財政赤字は社会保障制度における給付と負担のアンバランスと裏腹であり，債務をどう見るにせよ，社会保障制度の持続性確保のために財政健全化を進める必要がある．

特設コラム　財政に関する Q&A

Q4　今まで何も起こっていないから問題ないのではないか？

A4　日本が長く経験してきたデフレの状況下では，企業がリスクをとった投資を行うことは難しく，安全資産としての日本国債を保有するインセンティブが働き，日本国債の価格も高い水準で推移してきた.

しかし，国債の安定消化を支えてきた資金環境は大きく変化しつつある.

企業は海外への M&A 等をはじめ投資を活発化させ，最近では日本の金融機関が資産運用を貸付や外国資産購入へと振り替える動きも見られる.

また，いわゆる「金融危機」が発生した他国を見てみると，例えば，欧州債務危機の多くは財政状況の悪化によって市場の信頼が揺らいだことから始まった．日本でも，債務残高の累増が示すとおり，財政状況はきわめて厳しい状況にあるなか，財政危機が金融危機を起こす可能性はゼロではない．そして，我が国は国内金融機関や中央銀行の保有割合が高いことから，国債価格下落の影響は国内金融機関に対してきわめて大きい影響を及ぼす可能性があり，財政危機が金融市場・金融機関に及ぼす影響はきわめて大きいことをよく認識する必要がある.

リーマン・ショックと同じレベルの大きな金融危機は「100年に一度」と言われたように，確かに珍しい事象ではあるが，金融危機自体は，過去20年を見ても，複数回発生しており，テールリスクが顕在化することがある．そして，一度発生した危機は，グローバル化した現在の世界において，かつては想像もできなかったほどの早さで広がり，伝搬していく．また，特に金利のようにマーケットで決定されるものは，そのときのマーケット・センチメントに影響され，それをコントロールすることは困難である.

このような急激な危機や変化が起きるリスクが少しでもある以上は，「今まで大丈夫だったのでこれからも問題ない」とするのではなく，そのリスクを回避すべき政策を立案していくことが国として重要といえるだろう.

第2章

財政の役割と機能

1 財政とはなにか

政府と市場の役割分担は時代とともに変化するが，政府はいつの時代にも必要なものである．18世紀後半から19世紀にかけての資本主義勃興期には，政府はできるだけ民間の経済活動には介入せず，国防・警察・司法など，民間では確保できないサービスのみを供給する必要最小限の役割を担うべきという夜警国家論が展開された一方，19世紀に入って経済が発展して複雑化するにともない，市場メカニズムの欠陥が認識され，政府は民間の経済活動に積極的に関与し，国民の福祉の実現を図るべきだという福祉国家観が醸成された．その後20世紀には，1929年の大恐慌を契機とし，政府が財政出動により総需要を調節して景気の安定を図るべきというケインズ経済学的な考え方が定着し，第2次世界大戦後も，先進国は政府による民間経済への介入を進めた．しかし，1970年代後半になると，インフレや国民負担増などの観点から「大きな政府」に対する疑問が生じ，「小さな政府」を目指す動きが現れた．

財政とは，こうした政府の経済活動の収支のことであり，租税や公債などの収入手段を組み合わせて民間部門から資金を調達し，これを元手にして国民生活の基盤となる諸条件を整えるための活動を行っている．資本主義下の経済活動は需要と供給の関係を礎とする市場メカニズムに規定されるが，そこには，不完全競争や外部性，不確実性などによる「市場の失敗」が存在する．市場メカニズムが円滑に働く条件を整え，またその欠陥を補完するとともに，民間の経済活動だけでは満たされない財・サービスへの需要を充足させることが財政の役割なのである.

2 財政の3機能

財政の機能としては，資源配分の調整，所得の再分配，経済の安定化という3つの機能がある.

(1) 資源配分の調整

資本主義経済においては，基本的には競争的市場メカニズムを通じて資源配分がなされるが，国民生活に必要な財・サービスのなかには，政府が資源配分に関与したほうが望ましいものがある.

1つは，防衛や警察，外交などの「(純粋) 公共財」である. 公共財とは，①集団的に供給され，ある個人が利用するとき，ほかの個人の利用を排除することが困難 (排除不可能性)，②ある主体の利用する財・サービスの量がほかの主体が利用する量に影響することはなく，ある主体への財・サービスの量を増やしても，ほかのどの主体への量も減らすことがない (非競合性)，という2つの性質を有している財のことである. この2つの性質により，公共財の利用に際して各主体は自分がその公共財にどれだけの価値を認めているかを正直に申告せず，費用負担を避けるという「フリーライダー問題」が発生する. また，排除不可能性と非競合性のいずれか片方を有する財・サービスのことを「準公共財」と呼び，医療サービスや教育，基礎研究開発などがあてはまる. 準公共財は市場においても供給可能だが，民間企業にすべてを任せていては供給が不十分になる. このように，公共財は市場メカニズムに任せていては十分に供給されず，政府による供給が必要となる.

また，外部性への対応もあげられる. 外部性とは，ある主体の行動が市場メカニズム外のほかの主体に何かしらの影響を与えることを指す. たとえば，工場の騒音を近隣住民が被る場合のように，ある経済活動がもたらす損失が市場メカニズム外の主体にかかるとき，政府が工場に対して相応の課税を行えば，工場は課税を考慮して生産量を減少させ，工場による生産は社会的に最適な供給量となる. 逆に，市場メカニズム外に便益を生じさせる活動に対しては，補助金などを通じてその活動を促進することで，同じように最適な供給量となる．このように，外部性を持つ財・サービスに対しては，政府が課税（ピグー税）や補助金を通じて社会的費用と私的費用を一致させ，供給量を最適な水準にすることが期待されている．

ほかには，費用逓減産業に対する規制があげられる．電力，ガス，水道などの公益事業は，固定費用が大きく，生産規模の拡大にともない生産の平均費用が逓減するため，市場メカニズムに任せていては自然独占が生じる．したがって，価格規制などの政府による介入が必要となる．

しかし，こうした政府の市場への介入は，民間の創意工夫を通じたよりよい財・サービスの供給を阻害すること，また既得権益の肥大化を招きうることなどもあり，かえって資源配分の効率化を損ねることにもなりかねない．こうした「政府の失敗」についての認識の高まりもあり，従来政府の介入が必要とされていた分野においても，規制緩和や民営化を通じ，民間の新規参入や政府事業の効率化，コスト削減を促す動きが各国で見られている．

(2) 所得の再分配

仮に効率的な資源配分が達成されたとしても，所得の分配については，必ずしも公正であるとは限らない．過度の所得格差が生じた場合には，国民の合意のもとに政府がそれを是正していくことが必要となる．これを政府による所得の再分配機能という．

政策手段には歳入面によるものと歳出面によるものがある．歳入面については，所得税などへの累進税率適用や資産課税によって，高所得者により重い負担を求め，実質的な所得分配を変化させる．歳出面については，生活保護や失業保険などの社会保障支出，あるいは就学援助や公営住宅供給などを通じ，低所得者，社会的弱者により多くの経費を割り当てる所得再分配が行われる．

また，所得分配の公平性の問題については，同一世代間の公平性のみならず，異なる世代間の公平性についても考える必要がある．社会保障のうち，年金や高齢者医療は世代間の再分配機能を有している．

ただし，経済社会がグローバル化する今日，過度に累進的な課税は経済活動のインセンティブを阻害し，我が国の経済発展を遅滞させる可能性がある．また，急速に高齢化が進展するなかで，将来世代に過度に負担を転嫁することは，将来における我が国経済の活力を維持，発展させていくうえでの足かせとなりうる．このように，所得の再分配を行うことが資源配分の効率性にも影響を及ぼしうる点については，留意が必要である．

(3) 経済の安定化

資本主義経済は不安定な経済変動を繰り返し，その過程でインフレや失業といった現象を引き起こすが，財政は以下の２つの機能を通じて，経済を安定化させる（景気変動を小さくする）ことができる．

１つは「自動安定化機能（ビルト・イン・スタビライザー）」である．この機能は財政のなかに制度的に組み込まれており，経済情勢に応じて自動的に作用して経済を安定化させる．税構造が累進税率構造をもつ所得税や景気変動に敏感に反応する法人税中心であれば，好況期には税収の増加などを通じて需要を抑制し，不況期には税収の減少などを通じて所得の減少を緩和し，需要を下支えする．財政支出の面においても，失業保険などの社会保障給付の増減は所得の増減を緩和するので，同様の効果を期待できる．

もう１つは「裁量的な財政政策（フィスカルポリシー）」である．具体的には，不況期には，公債発行によって財政支出の規模を拡大したり，減税を実施したりすることによって景気の刺激を図り，逆に好況期には財政規模の抑制や増税などによって需要の拡大を抑えることである．すなわち，政府がそのときの経済状況に対応して，裁量的に新たな財政的手段を打ち出すことで景気の安定化を図るのである．

財政再建という課題を抱えていても，特に不況期には景気回復を最優先すべきだという声が強くなりがちである．しかし，このような裁量的な財政政策に対しては否定的な見方もある．代表的なものをあげると，現代民主政治のもとでは，財政支出の増加や減税は支持されやすいのに対して，抑制的な政策は支持を集めにくく，ひとたび裁量的な財政政策運営が行われると，財政赤字の慢性化や政府の膨張によって経済の活力が失われるのではないかという指摘がある．また，経済情勢を的確に把握し，政策を適切な時期に実施することの難しさや，政策効果が生じるまでのタイムラグなどが，かえって経済を攪乱させてしまうのではないかという指摘もある．

第3章

財政をめぐる理論

1 財政学の歴史

(1) 重商主義，官房学

財政学を国や地方公共団体の経済活動の分析を行う学問ととらえれば，その成立は，近代国家成立時における「重商主義」や「官房学」にまで遡ることができる．17～18世紀のイギリス，フランスにおける重商主義は，国内商工業の保護育成と貿易の奨励を通じた国富の蓄積により王室財政を潤沢にすることを目的としており，そのため，輸出奨励金や輸入関税などを採用した．また同時代のドイツでは，中小領邦国家の所領経営や租税徴収など，王室財政の収入の増大を図り，管理するための技術論として官房学が起こり，発展した．

いずれも国家の経済発展と王室財政を結びつけた点で財政理論の先駆けであったが，経済理論の体系というよりは王室中心的な治世のための学問体系であり，王室の財源調達や支出経理のための財政論にとどまった．

(2) 古典派財政学

その後，市民革命及び産業革命を経て近代国家，資本主義経済が成立していくなかで，国民経済の循環を客観的にとらえようとする経済学の成立が見られた．その先駆であるケネーは『経済表』（1758年）のなかで，重農主義の立場から土地のみが富の唯一の源泉であるとし，財政論の立場からは土地単税論を主張していた．

こうした経済学の発展が，自由主義の潮流と結びつくかたちで，古典派経済学の成立につながった．古典派経済学の創始者とされるアダム・スミスの『諸国民の富の性質と原因に関する研究』（いわゆる『国富論』）（1776年）では，当時の重商主義に反対する立場から，自由放任のもとで各個人が利己心のおもむくままに自由な経済活動を行えば，その結果として，「神の見えざる手」の導きにより，おのずから経済全体が「予定調和」に達すると考えられた．この経済秩序のもとでは，国家の機能を，①国防，②司法・警察，③個人ではなしえないようなある種の公共事業や公共施設の提供，の3つに限定するという，いわゆる「安価な政府（夜警国家）」論が展開されており，財政についても，その規模を最小にすることが経済の非効率性を回避するうえで必要とされた．

(3) 財政学の発展

19世紀半ば頃になると，資本主義経済が発展していく一方，貧富の差の拡大や労働条件の悪化など，様々な社会的・経済的弊害が認識されるようになったため，いわゆる「福祉国家」への要請のもと，財政の役割も拡大していくこととなる．

その端緒はJ. S. ミルの『経済学原理』（1848年）に見ることができる．ここでは，資本主義経済において，社会体制の維持と経済の一層の発展のためには財政による国家の介入が必要であることを認めており，社会政策的配慮と所得分配の公平化という観点が強調されている．

さらに19世紀後半になって，ヨーロッパ列強の軍事的拡張のための財源調達と，国内労働運動鎮静化の社会政策的要請に応えるかたちで，ドイツを中心に社会政策学派の財政学が生まれた．代表的学者であるA. H. G. ワグナーは，当時膨張していた国家に独自の機能と意義を認め，社会の進歩とともに国家の機能は必然的に拡大し，財政面での経費も絶えず増加する傾向にある（経費膨張の法則）とした．そして財政を支えるためにも，伸縮性のある租税収入の調達を租税原則上最優先にし，納税の義務説を唱えた．このようなドイツ財政学は，国家膨張の理論的裏付けとして19世紀後半から1920年代頃まで，世界各国の財政学界の主流を形成した．

他方，19世紀後半には近代経済学の端緒が開かれた．古典派経済学の考え方が理論的に精緻化され，市場メカニズムによって需給の均衡と効率的な資源配分が達成されるという新古典派経済学が成立し，財政学に関しては，効率的な資源配分を達成するうえでの政府の役割に関心が寄せられ，課税の効果や「市場の失敗（公共財の存在）」，公共財の供給主体としての政府の役割などが体系化された．

(4) ケインズ理論

1920年代末の大恐慌と30年代の不況期において，長期間にわたり大量の失業が発生し，市場のみに頼るのではなく，政府が状況に応じて適切な経済政策をとるべきとの考え方が生まれた．

また，共産主義やファシズムといった左右両陣営において，資本主義を否定して生産を社会化し，経済を国家の管理下に置こうといういわゆる集産主義が台頭してきたことに対して，資本主義を維持しつつも有効需要を国家が管理すべきとの考え方も生まれた．

このような考え方をもとに，1933年からアメリカにおいて「ニューディール政策」が実施された．不況期に赤字予算を編成して大規模な公共事業を実施することにより，雇用は拡大し，経済の自律的回復につながるとするものである．

その後，そのような政策の必要性を理論的に説明したのがJ.M.ケインズの『雇用・利子および貨幣の一般理論』（1936年）であり，経済学においては，供給より需要を重視するケインズ革命を引き起こし，財政理論にも総需要管理政策（フィスカルポリシー）という新しい考え方が導入された．ケインズは，不完全雇用の状態が続く場合，完全雇用の達成のためには政府が総需要を管理し，有効需要が不足するときには公共投資などにより積極的に需要を創出すべきであると唱えた．その後，J.R.ヒックスをはじめとする彼の後継者（いわゆるケインジアン）によりその理論が*IS-LM*分析などのかたちで体系化され，経済学界のみならず政策当局者にも大きな影響を及ぼすこととなった．

(5) 現代の財政学

大恐慌から第2次世界大戦までは不況と長期経済停滞の克服が経済政策の主課題であったが，大戦後は経済復興，そしてインフレ抑制や経済の成長・安定へと重点が移り，それと同時に経済安定化機能やビルト・イン・スタビライザー機能について研究され，財政学の体系については，R. A. マスグレイブの『財政理論』（1959年）において一応の総括を見た．マスグレイブはフィスカルポリシー論にとどまらず，①経済効率上の資源配分，②公正な所得分配，③経済の安定・成長という3つの目標を追求するための財政政策のあり方について，ケインジアンの考え方や厚生経済学の観点を踏まえ，財政学として体系的に整理した．

近年は，新古典派的な立場から，リアルビジネスサイクル理論やリカード＝バローの中立命題などの研究がなされており，これにともなって，非ケインズ効果など財政政策に関する研究も進展している（リカード＝バローの中立命題，非ケインズ効果については後述）．また，現代の財政学は理論におけるミクロ的な基礎づけを行うとともに，経済主体の将来への期待形成やその変化など，従来は考慮されなかった変数をモデルに織り込み，高度な数理的・統計的手法を用いて分析するなど，一層の精緻化を進めている．

2 裁量的な経済政策をめぐる理論

(1) ケインズの考え方

ケインズは1930年代の大恐慌に直面し，（新）古典派経済学が想定する市場メカニズムによる資源の最適配分は，短期的には労働市場の不完全性などから成立しない場合があると考えた．完全雇用が実現せず，生産物や資源に余剰が発生して需要が不足する場合，政府が需要を創出して需要不足を解消することで完全雇用が達成され，資源の最適配分を実現できると考えた．

さらにケインズは，労働市場においては，賃金は労働需給に対して非弾力的であり，特に一度上昇すると低下しにくく（賃金の下方硬直性），総需要の減少にともなって労働需要が減少した場合，賃金の下落による労働需給の調節は短期的には不可能で，賃金が下げ止まるなかで非自発的な失業が発生すると考えた．つまり，労働需給を均衡させる国民所得の水準（完全雇用水準）と財市場の均衡水準が一致する保証はなく，有効需要が不足している場合には，非自発的失業が存在することになる．したがって，完全雇用水準に対して需要が不足あるいは超過している状態にあるときに，政府は，政府支出の増減により総需要を管理し，完全雇用水準を達成することができると主張した．このような政策を裁量的な総需要管理政策（フィスカルポリシー）という．

また，流動性選好に基づく貨幣に対する需要が利子率と国民所得を決めるうえで重要であるとした．この考え方は，ヒックスによって*IS-LM*分析として整理され，その後，標準的なケインズ経済学のモデルとして大きな影響を及ぼした．

この*IS-LM*分析においては，物価は一定，利子率は変動する，との前提のもと，財市場の均衡を表す*IS*曲線と貨幣市場の均衡を表す*LM*曲線が利子率を通じて調整され，両市場の均衡点で利子率と国民所得が決定される．しかし，先に述べたように，ここで決まる均衡所得は，労働需給を均衡させる国民所得の水準（完全雇用国民所得）に一致する保証はなく，完全雇用に達していない場合には，主に積極的な財政政策（政府支出の増加）により国民所得を増加させることが必要となる．

なお，ケインズは，1930年代の大不況を，「流動性の罠（Liquidity Trap）」に陥っている状況であるとしたが，これは，貨幣に対する投機的需要の大きさの変化に対し，利子率がほとんど反応しない状況のことである．たとえば，今後債券などの価格が下がるという予想が支配的な場合，人々は資産を貨幣のかたちで貯蓄しておこうとするため，中央銀行がマネーサプライを増加させても，貨幣需要によってマネーが吸収され，利子率が下がらない状況が想定される．このとき，金融緩和政策は総需要拡大にほとんど寄与しない．同様に，政策金利が極端に低水準で，今後の利下げが見込めない場合も，債券価格は高止まりしており，やはり人々は資産を貨幣のかたちで貯蓄しようとする可能性がある．言いかえれば，貨幣が貯蓄という形態で死蔵されるとき，マネーサプライと金利との関係が通常と異なり，マネーサプライの増加→金利の低下→投資の増加→総需要の拡大，という伝統的な金融政策の効果が低下するのである．

このような考え方は，政府は総需要管理政策を実施し，完全雇用を達成するべきであるという考え方に集約され，1950～60年代に，幅広く政策運営の指針とされた．

図表Ⅰ.3.1 古典派経済学とケインズ経済学

		古典派（新古典派）経済学	ケインズ経済学
市場一般	市場での調整 市場の状態	価格調整 常に均衡	価格調整・数量調整 不均衡の可能性
労働市場	名目賃金率 雇用 （失業の性質）	伸縮的 完全雇用 （自発的失業）	下方硬直性 不完全雇用 （非自発的失業）
生産物市場	決定要因 （決定原理）	供給サイド （セイの法則）	主として需要サイド （有効需要原理）
資産市場	利子率の決定	貸付資金説	流動性選好説
マクロ安定化政策	基本的な考え方	原則として必要なし	必要あり

(2) ケインズ経済学への批判

裁量的な経済政策の有効性について，ケインズ経済学と対抗する考えを提示してきたのが，新古典派経済学の理論に基づいた議論である．以下では，新古典派の主張や，ケインズ経済学に対するそのほかの批判について概説する．

(イ) 新古典派経済学の基本的な考え方

新古典派経済学は，「供給が需要を生み出す」という，古典派経済学の命題の1つである「セイの法則」を土台に議論を展開した．新古典派経済学では，雇用量や生産量は，消費者の選好や生産技術などの実体的な諸条件を基礎として，各市場における需給均衡のもとで決定され，さらに貨幣供給量の変化は，物価に影響を及ぼすだけで，実体的な変数には影響を及ぼさない（貨幣に関する「古典派の二分法」）と考える（図表Ⅰ.3.1）．

労働市場においては，企業の労働への需要は，利潤を最大化するために労働の限界生産が実質賃金率に等しくなるところで決まり（企業は実質賃金が低ければ低いほど雇用を拡大する），これに対して，家計は，余暇の限界効用が労働の対価である実質賃金率と等しいところまで労働を供給する（賃金が高ければ高いほど余暇を犠牲にして働く）．この結果，労働市場では実質賃金が変化することによって需要と供給が調整され，市場メカニズムを通じて完全雇用が実現される．

したがって，政府支出を増加させたとしても利子率の上昇を通じて民間投資が完全に締め出され（クラウディング・アウトされ），国民所得や雇用の水準に影響を与えることはできず，財政政策の効果は発生しないことになる．

(ロ) マネタリストの主張

ケインジアンの理論は，1950～60年代当時，学界において支配的になり，実際の政策にも大きな影響を与えていた．しかし一方で，ミルトン・フリードマンらを中心とする「マネタリスト」と呼ばれる一団が，新古典派経済学の考えを発展させ，理論的・実証的な見地からケインズ経済学を批判し，両者の間で活発な論争が展開された．

ケインジアンは，総需要管理政策によってマクロ経済を的確に運営すれば失業率などを適切に管理できると考えていたが，マネタリストはケインジアンの主張を否定し，裁量的な総需要管理政策は，失業率の水準を短期的に変化させることはできても長期的には引き下げることはできないとした．また，マネタリストは，政策には認知ラグ，実施ラグ，効果波及ラグがあり，それらを無視して裁量的な総需要管理政策を行っても，適切にマクロ経済に対応することはできないと批判した．

そこで，マネタリストは安定的な貨幣供給を通じた金融政策（「k%ルール」）を主張した．マネーサプライと国民所得との間には安定的な関係が存在するため，通貨当局は実体経済にあわせて一定の貨幣量を安定的に供給するべきであり，貨幣供給量の裁量的調整は，逆に市場を攪乱させ，かえって景気に悪影響を与えると論じたのである．

実際，1960年代末から70年代には，総需要拡大政策がとられたにもかかわらず失業率は上昇し，同時にインフレも加速するというスタグフレーションが先進国で発生した．こうしたなか，ケインズ経済学に基づく政策に批判が高まり，マネタリストの主張がその後の経済運営に大きな影響を与えていくこととなった．

(ハ) ルーカス批判と合理的期待形成，現代の経済学

ケインジアンとマネタリストとの間で激しい論争が行われ，その分析の対象とする期間，分析の前提などについての見解の相違が明らかとなるなかで，やがて経済学共通の土台に立って議論が行われる際に重要となるいくつかの概念が提示されていくこととなった．そのなかで最も重要なものが，R.E.ルーカス

の論文 “Econometric Policy Evaluation: A Critique” (1976) において主張された,「ルーカス批判」と呼ばれている論点である.

具体的には, *IS-LM* 分析やマネタリストの理論などの従来の枠組みでは不明確・不十分であった, 分析の時間軸（どれぐらいの期間を分析の対象としているのか）や, 家計や企業といった経済主体が将来に向けてどのような期待形成を行っているのか, さらに期待の変化にともなって経済の構造がどのように変化するのか, といった点を, 明確に分析の対象とするべきとした. 特に, ケインジアンの経済モデルに基づいた乗数分析や裁量的な財政・金融政策の効果予想は, 人々が抱く将来のインフレ率の予想値が変化することなどを想定していないという点で不十分であり, 実際には政策変更にともなって政策担当者の予期しなかった結果をもたらしうることを指摘した.

そして, 経済主体の将来への期待形成をモデルのなかで定式化する方法論の１つとして,「合理的期待形成」という仮説（ある事象について, その時点で入手可能な情報をすべて用いて, 将来を合理的に（確率論的に）予想することができる, という仮説）が提唱され, これに基づくモデルを構築することにより, 経済主体の期待形成の変化を考慮した経済政策の効果分析が活発となった.

たとえば, 金融政策については, 経済主体が予想していた金融政策の変更は, 実体経済に影響を与えないのではないか, という考え方が提示された. また, 裁量的な財政政策の有効性に関しては, 一時的な財政支出か恒常的な財政支出かによって財政支出の効果が異なる可能性や, そもそも現在の財政支出は将来の増税を予想させ, マクロ経済にとって中立的な効果しかもたないのではないか, といった考え方が提示された.

現代の経済学においては, こうした議論を受け, 社会に存在する技術, 情報の伝達構造など, より構造的に変化しにくい変数を加味し, 経済主体の合理的な選択結果による均衡状態を記述しようとする手法によって, より現実的な前提のもとで分析を行うことが主流となっており, 裁量的な経済政策の役割についても, 種々の議論が行われている. そのなかには, 市場の均衡メカニズムが常に最適な資源配分を実現するとし, 景気循環も市場均衡の結果として説明しようとする「新しい古典派」(New Classical), 経済主体の合理的選択の結果, マクロでは最適な均衡が達成されない場合があることを説明しようとするニューケインジアン（New Keynesian）など，様々な立場がある．

(ニ) サプライサイド経済学

これまで見てきた経済学の考え方は，主に需要側における経済政策の役割の是非を問うものであったが，一方で，供給側を強化するうえで経済政策が果たすべき役割を強く主張し，減税などにより民間部門の活性化を図ろうとする立場が，1970年代後半に登場したアメリカにおけるサプライサイド経済学である．

これは，M.S. フェルドシュタイン，A. ラッファーらによって主張され，レーガン政権下の経済政策の理論的背景となった．彼らは，生産力の基礎である労働・資本の供給が税制とインフレによって阻害されており，これがアメリカの停滞を招いた最大の原因であると考え，①企業の誘因（インセンティブ）を高める必要がある，②福祉政策は勤労者の労働意欲を低下させる，③投資の拡大には貯蓄の増加が必要である，などとし，課税のあり方と経済行動の関係の理論的解明に努めた．一方，サプライサイド経済学の名のもとに，税率を下げればむしろ税収は増加する（ラッファー・カーブ）としたラッファーの主張は一世を風靡した．ただし，ラッファー・カーブは必ずしも明確な理論・実証上の根拠に裏付けされたものではなく，当時から，経済学の名に値しないとの批判もあった．実際，アメリカにおける減税は，政府と経常収支の赤字（双子の赤字）を生み出すなど経済に大きな副作用をもたらす結果となった．

(ホ) 政治経済学

政治経済学は，以上のような経済学上の学説対立とは異なる論点から，ケインジアンの積極的な財政政策に対して批判的である．

ブキャナン＝ワグナーらは，現代民主政治のもとでは，財政支出の増加や減税は支持されやすい一方，経済的効果はどうであれ，財政支出の削減や増税は支持されづらいとし，ひとたび積極的な財政運営が行われれば，財政赤字は拡大し，政府は膨張を続け，経済は活力を失うとともに，慢性的なインフレに陥ると考えた．この理由は，政策決定が少人数の啓発的な賢人によってなされるというケインズの想定（「ハーヴェイ・ロードの前提」）は実際と異なっており，民主主義のもとで行われる実際の政策決定は必ずしも合理的なものではない，また，個々の主体が自分たちの利益を長期的な社会全体の利益よりも優先する結果，財政政策は赤字に向かいやすくなる，などである．

このような認識のもと，彼らは，均衡予算原則を復活させ，政治家も国民もこの原理に従うものとすること，予算の執行過程で赤字が生ずることが判明した場合には，自動的に歳出が下方修正されるような制度をつくることなどを提言している．

3　財政赤字に関する議論

現在，我が国の政府債務残高は，ほかの先進諸国に例を見ないほど危機的な水準となっている．財政赤字の累増が中長期的に経済成長の阻害要因となり，また世代間の不公平をもたらすことについては，各国の政策担当者の間では共通認識となっており，国際的にも大きな問題として認識されている．以下では，財政赤字の累増がもたらす問題（図表Ⅰ.3.2）と公債発行による財政支出の拡大の効果をめぐる議論（図表Ⅰ.3.3）を説明する．

図表Ⅰ.3.2　財政赤字の累増がもたらす問題

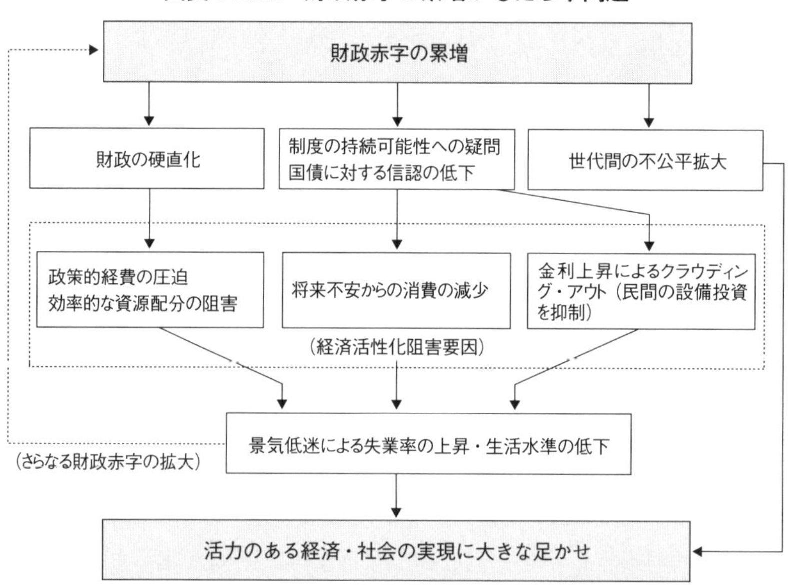

（出典）　財政制度等審議会資料．

図表Ⅰ.3.3 公債発行による財政支出の拡大の効果をめぐる議論

	ケインズ効果	リカード＝バローの中立命題	非ケインズ効果
公債発行による財政支出の拡大の効果	〈景気に対してプラス〉投資が増加したことによって投資の増加分以上に有効需要が出され，景気は拡大する．	〈景気に対して中立〉将来の公債償還時の増税に備え，増税に必要な分だけ貯蓄や遺産を増やし，消費を抑制する．	〈景気に対してマイナス〉将来の公債償還時の増税で最適な消費と貯蓄の配分ができないために，消費が必要以上に抑制される．
前　　提	現在時点の所得に基づいて，消費・投資を決定する．	①将来を合理的に予想して，自らの効用を最大化するように消費と貯蓄の配分を行う． ②金融市場が完全である（流動性制約がない）． ③課税は経済活動に対して中立的． ④各個人は子孫の経済状態も自らの効用と考え，適切に遺産を残す．	①将来を合理的に予想して，自らの効用を最大化するように消費と貯蓄の配分を行う． ②金融市場が完全ではない（流動性制約が存在する）． ③税制が経済活動に影響を与える． ④各個人は子孫の経済状態も自らの効用と考え，適切に遺産を残す．

(1) 財政赤字の累増がもたらす問題

(イ) 財政の硬直化

財政赤字の累増の直接的な影響としては，利払費や債務償還費の増大が，政策的な経費として使える金額を減少させ，財政の硬直化を招くことがあげられる．これは，財政の資源配分や経済の安定化に係る機能に支障をきたすことになる．我が国においては，少子高齢化の進行にともない，今後も医療，介護，福祉などの社会保障関係費の増加が続くと見込まれている．このようななか，財政赤字の累増は，財政需要に対する対応力を損ね，社会に悪影響を及ぼすと考えられる．

(ロ) 財政の持続可能性に対する信認

財政赤字の累増は，財政の持続可能性（サステナビリティ）に対する国内外の信認を失うことにつながる可能性がある．財政の持続可能性とは，すなわち，現存する政府債務の長期的な償還可能性である．

我が国の財政赤字は先進国のなかでもきわめて厳しい状況にあるが，財政赤字は国債によりファイナンスされている．市中の資金が国債の購入にあてられると，市中の資金需給が逼迫し，金利が上昇する．このため，民間部門が資金を調達する際の金利が上昇し，民間投資が抑制されることになる．

また，財政赤字の累増は，市場に対して，将来の政府債務の債務不履行（デフォルト）やインフレによる国債の実質的な価値の低下等の懸念を抱かせるものとなりかねない．そして，このような懸念は，リスク・プレミアムとなって金利の上昇を招きかねず，そうなれば，企業の資金調達などに悪影響を与え，設備投資の抑制を招くなど，経済成長を阻害しかねない．さらに，金利の上昇→利払費の増加→財政赤字のさらなる拡大，という悪循環に陥れば，財政の持続可能性に対する国内外の不安を増幅することになりかねない．

（ハ）世代間の不公平拡大，将来への負担先送り

国債発行による便益は主として現世代が受けることになる一方で，国債の償還にともなう税負担は将来の増税などを通じ，子や孫などの将来世代が負うことになりかねない．つまり，国債発行による財政赤字の累増は，受益と負担の関係がバランスを欠き，現世代が負担に比べて大きな便益を受け，その負担を，日々刻々，将来世代に先送りしている状態なのである．

(2) 公債発行による財政支出をめぐる議論

公債発行による財政支出の拡大が経済にもたらす影響については，様々な見方がある．影響は中立的とする見方と，むしろマイナスの影響を与えるとする見方を紹介する．

政府が，財源をいかなる方法で調達するかという問題については，古くから様々な議論が行われてきた．古くは，古典派経済学の代表的学者であるリカードが，1820年に発表した論文において，現時点における租税の徴収と公債の発行（及び将来における課税）とは経済的に等価である，との議論を行っている．

この考え方は，1970年代，R.バローによって「公債発行のマクロ経済に与える影響は中立的である」として，改めて整理された．ここで，中立とは，公債発行による減税や政府支出の増加は，①マクロ経済になんら影響を与えない（国民所得の増減に影響しない），②世代間の公平性も阻害しない，との意味が含まれている．この考え方は「バローの中立命題」（あるいは「リカードの中立命題」）と呼ばれ，バロー以降，理論的にも実証的にも，その成立の可否をめぐって様々な議論が行われることとなった．

中立命題は，①各個人は将来を合理的に予測する，②各個人は自らの効用を最大化するように消費と貯蓄の配分を行い，流動性制約がない（借入れや貯蓄を自由に行うことができる），③課税は経済活動に対して中立的（税収が一定ならば課税方法の違いが経済活動に与える影響はない），④各個人は，子孫の経済状態も自らの効用として考え適切に財産を残す，という前提条件のもと，各個人は，公債の発行が将来の増税につながると考えれば貯蓄・遺産を増やす，と考える．このとき，政府の財源調達の方法は個人の行動に対して中立的であり，したがって経済全体に対しても中立的であり，また，世代間の公平性の問題は生じない．

実際には，バローの想定は非現実的であり，実証的にも十分に支持されていない．中立命題は，あくまでも理論的なモデルと考えるべきであろう．しかし，公債によって増税を先送りしたとしても，結局，現世代が生きている間にかなりの割合を負担しなければならないとの予想が強まれば，裁量的な財政支出などによる景気対策の効果は減殺されうる，という中立命題の示唆は，重要なインプリケーションであるといえる．

次に，公債発行による財政支出の拡大は民間消費をむしろ減少させ，逆に，財政再建による公債発行の抑制は消費の拡大をもたらすとの主張も存在する．このような考え方に基づく財政支出や財政再建の効果を「非ケインズ効果」と呼ぶ．従来，積極財政は景気を拡大させる（ケインズ効果）と考えられてきたが，特に政府債務が膨大な場合，公債発行による財政支出の拡大は将来における増税等の負担の増大や給付の削減を予想させ，非ケインズ効果が生じる可能性は高くなる．逆に，財政再建を実現し，かつその持続可能性が高いと考えられる場合，そうした施策は，給付の安定化や将来における負担の減少のシグナルとなる．このとき，恒常的な可処分所得が増大するという期待を通じて消費が拡大し，財政再建が景気浮揚効果をもつことがある．

なお，これらの効果は，一般的なマクロ経済学のモデルと同様，個人が将来の経済情勢の見通しなどによる期待所得に基づいて消費行動や投資行動を決定している場合であり，可処分所得について流動性制約が存在している場合や非合理的な決定がなされている場合，効果は軽減する．

また，非ケインズ効果を通じて財政再建を自律的な景気回復につなげるためには，政府は財政再建に継続的に取り組むという信認確保が要件となる．非ケインズ効果は非効率な財政支出や負担先送りのコストの程度にも依存するが，財政赤字が深刻で，政府債務の累積が生じている局面では，景気対策のための追加的な財政出動が消費を抑制するなどの可能性が否定できないことに留意が必要である．

4 課税をめぐる議論

(1) 基本原則

国や地方公共団体は，行政サービスに必要な経費を租税によってまかなっているが，どのような税をどのような理念に基づき課すべきか，様々な議論がある．こうした課税の基本原則の議論は，その時々の経済情勢の変化や経済学の変遷とともに発展してきており，アダム・スミスの４原則，ワグナーの９原則，マスグレイブの７条件などがよく知られている．こうした流れを経て，現在，基本原則は公平・中立・簡素の３点を中心に考えられている．以下ではこの３原則について説明する．

(イ) 公平

課税の公平性については，「垂直的公平」と「水平的公平」の２つの考え方がある．「垂直的公平」は「タテの公平」とも呼ばれ，担税力（租税を負担する経済力）に応じて租税負担も増すことを求めている．水平的公平は「ヨコの公平」とも呼ばれ，担税力が同じであれば租税負担も同等であることを求めている．

ただし，公平性の具体的内容は一義的に決まるものではない．垂直的公平については，どの程度の所得再分配を税制で行うべきかという判断に依拠しており，また社会全体の合意も得られにくい．一方，水平的公平は最も客観的な基準とされ，公平な課税の最低条件であると考えられているが，担税力の基準として所得を用いるか，消費支出を用いるかなどについて議論がある．

(ロ) 中立

課税の中立性とは，課税が経済における資源配分の歪みをできるかぎり与えないようにすることである.

先に課税の公平性について見たが, 所得再分配による垂直的公平を確保しようとするほど, 資源配分の効率性に歪みが生じ, 中立性が失われる. このことは, しばしば効率と公平のトレード・オフと呼ばれ, そのバランスをめぐって議論がなされている.

(ハ) 簡素

課税の簡素性は, 税務当局や納税者にとって手続きがわかりやすく, また理解しやすいことなどを求めている.

(2) 租税体系

以上の租税原則を踏まえながら, 現在我が国では国, 都道府県及び市町村が徴税を行っている. 課税主体の区別により, 国が課税主体となる税金を国税, 都道府県及び市町村が課税主体となる税金を地方税と呼ぶ. ここでは, 国税に含まれる税目の分類を説明する.

(イ) 直接税と間接税

租税はまず, 直接税と間接税とに区分できる. 直接税は, 法律上の納税義務者が最終的に税を負担する者 (担税者) となることを立法者が予定している税である. 間接税は, 法律上の納税義務者は税を財貨またはサービスの価格に乗せて転嫁し, 実質的な負担とはならず, その最終購入者が担税者となることを予定している税である. 国税においては, 所得税, 法人税, 相続税, 贈与税, 地価税などが直接税であり, 消費税, 酒税, たばこ税などが間接税である.

(ロ) 所得課税, 消費課税, 資産課税

税負担を担税者の負担能力に応じて割り当てるとき, 負担能力を測る尺度が問題となるが, これには, 所得のほかに消費や資産が考えられる.

所得課税には個人所得課税である所得税と, 法人所得課税である法人税などがある. 消費課税には, 消費全般に広く負担を求める消費税のほか, 酒税, たばこ税などの個別間接税がある. また, 資産課税には, 相続税・贈与税や登録免許税などがある. なお, 利子・配当やキャピタル・ゲインといった資産性所得に対する課税は, 一般に所得課税に分類される.

(3) 課税の理論

(イ) 利益説と能力説

基本原則における公平性について，担税力に応じた税負担について論じたが，こうした考え方は能力説と呼ばれている．一方，能力説のほかに，利益説という考え方がある．利益説とは，政府の供給する公共財から受ける便益の大きさに応じて税負担を配分すべきである，という考え方である．

(i) 能力説

能力説は，イギリスではJ.S.ミル，F.Y.エッジワースらに代表される考え方であり，ドイツではワグナーらによってドイツ財政学の基礎となった．能力説は，公共支出は消費者の評価とは別個に決定するべきと考える．なぜなら，公共財は私的財と異なり，消費者主権の原則が成立せず，受益と負担との関係が不明確だからである．この考え方は，現実の租税制度を国民の納得しやすいものとする要請に適したものである．ただし，能力説の適用にあたっては，どのような経済力を基準に課税するか，すなわち，支払能力をどのようにして測るかについて議論が分かれている．

(ii) 利益説

利益説はアダム・スミスに始まり（彼は概念を明確に確立してはいなかったが），イタリアや北欧で発展した．利益説に立つ代表的な考え方としては，「リンダール均衡」の概念があげられる．

私的財の場合，個人は自由に需要量を変えられるが，公共財の供給量は全員にとって同じである（公共財の等量消費）．しかし，公共財の生産に係る費用の分担割合を定め，このもとで公共財の需要を各個人に表明させ，すべての人々の需要量が一致するように調整を繰り返す仕組みを考えれば，各個人が公共財から得る便益に応じた費用負担が達成できる．リンダールは，このようにして公共財の最適供給の条件（各個人の限界便益の合計＝限界費用）が満たされ，かつ受益者負担が満たされる均衡を考えた．

しかし，現実には，公共財に対する各人の選好は示されにくく，利益説的な課税が行われる可能性は小さい．ただし，公共財から受ける便益が比較的明確な場合（地方税，特定財源など）は，利益説の考え方を適用し，目的税を課することが適切な場合もある．

(ロ) 包括的所得税と支出税

公平性の尺度として，広く受け入れられているのは所得である．H. サイモンズは所得概念について，資産の食いつぶしを行わない限度での最大消費可能額，つまり対象期間中の消費支出と資産の純増の和と定義し，これに該当するものはどのような形態（賃金，地代，利潤，利子，キャピタル・ゲイン）をとろうが所得とみなして課税することが公平にかなうとした．

一方，所得よりも消費支出を課税ベースとするべきとの考え方もある．たとえば，J. S. ミル，A. マーシャル，I. フィッシャーなどは，所得税は稼得された段階と貯蓄がなされて利子が生じた段階との二重課税となるが，支出税は現在と将来の消費に対して中立であり（二重課税を行わない），また貯蓄を増加させるので経済効率上望ましいとした．包括的所得税は所得の発生時期によってライフサイクルを通じての負担にばらつきが生じるのに対し，支出税は負担の平準化がなされ，資源配分の歪みが抑えられると考えているのである．

また，N. カルドアらは，所得は個人が労働などを通じてどの程度社会に貢献したかを示す指標であり，消費は社会の財・サービスを個人がどれだけ取り出したかを示す指標であると言えるため，所得より消費に課税するほうが公平だと考えた．

フェルドシュタインらは，未実現のキャピタル・ゲインや変動所得にも課税がなされるサイモンズの所得概念は不適当であり，むしろ生涯所得ないし恒常所得を基準とすべきとし，その近似として，消費支出が課税ベースとして好ましいと主張した．

(ハ) 最適課税論

最適課税論とは，資源配分の効率性と所得分配の公平性の基準に基づいて，ある所与の大きさの税金を得る際に，最も経済的に合理的な課税体系は何かを模索する議論である．最適課税論においては，通常はトレード・オフとされる効率性と公平性のいずれを重視するかや種々の仮定の置き方によって，最適と考えられる税体系は変化する．

最適課税問題をめぐる実際上の論点としては，生産要素間の弾力性の違いや，異なる財の間における価格弾力性の違いに応じた望ましい税率の違いに関する議論がある.

前者の例として，北欧諸国で導入されている「二元的所得税」は，資本は労働よりも流動的であることを前提にして，海外への資本逃避の防止等の観点から，すべての所得を「勤労所得」と「資本所得」とに二分したうえで，「勤労所得」に対しては累進税率を適用する一方，「資本所得」には「勤労所得」に適用する最低税率と等しい比例税率で分離課税するものである.

また，後者の例としては，最適課税問題については，「ラムゼー・ルール（逆弾力性の命題）」と呼ばれる命題が知られている．これは，政府が個別の財に対する間接税によってある一定額の税収を得ようとするとき，資源配分上の歪みを最小にするためには，個別の財に対する税率はその財に対する需要の価格弾力性に反比例するように各財に対する税率を定めるべきとするものである．つまり，需要量が価格変化の影響を受けにくい財ほど，課税による資源配分の歪みは生じず，相対的に高い税率を課すことが望ましいとされる.

しかし，通常，需要量が価格変化の影響を受けにくい財は必需品であることが多く，さらに，低所得者は高所得者に比べて消費に占める必需品の割合が高いことから，ラムゼー・ルールに則って課税を行うと，必需品に対してより高い税率が課され，低所得者の負担が増大する．このように，ラムゼー・ルールは所得再分配を通じた公平性の観点とトレード・オフとなる可能性が高い.

コラム　マンデル＝フレミング・モデル

本コラムでは，*IS-LM* 分析を国際経済に拡張した，マンデル＝フレミング・モデルについて，説明する.

マンデル＝フレミング・モデルは，

① 自国は小国であり，自国の金融政策は他国の金利等に影響を与えず，

② 資本移動が完全に自由である

という 2 つの仮定のもとでのモデルである.

（ⅰ）固定相場制下での政策効果

固定相場制を採用している経済では，為替レートの維持のために貨幣供給をコントロールしなければならない．そのため，金融政策は無効となる．一方で，財政政策を行っても実質金利は上昇しないことから，通常の *IS-LM* モデルと比較して，クラウディング・アウトが起こらない分だけ財政政策の効果はより大きくなる．

図１：変動相場制のもとで拡張的な財政政策を行った場合

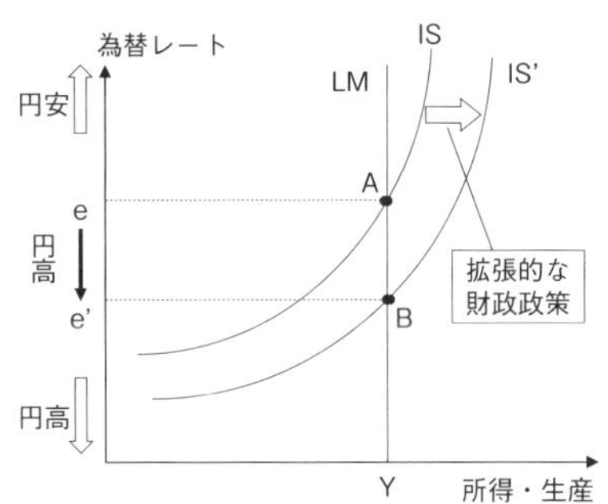

図２：変動相場制のもとで拡張的な金融政策を行った場合

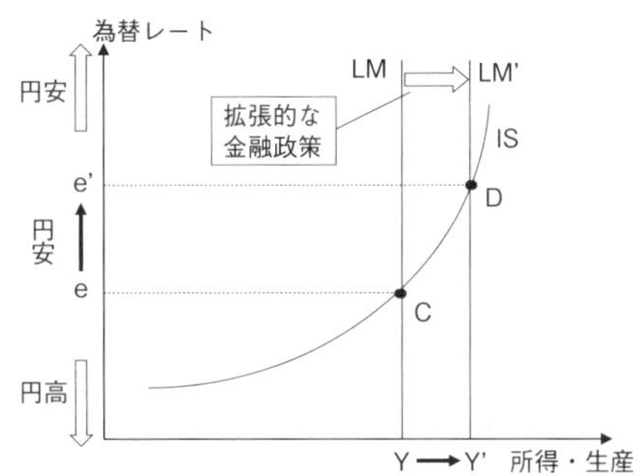

（ⅱ）変動相場制下での政策効果

変動相場制のもとでは，固定相場制とは反対に，財政政策は無効であり，金融政策は有効という帰結が導かれる．

変動相場制におけるモデルの運用について，図を使って説明する．図１にあるように，変動相場制のもとでは財政政策を行っても実質金利が上昇し，その分だけ為替レートが自国通貨高（円高）になり，所得・生産を減少させる．

また，緩和的な金融政策を行った場合は，実質金利が低下する．それにともない，図2にあるように為替レートは減価し，需要が喚起される．

以上の議論をまとめると，マンデル＝フレミング・モデルによる分析から導かれる帰結は，「資本移動の自由の有無により，財政政策と金融政策の有効性が決定される」ということである．本モデルの登場により，これまで一国内の分析にとどまっていたケインズ経済学に基づく分析が国際経済一般へと拡張され，国際経済論の発展に大きく寄与することとなった．なお，本モデルの考案者の１人であるロバート・マンデルは，1999年にノーベル経済学賞を受賞している．

しかしながら，マンデル＝フレミング・モデルを現実の日本に当てはめ，そのまま応用するにあたっては，以下の点に留意する必要がある．

まず，日本のGDPは世界のGDPの約４％を占めており，小国ではないことがあげられる．すなわち，マンデル＝フレミング・モデルの世界とは異なり，現実には，日本の金融政策が諸外国にも影響を与えうる．

次に，世界全体で見ても，資本の移動が完全に自由であるとは言えない．たとえば，証券課税は各国で税率が異なるほか，為替交換にも手数料がかかる．さらに，政府が他国への資本移動を規制する場合もある．

最後に，マンデル＝フレミング・モデルでは，為替レートが金利によって決定されることを暗に前提としているが，現実にはその通貨の流動性や自国国債の流動性，自国投資家のポートフォリオ選好などさまざまな要因によって為替レートは決定される．よって，必ずしもLM曲線は垂直とはならず，拡張的な財政政策の効果が為替レートの増価によってすべて減殺されるとは考えにくい．

以上のように，マンデル＝フレミング・モデルをそのまま日本経済に当てはめることには注意が必要である．

第 II 部

予算制度と関連する施策

第1章 総　説

1 予算制度

(1) 財政と予算

我が国の財政制度については，憲法の第7章「財政」に基本原則の定めがあり，これを受けて財政法をはじめ多くの法律が定められている．これらを通じて，予算には，その執行前にあらかじめ国会の議決を受けること（事前議決の原則），また，国の収入と支出の全額を計上すること（総計予算主義の原則）が義務づけられており，これらとともに，内閣には，少なくとも毎年1回，国の財政状況を国会及び国民に報告することが求められている．

予算には実質，形式の2つの意味がある．予算の実質的意味は，国がどのような政策や目的のために，どれだけ支出活動を行うか，また，それをまかなうための財源をどのようにして調達するかという財政の内容の見積りを一定の期間について明らかにしたものということである．予算の形式的意味は，それが国会の政府に対する財政権限付与の形式であるということである．

現在の制度では，毎年，政府は予算を編成して国会に提出し，その議決を受け，議決を受けた予算に従って国の支出を実行していくことになっている．そしてこのような国会での予算の審議を通じて，国民は国政一般について政府の行動をコントロールすることになるのである（図表Ⅱ.1.1）．

図表Ⅱ.1.1　財政の仕組み

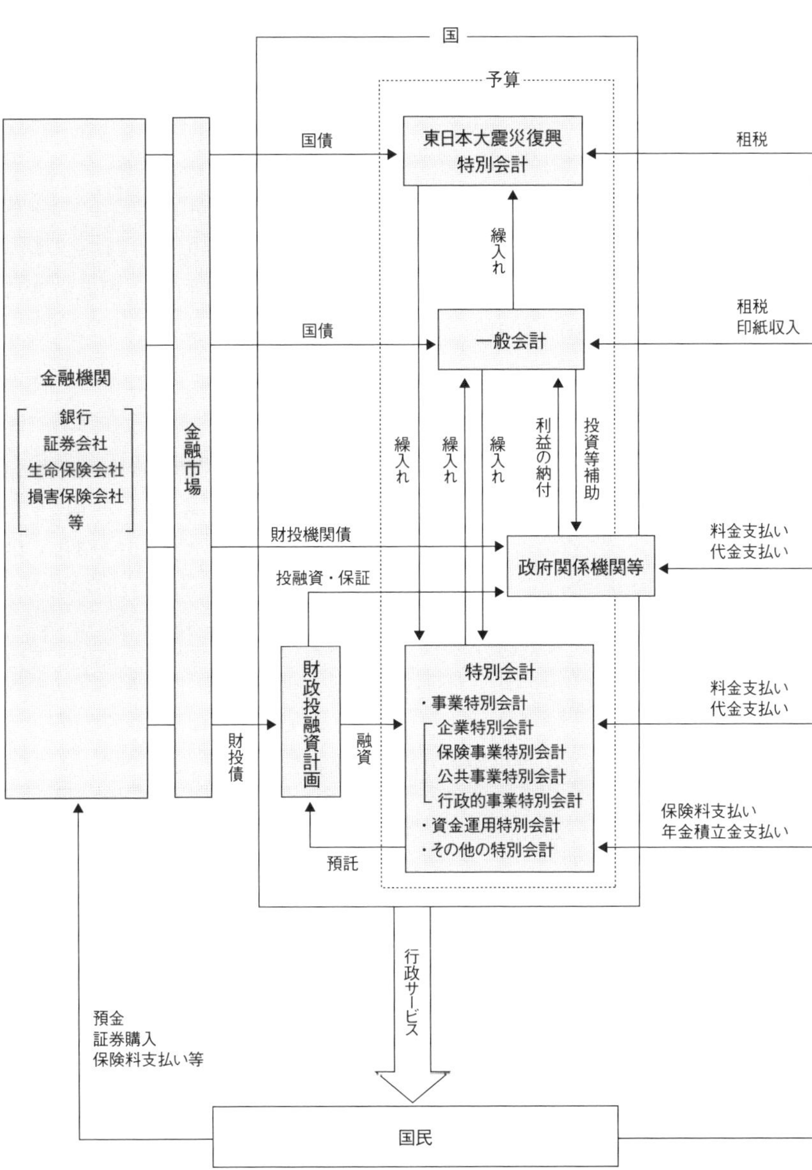

(2) 予算制度の概要

（イ）会計年度

会計年度とは収入，支出を区分してその対応関係を明らかにするために設けられた期間であり，通例１年間をもってその期間としている．予算についての国会の議決も原則としてこの１年間という期間内にその対象を限定しているわけであるから，予算は当該年度の開始前においても，年度経過後においてもこれを使用できないのが原則である．我が国の会計年度については，財政法第11条に４月１日から翌年の３月31日までの１年間である旨を規定しているが，諸外国においては，たとえば，ドイツ，フランスは１月から，イギリスは我が国と同じく４月から，アメリカは10月（年度末の属する年をもって年度名とする）からとされており，会計年度の始期は国によって様々である．

予算は，財政民主主義の観点から毎会計年度これを作成し，国会の議決を経なければならない（予算の単年度主義）ほか，ある会計年度の支出（歳出）は当該会計年度の収入（歳入）でまかなわなければならない．後者は会計年度独立の原則と呼ばれているが，これはたとえば本年度の歳出を翌年度の歳入増を見越して執行するようなことになれば，財政収支の真の姿が不明確になり，また，放漫な財政支出を招きやすいことにかんがみて設けられたものである．したがって，この原則は歳入歳出均衡の原則を保持し，健全な財政を確立するのに不可欠のものである．

ただし，この原則を徹底すると，かえって予算の円滑かつ弾力的な執行の妨げとなることもあるので，以下の例外も認められている．

① 歳出予算の繰越し　ある年度の歳出予算が年度内に支出し終わらないとき，一定の理由がある場合にはこれを翌年度に繰り越して支出することが認められる．

繰越しには，明許繰越し（後述），事故繰越し（年度内に支出負担行為をしたが，避けがたい事故のため支出が終わらなかった場合）などがある．

② 過年度収入及び過年度支出　会計年度は３月末に終わるが，その後４月末（特別の場合は５月末）まで，収入支出に関する事務の整理のために，翌年度になっても過年度の歳入歳出として現金の収納または支払いをす

図表Ⅱ.1.2　継続費と国庫債務負担行為の主な相違点

	継続費	国庫債務負担行為
権限付与の範囲	総額の債務負担権限 後年度にわたる支出権限	総額の債務負担権限のみ
債務負担を行う年度	初年度に限らず，５カ年度以内にわたることも可能	初年度に全額債務負担
対象経費	「工事，製造その他の事業」に限定	特に限定なし

(注)　以上から継続費は国庫債務負担行為よりも予算単年度主義に対する例外性が強いといえる．

ることのできる出納整理期間が設けられている（この期間が過ぎた後に過年度に属する収入や支出の必要が生じた場合には，新しい年度の歳入歳出として処理することになる）．

(ロ)　予算の内容

政府が国会に提出する予算の内容は，予算総則，歳入歳出予算，継続費，繰越明許費及び国庫債務負担行為からなっている．

①　予算総則　歳入歳出予算等に関する総括的な事項のほか，公債発行の限度額，財務省証券及び一時借入金の最高額，その他予算の執行に関し必要な事項などを定めている．

②　歳入歳出予算　予算の本体である．

③　継続費　工事，製造その他の事業で，完成に数会計年度を要するものについて，経費の総額及び年割額（毎年度の支出見込額）を定め，あらかじめ国会の議決を経て，数年度にわたって支出するものである．継続費は予算の単年度主義の例外であり，その支出は当該各年度の歳入をもって充てられることになるため，後年度の財政を過度に拘束することのないよう，特に必要な場合に限定したうえで認められ，かつ，年限も５カ年度以内に限られている．現在，継続費の制度は防衛省の警備艦及び潜水艦の建造にのみ用いられている．

④　繰越明許費　歳出予算のうち，その性質上または予算成立後の事由により年度内にその支出が終わらない見込みのあるものについて，あらかじめ国会の議決を経て，翌年度に繰り越して使用することができることとする経費である．

⑤　国庫債務負担行為　国が契約などによって債務を負担するには，法律，条約や歳出予算もしくは継続費に基づく場合のほかは，国庫債務負担行為としてあらかじめ予算をもって国会の議決を経なければならない．事業，工事などの発注契約の締結は当該年度にする必要があるが，支出については，事業，工事などの進捗度合いに応じて全部または一部が翌年度以降になされるような場合に用いられ，事項ごとにその必要な理由と債務負担の限度額などを明らかにして国会の議決を経ることとしている．

（注）国庫債務負担行為制度のなかには災害復旧その他緊急の必要がある場合において，あらかじめ国会の議決を経た金額の範囲内で債務負担をなしうる制度もある（これを，非特定議決国庫債務負担行為という）．これは歳出予算の場合における予備費に類するもので，その内容は特定されず，一定金額が具体的目的を定めることなく議決される点に特徴がある．

(ハ)　予算の種類

（ｉ）一般会計予算，特別会計予算，政府関係機関予算

(a)　一般会計予算と特別会計予算

国の会計はもともと１つのものであるが，今日のように財政の範囲が拡大し，その内容も多様化してくると，行政能率の向上を図るため特定の歳入歳出を一般の歳入歳出と区別して整理する必要が生じてくる分野もある．

国の一般の歳入歳出を経理する会計を一般会計と呼ぶが，これは税などの財源を受け入れ，社会保障，教育など国の基本的経費をまかなう会計である．通常，予算という場合にはこの一般会計予算を指す場合が多い．一方，財政法では，国が特定の事業を行う場合，あるいは特定の資金を保有してその運用を行う場合，その他特定の歳入をもって特定の歳出に充て一般の歳入歳出と区分して経理する必要がある場合にかぎり，法律をもって特別会計を設けるものとしている．

(b)　政府関係機関予算

政府関係機関とは，特別の法律によって設立された法人で，その資本金が全額政府出資であり，予算について国会の議決を必要とする機関を意味し，令和５年度現在，図表Ⅱ.1.3に掲げた４機関がこれに該当する．これらの機関の予算を政府関係機関予算という．これらの機関を国から切り離して別個の機関としているのは，予算に弾力性をもたせ，企業的経営によって能率をあげるため

図表Ⅱ.1.3　政府関係機関一覧

機関名	設立年	設立目的
沖縄振興開発金融公庫	昭47	沖縄における経済の振興及び社会の開発に資する資金供給
株式会社日本政策金融公庫	平20	国民生活の向上に寄与するための資金の供給
株式会社国際協力銀行	平24	我が国及び国際経済社会の健全な発展に寄与するための資金の供給
独立行政法人国際協力機構有償資金協力部門	平20	開発途上地域の政府等に対する有償の資金供与による協力の実施等

(注)　独立行政法人国際協力機構有償資金協力部門の設立年は，国際協力銀行の海外経済協力業務の権利及び義務の一部を承継した年を記載している.

であるが，公共の利益を目的としているそれらの事業は国の事業に近いものであり，その予算は国の予算と同様に国会の議決を受けなければならないこととなっている.

(c)予算の相互関係（予算の純計）

以上の3つの予算は単純に並立しているわけではなく，一般会計から特別会計や政府関係機関への財源繰入れを行ったり，逆に特別会計や政府関係機関から一般会計に財源の繰入れを行うなど，相互に密接なつながりをもっている.このため国の予算全体の規模を見るためには，単純に各会計の予算を合計するだけでなく，そこから重複分を差し引かなければならず，この重複分を差し引いた予算の総計を純計と呼ぶ（図表Ⅱ.1.4，図表Ⅱ.1.5）.

(ⅱ)本予算，暫定予算，補正予算

社会・経済情勢の変動に迅速に対応し，有効かつ適切な予算執行を期するため，事情の変化に応じて予算の内容を変更することが必要となる場合や，何かしらの理由で年度開始までに予算が成立しない場合に備え，本予算のほかに，補正予算，暫定予算という制度が存在する.一般会計，特別会計，政府関係機関，おのおのの予算は，一体として国会の審議・議決を経て，通常，当該年度開始前に成立する.この予算のことを本予算と呼んでいる（法律上，本予算という言葉はないが，後述する暫定予算，補正予算に対して当初成立した基本の予算を一般に本予算という）.

しかし，なんらかの理由で年度開始までに国会の議決が得られず本予算が成

図表Ⅱ.1.4　一般会計・特別会計の主要経費別純計

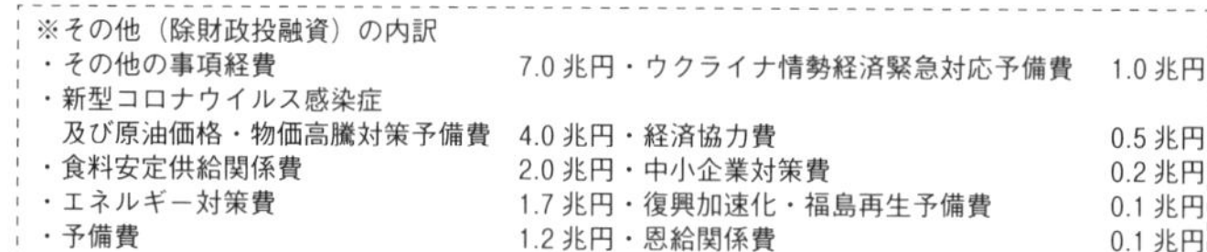

※その他（除財政投融資）の内訳

・その他の事項経費	7.0 兆円	・ウクライナ情勢経済緊急対応予備費	1.0 兆円
・新型コロナウイルス感染症及び原油価格・物価高騰対策予備費	4.0 兆円	・経済協力費	0.5 兆円
・食料安定供給関係費	2.0 兆円	・中小企業対策費	0.2 兆円
・エネルギー対策費	1.7 兆円	・復興加速化・福島再生予備費	0.1 兆円
・予備費	1.2 兆円	・恩給関係費	0.1 兆円

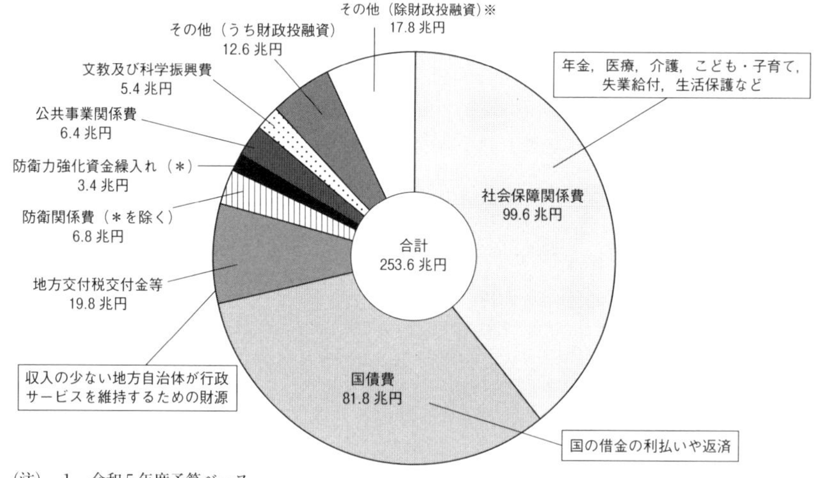

（注）1．令和5年度予算ベース
2．国債費は，国債整理基金特別会計における借換債償還額控除後の額である．

図表Ⅱ.1.5　一般会計，特別会計，政府関係機関純計（当初予算ベース）

（単位　億円）

歳入			歳出	
令和4年度予算額	令和5年度予算額		令和4年度予算額	令和5年度予算額
1,075,964	1,143,812	一般会計予算総額　(A)	1,075,964	1,143,812
4,705,331	4,445,979	特別会計予算総額　(B)	4,672,824	4,419,088
5,781,295	5,589,791	(C) = (A) + (B)	5,748,788	5,562,901
20,047	22,341	政府関係機関予算総額　(D)	25,192	26,462
5,801,343	5,612,132	(E) = (C) + (D)	5,773,981	5,589,362
3,069,475	3,056,824	うち重複額等　(F)	3,055,211	3,028,455
2,731,867	2,555,308	純計額 (G) = (E) − (F)	2,718,770	2,560,908

立しない場合には，本予算が成立するまでの間の必要な経費の支出のために暫定的な予算が必要となる．これを暫定予算といい，国会の議決を必要とする点では本予算となんら異ならないが，その性質上，計上されるのは本予算成立までの必要最小限度の出費に限られ，本予算が成立すれば失効し，本予算に吸収される．

また，本予算の執行の過程において，天災地変，経済情勢の変化あるいは政策の変更などにより当初の予算どおり執行することが不可能ないし不適当となる場合がある．これに対し，予備費や移用・流用（後述）の制度によって対処することも可能であるが，必要やむを得ない場合には，国会の議決を経て当初の本予算の内容を変更する予算を組むことがあり，これを補正予算という．補正予算は1会計年度に2回以上組まれることもある．

(ニ) 予算の区分及び科目

予算は，その膨大な金額の内容が国民に理解しやすく，また，執行などが容易で責任の所在が明確でなくてはならず，そのため，以下のように区分されている．

区分のうち，項までは議決科目（立法科目）といい，国会での議決が必要である．これに対し，目及び目の細分は行政科目といい，行政面の規制にゆだねられている．

また，歳入予算と歳出予算ではその効力が異なっており，歳入予算は政府の収入見積りにすぎず，歳入の収納は必ずしも予算に拘束されるものではない．一方，歳出予算は，項に定められた金額を超過して支出することはできず，項で定められた目的以外に支出することも許されない．

(ホ) 予算の移用及び流用

元来，予算はその目的のとおり執行しなければならないが，予算編成後，情勢の変化などによって，当初予算どおり執行することが不適切となる場合，移用及び流用という制度が認められている．

移用とは経費の性質が類似または相互に関連している項と項の間の経費の融通であり，あらかじめ予算をもって国会の議決を経た場合にかぎり，財務大臣の承認を経て認められる．また流用とは同一項内の目と目の間の経費の融通であり，財務大臣の承認を経て認められる．

2 予算の編成・執行・決算

(1) 予算の編成

予算を編成し，国会に提出できるのは内閣だけである．これを内閣の予算提案権という．内閣のなかで実際に予算編成の任にあたるのは財務大臣である．財務省では主計局が，各省庁からの概算要求を受けて，査定作業を行う．12月下旬に財務省はとりまとめを行い，政府案として歳入歳出予算が閣議決定され，内閣がこれを翌年の通常国会に提出する．国会，裁判所，会計検査院の予算については，内閣が予算面からこれらの独立機関の活動を制約することのないよう，財政法上特別な手続きが定められている．

(2) 予算の審議と成立

予算は，まず衆議院に提出され審議を受けなければならない．これを衆議院の予算先議権という．

予算が衆議院に提出されると，財務大臣は財政演説を行い，予算の編成方針やその内容，特色，財政政策等に関する基本方針，経済の現状などについて説明する．同日参議院においても財政演説が行われた後，予算は衆議院の予算委員会で詳細に審議され，さらに本会議で審議，議決される．その後，参議院に送付され同様の手続きを経て予算が成立する．参議院が衆議院と異なった議決をした場合には両院協議会を開くが，それでも意見が一致しないときは衆議院の議決が国会の議決となる．また，参議院が衆議院の可決した予算案を受け取った後30日以内（国会休会中の期間を除く）に議決しない場合も，衆議院の議決が国会の議決となる（予算の自然成立）．

また，国会において，政府案を修正する提案を行うためには，本会議においては，衆議院は50名以上，参議院は20名以上の賛成が必要である．

(3) 予算の執行

国会の議決によって予算が成立すると，国会の議決したところに従い，内閣から各省各庁の長に，その執行すべき歳入歳出予算などが配賦される．歳出予算の執行は，支出の原因となる契約の段階（支出負担行為）と小切手の振出しなど，現金の支払いの段階（支出）に分けられ，不当，違法などがない適正な予算の執行を期すべく，支出負担行為担当官と支出官の職務は厳格に区分され，その責任の帰属も明確になっている．

予算の執行にあたり，各省各庁の長は，公共事業費などの経費について，その支出負担行為実施計画（契約等の一会計年度間の実施計画）を作成し，財務大臣の承認を受ける必要がある．その趣旨は予算の編成過程において経費の性質上，または時期的な理由などにより，その具体的内容が執行段階にならないと確定できないものについて，適正な予算の執行を確保しようとするものである．

また，各省各庁の長は，支払計画（主に支出の四半期ごとの計画）を作成し，財務大臣は，国庫金，歳入及び金融の状況等を勘案したうえ，支払計画を承認する．支払計画は，財務大臣から日本銀行にも通知される．支払いは，原則として，支出官が日銀宛に小切手を振り出すことによって行われる．

(4) 決算

一会計年度の予算の執行が完結すると，各省各庁の長は，その所掌に係る歳入歳出の決算報告書を作成し，翌年度の7月31日までに財務大臣に送付しなければならない．財務大臣はそれに基づき決算を作成する．決算は，各省各庁の決算報告書を添付し，内閣から会計検査院に送付される．会計検査院は決算の検査をした後，検査報告をつけて内閣に回付し，内閣は決算を検査報告とともに国会に提出し審議を受ける．ただし，決算は，過去に行われた収入，支出の事実の計数的記録であり，両院の議決によって予算執行の効力が左右されることはない．

また，決算の結果，剰余金が生じる場合がある．これを決算上の剰余金（歳計剰余金）といい，通常は剰余金の生じた年度の翌年度の歳入に繰り入れられる．この決算上の剰余金のうち当該年度に新たに生じた剰余金（新規発生剰余金）から歳出予算の繰越額及び地方交付税交付金等財源充当額を除いた額を純剰余金という．この純剰余金の2分の1を下らない金額は，当該剰余金の生じた年度の翌々年度までに公債の償還財源に充てなければならない．

一方，年度末までに歳入不足が予想される場合には，補正予算によって手当てすることが可能だが，年度末間際あるいは年度経過後において不足が明らかになった場合には，これによって対処することは不可能である．そこで昭和52年度に決算調整資金が設置され，このような場合には，同資金から一般会計へ財源を組み入れることとされている．昭和56，平成４，平成５，平成９，平成13及び平成20年度決算において，この制度により処理されている．

3　国の収入の概要

最も代表的な一般会計の収入は予算区分に従って，次の６つの区分に分けられる．①租税及印紙収入，②官業益金及官業収入，③政府資産整理収入，④雑収入，⑤公債金，⑥前年度剰余金受入．

(1) 租税

(イ) 直接税

納税義務者と担税者が一致することを立法者が予定している税を直接税といい，国税のうち直接税にあたる主なものとして，次の税目がある．

(ⅰ) 所得税（所得課税）

個人の年間を通じて得た所得に課される税である．個人が稼得した所得を課税対象として，各個人に帰属する所得を総合し，これに一定の所得控除と超過累進税率を適用することにより，各個人の担税力に応じた公平な課税を行うことができ，所得再分配の面においても大きな役割を果たしうる利点をもつとされる．

現行の所得税は，次の３つの考え方が柱となっている．

① 所得の総合　原則として，その年分のすべての所得を総合，合算し，それに課税する．
② 人的事情の考慮　税負担を考慮し，基礎控除等の各種の所得控除が認められている．
③ 累進課税　課税対象金額を段階的に区分し，超過累進税率を適用して課税する．

具体的には，所得税法などに基づき，個人の１年間の所得を原則として総合

図表Ⅱ.1.6 国税の税目

所得課税	所得税* 法人税* 地方法人特別税* 復興特別所得税* 地方法人税*	消費課税	消費税 酒税 たばこ税 たばこ特別税 揮発油税 地方揮発油税 石油ガス税 国際観光旅客税	自動車重量税 航空機燃料税 石油石炭税 電源開発促進税 関税 とん税 特別とん税
資産課税など	相続税・贈与税* 登録免許税 印紙税			

(注) *は直接税，無印は間接税など．

し，そこから基礎控除のほか，配偶者控除，扶養控除などの所得控除を行った残額に対し，累進税率を適用して課税する．さらに，配当所得や外国ですでに課税された所得などについては，このようにして算出された税額から一定額の税額控除を行う．

所得税は，納税者自らが所得金額や税額を申告して納税する申告納税制度であるが，給与や報酬料金など，一定のものの収入については，その収入に際し税金を差し引く源泉徴収制度が取り入れられている．

（ⅱ）法人税（所得課税）

会社等の法人の所得などに課される税であり，法人の各事業年度の所得に対し，原則として比例的に課税されている．

（ⅲ）相続税と贈与税（資産課税）

相続税は，相続または遺贈により財産を取得した場合に，その取得者に対し，その財産の価額を課税標準として課税される税である．また贈与税は，個人から贈与により財産を取得した者に対して課税される税である．いずれも超過累進税率により課税されている．

(ロ) 間接税

納税義務者が税を価格に上乗せすることによりその税金を負担せず，最終的な購入者が負担するものと立法者が予定している税が間接税であり，主なものとして次の税目がある．

（ⅰ）消費税（消費課税）

物品やサービスの売上げを課税の対象とし，税金は価格に上乗せされて最終的には消費者が負担する．納税は，製造，小売，サービス業などの各事業者が行い，また仕入れに含まれる税額の控除ができ，生産，流通の過程で税が二重三重にかからないような仕組みとなっている．

（ⅱ）酒税（消費課税）

特殊な嗜好品である酒類に対して課税される．納税義務者は酒類の製造者または引取者であるが，税額分は価格に含められて最終消費者の負担となる．

（ⅲ）たばこ税（消費課税）

紙巻たばこや葉巻たばこ等の製造たばこに対して課税される．納税義務者は製造たばこの製造者または引取者であるが，税額分は価格に含められて最終消費者の負担となる．

(ハ) 租税特別措置

租税体系のもとで，特定の政策目的のために，法律により，減税，課税の繰延べ，あるいは増税などの措置がとられることがあり，これを租税特別措置という．

(2) その他収入

• 官業益金及官業収入

特別会計の利益金を官業益金（現在は該当なし），一般会計の事業収入（病院収入及び診療所収入）を官業収入という．

• 政府資産整理収入

国有財産処分収入と回収金等収入からなる．

• 雑収入

主に国有財産利用収入，日本銀行及び日本中央競馬会などからの納付金，外国為替資金特別会計などからの特別会計受入金などがある．

• 公債金

くわしくは第Ⅱ部第12章にて説明する．

• 前年度剰余金受入

毎会計年度において，歳入歳出の決算上剰余を生じたときは，これをその翌年度の歳入に繰り入れるものとされている．

第2章

令和５年度
予算編成の背景と概要

1 令和５年度予算編成の背景と概要

(1) 令和４年度の経済情勢

「令和５年度の経済見通しと経済財政運営の基本的態度」(以下「政府経済見通し」という.) によれば，我が国経済は，コロナ禍からの社会経済活動の正常化が進みつつある中，緩やかな持ち直しが続いていた(注)．その一方で，世界的なエネルギー・食料価格の高騰や欧米各国の金融引締め等による世界的な景気後退懸念など，我が国経済を取り巻く環境には厳しさが増していた．こうした中，政府経済見通しでは，令和４年度の我が国経済について，実質国内総生産(実質 GDP) 成長率は1.7％程度，名目国内総生産 (名目 GDP) 成長率は1.8％程度となることが見込まれている．消費者物価 (総合) については，エネルギーや食料価格の上昇に伴い，3.0％程度の上昇率になると見込まれている．

(注) 月例経済報告 (令和４年12月) においては，「景気は，緩やかに持ち直している.」としている.

(2) 令和４年度予算の概要

経済財政諮問会議における審議等を踏まえて，令和３年12月３日に「令和４年度予算編成の基本方針」が閣議決定された．

令和４年度予算編成に当たっては，新型コロナウイルス感染症への対応に万全を期すとともに，成長と分配の好循環による新しい資本主義の実現に向けて，「令和４年度予算編成の基本方針」で示された「基本的考え方」を踏まえるとされた．具体的には，新型コロナウイルス感染症の克服に向け，国民を守る医療提供体制や検査体制の確保，変異株を含む新たなリスクに対する万全の備えのためのワクチン・治療薬等の研究開発，雇用・事業・生活に対する支援等を推進し，また，「コロナ後の新しい社会」を見据え，成長と分配の好循環を実現するために，「基本的考え方」に掲げる成長戦略，分配戦略などに基づいた予算の重点配分や，東日本大震災を始め各地の災害からの復興・創生や防災・減災，国土強靱化等に対応するとともに，現下の国際情勢に的確に対応し，国家の安全保障をしっかりと確保することとされた．あわせて，「基本方針2021」における令和４年度予算編成に向けた考え方に基づいて，新型コロナウイルス感染症の状況を踏まえつつ，メリハリの効いた予算とすることとされた．また，いわゆる「16か月予算」の考え方で，令和３年度補正予算と，令和４年度当初予算を一体として編成し，その中で，単年度主義の弊害是正のため必要に応じ新たに基金を創設する等の措置を講じていくこととされた．加えて，EBPMの仕組み等を活用し，適切かつ効果的な支出を推進することとされた．

(3)　令和４年度第１次補正予算の概要（図表Ⅱ.2.1）

本補正予算は，総合緊急対策を受けて，６月以降の燃料油価格の激変緩和事業や５兆円の「新型コロナウイルス感染症及び原油価格・物価高騰対策予備費」等の確保を内容とするものであり，その具体的な内容は以下の通りである．

歳出においては，

①コロナ禍における「原油価格・物価高騰等総合緊急対策」関係経費（２兆6,939億円）

（ア）原油価格高騰対策（１兆1,739億円）

長引く原油価格の高騰・乱高下がコロナ禍からの経済回復や国民生活への悪影響を与えることを防ぐ観点から，燃料油価格の激変緩和事業を上半期中実施するために必要な経費を計上している．

（イ）今後への備え（１兆5,200億円）

今後の災害，新型コロナウイルス感染症の再拡大や原油価格・物価の更なる高騰等による予期せぬ財政需要に迅速に対応し，国民の安心を確保するた

図表Ⅱ.2.1　令和４年度一般会計補正予算（第１号）フレーム

（単位：億円）

歳　　出		歳　　入	
1．コロナ禍における「原油価格・物価高騰等総合緊急対策」関係経費	26,939	1．公債金（特例国債）	27,009
(1) 原油価格高騰対策	11,739		
(2) 今後への備え	15,200		
① 一般予備費	4,000		
② 新型コロナウイルス感染症及び原油価格・物価高騰対策予備費	11,200		
2．国債整理基金特別会計へ繰入	70		
合　　計	27,009	合　　計	27,009

め，一般予備費について，総合緊急対策で使用した金額相当である4,000億円を計上し，引き続き5,000億円の水準を確保するとともに，新型コロナウイルス感染症対策予備費について，「新型コロナウイルス感染症及び原油価格・物価高騰対策予備費」として使途を拡大した上で，総合緊急対策で使用した金額を踏まえ，１兆1,200億円を計上し，５兆円の水準を確保している．

②国債整理基金特別会計へ繰入（70億円）

本補正予算において，特例公債を追加発行することに伴い，令和４年度中に必要となる利払費等の支払財源に充てるため、国債整理基金特別会計への繰入れを計上している．

一方，歳入においては公債を２兆7,009億円発行することとしている．

この結果，令和４年度一般会計補正後予算の総額は，一般会計当初予算に対して歳入歳出ともに２兆7,009億円増加し，110兆2,973億円となる．

また，令和４年度の第１次補正予算時点での公債発行額は39兆6,269億円となる．

(4) 令和４年度第２次補正予算の概要（図表Ⅱ.2.2）

令和４年11月21日に国会に提出され，12月２日に成立した令和４年度第２次補正予算は，10月28日に閣議決定された，「物価高克服・経済再生実現のための総合経済対策」の実行のためのものであり，予算フレームは図表Ⅱ.2.1の

図表Ⅱ.2.2　令和４年度一般会計補正予算（第２号）フレーム

（単位：億円）

歳　　出		歳　　入	
1．物価高騰・賃上げへの取組	78,170	1．税収	31,240
2．円安を活かした地域の「稼ぐ力」の回復・強化	34,863		
3．「新しい資本主義」の加速	54,956		
4．防災・減災，国土強靱化の推進，外交・安全保障環境の変化への対応など，国民の安全・安心の確保	75,472	2．税外収入	6,731
5．今後への備え	47,400		
(1) 新型コロナウイルス感染症及び原油価格・物価高騰対策予備費	37,400		
(2) ウクライナ情勢経済緊急対応予備費	10,000	3．前年度剰余金受入	22,732
小　計（経済対策関係経費）（注２）	290,861		
6．その他の経費	2,229		
7．国債整理基金特別会計へ繰入	6,906	4．公債金	228,520
		(1) 建設公債	24,760
8．既定経費の減額	▲10,774	(2) 特例公債	203,760
合　計	289,222	合　計	289,222

（注１）計数はそれぞれ四捨五入によっているので，端数において合計とは一致しないものがある．
（注２）「物価高克服・経済再生実現のための総合経済対策」（令和４年10月28日）の国費のうち，特別会計補正予算を合わせた金額は，296,332億円．

とおりである．

令和４年度第２次補正予算の歳出においては，経済対策の実行に係る経費として29兆861億円を計上している．このほか，国債整理基金特別会計への繰入れを行うとともに，既定経費を減額している．

一方，歳入においては，租税等の収入について，最近までの収入実績や企業収益の動向等を勘案して３兆1,240億円の増収を見込んでいる．また，税外収入について，6,731億円の増収を見込むほか，前年度剰余金２兆2,732億円を計上している．

以上によってなお不足する歳入について，公債を22兆8,520億円発行することとしている．

この結果，令和４年度一般会計第２次補正後予算の総額は，一般会計第１次補正後予算に対して歳入歳出ともに28兆9,222億円増加し，139兆2,196億円となる．

また，令和４年度の第２次補正予算時点での公債発行額は62兆4,789億円となる．

2 令和５年度予算の編成

(1) 概算要求基準について

令和５年度予算においては，「経済財政運営と改革の基本方針2022」（以下「基本方針2022」という.）及び「経済財政運営と改革の基本方針2021」（以下「基本方針2021」という.）に基づき，経済・財政一体改革を着実に進めながら，歳出全般にわたり，施策の優先順位を洗い直し，無駄を徹底して排除しつつ，予算の中身を大胆に重点化していく方針とされ，このような基本的な考え方の下，「令和５年度予算の概算要求に当たっての基本的な方針について」（以下「令和５年度概算要求基準」という.）が令和４年７月29日に閣議了解された.

令和５年度概算要求基準の大要は，以下のとおりであった. 地方交付税交付金等，年金・医療等，裁量的経費及び義務的経費の８月末までの要求・要望の仕組みは，前年度までの仕組みと同じ枠組を踏襲した. その上で，「基本方針2022」における「重要な政策の選択肢をせばめることがないよう」にするという方針に則る観点から，「基本方針2022」及び「新しい資本主義のグランドデザインおよび実行計画」（以下「新しい資本主義実行計画」という.）等を踏まえた重要政策については，「重要政策推進枠」として別途要望を可能としているほか，新型コロナウイルス感染症対策，原油価格・物価高騰対策等を含めた重要政策については，必要に応じて，「重要政策推進枠」や事項のみの要求も含め，適切に要求・要望を行い，予算編成過程で検討することを明記した.

(2) 予算編成の基本方針について

経済財政諮問会議における審議等を踏まえて，令和４年12月２日に「令和５年度予算編成の基本方針」が閣議決定された.

令和５年度予算編成に当たっては，令和４年度第２次補正予算と一体として，上記の基本的考え方及び「経済財政運営と改革の基本方針2022」（令和４年６月７日閣議決定. 以下「骨太方針2022」という.）に沿って，足元の物価高を克服しつつ，経済再生の実現に向け，人への投資，科学技術・イノベーション，スタートアップ，GX，DX といった成長分野への大胆な投資，少子化対策・こども政策の充実等を含む包摂社会の実現等による新しい資本主義の加速や，外交・安全保障環境の変化への対応，防災・減災，国土強靱化等の国民の安全・安心の確保を始めとした重要な政策課題について必要な予算措置を講ずるなど，メリハリの効いた予算編成を行い，その政策効果を国民や地方の隅々まで速やかに届け，我が国経済を持続可能で一段高い成長経路に乗せていくことを目指すこととされた．その際，骨太方針2022で示された「本方針及び骨太方針2021に基づき，経済・財政一体改革を着実に推進する．ただし，重要な政策の選択肢をせばめることがあってはならない」との方針を踏まえるとされた．また，歳出の中身をより結果につながる効果的なものとするため，骨太方針2022を踏まえ，新経済・財政再生計画の改革工程表を策定し，EBPM や PDCA の取組を推進し，効果的・効率的な支出（ワイズスペンディング）を徹底するとされた．

(3) 経済見通しと経済財政運営の基本的態度（図表Ⅱ.2.3）

令和5年1月23日には，「政府経済見通し」が閣議決定された．ここでは，総合経済対策を迅速かつ着実に実行し，物価高を克服しつつ，新しい資本主義の旗印の下，社会課題の解決に向けた取組を成長のエンジンへと転換し，我が国経済を民需主導で持続可能な成長経路に乗せていくことに加え，今後とも，大胆な金融政策，機動的な財政政策，民間投資を喚起する成長戦略を一体的に進める経済財政運営の枠組みを堅持し，民需主導の自律的な成長とデフレからの脱却に向け，経済状況等を注視し，躊躇なく機動的なマクロ経済運営を行っていくとの認識が示された．

より具体的には，経済財政運営の基本的態度として，以下が示された．

○　民主導での成長力の強化と「構造的な賃上げ」を目指し，リスキリング支援も含む「人への投資」の抜本強化と成長分野への労働移動の円滑化，地域の中小企業も含めた賃上げ等を進める．

○　科学技術・イノベーション，スタートアップ，グリーントランスフォーメーション（GX），デジタルトランスフォーメーション（DX）といった成長分野への大胆な投資を，スタートアップ育成5か年計画や GX ロードマップ等に

図表Ⅱ.2.3　主要経済指標

	令和３年度（実績）	令和４年度（実績見込み）	令和５年度（見通し）	対前年度比増減率					
				令和３年度		令和４年度		令和５年度	
	兆円（名目）	兆円程度（名目）	兆円程度（名目）	%（名目）	%（実質）	%程度（名目）	%程度（実質）	%程度（名目）	%程度（実質）
国内総生産	550.5	560.2	571.9	2.4	2.5	1.8	1.7	2.1	1.5
民間最終消費支出	296.2	312.9	323.0	2.7	1.5	5.6	2.8	3.2	2.2
民間住宅	21.1	21.3	21.7	6.3	▲1.1	0.9	▲4.0	1.9	1.1
民間企業設備	90.1	97.5	103.5	4.7	2.1	8.2	4.3	6.2	5.0
民間在庫品増加（　）内は寄与度	1.1	1.9	1.8	(0.4)	(0.3)	(0.1)	(0.1)	(▲0.0)	(0.0)
政府支出	148.7	150.7	148.2	2.9	1.3	1.3	▲0.1	▲1.6	▲1.9
政府最終消費支出	119.0	121.3	118.6	4.5	3.4	1.9	1.0	▲2.2	▲2.3
公的固定資本形成	29.8	29.6	29.6	▲3.3	▲6.4	▲0.5	▲4.3	0.0	▲0.5
財貨・サービスの輸出	103.6	124.2	130.0	22.8	12.3	19.9	4.7	4.7	2.4
（控除）財貨・サービスの輸入	110.4	148.3	156.4	30.1	7.1	34.4	6.9	5.4	2.5
内需寄与度				3.6	1.8	4.9	2.3	2.5	1.6
民需寄与度				2.8	1.4	4.5	2.3	2.9	2.1
公需寄与度				0.8	0.4	0.4	▲0.0	▲0.4	▲0.5
外需寄与度				▲1.2	0.8	▲3.2	▲0.5	▲0.4	▲0.1
国民所得	395.9	409.9	421.4	5.5		3.5		2.8	
雇用者報酬	289.5	295.7	304.7	2.1		2.1		3.0	
財産所得	27.4	27.6	27.8	6.6		0.6		0.8	
企業所得	79.0	86.5	88.9	19.5		9.5		2.7	
国民総所得	579.8	595.0	609.9	4.1	2.2	2.6	0.6	2.5	1.8
労働・雇用	万人	万人程度	万人程度		%		%程度		%程度
労働力人口	6,897	6,915	6,920		▲0.1		0.3		0.1
就業者数	6,706	6,738	6,753		0.1		0.5		0.2
雇用者数	6,013	6,056	6,067		0.2		0.7		0.2
完全失業率	% 2.8	%程度 2.5	%程度 2.4						
生産	%	%程度	%程度						
鉱工業生産指数・増減率	5.8	4.0	2.3						
物価	%	%程度	%程度						
国内企業物価指数・変化率	7.1	8.2	1.4						
消費者物価指数・変化率	0.1	3.0	1.7						
GDP デフレーター・変化率	▲0.1	0.0	0.6						
国際収支	兆円	兆円程度	兆円程度		%		%程度		%程度
貿易・サービス収支	▲6.5	▲23.7	▲28.1						
貿易収支	▲1.6	▲19.6	▲23.3						
輸出	85.6	101.6	105.4		25.2		18.7		3.7
輸入	87.2	121.4	128.7		35.0		39.2		6.1
経常収支	20.3	8.3	7.3						
経常収支対名目 GDP 比	% 3.7	%程度 1.5	%程度 1.3						

（注１）　消費者物価指数は総合である.

（注２）　世界 GDP（日本を除く.）の実質成長率，円相場，原油輸入価格については，以下の前提を置いている.
なお，これらは，作業のための想定であって，政府としての予測あるいは見通しを示すものではない.

	令和３年度（実績）	令和４年度	令和５年度
世界 GDP（日本を除く.）の実質成長率（%）	6.4	2.1	2.3
円相場（円／ドル）	112.4	138.5	142.1
原油輸入価格（ドル／バレル）	76.3	100.4	89.1

（備考）１．世界 GDP（日本を除く.）の実質成長率は，国際機関等の経済見通しを基に算出.

２．円相場は，令和４年11月１日～11月30日の期間の平均値（142.1円／ドル）で同年12月以降一定と想定.

３．原油輸入価格は，令和４年11月１日～11月30日の期間のスポット価格の平均値に運賃，保険料を付加した値　(89.1ドル／バレル）で同年12月以降一定と想定.

基づき促進する.

○　サプライチェーンの再構築・強靱化，企業の国内回帰など，国内での「攻めの投資」，輸出拡大の推進により，我が国の経済構造の強靱化を図る．半導体を始めとする重要な物資の安定供給の確保や先端的な重要技術の育成等による経済安全保障の推進，食料安全保障及びエネルギー安全保障の強化を図る.

○　こども・若者・子育て世帯への支援等の少子化対策・こども政策の充実を含む包摂社会の実現，機動的で力強い新時代リアリズム外交の展開や「国家安全保障戦略」（令和４年12月16日国家安全保障会議決定及び閣議決定）等に基づく防衛力の抜本的強化など外交・安全保障環境の変化への対応，地方活性化に向けた基盤づくり，防災・減災，国土強靱化等の国民の安全・安心の確保など「経済財政運営と改革の基本方針2022」（令和４年６月７日閣議決定）に沿って重要政策課題に取り組み，その成果を地方の隅々まで届ける.

○　新型コロナウイルス感染症対策について，ウィズコロナの下，国民の命と健康を守りながら，感染拡大防止と社会経済活動の両立を図る.

○　経済財政運営に当たっては，経済の再生が最優先課題である．経済あっての財政であり，順番を間違えてはならない．必要な政策対応に取り組み，経済をしっかり立て直す．そして，財政健全化に向けて取り組む．政策の長期的方向性や予見可能性を高めるよう，単年度主義の弊害を是正し，国家課題に計画的に取り組む.

○　日本銀行には，経済・物価・金融情勢を踏まえつつ，２％の物価安定目標を持続的・安定的に実現することを期待する.

令和５年度の経済見通しについては，「政府経済見通し」に基づき，物価高を克服しつつ，計画的で大胆な投資を官民連携で推進するなど新しい資本主義の旗印の下，我が国経済を民需主導で持続可能な成長経路に乗せるための施策を推進するとされた．こうした取組を通じ，令和５年度の実質 GDP 成長率は 1.5%程度，名目 GDP 成長率は2.1%程度と民間需要がけん引する成長が見込まれた．消費者物価（総合）については，各種政策の効果等もあり，1.7%程度の上昇率になると見込まれた.

加えて，引き続き，海外景気の下振れが我が国の景気を下押しするリスク，物価上昇や供給面での制約，金融資本市場の変動等の影響に十分注意する必要

図表Ⅱ.2.4　令和５年度予算の算定過程

令和４年	
７月９日	「令和５年度予算の概算要求に当たっての基本的な方針について」 閣議了解
12月２日	「令和５年度予算編成の基本方針」 閣議決定
12月22日	「令和５年度の経済見通しと経済財政運営の基本的態度」 閣議了解
12月23日	令和５年度予算政府案　閣議決定
令和５年	
１月23日	令和５年度予算政府案　国会提出 「令和５年度の経済見通しと経済財政運営の基本的態度」 閣議決定 第211回国会における鈴木財務大臣の財政演説 以降，国会における審議開始
２月17日	令和４年度予算政府案　衆議院を通過
３月28日	令和５年度予算成立

があるとされた.

(4) 予算の成立（図表Ⅱ.2.4）

以上のような認識・方針を踏まえ，令和３年12月24日に令和４年度予算政府案が閣議決定された．その後予算書作成等の準備等を経て，令和４年１月17日，国会に提出された．同日，財務大臣が第208回国会（常会）における財政演説の中で，令和４年度予算の大要を説明し，その後，衆参両院での審議を経た後，政府案どおり３月22日に成立した.

3　令和５年度予算の概要

(1) ポイント（図表Ⅱ.2.5，図表Ⅱ.2.6）

日本経済については，コロナ禍からの社会経済活動の正常化が進みつつある中，緩やかな持ち直しが続いている．一方，世界的なエネルギー・食料価格の高騰や欧米各国の金融引締め等による世界的な景気後退懸念など，日本経済を取り巻く環境には厳しさが増している.

一方，財政状況に目を転じれば，日本の財政は，これまでの新型コロナウイルス感染症への対応や累次の補正予算の編成等により，過去に例を見ないほど厳しさを増している．財政は国の信頼の礎であり，有事であっても日本の信用

図表Ⅱ.2.5　令和５年度予算フレーム

【歳出・歳入の状況】

（単位：億円）

	４年度予算（当初）	５年度予算	４'→５'	備　考
（歳　出）				
一般歳出	673,746	727,317	53,571	
社会保障関係費	362,735	368,889	6,154	
社会保障関係費以外	261,011	308,428	47,417	
うち防衛関係費（下記繰入れ除く）	53,687	67,880	14,192	
うち防衛力強化資金（仮称）繰入れ	—	33,806	33,806	○ 防衛力強化資金（仮称）は，防衛力強化のための財源の確保に関する法律（仮称）により創設予定.
新型コロナウイルス感染症及び原油価格・物価高騰対策予備費	50,000	40,000	△10,000	
ウクライナ情勢経済緊急対応予備費	—	10,000	10,000	
地方交付税交付金等	158,825	163,992	5,166	
国債費	243,393	252,503	9,111	
うち債務償還費（交付国債分を除く）	156,325	163,895	7,569	
うち利払費	82,472	84,723	2,250	
計	1,075,964	1,143,812	67,848	
（歳　入）				
税収	652,350	694,400	42,050	○ 防衛力強化のための財源の確保に関する法律（仮称）によるもの14,750億円を含む.
その他収入	54,354	93,182	38,828	
うち防衛力強化のための対応	—	45,919	45,919	○ 公債依存度31.1％
公債金（歳出と税収等との差額）	369,260	356,230	△13,030	○ 建設公債　令４：６兆2,510億円　→　令５：６兆5,580億円 特例公債　令４：30兆6,750億円　→　令５：29兆650億円
債務償還費相当分（交付国債分を除く）	156,325	163,895	7,569	
利払費相当分	82,472	84,723	2,250	○ 財政収支赤字（利払費相当分と政策的支出による赤字相当分の公債金の合計）は，19.2兆円.
政策的支出による赤字相当分（基礎的財政収支赤字）	130,462	107,613	△22,850	
計	1,075,964	1,143,812	67,848	

（注１）４年度予算は，５年度予算との比較対照のため，組替えをしてある.
（注２）計数は，それぞれ四捨五入によっているので，端数において合計とは一致しないものがある.
（注３）税収には印紙収入を含む.
（注４）公債金の分類は基礎的財政収支や財政収支の観点から行ったものであり，公債金による収入が直ちに債務償還費や利払費に充当されることを意味するものではないことから，「相当分」としている.

【普通国債残高等の状況】

（単位：兆円）

	４年度末見込み（４年度当初予算ベース）	５年度末見込み（５年度予算ベース）	４'→５'	備　考	
普通国債残高	1,026.5	1,068.0	41.5	○ 財政収支赤字	19.2兆円程度
名目 GDP	564.6	571.9	7.3	４年度補正予算における公債追加	25.6兆円程度
普通国債残高/GDP 比	181.8％	186.7％	4.9％	４年度補正予算における剰余金繰入れによる償還	△0.7兆円程度
（参考）国債発行予定額	190.0	193.8	3.7	前倒債の増	5.0兆円程度
うち一般会計における発行額	36.9	35.6	△1.3	発行実績の反映等	△7.6兆円程度
うち国債整理基金特別会計における発行額	152.9	157.6	4.6	合　計	41.5兆円程度

（注）名目 GDP は当該年度における政府経済見通しによる年度値.

図表Ⅱ.2.6　一般会計歳出等の推移（当初予算ベース）

（単位　億円，％）

年度	一般会計歳出		基礎的財政収支対象経費		税収		公債発行額		公債
		伸び率		伸び率		伸び率		伸び率	依存度
3	703,474	6.2	543,114	4.5	617,720	6.5	53,430	▲4.5	7.6
4	722,180	2.7	557,707	2.7	625,040	1.2	72,800	36.3	10.1
5	723,548	0.2	569,125	2.0	613,030	▲1.9	81,300	11.7	11.2
6	730,817	1.0	571,767	0.5	536,650	▲12.5	105,092	29.3	14.4
7	709,871	▲2.9	577,658	1.0	537,310	0.1	97,469	▲7.3	13.7
8	751,049	5.8	587,297	1.7	513,450	▲4.4	191,494	96.5	25.5
9	773,900	3.0	605,877	3.2	578,020	12.6	167,070	▲12.8	21.6
10	776,692	0.4	604,064	▲0.3	585,220	1.2	155,570	▲6.9	20.0
11	818,601	5.4	604,108	0.0	471,190	▲19.5	310,500	99.6	37.9
12	849,871	3.8	630,217	4.3	486,590	3.3	326,100	5.0	38.4
13	826,524	▲2.7	654,818	3.9	507,270	4.2	283,180	▲13.2	34.3
14	812,300	▲1.7	645,588	▲1.4	468,160	▲7.7	300,000	5.9	36.9
15	817,891	0.7	649,910	0.7	417,860	▲10.7	364,450	21.5	44.6
16	821,109	0.4	645,423	▲0.7	417,470	▲0.1	365,900	0.4	44.6
17	821,829	0.1	637,407	▲1.2	440,070	5.4	343,900	▲6.0	41.8
18	796,860	▲3.0	609,245	▲4.4	458,780	4.3	299,730	▲12.8	37.6
19	829,088	4.0	619,100	1.6	534,670	16.5	254,320	▲15.2	30.7
20	830,613	0.2	628,981	1.6	535,540	0.2	253,480	▲0.3	30.5
21	885,480	6.6	683,043	8.6	461,030	▲13.9	332,940	31.3	37.6
22	922,992	4.2	709,319	3.8	373,960	▲18.9	443,030	33.1	48.0
23	924,116	0.1	708,625	▲0.1	409,270	9.4	442,980	▲0.0	47.9
24	903,339	▲2.2	683,897	▲3.5	423,460	3.5	442,440	▲0.1	47.6
25	926,115	2.5	703,700	2.9	430,960	1.8	428,510	▲3.1	46.3
26	958,823	3.5	726,121	3.2	500,010	16.0	412,500	▲3.7	43.0
27	963,420	0.5	728,912	0.4	545,250	9.0	368,630	▲10.6	38.3
28	967,218	0.4	731,097	0.3	576,040	5.6	344,320	▲6.6	35.6
29	974,547	0.8	739,262	1.1	577,120	0.2	343,698	▲0.2	35.3
30	977,128	0.3	744,108	0.7	590,790	2.4	336,922	▲2.0	34.5
元	994,291	1.8	759,209	2.0	624,950	5.8	318,786	▲5.4	32.1
	1,014,571	3.8	779,489	4.8	624,950	5.8	326,605	▲3.1	32.2
2	1,008,791	1.5	775,276	2.1	—	—	—	—	—
	1,026,580	1.2	793,065	1.7	635,130	1.6	325,562	▲0.3	31.7
3	1,066,097	3.8	833,744	5.1	574,480	▲9.5	435,970	33.9	40.9
4	1,075,964	0.9	837,166	0.4	652,350	13.6	369,260	▲15.3	34.3
5	1,143,812	6.3	895,195	6.9	694,400	6.4	356,230	▲3.5	31.1

（注1）11年度の基礎的財政収支対象経費伸び率は，産業投資特別会計繰入れ等を含めたベースで前年度と比べたもの．
（注2）公債発行額は，新規普通国債額である．
（注3）公債依存度は，公債発行額を歳出額で除して算出している．
（注4）平成24年度の公債依存度は，基礎年金国庫負担2分の1ベース．
（注5）公債発行額は，平成2年度は湾岸地域における平和回復活動を支援する財源を調達するための臨時特別公債，平成6～8年度は消費税率3%から5%への引上げに先行して行った減税による租税収入の減少を補うための減税特例公債，平成23年度は東日本大震災からの復興のために実施する施策の財源を調達するための復興債，平成24，25年度は基礎年金国庫負担2分の1を実現する財源を調達するための年金特例公債を除いている．
（注6）令和元年度，令和2年度分については，上段には「臨時・特別の措置」を除いた計数，下段には「臨時・特別の措置」を含んだ計数を掲載している．なお，令和2年度における歳入については通常分と臨時・特別の措置を区別していないため，対前年度比は通常分＋臨時・特別の措置における比較のみ掲載している．また，令和3年度の伸び率は，令和2年度の臨時・特別の措置を含んだ計数と比較している．

や国民生活が損なわれないようにするため，平素から財政余力を確保しておくことが不可欠であると考えている．責任ある経済財政運営を進めるに当たっては，経済あっての財政という方針に沿って，経済再生と財政健全化の両立を図ることが重要である．引き続き，「経済財政運営と改革の基本方針2022」（令和４年６月７日閣議決定）等における2025年度のプライマリーバランスの黒字化目標等の達成に向けて，歳出・歳入両面の改革を着実に推進していく必要がある．

このような状況の下，令和４年10月28日に，「物価高克服・経済再生実現のための総合経済対策」が閣議決定された．

この経済対策は，足元の物価高や世界経済の下振れリスクを乗り越え，社会課題の解決と持続的な成長の実現により日本経済を再生するためのものであり，令和４年度第２次補正予算はこれを実行するために編成された（昨年12月２日成立）．令和５年度予算は，歴史の転換期にあって，日本が直面する内外の重要課題の解決に道筋をつけ，未来を切り拓くための予算とされた．

本予算は，前述の経済財政状況等を踏まえ，「令和５年度予算編成の基本方針」（令和４年12月２日閣議決定）に沿って編成が進められたものであり，具体的なポイントは以下の通りである．

①　我が国が直面する内外の重要課題への対応

○安全保障・外交

我が国を取り巻く安全保障環境を踏まえ，新たな国家安全保障戦略等を策定し，５年間で緊急的に防衛力を抜本的に強化するため，43兆円の防衛力整備計画を実施するとともに，防衛力を安定的に維持するための財源を確保する．

また，G7広島サミットや日本ASEAN友好協力50周年等を見据え，機動的で力強い新時代リアリズム外交を展開するための予算を確保する．

○こども政策

本年４月にこども家庭庁を創設し，こども・子育て支援を強化する．出産育児一時金については，過去最高の引上げ幅となる42万円から50万円に引き上げる．加えて，妊娠時から出産・子育てまで一貫した伴走型相談支援と，妊娠届出・出生届出を行った妊婦・子育て家庭に対する経済的支援をあわせたパッケージを引き続き実施する．

○地方・デジタル田園都市国家構想

地方団体に交付される地方交付税交付金は，リーマンショック後最高となる18.4兆円を確保する.

また,「デジタル田園都市国家構想総合戦略」の策定を踏まえ，デジタル田園都市国家構想交付金により，自治体のデジタル実装の加速化や，デジタルの活用による観光・農林水産業の振興等の地方創生に資する取組などを支援する.

○ GX

成長志向型カーボンプライシング構想の具体化で得られる将来の財源を裏付けとした「GX 経済移行債」の発行により，民間の GX 投資を支援する仕組みを創設する.

また，2050年カーボンニュートラル目標達成に向けた革新的な技術開発やクリーンエネルギー自動車の導入などの支援を開始する.

② メリハリの効いた予算

同時に,「経済財政運営と改革の基本方針2022」等に基づき，社会保障関係費について，実質的な伸びを「高齢化による増加分におさめる」という方針を達成するとともに，社会保障関係費以外について，防衛関係費の増額を達成しつつ，経済・物価動向等を踏まえて柔軟な対応を行うことを通じて，これまでの歳出改革の取組を実質的に継続している.

• 社会保障関係費＋4,100億円程度（高齢化による増（年金スライド分＋2,200億円程度を除く)）

• 非社会保障関係費＋47,417億円（税外収入の防衛力強化対応（45,919億円）を除き＋1,500億円程度※）

（防衛関係費の増額を達成しつつ，経済・物価動向等を踏まえて柔軟な対応を行うことを通じて，これまでの歳出改革の取組を実質的に継続）

※平成25～令和3年度における消費者物価上昇率は平均＋0.38％程度，当初予算における社会保障関係費以外の歳出増は平均＋330億円程度．令和5年の消費者物価上昇率（政府経済見通し）は＋1.7％.

また，行政事業レビューや予算執行調査等の反映に取り組むなど，予算の質も向上させている.

結果として，前年度予算と比較して，新規国債発行額を減額する（令和4年度（当初）36.9兆円⇒令和５年度35.6兆円）など，メリハリの効いた予算となるよう編成している．

(2) 令和５年度予算のフレーム

令和５年度予算の一般歳出については，72兆7,317億円であり，これに地方交付税交付金等16兆3,992億円及び国債費25兆2,503億円を加えた一般会計総額は，114兆3,812億円となっている．

歳入については，租税等の収入は69兆4,400億円，その他収入は９兆3,182億円を見込み，公債金は35兆6,230億円となっている．

(3) 主要な経費（図表Ⅱ.2.7）

次に歳出の主要な経費について説明する．

① 社会保障関係費

社会保障関係費については，出産育児一時金の増額や，出産・子育て応援交付金の継続実施など，こども政策の充実のために必要な経費を確保しつつ，国民負担の軽減のための毎年薬価改定の実施など，様々な改革努力を積み重ねた結果，前述のとおり，実質的な伸びを「高齢化による増加分におさめる」という方針を達成している．これらの結果，36兆8,889億円を計上している．

② 文教及び科学技術

文教及び科学振興費については，小学校高学年における教科担任制の推進等のため，教職員定数の合理化等を図りつつ必要な措置を講じるほか，「科学技術立国」の観点から，量子・AI分野等の重要先端技術の研究開発を戦略的に推進するとともに，基礎研究・若手研究者向け支援を充実することとしている．これらの結果，５兆4,158億円を計上している．

③ 地方財政

地方財政については，臨時財政対策債の発行額の縮減や，交付税及び譲与税配付金特別会計の借入金償還額の増額を行うなど，地方財政の健全化を図りつつ，地方の一般財源総額を適切に確保することとしている．これらの結果，地方交付税交付金等として16兆3,992億円を計上している．

図表Ⅱ.2.7 令和５年度一般会計予算

（1）歳出内訳

国の一般会計歳出では，社会保障関係費と地方交付税交付金等と国債費（国債の元利払いに充てられる費用）で歳出全体の約３分の２を上回っています．

（2）歳入内訳

令和５年度の一般会計予算における歳入のうち税収は約69兆円を見込んでいます．本来，その年の歳出はその年の税収やその他収入で賄うべきですが，令和５年度予算では歳出全体の約３分の２しか賄えていません．この結果，残りの約３分の１を公債金すなわち借金に依存しており，これは将来世代の負担となります．

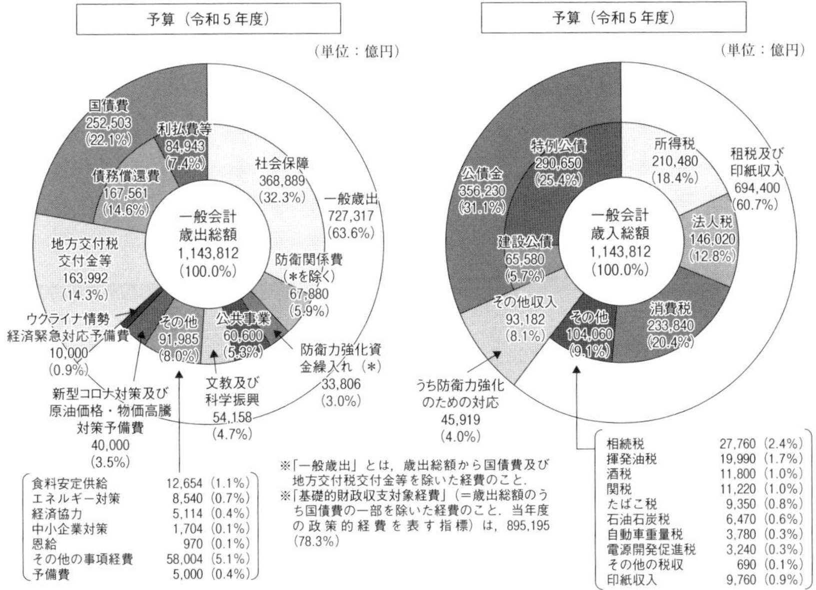

（注１）計数については，それぞれ四捨五入によっているので，端数において合計とは一致しないものがある．
（注２）一般歳出における社会保障関係費の割合は50.7%．

④ 防衛力の整備

防衛関係費については，新たに策定された国家安全保障戦略等に基づき，スタンド・オフ防衛能力，統合防空ミサイル防衛能力，施設整備などの重点分野を中心に，防衛力を抜本的に強化するとともに，防衛力を安定的に維持するための財源を確保することとしている．これらの結果，６兆7,880億円（防衛力強化資金（仮称）への繰入れ３兆3,806億円を除く）を計上している．

⑤ 社会資本の整備

公共事業関係費については，新技術を活用した老朽化対策やハード・ソフト一体となった流域治水対策など，防災・減災，国土強靱化に資する総合的な取組を推進するとともに，生産性向上のためのインフラ整備等についても重点的に取り組んでいくこととしている．これらの結果，6兆600億円を計上している．

⑥ 経済協力

経済協力費については，国際情勢が激変する中，G7広島サミット等を見据え，「自由で開かれたインド太平洋」をはじめとする取組を強化しつつ，ODAは現下の国際情勢にしっかりと対応できる予算を確保することとしている．これらの結果，5,114億円を計上している．

⑦ 中小企業対策

中小企業対策費については，価格転嫁対策を強化するほか，生産性向上や事業再生・事業承継に対する支援など，中小企業を取り巻く現下の課題に対応することとしている．これらの結果，1,704億円を計上している．

⑧ エネルギー対策

エネルギー対策費については，エネルギー対策特別会計において，カーボンプライシングで得られる将来の財源を裏付けとした公債を発行し，カーボンニュートラル目標の達成に必要な民間のGX投資を支援していくこととしている．これらの結果，一般会計では8,540億円を計上する一方，エネルギー対策特別会計では1兆6,563億円を計上している．

⑨ 農林水産業

農林水産関係予算については，食料安全保障の強化に向けた畑地化などの対策を講じるほか，農林水産物の輸出拡大，森林資源の適正な管理による林業の持続的成長の推進，さらには水産資源管理を行う漁業者の経営安定対策等に取り組むこととしている．これらの結果，2兆2,683億円を計上している．

⑩ 東日本大震災からの復興

東日本大震災からの復興については，第二期復興・創生期間において，復興のステージに応じたニーズにきめ細かに対応するとともに，福島国際研究教育機構の設立などの取組を通じて「創造的復興」を成し遂げるため，令和5年度東日本大震災復興特別会計の総額を7,301億円としている．

⑪　新型コロナウイルス感染症及び原油価格・物価高騰対策予備費，ウクライナ情勢経済緊急対応予備費

新型コロナウイルス感染症の感染拡大や物価高騰，世界的な景気後退懸念など，予期せぬ状況変化に引き続き万全の備えを講じるため，4兆円の新型コロナウイルス感染症及び原油価格・物価高騰対策予備費，1兆円のウクライナ情勢経済緊急対応予備費を計上している．

⑪　特別会計

令和5年度においては，特別会計の数は13となっている．

なお，特別会計の歳出総額から重複額等並びに国債償還費等，地方交付税交付金等，財政融資資金への繰入及び社会保障給付費を控除した額は，8兆944億円となっており，さらに，東日本大震災からの復興に関する事業に係る経費を除いた額は，令和4年度当初予算額に対して8,705億円増（+13.2%）の7兆4,421億円となっている．

第3章

令和5年度東日本大震災復興特別会計予算

1 ポイント

令和5年度予算では，令和4年度予算に引き続き，東日本大震災からの復興（復旧を含む）に対応するための予算が盛り込まれ，復興特別所得税・一般会計より受入・復興公債金等による歳入とともに，復興事業等に要する経費として，7301億円の歳出を東日本大震災復興特別会計に予算計上している（図表Ⅱ.3.1）.

なお，「復興庁設置法」に基づき，被災地の復興に係る経費については，復興庁の所管する予算として，5523億円を一括計上している.

2 令和5年度東日本大震災復興特別会計予算

(1) 災害救助等関係経費

「災害救助法」に基づき，県が提供する応急仮設住宅の供与期間の延長に伴い必要となる，民間賃貸住宅を活用した仮設住宅の家賃の支払等に要する費用の負担に必要な経費をはじめ，災害救助等に関係する経費として，36億円を計上している.

(2) 復興関係公共事業等

東日本大震災により被害を受けた公共土木施設等の災害復旧等に必要な経費として，507億円を計上している.

図表Ⅱ.3.1　令和5年度東日本大震災復興特別会計

（単位　億円）

区　　分	令和5年度概算決定額
歳　　入	
1．復興特別所得税	4,420
2．一般会計より受入	298
3．税外収入	1,585
4．復興公債金	998
合　　計	7,301
歳　　出	
1．東日本大震災復興経費	6,145
2．国債整理基金特別会計への繰入等	156
3．復興加速化・福島再生予備費	1,000
合　　計	7,301

（注）計数は，それぞれ四捨五入によっているので，端数において合計とは一致しないものがある．

(3) 災害関連融資関係経費

東日本大震災による被災中小企業者の事業再建及び経営安定のための融資の実施等に必要な経費として，16億円を計上している．

(4) 地方交付税交付金

東日本大震災からの復興事業に係る地方負担等について震災復興特別交付税を措置する必要があるため，その措置に必要な地方交付税交付金財源を交付税及び譲与税配付金特別会計へ繰り入れるために必要な経費として，622億円を計上している．

(5) 原子力災害復興関係経費

「平成23年3月11日に発生した東北地方太平洋沖地震に伴う原子力発電所の事故により放出された放射性物質による環境の汚染への対処に関する特別措置法」等に基づき行う除去土壌等の適正管理・原状回復や，中間貯蔵施設の整備，福島再生加速化交付金等に必要な経費として，4162億円を計上している．

(6) その他の東日本大震災関係経費

以上のほかに，福島国際研究教育機構関連事業や，自立・帰還支援雇用創出企業立地補助金，被災者支援総合交付金等に803億円を計上している．

(7) 国債整理基金特別会計への繰入等

復興債の利子の支払に必要な経費と，復興債の償還及び発行に関する諸費を国債整理基金特別会計へ繰り入れるもの等として，156億円を計上している．

(8) 復興加速化・福島再生予備費

東日本大震災に係る復旧及び復興に関連する経費の予見し難い予算の不足に充てるための予備費として，1000億円を計上している．

第4章

社会保障

1 ポイント

社会保障制度は今日の福祉国家における最も重要な制度となっており，国民の健康を保持し，生活の安定を確保するうえで，大きな役割を果たしている．我が国財政においては，社会保障関係費が一般歳出のなかで最大の割合を占めている．

近年の我が国の社会保障制度は，人口構造の急速な高齢化にともない，経済の伸びを上回って給付が増大していくことが見込まれるなかで，制度の重点化・効率化を行うとともに，制度を支える安定的な財源を確保することにより，将来にわたって持続可能な制度を構築していくことが必要となっている．

こうした考えのもと予算編成を行い，令和5年度の社会保障関係費は，36兆8889億円となっており，一般会計の32.3%（一般歳出（一般会計歳出から国債費及び地方交付税交付金等を除いた額）に占める割合は50.7%）を占めることとなっている．

2 基礎知識

(1) 我が国の社会保障の現状

社会保障制度には，①生活保護などのような，国が生活困窮者に対し健康で文化的な最低限度の生活を保障する所得保障制度である公的扶助，②児童，母子，老人，障害者などが社会生活を営むのに必要な能力の育成，回復，補強のために，一定の財・人的サービスを供給する社会福祉，③健康保険や年金保険，介護保険などのように，加入者が保険料を負担する一方，疾病，老齢，要介護などになった場合には，給付が行われる社会保険，④結核予防や栄養改善などを担う公衆衛生，の４部門から構成される．後述するように，高齢化の進展などにともない，社会保障給付は大きく増大しており，制度を持続可能なものとしていくためには，給付の不断の見直しを行うとともに，高齢者も能力に応じて費用負担に参加していく必要がある．

（イ）戦前戦後の社会保障制度

我が国における社会保障の萌芽は，明治７年の恤救規則，昭和４年の救護法などに見られるが，組織的な社会保障が政策課題となったのは戦後のことである．昭和25年10月に社会保障制度審議会（内閣総理大臣の諮問機関）が示した勧告をもとに，逐次，整備・拡充され，昭和36年に国民健康保険制度と国民年金制度の全面施行により国民皆保険，国民皆年金が達成された．以降，我が国の社会保障制度は，社会・経済の状況変化に対応し，健康保険法，国民年金法・厚生年金保険法の累次の改正などを経た．

（ロ）少子高齢化の進展

日本国民の平均寿命は世界で最も高い水準にあり，令和３年簡易生命表によると令和３年において，男性81.47年（前年比▲0.09年），女性87.57年（前年比▲0.14年）となっている．また，長寿化の進展にともない高齢者人口も急速に増加している．

他方，我が国の合計特殊出生率（15歳から49歳までの女性の年齢別出生率を合計した値で，その年の年齢別出生率が今後とも変わらないと仮定した場合に，１人の女性が一生の間に産む平均子ども数）は，昭和30～40年代はおおむね2.0から2.2前後の水準で推移し，ほぼ世代の単純再生産を可能にする水準を維持してきたが，昭和50年代以降急激に低下し，令和３年には1.30にまで落ち込んでおり，少子化が急速に進行している．

この結果，我が国では今後とも世界でも例を見ないスピードで人口の高齢化が進むことが予想されている．国立社会保障・人口問題研究所の推計によれば，総人口に占める65歳以上の老年人口の割合は，令和７年には29.6%，令和32年には37.1%に達する見込みであり，国民の３人に１人強が高齢者というき

図表Ⅱ.4.1　老年人口の推移

	65歳以上人口（万人）	総人口比（%）	老年人口指数
昭和30年	479	5.3	8.7
35	540	5.7	8.9
40	624	6.3	9.2
45	739	7.1	10.3
50	887	7.9	11.7
55	1,065	9.1	13.5
60	1,247	10.3	15.1
平成2年	1,489	12.1	17.3
7	1,826	14.6	20.9
12	2,201	17.4	25.5
17	2,567	20.2	30.5
22	2,925	23.0	36.1
令和12年	3,696	30.8	52.2
32	3,888	37.1	70.2

（注）老年人口指数＝$\frac{65歳以上人口}{15〜64歳人口}$×100．令和12年以降は推計．

（出典）平成22年以前は総務省「国勢調査」，令和12年以降は国立社会保障・人口問題研究所「日本の将来推計人口（令和5年）」中位推計．

わめて高いレベルの高齢社会を迎えることになる（図表Ⅱ.4.1）．

(ハ) 社会保障の給付と負担の増加

高齢化の進展にともなって，社会保障給付費は年々増加してきており，令和5年度予算ベースで134.3兆円，対名目GDP比で23.5%に上っている．

さらに，厚生労働省の推計によると2018（平成30）年度から2025（令和7）年度にかけて，名目GDPは1.14倍となるのに対し，社会保障給付費は約1.16倍となるものと見込まれており，2025年度の社会保障給付費は約140.2〜140.6兆円，対名目GDP比で21.7〜21.8%まで増大するものと見込まれている．

このように，社会保障制度については，急速な少子高齢化の進展にともなって，経済成長を上回って社会保障の給付が増大していくことが見込まれており，全世代対応型の持続可能な社会保障制度を構築する観点から，給付と負担のバランスや現役世代の負担上昇の抑制を図りつつ，保険料賦課限度額の引上げなど能力に応じた負担の在り方なども含め，医療，介護，年金，少子化対策

図表Ⅱ.4.2 一般歳出及び社会保障関係費の推移

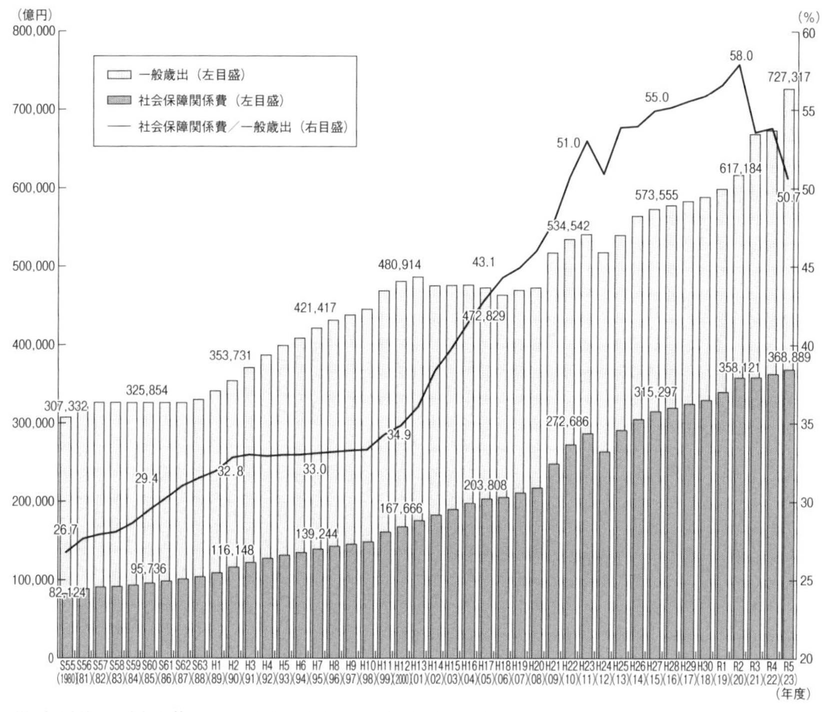

(注1) 計数は，当初予算ベースであり，それぞれ四捨五入している．
(注2) 臨時・特別の措置を除く．
(出典)「令和5年度予算及び財政投融資計画の説明」，「財政統計(予算決算等データ)」

を始めとする社会保障全般の総合的な検討を進めていく必要がある．

(2) 社会保障関係費の推移

我が国の急速な高齢化の進展を反映し，社会保障給付費は全体として著しく増加しているが，そのうち，国の一般会計について見ても，社会保障関係予算額は年々増加している(図表Ⅱ.4.2)．

なお，平成28年度から，消費税の使途である社会保障4経費(年金，医療，介護及び少子化対策)に関する予算額を明確にする観点より，社会保障関係費の主要経費分類を見直し，年金給付費，医療給付費，介護給付費，少子化対策費，生活扶助等社会福祉費，保健衛生対策費，雇用労災対策費に整理している(図表Ⅱ.4.3)．

図表Ⅱ.4.3　令和５年度　社会保障関係費（主要経費別）

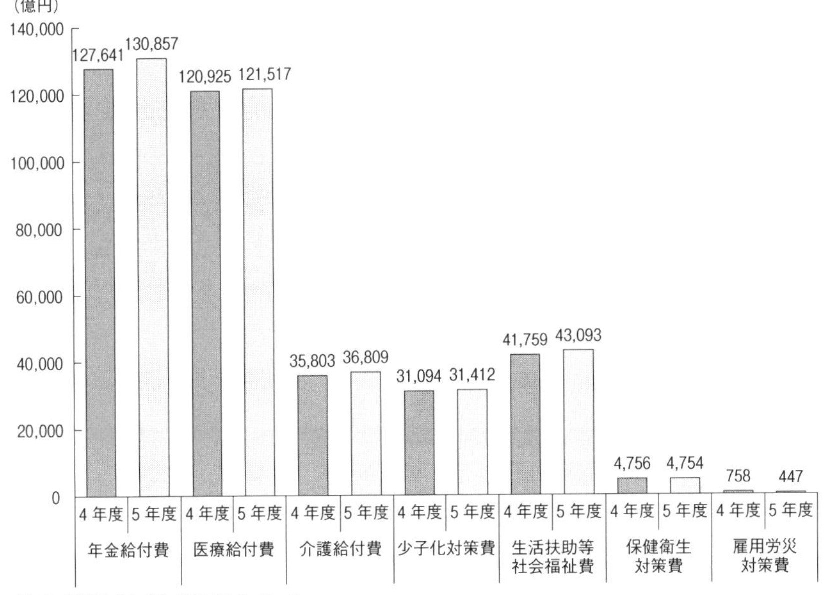

（注1）計数はそれぞれ四捨五入している．
（注2）臨時・特別の措置は除く．
（出典）「令和５年度予算及び財政投融資計画の説明」

(3) 医療保険制度

（イ）医療費の動向と課題

我が国の医療費は現在も毎年度数千億～１兆円近く増加しており，今後の高齢化の進展により，さらに急激な増大が見込まれている．直近（令和２年度）の国民医療費は42兆9665億円（このうち70歳以上医療費は22兆4296億円）だが，厚生労働省の推計によれば，2025（令和７）年度には54.4～54.9兆円に増大すると見込まれている．

現在の医療費の財源構成を見ると，保険料が約半分（49.5%）を占めており，そのほか国庫25.7%，地方負担12.7%，患者負担11.5%などとなっている．いずれにせよ，医療費の財源は，国民が支払う税金，保険料，医療機関等の窓口で支払う自己負担のいずれかであることから，それらをどうやって組み合わせて費用を分担していくのか十分に検討したうえで，将来展望を国民に示してい

図表Ⅱ.4.4　医療保険制度の概要

（令和５年４月時点）

制度名		保険者（令和４年３月末）	加入者数（令和４年３月末）本人 ［家族］ 千人	保険給付					財源	
				医療給付						
				一部負担	高額療養費制度，高額医療・介護合算制度	入院時食事療養費	入院時生活療養費	現金給付	保険料率	国庫負担・補助
健康保険 一般被用者	協会けんぽ	全国健康保険協会	40,265 ［25,072 15,193］	義務教育就学後から70歳未満　3割 義務教育就学前　2割 70歳以上75歳未満　2割 （現役並み所得者　3割）	（高額療養費制度） ・自己負担限度額 （70歳未満の者） （年収約1,160万円～）　252,600円＋（医療費－842,000円）×1％ （年収約770～約1,160万円）　167,400円＋（医療費－558,000円）×1％ （年収約370～約770万円）　80,100円＋（医療費－267,000円）×1％ （～年収約370万円）　57,600円 （住民税非課税）　35,400円 （70歳以上75歳未満の者） （年収約1,160万円～）　252,600円＋（医療費－842,000円）×1％ （年収約770～約1,160万円）　167,400円＋（医療費－558,000円）×1％ （年収約370～約770万円）　80,100円＋（医療費－267,000円）×1％ （～年収約370万円）　57,600円，外来（個人ごと）18,000円（年144,000円） （住民税非課税世帯）　24,600円，外来（個人ごと）　8,000円 （住民税非課税世帯のうち特に所得の低い者）　15,000円，外来（個人ごと）　8,000円 ・世帯合算基準額 70歳未満の者については，同一月における21,000円以上の負担が複数の場合は，これを合算して支給 ・多数該当の負担軽減 12月間に３回以上該当の場合の４回目からの自己負担限度額 （70歳未満の者） （年収約1,160万円～）　140,100円 （年収約770～約1,160万円）　93,000円 （年収約370～約770万円）　44,400円 （～年収約370万円）　44,400円 （住民税非課税）　24,600円 （70歳以上75歳未満の者） （年収約1,160万円～）　140,100円 （年収約770～約1,160万円）　93,000円 （年収約370～約770万円）　44,400円 （～年収約370万円）　44,400円 ・長期高額疾病患者の負担軽減 血友病，人工透析を行う慢性腎不全の患者等の自己負担限度額　10,000円 （ただし，年収約770万円超の区分で人工透析を行う70歳未満の患者の自己負担限度額　20,000円） （高額医療・高額介護合算制度） １年間（毎年８月～翌年７月）の医療保険と介護保険における自己負担の合算額が著しく高額になる場合に，負担を軽減する仕組み．自己負担限度額は，所得と年齢に応じきめ細かく設定．	（食事療養標準負担額） ・住民税課税世帯 １食につき　460円 ・住民税非課税世帯 90日目まで １食につき　210円 91日目から １食につき　160円 ・特に所得の低い住民税非課税世帯 １食につき　100円	（生活療養標準負担額） ・住民税課税世帯 １食につき　460円 ＋１日につき　370円 ・住民税非課税世帯 １食につき　210円 ＋１日につき　370円 ・特に所得の低い住民税非課税世帯 １食につき　130円 ＋１日につき　370円 ※療養病床に入院する65歳以上の方が対象 ※指定難病の患者や医療の必要性の高い者等には，更なる負担軽減を行っている	・傷病手当金 ・出産育児一時金　等	10.00％ （全国平均）	給付費等の16.4％
	組合	健康保険組合 1,388	28,381 ［16,410 11,971］					同上 （附加給付あり）	各健康保険組合によって異なる	定　額 （予算補助）
健康保険法第３条第２項被保険者		全国健康保険協会	16 ［11 5］					・傷病手当金 ・出産育児一時金　等	１級日額390円 11級3,230円	給付費等の16.4％
船員保険		全国健康保険協会	113 ［57 56］					同上	9.80％ （疾病保険料率）	定額
各種共済	国家公務員	20共済組合	8,690 ［4,767 3,923］					同上 （附加給付あり）	—	なし
	地方公務員等	64共済組合							—	
	私学教職員	１事業団							—	
国民健康保険	農業者 自営業者等	市町村 1,716	28,051 市町村 25,369 国保組合 2,683					・出産育児一時金 ・葬祭費	世帯毎に応益割（定額）と応能割（負担能力に応じて）を賦課 保険者によって賦課算定方式は多少異なる	給付費等の41％
		国保組合 160								給付費等の28.4～47.4％
	被用者保険の退職者	市町村 1,716								なし
後期高齢者医療制度		［運営主体］ 後期高齢者医療広域連合 47	18,434	１割 （一定以上所得者　２割） （現役並み所得者　３割）	・自己負担限度額 （年収約1,160万円～）　252,600円＋（医療費－842,000円）×1％ （年収約770～約1,160万円）　167,400円＋（医療費－558,000円）×1％ （年収約370～約770万円）　80,100円＋（医療費－267,000円）×1％ （～年収約370万円）　57,600円，外来（個人ごと）18,000円※（年144,000円） （住民税非課税世帯）　24,600円，外来（個人ごと）　8,000円 （住民税非課税世帯のうち特に所得の低い者）　15,000円，外来（個人ごと）　8,000円 ・多数該当の負担軽減 （年収約1,160万円～）　140,100円 （年収約770～約1,160万円）　93,000円 （年収約370～約770万円）　44,400円 （～年収約370万円）　44,400円 ※２割負担対象者について，令和４年10月１日から３年間，１月分の負担増加額は3000円以内となる．	同上	同上 ただし， ・老齢福祉年金受給者 １食につき　100円 ＋１日につき　0円	葬祭費　等	各広域連合によって定めた被保険者均等割額と所得割率によって算定されている 給付費等の約10％を保険料として負担	給付費等の約50％を公費で負担 （公費の内訳） 国：都道府県：市町村　4：1：1 さらに，給付費等の約40％を後期高齢者支援金として現役世代が負担

（注１）後期高齢者医療制度の被保険者は，75歳以上の者及び65歳以上75歳未満の者で一定の障害にある旨の広域連合の認定を受けた者．
（注２）現役並み所得者は，住民税課税所得145万円（月収28万円以上）以上または世帯に属する70～74歳の被保険者の基礎控除後の総所得金額等の合計額が210万円以上の者．ただし，収入が高齢者複数世帯で520万円未満若しくは高齢者単身世帯で383万円未満の者，
　及び旧ただし書所得の合計額が210万円以下の者は除く．特に所得の低い住民税非課税世帯とは，年金収入80万円以下の者等．
（注３）国保組合の定率国庫補助については，健保の適用除外承認を受けて，平成９年９月１日以降新規に加入する者及びその家族については協会けんぽ並とする．
（注４）加入者数は四捨五入により，合計と内訳の和とが一致しない場合がある．
（注５）船員保険の保険料率は，被保険者保険料負担軽減措置（0.30％）による控除後の率．

図表Ⅱ.4.5　1人当たり医療費の地域間格差

1人当たり年齢調整後医療費及び地域差指数　　（市町村国民健康保険＋後期高齢者医療制度）

	計			入院			入院外			歯科		
		地域差指数	順位		地域差指数	順位		地域差指数	順位		地域差指数	順位
	円			円			円			円		
全国平均	581,105	1.000	—	271,205	1.000	—	281,138	1.000	—	28,762	1.000	—
北海道	652,640	1.123	9	339,794	1.253	9	285,109	1.014	14	27,736	0.964	17
青森県	530,489	0.913	40	234,794	0.866	38	275,004	0.978	28	20,691	0.719	47
岩手県	518,403	0.892	46	230,595	0.850	43	262,872	0.935	42	24,936	0.867	34
宮城県	546,672	0.941	30	239,578	0.883	36	281,523	1.001	22	25,571	0.889	30
秋田県	544,782	0.937	32	252,347	0.930	29	267,058	0.950	37	25,377	0.882	31
山形県	542,180	0.933	35	248,503	0.916	30	268,467	0.955	36	25,210	0.877	32
福島県	531,231	0.914	39	237,216	0.875	37	270,006	0.960	33	24,009	0.835	40
茨城県	521,365	0.897	44	227,359	0.838	45	269,447	0.958	34	24,559	0.854	37
栃木県	525,957	0.905	42	231,924	0.855	41	270,287	0.961	32	23,747	0.826	42
群馬県	535,239	0.921	36	253,757	0.936	28	257,410	0.916	46	24,071	0.837	39
埼玉県	530,152	0.912	41	234,366	0.864	39	268,599	0.955	35	27,187	0.945	19
千葉県	518,492	0.892	45	231,490	0.854	42	259,342	0.922	44	27,660	0.962	18
東京都	565,104	0.972	29	242,209	0.893	34	291,975	1.039	6	30,920	1.075	8
神奈川県	542,467	0.934	34	227,537	0.839	44	284,121	1.011	19	30,810	1.071	9
新潟県	503,392	0.866	47	227,092	0.837	46	249,227	0.886	47	27,073	0.941	21
富山県	575,854	0.991	25	295,790	1.091	19	257,757	0.917	45	22,308	0.776	43
石川県	608,839	1.048	19	315,632	1.164	12	271,269	0.965	31	21,938	0.763	45
福井県	571,255	0.983	26	284,960	1.051	23	264,201	0.940	40	22,094	0.768	44
山梨県	534,668	0.920	37	243,584	0.898	32	264,815	0.942	39	26,268	0.913	23
長野県	531,829	0.915	38	242,493	0.894	33	263,736	0.938	41	25,600	0.890	29
岐阜県	544,133	0.936	33	232,300	0.857	40	281,463	1.001	23	30,369	1.056	10
静岡県	523,676	0.901	43	223,411	0.824	47	275,530	0.980	26	24,735	0.860	36
愛知県	565,726	0.974	28	241,735	0.891	35	291,545	1.037	8	32,446	1.128	4
三重県	546,419	0.940	31	244,690	0.902	31	275,321	0.979	27	26,409	0.918	22
滋賀県	571,167	0.983	27	272,112	1.003	26	274,215	0.975	29	24,840	0.864	35
京都府	616,851	1.062	17	297,515	1.097	17	289,822	1.031	10	29,514	1.026	13
大阪府	645,663	1.111	11	301,811	1.113	14	305,817	1.088	3	38,034	1.322	1
兵庫県	616,924	1.062	16	285,971	1.054	22	298,632	1.062	5	32,320	1.124	5
奈良県	576,155	0.991	24	266,855	0.984	27	280,816	0.999	24	28,484	0.990	15
和歌山県	586,670	1.010	22	275,243	1.015	25	285,288	1.015	13	26,139	0.909	26
鳥取県	589,945	1.015	21	297,407	1.097	18	266,372	0.947	38	26,166	0.910	25
島根県	620,733	1.068	15	309,491	1.141	13	285,339	1.015	12	25,903	0.901	27
岡山県	616,599	1.061	18	300,431	1.108	16	284,675	1.013	16	31,493	1.095	6
広島県	641,026	1.103	12	300,458	1.108	15	306,675	1.091	1	33,893	1.178	2
山口県	648,671	1.116	10	338,209	1.247	11	282,274	1.004	20	28,188	0.980	16
徳島県	661,467	1.138	6	339,254	1.251	10	291,913	1.038	7	30,299	1.053	11
香川県	626,050	1.077	13	288,672	1.064	21	306,110	1.089	2	31,268	1.087	7
愛媛県	604,640	1.041	20	293,574	1.082	20	284,857	1.013	15	26,209	0.911	24
高知県	695,596	1.197	1	390,121	1.438	1	279,797	0.995	25	25,678	0.893	28
福岡県	683,560	1.176	3	360,236	1.328	3	290,347	1.033	9	32,977	1.147	3
佐賀県	680,372	1.171	4	348,271	1.284	7	302,906	1.077	4	29,196	1.015	14
長崎県	670,208	1.153	5	353,423	1.303	4	287,048	1.021	11	29,737	1.034	12
熊本県	657,289	1.131	8	348,313	1.284	6	281,814	1.002	21	27,163	0.944	20
大分県	657,541	1.132	7	349,465	1.289	5	284,328	1.011	17	23,748	0.826	41
宮崎県	579,366	0.997	23	281,371	1.037	24	272,916	0.971	30	25,079	0.872	33
鹿児島県	685,329	1.179	2	377,096	1.390	2	284,153	1.011	18	24,080	0.837	38
沖縄県	622,545	1.071	14	341,712	1.260	8	259,762	0.924	43	21,071	0.733	46

く必要がある（図表Ⅱ.4.4）.

（ロ）医療保険制度の現状と課題

我が国の医療制度の現状に目を向けると，人口当たりで見ると諸外国と比べて多い病床の機能分担が不明確であり，世界的に見て入院日数も長いなど，非効率な側面がある．病床数が多い都道府県ほど医療費が高くなるという傾向から見ても明らかなように，非効率な供給は過剰な需要を誘発するため，医療費の高コスト化につながる．これが，人口・年齢構造や疾病構造等では説明がつかない医療費の地域差の大きな要因となっている．実際に，地域別の一人当たり入院医療費（年齢調整後）を見てみると，一番大きい高知県と一番小さい静岡県で約17万円（1.7倍）の差が生じている．（図表Ⅱ.4.5）.

また，現状の医療費効率化に向けた取組みとしては，「医療費適正化計画」があるが，現在公表されている第3期医療費適正化計画（平成30～令和5年度）では，入院医療費は，都道府県の医療計画（地域医療構想）に基づく病床機能の分化・連携の推進の成果を反映させて推計し，外来医療費は，糖尿病の重症化予防，特定健診・保健指導の推進，後発医薬品の使用促進，医薬品の適正使用による，医療費適正化の効果を織り込んで推計することとしている．厚生労働省によると，令和5年度に0.6兆円程度の適正化効果額が見込まれるとしている．第3期医療費適正化計画のPDCAサイクルについては，計画に掲げた目標の進捗を把握し，実績医療費の推移も参考としながら，目標達成に向けた取組を進めることが重要であるとし，①進捗状況の公表②進捗状況に関する調査及び分析（暫定評価）③実績評価等を実施することとしている．さらに，効率的な医療提供体制の構築や一人当たり医療費の地域差半減に向けて，地域医療構想のPDCAサイクルの強化や医療費適正化計画の在り方の見直しを行うこととされており，所要の見直し等について，令和6年度から始まる第4期医療費適正化計画期間に対応する都道府県医療費適正化計画の策定に間に合うよう，必要な法制上の措置を講ずることとされている．

(4) 年金制度

（イ）公的年金の財政制度

年金保険は，老齢，障害または死亡という稼得能力の喪失ないし減少を原因とし，各種の年金給付を支給する制度であり，これにより本人または遺族に対して基礎的な収入の一部を保障するものである（図表Ⅱ.4.6，図表Ⅱ.4.7）．

公的年金の財政方式を概観すると，大別して積立方式と賦課方式の2通りがある．積立方式は，現役期のうちに保険料を拠出し，それを積み立て，運用された基金を年金給付の財源とするものである．この制度は，世代間の所得の移転を想定しておらず，財政収支上各世代が独立していることになる．したがって，高齢化の進行等により人口構成の変化が生じても，各世代が年金の負担・給付に関して影響を受けることがないという利点がある．他方，欠点としては，予測しえないインフレといった不確実性への対応に限界があること，年金制度創設時にすでに高齢に達していた世代には年金給付が与えられないことなどがあげられる．

これに対して，賦課方式は，現役世代が保険料として拠出した額を同時期の引退世代の年金給付に充てる制度である．この制度は，必然的に，世代間の所得移転を前提としている．賦課方式の利点としては，予測しえないインフレといった不確実性に対応できるなどの点がある．他方，欠点としては，高齢化等の人口構成の変化があるときには，世代間の不公平が生じる点がある．我が国の公的年金制度は，発足時には積立方式での運営が想定されていたが，現在は，当年度の保険料のほとんどを当年度の年金給付に充てており，修正賦課方式といわれることが多い．

（ロ）年金制度の歴史

年金制度については，国民皆年金が実現して以来の数次の制度改正では，物価スライド制度導入など給付水準の改善に重点が置かれてきた．しかし，その後，本格的な高齢社会を迎える21世紀に向けて年金制度の抜本的な改革の必要性が認識されはじめ，昭和60年には公的年金制度を長期にわたり健全かつ安定的に運営していくための基盤づくりを基本目標とし，世代内・世代間を通じての公平性の確保を目標とした年金制度の抜本改正がなされた．具体的には，全国民共通の基礎年金制度を創設するとともに，給付と負担の長期的な均衡を確保するため給付の適正化が図られた．平成元年度には年金額の実質改善，保険料率の引上げ，完全自動物価スライド制の導入などを内容とする制度改正が行われ，平成6年度には，支給開始年齢の引上げ，賃金スライド方式の可処分所

図表Ⅱ.4.6　公的年金制度一覧

○国民年金制度

（令和3（2021）年度（末現在））

区分	被保険者数 ①	老齢基礎年金等受給権者数 ②	年金扶養比率 ①/②	老齢基礎年金平均年金月額	実質的な支出	積立金（時価ベース）	積立比率（時価ベース）	保険料（令和4(2022)年4月保険料）	老齢基礎年金支給開始年齢
	万人	万人		万円	兆円	兆円		円	
国民年金第1号被保険者（任意加入被保険者含む）	1431				3.4	10.6	8.1	16590	
国民年金第2号被保険者等	4535	3466	1.94	5.6	—	—	—	—	65歳
国民年金第3号被保険者	763								
合計	6729								

（注）1．老齢基礎年金等受給権者数は，老齢基礎年金受給権者数に，旧国民年金法による老齢年金受給権者数，被用者年金制度の65歳以上の旧法老齢（退職）年金受給権者数等を加えたものである．
2．老齢基礎年金平均年金月額は，新法基礎年金と旧法国民年金の平均である．
3．実質的な支出は，給付費から基礎年金交付金を控除し基礎年金拠出金を加えた額である（確定値ベース）．
4．積立比率とは，前年度末に保有する積立金（国庫負担繰延額を含めた推計値）が，実質的な支出のうち自前で財源を用意しなければならない部分（国庫・公経済負担を除いた部分）の何年分に相当しているかを表す指標である．

○厚生年金制度

（令和3（2021）年度（末現在））

区分	被保険者数 ①	老齢（退職）年金受給権者数（老齢・退年相当）②	年金扶養比率 ①/②	老齢（退職）年金平均年金月額（老齢・退年相当）	実質的な支出	積立金（時価ベース）	積立比率（時価ベース）	保険料（令和4(2022)年9月保険料）	老齢（退職）年金支給開始年齢（令和4（2022）年度）
第1号厚生年金（旧厚生年金）	万人 4065	万人		万円	兆円	兆円		%	報酬比例部分 一般男子・共済女子 64歳 旧厚年女子 62歳 坑内員・船員 62歳
第2号厚生年金（国家公務員共済組合）	109							18.300	
第3号厚生年金（地方公務員共済組合）	304	1905	2.38	14.9	49.9	230.6	6.0		定額部分 一般男子・共済女子 65歳 旧厚年女子 65歳 坑内員・船員 62歳
第4号厚生年金（私立学校教職員共済）	59							16.832	
合計	4535							—	

（注）1．老齢（退職）年金受給権者数（老齢・退年相当）には，旧三公社共済組合及び旧農林漁業団体職員共済組合において旧厚生年金に統合される前に発生した退年相当の退職年金（減額退職年金を含む）の受給権者及び平成27年9月までに旧共済法により発生した退年相当の退職年金（減額退職年金を含む）の受給権者を含む．
2．老齢（退職）年金平均年金月額は，老齢基礎年金分を含む．また，国共済，地共済及び私学共済（以下，「共済組合等」という．）については，職域加算部分を除く推計値である．
3．実質的な支出は，給付費から基礎年金交付金，追加費用，職域等費用納付金を控除し，基礎年金拠出金を加えた額である（確定値ベース）．ここで，厚生年金基金から給付されている代行給付額（年度末の最低責任準備金を算出する際に用いられている額）を加えることで，厚生年金基金が代行している部分を含めた厚生年金制度全体の額を推計している．
4．積立金は，厚生年金勘定の年度末積立金と共済組合等の厚生年金保険経理（私学共済は厚生年金勘定・厚生年金経理）の年度末積立金の合計である．
5．積立比率を算出する際の厚生年金の積立金は，厚生年金基金が代行している部分及び国庫負担繰延額を含んだ推計値である．
6．私学共済の保険料率は，令和4（2022）年9月時点で一元化法附則の規定を踏まえ，16.035％に軽減されている．

図表Ⅱ.4.7　年金制度の体系

○現役世代は全て国民年金の被保険者となり，高齢期となれば，基礎年金の給付を受ける.（1階部分）
○民間サラリーマンや公務員等は，これに加え，厚生年金保険に加入し，基礎年金の上乗せとして報酬比例年金の給付を受ける.（2階部分）
○また，希望する者は，iDeCo（個人型確定拠出年金）等の私的年金に任意で加入し，さらに上乗せの給付を受けることができる.（3階部分）

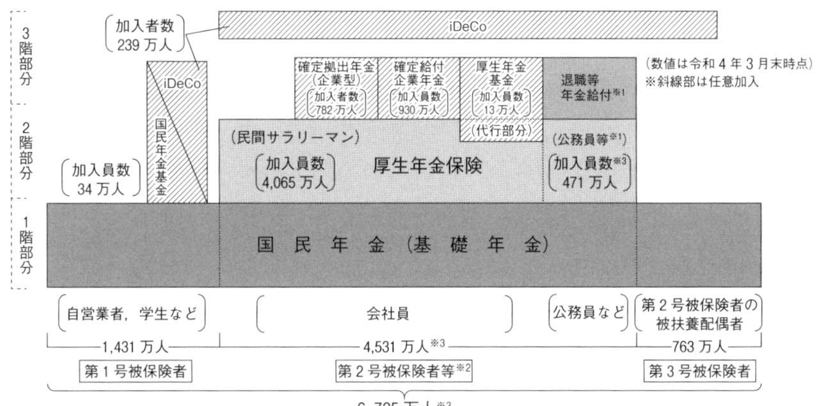

※1　被用者年金制度の一元化に伴い，平成27年10月1日から公務員および私学教職員も厚生年金に加入．また，共済年金の職域加算部分は廃止され，新たに退職等年金給付が創設．
ただし，平成27年9月30日までの共済年金に加入していた期間分については，平成27年10月以後においても，加入期間に応じた職域加算部分を支給.
※2　第2号被保険者等とは，厚生年金被保険者のことをいう（第2号被保険者のほか，65歳以上で老齢，または，退職を支給事由とする年金給付の受給権を有する者を含む).
※3　公務員等，第2号被保険者等及び公的年金全体の数は速報値である.
※4　上記の数値は，それぞれ四捨五入しているため合計とは一致しない場合がある.

得スライドへの改正など，年金制度全般にわたる制度改正が行われた．さらに，平成12年度には，厚生年金の給付水準の5％適正化，裁定後の年金額を物価のみで改定するよう改めること，厚生年金の支給開始年齢の引上げ，60歳代後半の在職老齢年金制度の導入などにより，最終保険料率を改正前の34.5％から27.8％（総報酬の21.6％）程度に抑制するなどを内容とする改正が行われた.

あわせて，平成7年を目途に公的年金制度全体の一元化を完了させるとの閣議決定（昭和59年2月24日）を踏まえ，国民年金に続いて被用者年金においても，平成9年4月から日本鉄道（JR)・日本たばこ産業（JT)・日本電信電話（NTT）の共済を，平成14年4月から農林共済をそれぞれ厚生年金に統合するといった改正が行われた.

平成16年度には，保険料負担を段階的に引き上げ，平成29年度以降，厚生年金は18.30％，国民年金は1万6900円（平成16年度価格）で固定すること，物価・賃金に加え人口動態を踏まえて給付水準を自動的に調整する仕組み（マクロ経済スライド）を導入し，上記の保険料負担の範囲内で年金給付をまかなうこととしつつ，標準的な年金受給世帯の給付水準について現役世代の平均収入の50%を上回る水準を確保すること，所要の安定した財源を確保する税制の抜本的な改革を行ったうえで，基礎年金国庫負担割合を３分の１から２分の１へ引き上げることなどを骨格とした改革が実施された．

基礎年金国庫負担割合の２分の１への引上げについては，平成16年度以降段階的に36.5%まで引き上げた後，36.5%と２分の１の差にあたる額（年金差額分）については，平成21年度及び平成22年度の２年間は財政投融資特別会計から一般会計への特例的な繰入れにより臨時の財源を充て，平成23年度には鉄道建設・運輸施設整備支援機構の利益剰余金，財政投融資特別会計の積立金・剰余金及び外国為替資金特別会計の剰余金により対応する予定であった．しかしながら，東日本大震災の発生を受け，当該額は大震災からの復旧のための１次補正予算における財源措置として活用することとされたため，３次補正において改めて復興債の発行による収入金を活用して確保するものとされた．

平成24年度には，平成24年度及び平成25年度における年金差額分は，年金特例公債の発行による収入金を活用して確保し，平成26年度分以降は，消費税増収分を活用し，基礎年金国庫負担割合２分の１への引上げを恒久化するほか，遺族基礎年金の支給対象を父子家庭にも拡大するとともに，一定の要件を満たす短時間労働者に対して厚生年金の適用範囲が拡大することとなった．平成27年10月には，「被用者年金制度の一元化等を図るための厚生年金保険法等の一部を改正する法律」の施行にともない，共済年金は厚生年金に一元化された．

平成28年度には，マクロ経済スライドについて，年金の名目額が前年度を下回らない措置を維持しつつ，賃金・物価上昇の範囲内で前年度までの未調整分を含めて調整する措置（キャリーオーバー制度）を導入するとともに，賃金変動が物価変動を下回る場合に賃金変動に合わせて年金額を改定する措置の徹底が図られた．

令和２年度には，短時間労働者を被用者保険の適用対象とすべき事業所の企業規模要件について，段階的に引き下げるとともに，５人以上の個人事業所に係る適用業種に，弁護士，税理士等の資格を有する者が行う法律又は会計に係

図表Ⅱ.4.8 「国民皆年金」の歩み

	出来事	備考
昭和17. 6	労働者年金保険制度発足	
19. 6	厚生年金保険制度発足	労働者年金保険を改称
29. 5	厚生年金保険制度の全面的改正 私立学校教職員共済組合の発足	
34. 4	農林漁業団体職員共済組合の発足 国家公務員共済組合の発足	恩給制度から共済制度への移行
36. 4	国民年金制度全面施行	
37. 4	地方公務員等共済組合の発足	地方公務員の年金の統一
37. 7	社会保険庁発足	
41.10	厚生年金基金制度の創設	11.30に第1号の87基金設立
44.12	国民年金法・厚生年金保険法改正	2万円年金の実現
48. 9	国民年金法・厚生年金保険法改正	標準的な年金5万円と再評価・物価スライド制の導入
57. 1	国民年金の国籍要件撤廃	国民年金の外国人適用開始
59. 2	公的年金制度改革についての閣議決定	基礎年金の導入・昭和70（平成7）年を目途の公的年金一元化
60. 5	国民年金法・厚生年金保険法改正	基礎年金の導入等
60.12	共済年金法改正	
61. 6	資金確保事業開始	制度開設は4月
62. 9	財源強化事業開始	年金積立金の自主運用（制度創設は62年6月）
平成元.12	国民年金法・厚生年金保険法改正	完全自動物価スライド制の導入等，学生の適用・国民年金基金制度
6.11	国民年金法・厚生年金保険法改正	60歳代前半の厚生年金の見直し（支給開始年齢の引上げ等），在職老齢年金の見直し，ネット所得スライド制の導入の導入等
9. 4	JR・JT・NTT 共済の厚生年金への統合，制度間調整事業廃止	公的年金一元化の第一段階
12. 3	国民年金法・厚生年金保険法改正	厚生年金の給付水準の適正化 賃金スライドの廃止，厚生年金の支給開始年齢の引上げ 60歳代後半の在職老齢年金制度の導入等
13. 4	年金資金運用基金発足	
14. 4	農林共済の厚生年金への統合	公的年金一元化
16. 6	国民年金法・厚生年金保険法改正	マクロ経済スライドの導入
24.8, 11	社会保障・税一体改革	低所得高齢者・障害者等への年金生活者支援給付制度の創設，厚生年金と共済年金の被用者年金一元化，年金受給資格期間の短縮，厚生年金の短時間労働者への適用拡大等
27.10	共済年金の厚生年金への統合	被用者年金一元化
28.12	持続可能性向上法改正	マクロ経済スライドの見直し，賃金・物価スライドの見直し等
令和2. 6	国民年金法・厚生年金保険法改正	厚生年金の適用拡大（企業規模要件の引下げ等），在職中の年金受給の在り方の見直し，受給開始時期の選択肢の拡大等

る業務を行う事業が追加されることとなった．また，在職中の年金受給の在り方について，在職中の老齢厚生年金受給者（65歳以上）の年金額を毎年定時に改定するとともに（在職定時改定），60歳代前半の者を対象とした在職老齢年金制度について，支給停止とならない範囲を拡大する改正が行われた．さらに，60歳から70歳の間となっていた年金の受給開始時期の選択肢を，60歳から75歳の間に拡大することとされた（図表Ⅱ.4.8）．

(5) 介護保険制度

高齢者介護については，社会保険方式により介護サービス等を給付する，新しい介護保険制度が平成12年4月から実施されている（介護保険法平成9年12月成立）．介護保険法以前は，高齢者介護に関する制度は1つの体系立ったシステムではなく，ホームヘルプサービスや特別養護老人ホームなどの老人福祉と，一般病院や老人保健施設等の老人医療の2つのタテ割りの制度となっていた．このため，①サービスが自由に選択できない，②サービス利用時の負担に不公平が生じている，③介護を理由とする長期入院（いわゆる社会的入院）など，医療サービスが不適切に利用されているなどの問題点が指摘されていた．

こうしたことを踏まえ，現在の介護保険制度では，介護を社会全体で支え，利用者の希望を尊重した総合的なサービスを提供するために，40歳以上の国民から徴収した保険料及び公費を財源として，要介護状態や要支援状態になった場合に在宅サービスや施設サービスが提供されている．

介護保険をめぐる状況としては，高齢化の進展などにより介護給付費は増大し続けており，これまでも所要の改革が行われてきたところであるが，それでもなお，今後とも経済の伸びを上回って給付費が増大していくことが見込まれている．こうした状況を踏まえると，今後とも給付の伸びを抑制していくための改革に取り組んでいく必要があり，公的給付の内容・範囲の見直しや介護報酬の合理化・適正化など，所要の見直しについての検討を進めていく必要がある．

(6) 生活保護

生活保護制度は，何らかの原因で貧困に陥り，その利用しうる資産，能力などを活用してもなお生活に困窮する者に対して，公の責任において健康で文化的な最低限度の生活を保障するとともに，その自立を助成することを目的とする制度である．生活保護には，生活扶助，住宅扶助，教育扶助，介護扶助，医療扶助，出産扶助，生業扶助，葬祭扶助の８種類があり，現物給付である医療扶助及び介護扶助を除いて原則として金銭給付である．

生活保護制度が保障する水準については，生活保護法第８条に基づき厚生労働大臣が定める保護基準により決定されている（１級地―１の３人世帯（33歳男，29歳女，４歳子）で15万8760円／月（令和５年４月）児童養育加算等を含む）．

(7) 少子化対策

(イ) 少子化の現状

我が国の出生数の推移をみると，第１次ベビーブーム期（昭和22～24年）には約270万人，第２次ベビーブーム期（同46～49年）には約210万人となっていたが，それ以降は毎年減少を続け，昭和59年には150万人を割り込んだ．

平成３年以降は増加と減少を繰り返しながら，ゆるやかな減少傾向となり，平成17年には初めて110万人台を割り込み，令和元年には90万人を割り込んだ．合計特殊出生率の推移をみても，第１次ベビーブーム期には４を超え，第２次ベビーブーム期の昭和46年には2.16という水準を保っていたが，昭和49年には人口置換水準のおおむね2.1を下回り，平成元年にはそれまで最低であった昭和41年の数値を下回る1.57を記録した．それ以降は低下傾向が続き，平成15年には超少子化国と呼ばれる水準である1.3を下回る1.29を記録し，平成17年には1.26と過去最低を記録した．平成18年には６年ぶりに回復して1.32となり，平成27年では1.45まで回復しているが，令和３年には1.30となり依然として低い水準となっている．

(ロ) 少子化の原因とその背景

少子化の主な原因は，未婚化・晩婚化と，有配偶出生率の低下であり，特に未婚化・晩婚化（若い世代での未婚率の上昇や，初婚年齢の上昇）の影響が大きいと言われている．

若い世代の結婚をめぐる状況を見ると，男女共に多くの人が「いずれ結婚する」ことを希望しながら，「適当な相手にめぐり会わない」，「資金が足りない」などの理由でその希望がかなえられていない状況にある．また，「一生結婚するつもりはない」という未婚者の微増傾向が続いている．

子供についての考え方を見ると，未婚者・既婚者のいずれにおいても，平均して２人程度の子供を持ちたいとの希望を持っているが，「子育てや教育にお金がかかりすぎる」，「これ以上，育児の負担に耐えられない」，「仕事に差し支える」といった理由で，希望がかなわない状況がある．また，夫婦の平均理想子ども数，平均予定子ども数は低下傾向が続いている．

このように，少子化の背景には，経済的な不安定さ，出会いの機会の減少，男女の仕事と子育ての両立の難しさ，家事・育児の負担が依然として女性に偏っている状況，子育て中の孤立感や負担感，子育てや教育にかかる費用負担の重さ，年齢や健康上の理由など，個々人の結婚や出産，子育ての希望の実現を阻む様々な要因が複雑に絡み合っている．

(ハ) 我が国の少子化対策

政府は1990年代半ばからエンゼルプラン，新エンゼルプランを策定して，そのプランに基づき少子化対策を推進してきた．その後，さらなる少子化対策の取組として，少子化社会において講ぜられる施策の基本理念を明らかにするとともに，少子化に的確に対処するための施策を総合的に推進する目的で，平成15年７月に少子化社会対策基本法が制定され，同法に基づき，内閣府に少子化社会対策会議が設置された．平成16年６月には同会議において，総合的かつ長期的な少子化に対処するための施策の大綱である少子化社会対策大綱が決定（その後閣議決定）され，同年12月には少子化社会対策大綱に盛り込まれた施策について効果的な推進を図るための少子化社会対策大綱に基づく具体的な実施計画（子ども・子育て応援プラン）が決定された．

さらに，平成18年６月には，それまでの対策が少子化の流れを変えることができなかったことを受け止め，少子化対策の抜本的な拡充，強化，転換を図るため，「新しい少子化対策について」が同会議において決定された．「新しい少子化対策について」では，社会全体の意識改革と，子どもと家族を大切にする観点からの施策の拡充という２点を重視し，40項目にわたる具体的な施策が掲げられている．

さらに，平成19年2月以降，「子どもと家族を応援する日本」重点戦略検討会議が開催され，諸外国における少子化対策の成功例を含めた広範な検討が行われ，平成19年6月の中間報告を経て，同年12月に全体像がとりまとめられた.

この重点戦略では，女性をはじめ働く意欲を持つすべての人の労働市場参加を実現しつつ，国民の希望する結婚・出産・子育てを可能にするためには，就労と出産・子育ての二者択一構造の解消が必要であり，「働き方の見直しによる仕事と生活の調和（ワーク・ライフ・バランス）の実現」及びその社会的基盤となる「包括的な次世代育成支援の枠組みの構築」を，「車の両輪」として同時並行的に推進していくことが必要不可欠であるとの考え方が示されている.

また，平成22年1月には，これまでの少子化社会対策大綱に代わるものとして「子ども・子育てビジョン」が閣議決定された．このビジョンにおいては，生命（いのち）と育ちを大切にする，困っている声に応える，生活（くらし）を支えるとの基本姿勢を踏まえ，「子どもの育ちを支え，若者が安心して成長できる社会」，「妊娠，出産，子育ての希望が実現できる社会」，「多様なネットワークで子育て力のある地域社会」，「男性も女性も仕事と生活が調和する社会」を目指して，施策を推進することとされている.

さらに，平成27年3月に少子化社会対策大綱を閣議決定し，①結婚や子育てしやすい環境となるよう，社会全体を見直し，これまで以上に対策を充実する，②個々人が結婚や子供についての希望を実現できる社会をつくることを基本的な目標とする，③結婚，妊娠・出産，子育ての各段階に応じた切れ目のない取組と地域・企業など社会全体の取組を両輪として，きめ細かく対応する，④今後5年間を「集中取組期間」と位置づけ，重点課題を設定し，政策を効果的かつ集中的に投入する，⑤長期展望に立って，子供への資源配分を大胆に拡充し，継続的かつ総合的な対策を推進する，といった新たな局面にたった少子化対策の基本的な考え方を示した.

平成27年4月には，「子ども・子育て支援新制度」について本格施行され，同時に内閣府に，内閣府特命担当大臣（少子化対策）を本部長とし，少子化対策及び子ども・子育て支援の企画立案・総合調整並びに「少子化社会対策大綱」の推進や「子ども・子育て支援新制度」の施策を行うための新たな組織である「子ども・子育て本部」が設置された.

平成28年6月には「ニッポン一億総活躍プラン」が閣議決定された. このプランにおいては, 経済成長の隘路である少子高齢化に正面から立ち向かうこととし,「希望出生率1.8」の実現に向け, 若者の雇用安定・待遇改善, 多様な保育サービスの充実, 働き方改革の推進, 希望する教育を受けることを阻む制約の克服等の対応策を掲げ, 平成28年度から令和7年度の10年間のロードマップを示している.

平成29年6月には,「子育て安心プラン」が公表され, 平成30年度から令和4年度末までに女性就業率80%にも対応できる32万人分の保育の受け皿を整備することとした. また, 平成29年12月に閣議決定された「新しい経済政策パッケージ」では, これを前倒しし, 令和2年度末までに32万人分の受け皿整備を行うこととした.

平成29年12月8日には,「人づくり革命」と「生産性革命」を車の両輪とする「新しい経済政策パッケージ」を閣議決定した. このうち,「人づくり革命」については, 幼児教育の無償化, 待機児童の解消, 高等教育の無償化など, 2兆円規模の政策を盛り込み, 子育て世代, 子供たちに大胆に政策資源を投入することで, 社会保障制度を全世代型へと改革することとした. また, これらの施策の安定財源として, 消費税率10%への引上げ（令和元年10月～）による財源を活用するとともに, 子ども・子育て拠出金を0.3兆円増額することとした.

令和2年5月に少子化社会対策大綱を閣議決定し, ①結婚・子育て世代が将来にわたる展望を描ける環境をつくる, ②多様化する子育て家庭の様々なニーズに応える, ③地域の実情に応じたきめ細かな取組を進める, ④結婚, 妊娠・出産, 子供・子育てに温かい社会をつくる, ⑤科学技術の成果など新たなリソースを積極的に活用する, という基本的な考え方に基づき, 結婚支援, 妊娠・出産への支援, 男女共に仕事と子育てを両立できる環境の整備, 地域・社会による子育て支援, 多子世帯への支援を含む経済的支援など, 結婚, 妊娠・出産, 子育てのライフステージに応じた総合的な少子化対策に取り組むこととしている.

令和2年12月には,「新子育て安心プラン」が公表され, 令和3年度から令和6年度末までの4年間で約14万人分の保育の受け皿を整備するほか, ①地域の特性に応じた支援，②魅力向上を通じた保育士の確保，③地域のあらゆる子育て支援資源の活用を柱として，各種取組を推進することにより，できるだけ早く待機児童の解消を目指すとともに，女性（25歳～44歳）の就業率の上昇に対応することとしている．

3 令和5年度社会保障関係予算

(1) 概要

令和5年度の社会保障関係費については，令和4年度当初予算額に対して6154億円（1.7%）増の36兆8889億円を計上している．経済・物価動向等を踏まえつつ，「経済財政運営と改革の基本方針2021」（令和3年6月18日閣議決定）等における「新経済・財政再生計画」で示された社会保障関係費の実質的な伸びを「高齢化による増加分におさめる」という方針を達成している（年金スライド分を除く高齢化による増は4100億円程度，年金スライド分の増は2200億円程度）（図表Ⅱ.4.9）．

令和5年度薬価改定について，令和4年薬価調査に基づき，以下のとおり実施する．改定の対象範囲については，国民負担軽減の観点から，平均乖離率7.0%の0.625倍（乖離率4.375%）を超える品目を対象とする．急激な原材料費の高騰，安定供給問題に対応するため，不採算品再算定について臨時・特例的に全品を対象に適用するとともに，イノベーションに配慮する観点から，新薬創出等加算の加算額を臨時・特例的に増額し，従前の薬価と遜色ない水準とする対応を行う．これらにより，薬剤費の削減▲3100億円（国費▲722億円）を実現する．

生活扶助基準について，厚生労働省の審議会における検証を適切に反映することを基本としつつ，見直しを行う．足もとの社会経済情勢等も踏まえ，令和5，6年度については，臨時・特例の措置として，世帯人員一人当たり月額千円を加算するとともに，加算を行ってもなお現行の基準額から減額となる世帯について，現行の基準額を保障する措置を講ずる．（令和5年10月～実施．財政影響は令和5年度60億円程度，令和6年度130億円程度．）令和7年度以降，特例が終了した後の生活扶助基準については，今後の社会経済情勢等の動向を

図表Ⅱ.4.9　社会保障関係費の内訳

（単位　億円）

	令和4年度	令和5年度		
			対前年度増▲減額	伸び率（%）
社会保障関係費①	362,735	368,889	6,154	1.7%
年金給付費	127,641	130,857	3,216	2.5%
医療給付費	120,925	121,517	592	0.5%
介護給付費	35,803	36,809	1,007	2.8%
少子化対策費	31,094	31,412	318	1.0%
生活扶助等社会福祉費	41,759	43,093	1,334	3.2%
保健衛生対策費	4,756	4,754	▲2	▲0.0%
雇用労災対策費	758	447	▲312	▲41.1%
一般会計歳出②	1,075,964	1,143,812	67,848	6.3%
うち一般歳出③	673,746	727,317	53,571	8.0%
①／②	33.7%	32.3%		
①／③	53.8%	50.7%		

見極めて必要な対応を行うため，令和7年度予算の編成過程において，改めて検討．

※　その際，検証結果を適切に反映することとした上で，これまでの基準見直しにおける配慮を参考にしつつ，その時々の社会経済情勢等を勘案して設定．

医療扶助の適正化に向け，多剤服薬者に対する医薬品の適正使用に係る取組を強化する．具体的には，レセプトから多剤服薬が疑われる者を抽出し，薬剤師等に協議を行った上で，指導対象者及び医療機関等への訪問指導等を行う体制を構築する．

生活困窮者自立支援法に基づき，生活困窮者に対する包括的な相談支援や就労支援等を実施．とりわけ，就労をはじめとする自立の前提である「住まい」の確保に困難を抱える方への対応を強化する．具体的には，「住宅確保給付金」については，コロナ禍における特例的な対応を一部恒久化するとともに，自立支援機能の強化等が図られるよう見直しを行う．また，「地域居住支援事業」を拡充し，住まいの見守り支援や住まい確保の支援等を行う．

雇用保険制度については，今後，雇用情勢が悪化した場合にも十分な対応を図ることができるよう，財政基盤を早期に安定させることが不可欠であり，雇用調整助成金について特例措置の段階的な縮減を経て通常制度とするとともに，令和5年度の失業等給付の雇用保険料は，法定されている通り，本則0.8%（令和4年10月～令和5年3月0.6%，労使折半）とする.

令和5年4月にこども家庭庁を創設し，こどもの視点に立って，こども政策を総合的に推進するために必要な予算を措置.

その他にも，妊娠期から子育て期の包括的な切れ目のない支援（493億円）や総合的な子育て支援（3兆4130億円）などこども・子育て支援分野の取り組みを実施していくこととしている.

(2) 年金給付費

令和5年度予算における年金給付費は，13兆857億円（前年度当初予算額12兆7641億円，2.5%増）となっている.

主なものとして，基礎年金拠出金等年金特別会計へ繰入，特別障害給付金給付費年金特別会計へ繰入，などが計上されている（図表Ⅱ.4.10).

図表Ⅱ.4.10　年金給付費の内訳

（単位　百万円）

	令和4年度	令和5年度
国家公務員共済組合連合会等助成費	78,379	77,937
職務上年金給付費年金特別会計へ繰入	1	0
特別障害給付金給付費年金特別会計へ繰入	2,467	2,390
公的年金制度等運営諸費	523,509	524,232
基礎年金拠出金等年金特別会計へ繰入	12,155,728	12,476,942
年金特別会計へ繰入	302,531	278,440
厚生年金保険給付費国庫負担金繰入	280,483	257,065
拠出制国民年金国庫負担金繰入	22,048	21,374
福祉年金等年金特別会計へ繰入	121	130
基礎年金年金特別会計へ繰入	11,853,077	12,198,373
厚生年金基礎年金国庫負担金繰入	9,966,197	10,227,156
国民年金基礎年金国庫負担金繰入	1,886,880	1,971,217
私的年金制度整備運営費	3,988	4,187
計	12,764,072	13,085,689

また，年金給付費（年金特別会計歳出）については，人口の高齢化の進展等を背景として，年金受給者数が引き続き増加し，令和4年度の56兆6984億円から令和5年度は58兆4631億円に増加する見込みである．

なお，令和5年度の年金改定率は，名目手取り賃金変動率（2.8%）が物価変動率（2.5%）よりも高いため，新規裁定年金は名目手取り賃金変動率（2.8%）を，既裁定年金は物価変動率（2.5%）を用い，さらに，令和5年度のマクロ経済スライドによる調整（▲0.3%）と，令和3年度・4年度のマクロ経済スライドの未調整分による調整（▲0.3%）が行われ，新規裁定年金は2.2%，既裁定年金は1.9%となっている．

(3) 医療給付費

令和5年度予算における医療給付費は，12兆1517億円（前年度当初予算額12兆925億円，0.5%増）となっている．

主なものとして，後期高齢者医療給付費等負担金や国民健康保険療養給付費等負担金などを含む医療保険給付諸費などが計上されている（図表Ⅱ.4.11）．

また，「地域における医療及び介護の総合的な確保の促進に関する法律」に基づき，消費税増収分を活用し，地域医療介護総合確保基金（医療分）等を各都道府県等に設置し，病床機能の分化・連携の推進，病床機能の再編支援及び勤務医の働き方改革の推進等を図るために1040億円を計上している．

(4) 介護給付費

令和5年度予算における介護給付費は，3兆6809億円（前年度当初予算額3兆5803億円，2.8%増）となっている．

主なものとして，介護保険制度運営推進費，高齢者日常生活支援等推進費などが計上されている（図表Ⅱ.4.12）．

「介護保険法」に基づく市町村の介護給付費に対する国庫負担等として，3兆4043億円を計上している．そのうち，「地域における医療及び介護の総合的な確保の促進に関する法律」に基づき，消費税増収分を活用し，地域医療介護総合確保基金（介護分）を各都道府県に設置し，介護施設の整備や介護人材の確保等を図るために489億円を計上している．

図表Ⅱ.4.11　医療給付費の内訳

（単位　百万円）

	令和４年度	令和５年度
母子保健衛生対策費	3,717	3,683
児童虐待防止等対策費	—	4,484
障害児支援等対策費	—	5,384
感染症対策費	3,424	3,359
特定疾患等対策費	142,103	145,010
原爆被爆者等援護対策費	28,072	27,384
医療提供体制基盤整備費	148,582	103,986
医療介護提供体制改革推進交付金	75,077	75,077
医療提供体制設備整備交付金	73,505	28,909
医療保険給付諸費	10,060,299	10,190,649
全国健康保険協会保険給付費等補助金	1,238,788	1,265,782
全国健康保険協会後期高齢者医療費支援金補助金	85	91
国民健康保険組合療養給付費補助金	183,645	181,514
国民健康保険組合後期高齢者医療費支援金補助金	54,225	58,188
健康保険組合等出産育児一時金臨時補助金	—	7,613
後期高齢者医療給付費等負担金	4,123,160	4,286,873
国民健康保険療養給付費等負担金	1,753,760	1,636,244
国民健康保険後期高齢者医療費支援金負担金	485,887	527,283
後期高齢者医療財政調整交付金	1,341,131	1,392,535
国民健康保険財政調整交付金	601,800	565,064
国民健康保険後期高齢者医療費支援金財政調整交付金	136,655	148,298
国民健康保険保険者努力支援交付金	141,162	121,162
麻薬・覚醒剤等対策費	0	0
生活保護等対策費	1,420,329	1,391,235
障害保健福祉費	281,677	276,561
心神喪失者等医療観察法入院等決定者医療費	17,170	18,319
精神障害者医療保護入院費補助金	253	227
精神障害者措置入院費負担金	5,410	5,330
障害者医療費負担金	253,514	252,684
障害児入所医療費等負担金	5,331	—
児童虐待等防止対策費	4,301	—
計	12,092,506	12,151,734

図表Ⅱ.4.12　介護給付費の内訳

（単位　百万円）

	令和４年度	令和５年度
生活保護等対策費	80,983	83,356
高齢者日常生活支援等推進費	192,795	193,274
介護保険制度運営推進費	3,306,479	3,404,292
全国健康保険協会介護納付金補助金	55	47
国民健康保険組合介護納付金補助金	22,834	22,438
介護給付費等負担金	2,351,249	2,437,894
国民健康保険介護納付金負担金	188,503	183,412
介護給付費財政調整交付金	615,877	639,972
国民健康保険介護納付金財政調整交付金	53,017	51,585
医療介護提供体制改革推進交付金	54,944	48,944
介護保険保険者努力支援交付金	20,000	20,000
計	3,580,257	3,680,922

また，介護予防・日常生活支援総合事業や地域包括支援センターの実施体制の確保等を行うこととし，1933億円を計上している．そのうち，消費税増収分等を活用し，認知症対策や在宅医療・介護連携などを充実することとし，267億円を計上している．

(5)　少子化対策費

令和５年度予算における少子化対策費は，３兆1412億円（前年度当初予算額３兆1094億円，1.0％増）となっている（図表Ⅱ.4.13）．

主なものとして，子どものための教育・保育給付の国庫負担等について，消費税増収分等を活用し，子ども・子育て支援新制度における教育・保育の量及び質の充実を図るとともに，幼児教育・保育の無償化の取組を推進することとし，１兆3744億円を計上している．また，「児童虐待防止対策の更なる推進について」等を踏まえ，児童虐待防止対策・社会的養育を迅速かつ強力に推進するために必要な経費として1348億円を計上している．

このほか，「児童手当法」に基づく児童手当の支給に要する費用の国庫負担金としては，１兆287億円を計上している．

図表Ⅱ.4.13　少子化対策費の内訳

（単位　百万円）

	令和4年度	令和5年度
子ども・子育て支援年金特別会計へ繰入	2,448,844	2,465,730
児童手当年金特別会計へ繰入	1,054,649	1,028,748
子どものための教育・保育給付等年金特別会計へ繰入	1,336,748	1,374,396
地域子ども・子育て支援事業年金特別会計へ繰入	57,448	62,586
児童虐待防止等対策費	—	134,758
国立児童自立支援施設	—	156
大学等修学支援費	519,609	531,058
失業等給付費等労働保険特別会計へ繰入	9,125	9,531
児童虐待等防止対策費	131,681	—
国立児童自立支援施設運営費	127	—
計	3,109,386	3,141,233

(6) 生活扶助等社会福祉費

令和5年度予算における生活扶助等社会福祉費は，4兆3093億円（前年度当初予算額4兆1759億円，3.2%増）となっている．主なものとして，生活保護等対策費，障害保健福祉費などが計上されている（図表Ⅱ.4.14）．

生活保護等対策費については，「生活保護法」に基づき，地方公共団体が支弁する生活扶助費等に対する国庫負担等に必要な経費1兆3574億円のほか，生活困窮者の自立支援等に必要な経費811億円を計上している．なお，生活保護費は，この生活扶助等社会福祉費のほか，医療扶助費等が医療給付費に，介護扶助費等が介護給付費に計上されており，生活保護費の総額は2兆8320億円となっている．

また，障害保健福祉費については，障害者及び障害児の福祉の増進を図るため，自立支援給付，地域生活支援事業，特別障害者手当等の給付等に対する国庫負担等を行うとともに，特別児童扶養手当等の給付等を行うこととし，1兆7213億円を計上している．

(7) 保健衛生対策費

令和5年度予算における保健衛生対策費については，4754億円（前年度当初

図表Ⅱ.4.14　生活扶助等社会福祉費の内訳

（単位　百万円）

	令和4年度	令和5年度
母子保健衛生対策費	12,095	49,928
保育対策費	86,992	45,702
子ども・子育て支援年金特別会計へ繰入	43,172	37,607
児童虐待防止等対策費	—	21,491
国立児童自立支援施設	—	787
国立児童自立支援施設整備費	—	42
母子家庭等対策費	179,225	166,416
障害児支援等対策費	—	448,269
こども政策推進費	—	6,518
児童福祉施設等整備費	—	36,668
国家公務員共済組合連合会等助成費	118	127
特定疾患等対策費	549	667
原爆被爆者等援護対策費	563	563
医薬品安全対策等推進費	511	505
医療保険給付諸費	110,582	111,875
健康保険事業借入金諸費年金特別会計へ繰入	5,787	5,748
医療費適正化推進費	2,458	2,273
健康増進対策費	21,299	18,293
生活保護等対策費	1,426,882	1,438,447
社会福祉諸費	33,634	34,603
独立行政法人国立重度知的障害者総合施設のぞみの園運営費	1,316	1,231
社会福祉施設整備費	5,401	4,905
独立行政法人福祉医療機構運営費	1,726	3,163
障害保健福祉費	2,053,613	1,721,258
公的年金制度等運営諸費	7,653	7,214
私的年金制度整備運営費	4	4
高齢者日常生活支援等推進費	5,073	4,993
介護保険制度運営推進費	30,350	23,694
業務取扱費年金特別会計へ繰入	107,547	107,342
児童虐待等防止対策費	19,596	—
子ども・子育て支援対策費	3,973	—
児童福祉施設整備費	6,346	—
独立行政法人国立重度知的障害者総合施設のぞみの園施設整備費	165	—
国立障害者リハビリテーションセンター費	7,907	7,673
地方厚生局費	1,330	1,273
計	4,175,867	4,309,281

図表Ⅱ.4.15　保健衛生対策費

（単位　百万円）

	令和4年度	令和5年度
こども政策推進費	—	645
医療提供体制確保対策費	27,329	26,564
医療従事者等確保対策費	416	462
医療情報化等推進費	1,486	1,472
医療安全確保推進費	1,384	1,308
国立研究開発法人国立がん研究センター運営費	6,556	6,736
国立研究開発法人国立がん研究センター施設整備費	131	246
国立研究開発法人国立循環器病研究センター運営費	3,824	4,134
国立研究開発法人国立精神・神経医療研究センター運営費	3,775	3,805
国立研究開発法人国立精神・神経医療研究センター施設整備費	1,529	1,514
国立研究開発法人国立国際医療研究センター運営費	6,791	6,780
国立研究開発法人国立国際医療研究センター施設整備費	477	463
国立研究開発法人国立成育医療研究センター運営費	3,456	3,300
国立研究開発法人国立長寿医療研究センター運営費	2,933	2,964
国立研究開発法人国立長寿医療研究センター施設整備費	—	269
感染症対策費	147,425	149,179
特定疾患等対策費	6,489	6,530
ハンセン病資料館施設費	503	837
移植医療推進費	3,277	3,310
原爆被爆者等援護対策費	91,542	88,407
血液製剤対策費	503	493
医療技術実用化等推進費	1,578	1,438
医療提供体制基盤整備費	31,295	32,627
地域保健対策費	3,700	2,758
保健衛生施設整備費	3,623	3,601
健康増進対策費	15,012	14,776
健康危機管理推進費	476	608
生活基盤施設耐震化等対策費	21,804	20,154
麻薬・覚醒剤等対策費	435	438
生活衛生対策費	3,369	3,023
自殺対策費	3,472	3,612
戦没者慰霊事業費	3,276	3,320
障害保健福祉費	4,160	3,729
国際機関活動推進費	1,275	1,083
厚生労働調査研究等推進費	17,403	16,941
国立研究開発法人国立成育医療研究センター施設整備費	301	—
検疫所費	21,007	24,233
国立ハンセン病療養所費	32,141	31,506
地方厚生局費	1,399	2,104
計	475,552	475,370

予算額4756億円，0.0％減）となっている（図表Ⅱ.4.15）.

主なものとして，感染症の発生・まん延の防止を図るため，感染症対策費として，1492億円を計上している．そのうち，肝炎対策については，「肝炎対策基本法」等を踏まえ，総合的な肝炎対策を推進するため，肝炎治療に関する医療費助成に必要な経費として72億円及び肝炎ウイルス検査等に必要な経費として23億円を計上している.

また，医療提供体制基盤整備費については，医療施設等の整備を行うとともに，都道府県の主体的かつ弾力的な事業運営等による医療提供体制の整備を行うこととし，326億円を計上している．がん対策については，「がん対策基本法」及び「がん対策推進基本計画」を踏まえ，がんの予防・早期発見等を推進することとし，101億円を計上している.

(8) 雇用労災対策費

令和５年度予算における雇用労災対策費は，447億円（前年度当初予算額758億円，41.1％減）となっている.

主なものとして，雇用保険国庫負担金，就職支援法事業費労働保険特別会計へ繰入，高齢者等雇用安定・促進費を計上している（図表Ⅱ.4.16）.

図表Ⅱ.4.16　雇用労災対策費

（単位　百万円）

	令和４年度	令和５年度
特定石綿被害建設業務労働者等給付金等支給諸費	302	295
労働者災害補償保険保険給付費労働保険特別会計へ繰入	8	7
高齢者等雇用安定・促進費	21,614	11,414
失業等給付費等労働保険特別会計へ繰入（雇用保険国庫負担金）	39,704	18,972
就職支援法事業費労働保険特別会計へ繰入	6,712	6,425
職業能力開発強化費	5,009	5,057
若年者等職業能力開発支援費	1,302	1,334
障害者等職業能力開発支援費	1,097	1,079
船員雇用促進対策事業費	75	75
計	75,823	44,657

雇用保険国庫負担金については，最近における受給実績等を勘案し，求職者給付，介護休業給付金の支給及びその事務の執行に要する費用に充てるため190億円を計上している．

なお，雇用保険国庫負担金は，この雇用労災対策費に計上されているほか，育児休業給付金に要する費用が少子化対策費に計上されており，総額は285億円となっている．

就職支援法事業費労働保険特別会計へ繰入については，雇用保険を受給できない者に対し，職業訓練を行うとともに訓練期間中の生活支援のための給付等に要する費用に充てるため64億円を計上している．

高齢者等雇用安定・促進費については，シルバー人材センターの円滑な運営，新卒者の就職支援，就職困難者の就労支援等に必要な経費として114億円を計上している．

コラム 高齢化と家計貯蓄率

日本の家計貯蓄率は，1970年から2019年の間に17.7%から2.9%に下落しており，コロナ前までは長期的には低下傾向で推移してきた（図1）．その要因の1つとして，高齢化の進展が挙げられる．そこで，本コラムでは「高齢化と家計貯蓄率」について述べていきたい．

（注）家計貯蓄率には一国の家計全体での貯蓄を考えた国民経済計算のもの（内閣府公表，図1）と勤労者世帯のみを対象とした家計調査のもの（総務省公表，図2）がある．どちらもフローの概念であり，可処分所得（いわゆる手取り収入）に対する貯蓄の割合であるが，具体的な定義は異なる．前者は家計可処分所得から家計最終消費支出を控除し，年金受給権の変動調整を加えたものを，家計可処分所得と年金受給権の変動調整の和で割ったものと定義される．後者は預貯金と保険の純増額を可処分所得で割ったものと定義されている．

図表1 家計貯蓄率の推移

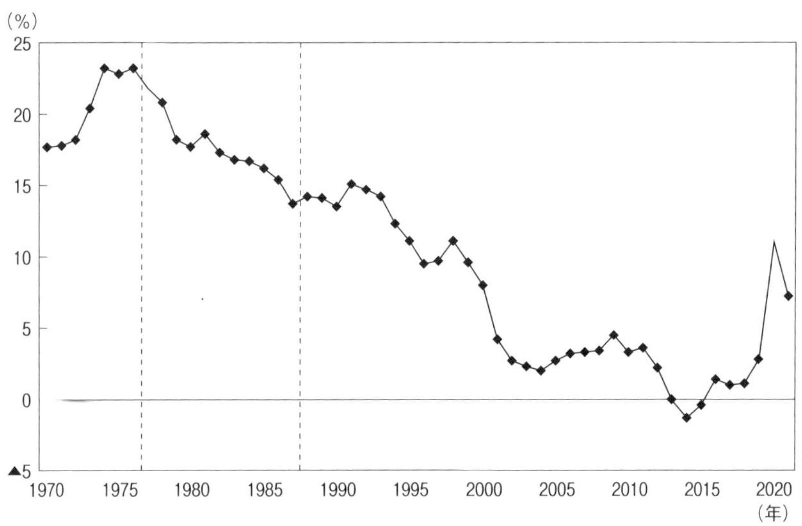

図表２　世帯主の年齢階級別家計貯蓄率

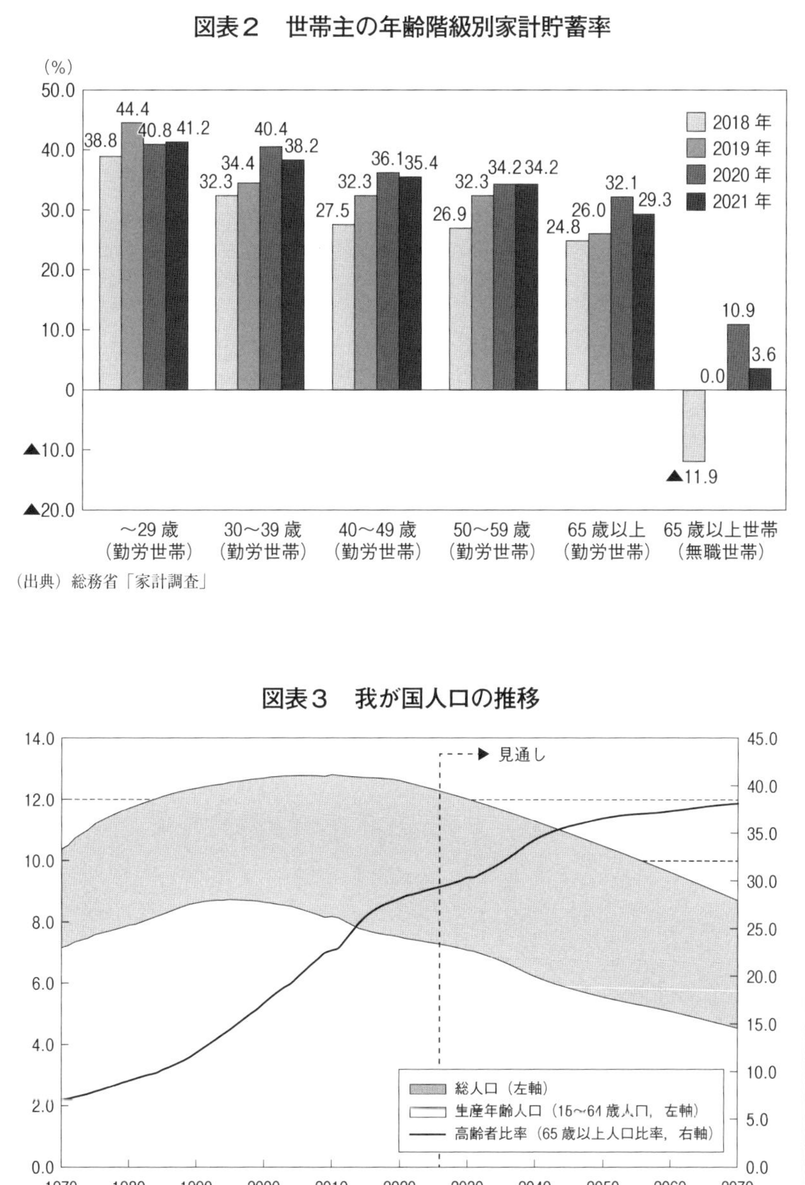

（出典）総務省「家計調査」

図表３　我が国人口の推移

（出所）総務省「人口推計」，国立社会保障・人口問題研究所「日本の将来推計人口」（平成29年推計）

ライフサイクル仮説によると，一般に若年の時に貯蓄を積み増し，高齢になると貯蓄を取り崩すと考えられるため，高齢化の進展は家計貯蓄率を低下させる方向に働くと考えられる．そこで，家計調査における世帯主の年齢階級別の家計貯蓄率を見てみると，勤労世帯の中でも世代間で相当程度貯蓄率に差があり，年齢階級が上がるほど貯蓄率が低下していく傾向がみてとれる．一方，世帯主が65歳以上の高齢者無職世帯の家計貯蓄率は，近年，給付金や行動制限による消費の減少により貯蓄がプラスとなっているが，コロナ前にはゼロ以下となっており，貯蓄を取り崩している状況であり，こうした世帯はインフレの影響を受けやすいことに留意が必要である．（図２）．具体的に，2018年の数値で世帯主が65歳以上である高齢者の無職世帯の貯蓄取り崩し状況を見てみると，高齢者無職世帯は，貯蓄額から負債額を控除した純貯蓄額を平均で2172万円保有していたものの，年28万円程度（月２万3000円程度）の貯蓄を取り崩していた計算になる．

図表４　日本の一般政府債務と家計金融資産の推移

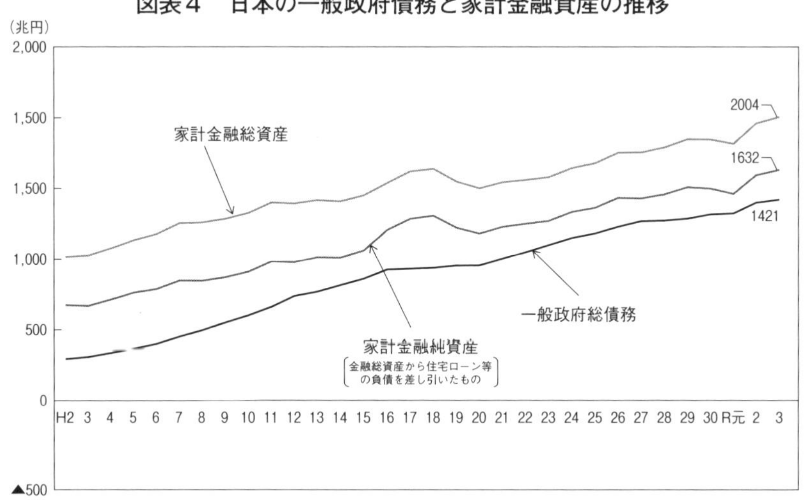

（出典）日本銀行「資金循環統計」
（注）一般政府債務と家計金融資産については，各年度末の数値

我が国の高齢者（65歳以上）の比率は，1970年から2022年の間に7％程度から29％程度まで上昇しており，急速に高齢化が進んでいる．こうした高齢化の急速な進展などにより家計貯蓄率は低下してきたものと考えられる．今後も高齢化が進展し，高齢者の比率は2070年には40％程度まで上昇する見込みであり（図3），現在のような家計金融資産の水準が今後も維持されるとは限らない．

日本は，豊富な家計金融資産の存在などを背景に，低い金利水準で安定的に国債を消化できているが，高齢化にともなう家計金融資産の増加ペースの鈍化や，現在のペースで一般政府総債務の増加が続くようであれば（図4），国債の消化状況に影響を与え，金利上昇などを招く懸念がある．このため，財政健全化に向けた取組みに加えて，構造改革を中心とした勤労者世帯の確保といった対策も必要不可欠である．

図表Ⅱ.4.17 消費税の歩み

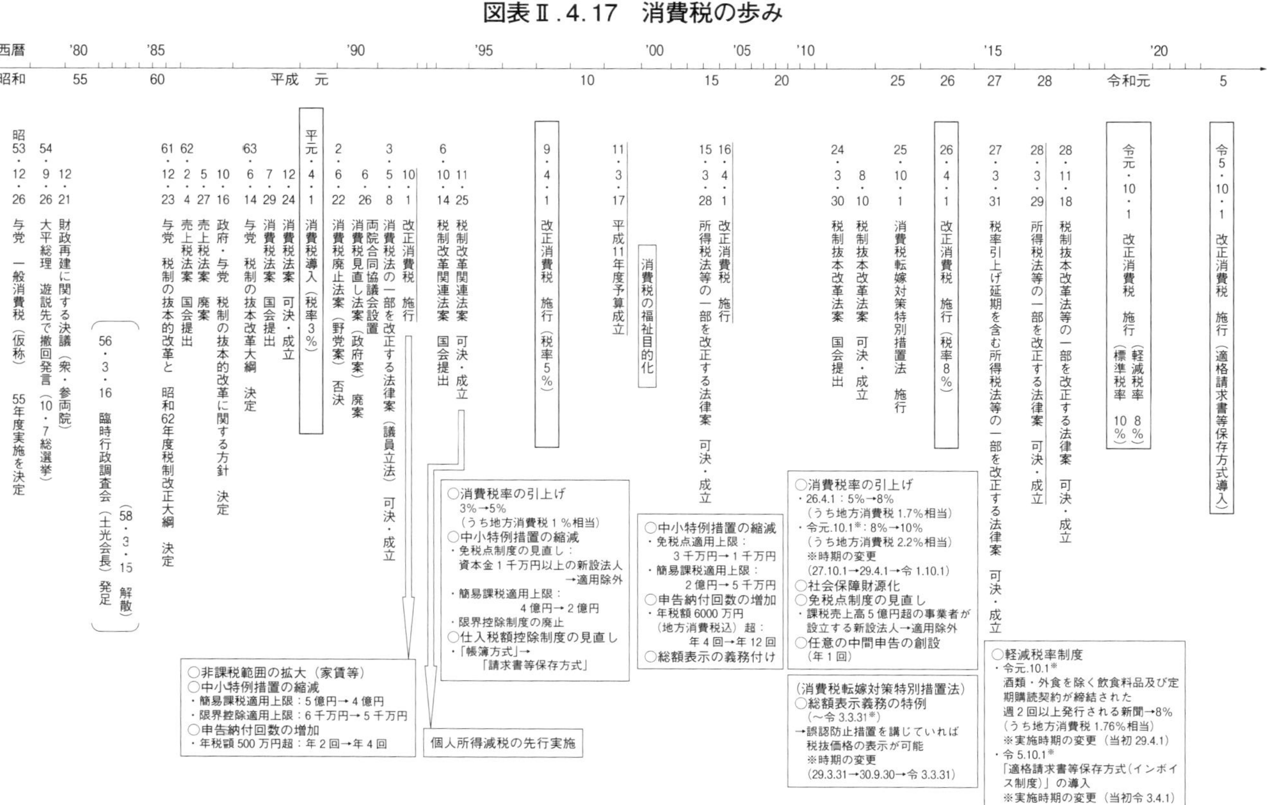

4 社会保障と消費税

(1) 消費税の導入

消費税は，昭和63年12月の税制の抜本的な改革の大きな柱の１つとして，平成元年４月から３％の税率で導入された．

改革の背景には，シャウプ勧告を原点とする当時の税制が，我が国の経済社会の変化にうまく対応しきれていないのではないか，という問題意識があった．

当時の税制は所得課税にウエイトが偏っており，税負担の水平的公平に対する関心が高まっていた．

消費税は，物品間の課税のアンバランスやサービスに対する課税の不存在，消費課税制度の違いにも起因する諸外国との貿易摩擦など，当時の個別間接税制度が直面していた問題点を根本的に解決し，税体系全体を通じた税負担の公平を図るとともに，国民福祉の充実などのために必要な歳入構造の安定化に資するため，消費一般に広く公平に負担を求める税として創設された．

平成３年５月の消費税法改正（議員立法）による非課税範囲の拡大や簡易課税制度の見直し，個人所得課税の負担軽減と消費課税の充実を内容とする平成６年秋の税制改革による消費税率の５％（地方消費税を含む）への引上げや中小事業者に対する特例措置の見直しを経て，平成15年度税制改正では中小事業者に対する特例措置の縮減等が図られた．

(2) 社会保障・税一体改革

その後，景気低迷にともなう税収の伸び悩みや，先進国に例を見ない少子高齢化の進展にともなう社会保障費の増加により，我が国財政の赤字は増加の一途をたどった．そこで，平成20年12月，麻生内閣において，景気回復への取組みとあわせて持続可能な「中福祉・中負担」の社会保障制度を構築するため，消費税を社会保障目的税化したうえで，社会保障の安心強化と財源確保を同時に進める方針などを盛り込んだ「持続可能な社会保障構築とその安定財源確保に向けた中期プログラム」が閣議決定された．また，これに基づく平成21年度税制改正法附則104条において，「消費税を含む税制抜本改革を行うため，平成

23年度までに法制上の措置を講ずる」ことが法定された.

民主党への政権交代後も社会保障・税一体改革への取組みは進められ，平成23年6月には，当時の民主党，自民党，公明党による超党派の合意として，消費税率の10%への引上げなどを含む，いわゆる「3党合意」がなされた．それを受けて，平成24年8月，社会保障制度改革法案，認定こども園法案，税制関係2法案などの関連8法案が成立し，このなかで，消費税については，いわゆる景気条項（税制抜本改革法附則18条）を付したうえで，国・地方を合わせた消費税の税率を平成26年4月以降8%，平成27年10月以降10%へと段階的に引き上げることが法定された．消費税率5%引上げ分の使途については，社会保障の充実に2.7兆円（消費税収1%程度），基礎年金国庫負担1/3→1/2引上げを含む社会保障の安定化に10.8兆円（消費税収4%程度）を充てる方針が関係大臣間で合意された.

平成25年，自民党・公明党が再び与党となった後，社会保障制度改革国民会議における議論を経て，今後の社会保障制度改革の全体像・進め方を明らかにした「持続可能な社会保障制度の確立を図るための改革の推進に関する法律」が12月5日に成立した．消費税率引上げ分の使途については，民主党政権時の基本的な整理を踏襲しつつ，難病対策の強化等を加える形で社会保障の充実（2.8兆円）の内容を関係大臣で合意して公表している.

これらの経緯を経て，平成26年4月に消費税率が8%へと引き上げられ，社会保障・税一体改革の第一歩が具体化された．消費税率引上げによる増収分は，子育て支援0.7兆円など社会保障の充実に約1.35兆円，基礎年金国庫負担1/3→1/2引上げに約3.1兆円，後代への負担のつけ回しの軽減（安定財源が確保されていない既存の社会保障費）に約3.3兆円が充当された（平成29年度ベース）．消費税率引上げの効果などにより，平成27年度の財政健全化の中間目標（プライマリーバランス赤字対GDP比半減）は達成された.

その後，平成27年10月に予定されていた消費税率10%への引上げについては，経済状況等を総合的に勘案して1年半延期され，平成28年6月1月にはさらに2年半延期する判断が下されて，令和元年10月に実施された．その際，消費税率10%への引上げに伴う低所得者対策として，「酒類・外食を除く飲食料品」及び「定期購読契約が締結された週2回以上発行される新聞」の消費税率を8％とする軽減税率制度も同時に導入された．

平成29年12月に閣議決定された「新しい経済政策パッケージ」では，全世代型社会保障の構築に向けて，令和元年10月に実施された消費税率10％への引上げによる財源（5兆円強）の使途を見直して，社会保障の充実と財政健全化に概ね1：1で充てることとし，これによって生ずる充実財源1.7兆円を活用して，従前から予定していた社会保障の充実策（2.8兆円のうち残1.1兆円程度）に加え，幼児教育・高等教育の無償化，介護・保育人材の処遇改善等を進めることとしたが，消費税率引上げの延期，上記の消費税率引上げ分の使途の見直し，税収動向などにより，令和2年度のプライマリーバランス黒字化目標の達成は困難となった．

(3) 財政健全化に向けた方針と社会保障関係費

「経済財政運営と改革の基本方針2021」においては，団塊の世代の75歳入りも踏まえ，社会保障の持続可能性を確保し，経済・財政一体改革を着実に推進するため，「経済財政運営と改革の基本方針2018」において掲げた財政健全化目標（令和7年度の国・地方を合わせたPB黒字化を目指す，同時に債務残高対GDP比の安定的な引下げを目指す）を堅持し，令和4年度から令和6年度までの3年間について，これまでと同様の歳出改革努力を継続することとされている．これに沿って，社会保障関係費については，その実質的な増加を高齢化による増加分に相当する伸びにおさめるという方針を継続することとしている．

第5章

文教及び科学技術の振興

1 ポイント

教育の普及と内容の充実は国の発展のために不可欠のものである．戦後の我が国経済のめざましい発展や，それにともなう生活水準の著しい向上にしても，１つには，明治以来の国民の教育に対する努力の賜物であるといっても過言ではないであろう．

一方，科学技術については，経済成長を支える基盤としての基礎研究の振興，科学技術を担う人材の育成，イノベーション創出のためのシステム改革など研究基盤の充実を図り，時代の要請に即応した科学技術の研究開発を行うことが求められている．

令和５年度一般会計予算における文教及び科学振興費は，５兆4,158億円（前年度当初予算額５兆3,901億円，0.5%増）となり，一般会計に占める割合は，4.7%となっている．（図表Ⅱ.5.1）．

2 基礎知識

(1) 学校教育制度

我が国の学校教育制度は，戦後，教育の機会均等の理念のもとに学制改革が行われ，現在も当時つくられた６・３・３・４制が基本となっている．

現在，我が国の学校には，学校教育法に基づき，幼稚園，小・中・高等学校，義務教育学校，中等教育学校，特別支援学校，大学，高等専門学校，並びに専

図表Ⅱ.5.1　文教及び科学振興費概要

（単位　億円，％）

	令和4年度	令和5年度		
			対前年度増減額	伸び率
国の予算	1,075,964	1,143,812	67,848	6.3
うち一般歳出	673,746	727,317	53,571	8.0
文教及び科学振興費	53,901	54,158	257	0.5
義務教育費国庫負担金	15,015	15,216	201	1.3
科学技術振興費	13,787	13,942	154	1.1
文教施設費	743	743	▲1	▲0.1
教育振興助成費	23,139	23,054	▲85	▲0.4
育英事業費	1,217	1,204	▲13	▲1.0

（出典）「令和5年度予算及び財政投融資計画の説明」

修学校，学校教育に類する教育を行う各種学校がある．令和4年度の「学校基本調査」によれば，専修学校及び各種学校を含むこれらの学校の総数は5万6,441校（分校を含む），在学者総数はおよそ1,813万人に達している（図表Ⅱ.5.2，図表Ⅱ.5.3）．さらに教育の機会均等の見地から，勤労青少年等のために，高等学校や大学に定時制，通信制の課程が設けられているほか，小・中学校の一部には，教育上特別の支援を必要とする児童生徒のために特別支援学級が設けられている．

(2) 我が国の教育投資

我が国の教育に対する公財政支出は，OECD諸国と比較して低いとの議論があるが，我が国は子どもの数が少ないことを勘案する必要がある．初等・中等・高等教育段階の公財政支出対GDP比は日本：2.8%（OECD平均：4.1%）と，OECD平均の約7割となっている一方で，在学者数対総人口比も日本：13.5%（OECD平均：19.0%）とOECD平均の約7割となっており，児童生徒1人当たりの支出額で見ればOECD諸国と比べて遜色はない．さらに，受益と負担のバランスの観点から見て，我が国の国民負担率が先進国のなかでも低い水準であることを勘案すれば，教育に対する予算は手厚く措置され

図表Ⅱ.5.2　設置者別学校数（令和４年５月１日現在）

（単位　校）

	幼稚園	幼保連携型認定こども園	小学校	中学校	義務教育学校	高等学校	中等教育学校	高等専門学校	短期大学	大学	特別支援学校	専修学校	各種学校	計
国立	49	—	67	68	5	15	4	51	—	86	45	8	—	398
公立	2,910	913	18,851	9,164	172	3,489	35	3	14	101	1,111	183	5	36,951
私立	6,152	5,744	243	780	1	1,320	18	3	295	620	15	2,860	1,041	19,092
計	9,111	6,657	19,161	10,012	178	4,824	57	57	309	807	1,171	3,051	1,046	56,441

（出典）文部科学省「学校基本調査報告書」（令和４年度）

図表Ⅱ.5.3　在学者数（令和４年５月１日現在）

（単位　百人，％）

	国立		公立		私立		計	
		構成比		構成比		構成比		構成比
幼稚園	48	0.5	1,108	12.0	8,078	87.5	9,233	100.0
幼保連携型認定こども園	—	—	978	11.9	7,236	88.1	8,214	100.0
小学校	360	0.6	60,354	98.1	799	1.3	61,513	100.0
中学校	272	0.8	29,317	91.5	2,463	7.7	32,052	100.0
義務教育学校	38	5.6	638	94.1	2	0.3	678	100.0
高等学校	82	0.3	19,336	65.4	10,152	34.3	29,569	100.0
中等教育学校	29	8.6	234	70.2	71	21.2	334	100.0
高等専門学校	512	90.3	38	6.7	17	3.1	568	100.0
短期大学	—	—	51	5.4	896	94.6	947	100.0
大学	5,962	20.3	1,631	5.6	21,715	74.1	29,308	100.0
特別支援学校	29	2.0	1,449	97.5	9	0.6	1,486	100.0
専修学校	3	0.0	225	3.5	6,128	96.4	6,356	100.0
各種学校	—	—	4	0.4	1,017	99.6	1,021	100.0
計	7,334	4.0	115,362	63.6	58,583	32.3	181,279	100.0

（注）各々の計数を四捨五入しているため，端数において合計とは合致しないものがある．構成比は人単位での値．
（出典）文部科学省「学校基本調査報告書」（令和４年度）

ているといえる．今後の教育投資にあたっては，厳しい財政事情を踏まえ，量的拡大を図るのではなく，費用対効果の観点から最も効果的・効率的な施策に重点化を図ることが必要である．このためにも，教育施策の成果目標を明確に設定し，成果を客観的に検証し，そこで明らかになった課題等をフィードバッ

図表Ⅱ.5.4　国公立学校の教員一人当たり児童生徒数（2019年）

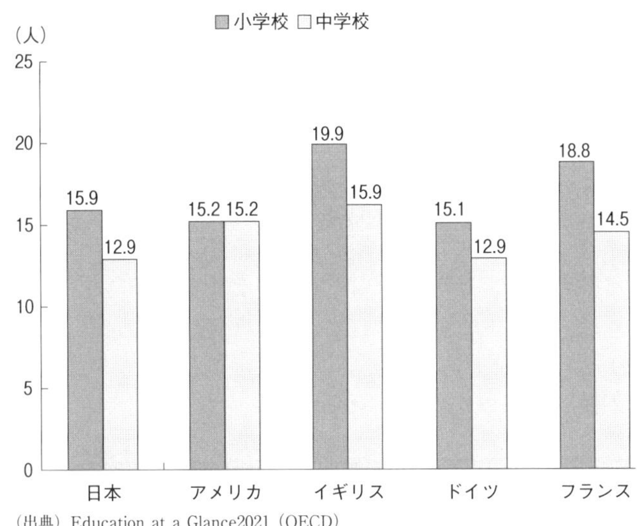

（出典）Education at a Glance2021（OECD）

クし，新たな取組に反映させる検証改善サイクル（PDCA サイクル）を実践するとともに，社会環境の変化に対応していくことが求められている．

(3) 義務教育関係予算の課題

義務教育関係予算の大宗は，教職員の人件費である義務教育費国庫負担金である．当該負担金の算定基準となる教職員定数については，児童生徒数の減少ほど教職員定数は減少しておらず，その結果，全国平均の教員一人当たりの児童生徒数も以前に比べ少なくなっており，結果として教員１人当たりの児童生徒数は主要先進国（G5）並み（日本は１クラス当たりの担当外教員数が多い）となっている（図表Ⅱ.5.4）．また，こうした現状に基づく教育の成果として，OECD 学習到達度調査を見ると，日本は数学力・読解力・科学力のいずれの分野においても高順位を維持しており，学力レベルはすでに国際的に見て高い水準にあるといえる（図表Ⅱ.5.5）．

以上のとおり，我が国の教育環境は主要先進国のなかでも遜色のない状況にあり，かつ目下の厳しい財政事情を考慮すれば，今後の教職員定数の在り方の検討にあたっては，これまでの教職員配置の効果検証や，外部人材の活用等，

図表Ⅱ.5.5　OECD 学習到達度調査の結果

	2000年	2003年	2006年	2009年	2012年	2015年	2018年
数学的リテラシー	1位	4位	6位	4位	2位	1位	1位
読解力	8位	12位	12位	5位	1位	6位	11位
科学的リテラシー	2位	2位	3位	2位	1位	1位	2位
OECD 加盟国数	28か国	30か国	30か国	34か国	34か国	35か国	37か国

（出典）国立教育政策研究所「OECD 生徒の学習到達度調査」
（注）表中の順位は，OECD 加盟国中の順位.

他にとりうる手段との組合せを勘案した費用対効果の検証といった多面的な実証研究を通じた，十分なエビデンスに基づく議論が必要である.

(4) 科学技術・イノベーションの振興

科学技術・イノベーションの振興は日本の成長にとって重要であるが，政府と民間の役割分担等の観点から，政府の役割は，創造的・基礎的研究等，民間においては十分な取組が期待できない分野に重点化していくことが効率的である．さらに，厳しい財政事情のもと，政府がこれまで行ってきた科学技術投資が何を社会に還元しているかといった具体的な成果についての説明責任を果たすとともに，優先順位の厳しい選択，研究評価の徹底，大型プロジェクトの見直し，国の研究機関や研究制度の重複の排除等により，財政資源の一層の重点的・効率的な活用を図っていくことが求められている.

3　令和5年度文教及び科学振興関係予算

(1) 概要

文教及び科学技術の振興については，教育環境整備や科学技術基盤の充実等の観点から5兆4,158億円（前年度当初予算額5兆3,901億円，0.5%増）を計上している．文教及び科学振興関係予算をさらに細かく主要経費別に見ると，大きく分けて5項目あり，令和5年度予算の計上額は図表Ⅱ.5.1のとおりとなっている．各事項の概要は，以下（2）～（6）のとおりである.

(2) 義務教育費国庫負担金

義務教育費国庫負担制度は，義務教育の妥当な規模と内容を保障するため国が必要な経費を負担する制度であり，これによって教育の機会均等と教育水準の維持向上を図ることを目的としている．義務教育費国庫負担金は，「義務教育費国庫負担法」（昭27法303）に基づき，公立義務教育諸学校の教職員給与費等に係る経費について，国がその一部を負担するために必要な経費である．

義務教育費国庫負担金については，小学校35人以下学級を３年度から５年かけて実現するため，「公立義務教育諸学校の学級編制及び教職員定数の標準に関する法律」（昭33法116）の改正により合計13,574人の定数改善を措置することとしている．その際，加配定数の一部を含む合理化減等12,580人を活用することとしている．５年度は，小学校高学年における教科担任制の推進等を図るため，1,100人の定数増を行うほか，小学校４年生の35人以下学級の実現や，通級による指導等のための基礎定数化に伴う743人の定数増を行うこととしている．一方，少子化の進展による基礎定数の自然減3,167人に加え，350人の加配定数の見直しを図るほか，国庫負担金の算定方法の見直し（800人相当）を行うこととしている．

令和５年度予算における義務教育費国庫負担金は，１兆5,216億円（前年度当初予算額１兆5,015億円，1.3％増）となっている．

(3) 科学技術振興費

科学技術振興費は，将来にわたる持続的な研究開発，重要課題への対応，基礎研究，人材育成など科学技術の振興を図るために必要な経費である．

令和５年度予算における科学技術振興費は，１兆3,942億円（前年度当初予算額１兆3,787億円，1.1％増）となっている．その主な内容は，以下のとおりである．

（イ）本省等課題対応型研究開発等経費

本省等における研究開発を推進するための経費として，2,548億円（前年度当初予算額2,607億円，2.3％減）を計上している．

内閣府においては，総合科学技術・イノベーション会議が司令塔機能を発揮し，府省・分野の枠を超えて基礎研究から実用化・事業化までをも見据えた研究開発を推進するために必要な経費等を計上している.

文部科学省においては，科学技術イノベーションを担う多様な人材の育成や活躍促進を図るための取組，我が国の総合的な国力の要となる量子，AI，次世代半導体をはじめとする重要先端技術の研究開発の推進等を行うこととしている.

厚生労働省においては，食品安全，労働安全衛生，化学物質対策，危機管理等の国民の安全確保に必要な研究など，科学的知見に基づく施策の推進に必要な研究を行うこととしている.

農林水産省においては，スマート農業普及のための環境整備，新たな品種開発の加速化や環境負荷低減に向けた研究開発等を行うこととしている.

経済産業省においては，サイバーセキュリティの強靱化や新産業創出につながる先導的な研究開発等を行うこととしている.

環境省においては，原発事故に伴う放射線の健康影響に係る不安の低減や風評被害を払拭するための調査研究等を行うこととしている.

(ロ) 国立研究開発法人等経費

国立研究開発法人等における研究開発を推進するための経費として，1兆1,083億円（前年度当初予算額1兆862億円，2.0％増）を計上している.

(ハ) 各省等試験研究機関経費

感染症の予防治療方法，医薬品，食品，化学物質の調査など，各省が所管する試験研究機関における調査・分析，研究開発，研究環境の整備等に必要な経費として，311億円（前年度当初予算額319億円，2.3％減）を計上している.

(4) 文教施設費

文教施設費は，「義務教育諸学校等の施設費の国庫負担等に関する法律」（昭33法81）に基づき，公立学校の施設整備費について，国が負担又は交付金を交付するために必要な経費等である.

令和5年度予算における文教施設費は，743億円（前年度当初予算額743億円，0.1％減）となっている.

令和5年度においては，公立学校施設整備費については，地方公共団体が行

図表Ⅱ.5.6 教育振興助成費の内訳

（単位 億円，%）

	令和4年度	令和5年度		
			対前年度増減(▲)額	伸び率
教育振興助成費	23,139	23,054	▲85	▲0.4
教育政策推進費	431	423	▲8	▲1.8
初等中等教育振興費	5,207	5,181	▲26	▲0.5
高等教育振興費	58	58	▲1	▲1.2
独立行政法人大学改革支援・学位授与機構運営費	19	18	▲0	▲1.9
独立行政法人国立高等専門学校機構運営費	625	628	3	0.5
独立行政法人国立高等専門学校機構施設整備費	10	13	4	41.9
私立学校振興費	5,398	5,371	▲27	▲0.5
国立大学法人施設整備費	316	265	▲51	▲16.2
国立大学法人運営費	10,786	10,784	▲3	▲0.0
スポーツ振興費	81	93	12	14.6
独立行政法人日本スポーツ振興センター運営費	206	199	▲7	▲3.3
独立行政法人日本スポーツ振興センター施設整備費	0.9	—	—	—

（出典）「令和5年度予算及び財政投融資計画の説明」

う公立小中学校施設の新増築や大規模改修等に要する経費の負担等に必要な経費として，737億円（前年度当初予算額738億円，0.2%減）を計上している．

(5) 教育振興助成費

教育振興助成費は，こどもの安全対策，教育政策の推進，初等中等教育の振興，高等教育の振興，私立学校教育の振興助成，国立大学法人への助成，スポーツの振興等のために必要な経費である．

令和5年度予算における教育振興助成費は，2兆3,054億円（前年度当初予算額2兆3,139億円，0.4%減）となっている．

(イ) 教育政策推進費

在外教育施設教員派遣事業等の海外で学ぶ児童生徒等に対する教育，成長分野の中核を担う専門人材養成や放送等による大学教育の推進等の生涯を通じた学習機会の拡大，学校・家庭・地域の連携協力推進事業等の家庭・地域の教育力の向上等を行うため，所要の経費を計上している．

図表Ⅱ.5.7　私立学校振興費の内訳

（単位　億円，％）

	令和4年度	令和5年度		
			対前年度増減（▲）額	伸び率
私立学校振興費	5,398	5,371	▲27	▲0.5
日本私立学校振興・共済事業団補助	1,407	1,406	▲1	▲0.1
私立大学等研究設備整備費等補助	26	25	▲1	▲5.1
私立大学等経常費補助	2,872	2,854	▲18	▲0.6
私立高等学校等経常費助成費等補助	1,020	1,020	0	0.0
私立学校施設整備費補助	66	61	▲5	▲7.0
その他	7.9	5.3	▲2.6	▲32.9

（出典）「令和5年度予算及び財政投融資計画の説明」

令和5年度予算における教育政策推進費は，423億円（前年度当初予算額431億円，1.8％増）となっている．

（ロ）初等中等教育振興費

確かな学力の育成，豊かな心の育成，健やかな体の育成，信頼される学校づくり，学校施設の整備推進，教育機会の確保，幼児教育の振興，特別支援教育の推進といった初等中等教育の振興のため，所要の経費を計上している．

令和5年度予算における初等中等教育振興費は，5,181億円（前年度当初予算額5,207億円，0.5％減）となっている．

（ハ）高等教育振興費

大学改革を促進させるため，教育研究に関する優れた取組を行う大学等に対して重点的に支援することとし，所要の経費を計上している．

令和5年度予算における高等教育振興費は，58億円（前年度当初予算額58億円，1.2％減）となっている．

（ニ）私立学校振興費

配分の見直し等を通じて，教育研究の質の向上に取り組む私立大学等に対し重点的に支援することとし，所要の経費を計上している（図表Ⅱ.5.7）．

令和5年度における私立学校振興費は，5,371億円（前年度当初予算額5,398億円，0.5％減）となっている．

(ホ) 国立大学法人施設整備費

国立大学等における教育研究施設の整備を着実に推進することとし，所要の経費を計上している.

令和５年度予算における国立大学法人施設整備費は，265億円（前年度当初予算額316億円，16.2％減）となっている.

(ヘ) 国立大学法人運営費

大学改革のインセンティブとなるようメリハリを強化するため，教育研究組織の改革に関する取組への重点支援を図りつつ，成果を中心とする実績状況に基づく配分について達成率が高い指標を前提条件化する等の見直しを行うこととし，所要の経費を計上している.

令和５年度予算における国立大学法人運営費は，１兆784億円（前年度当初予算額１兆786億円，0.0％減）となっている.

(ト) スポーツ振興費

共生社会及び多様な主体によるスポーツ参画の実現，競技力向上体制の構築，スポーツを支える基盤の強化，スポーツを通じた社会課題解決の推進などスポーツの振興のため，所要の経費を計上している.

令和５年度予算におけるスポーツ振興費は，93億円（前年度当初予算額81億円，14.6％増）となっている.

(6) 育英事業費

育英事業費は，経済的理由により修学に困難がある優れた学生等に対し，学資の貸与及び支給を行う独立行政法人日本学生支援機構に対する無利子貸与資金の貸付，貸与資金に係る利子補給金，貸与資金の返還免除及び回収不能債権の処理に要する経費の補助等である.

令和５年度予算における育英事業費は，1,204億円（前年度当初予算額1,217億円，1.0％減）となっている.

(7) 文化関係費

その他の事項経費の文化関係費は，芸術文化等の振興，文化財保護の充実，国立文化施設関係等に必要な経費である.

芸術文化等の振興については，文化芸術による創造性豊かな子供の育成，文化芸術創造活動への効果的な支援等を実施することとしている.

文化財保護の充実については，文化財修理の抜本的強化・防災対策等の充実，史跡等の保存整備・活用等を実施することとしている.

国立文化施設関係については，独立行政法人国立美術館運営費，独立行政法人日本芸術文化振興会運営費等に必要な経費を計上している.

令和5年度予算における文化関係費は，1,047億円（前年度当初予算額1,047億円，0.0％減）となっている.

第6章

社会資本の整備

1 ポイント

道路や港湾，住宅や上下水道，河川の堤防やダムなど，社会経済活動や国民生活，国土保全の基盤となる施設は，社会資本と呼ばれている．我が国の公共投資の歴史は欧米諸国に比べ浅いが，毎年度の公共投資の積み重ねにより各種の社会資本の整備水準はかつてに比べ相当上昇している（図表Ⅱ.6.1，図表Ⅱ.6.2，図表Ⅱ.6.3，図表Ⅱ.6.4）．

厳しい財政状況により財政資金の有効活用の必要性が一層高まっていることから，今後の社会資本整備にあたっては，引き続き真に必要な分野への重点化に取り組むとともに，効率化・透明化をさらに推進していくことが必要とされている．加えて，今後の既存の社会資本の更新需要の増大が見込まれることを踏まえれば，人口・経済動態の変化を的確に捉えつつ，予防保全の取組みや，更新コストの縮減などを推進していくことが必要とされている．

令和5年度予算における公共事業関係費については，安定的な確保を行い，新技術を活用した老朽化対策の効率的実施や特定都市河川の指定などハード・ソフト一体となった流域治水対策，先端的なデジタル技術を活用した洪水予測技術の開発加速等の総合的な取組など，防災・減災，国土強靱化の取組を推進するほか，生産性向上・成長力強化につながるインフラ整備，建設・建築 DX の活用や脱炭素化（GX）の推進，人口減少に対応した広域的なコンパクト・プラス・ネットワークの推進といった観点から，メリハリ付けを強化することとしている．これらの結果，令和5年度一般会計予算における公共事業関係費は，

図表Ⅱ.6.1 公的固定資本形成（対 GDP 比）（2019年）

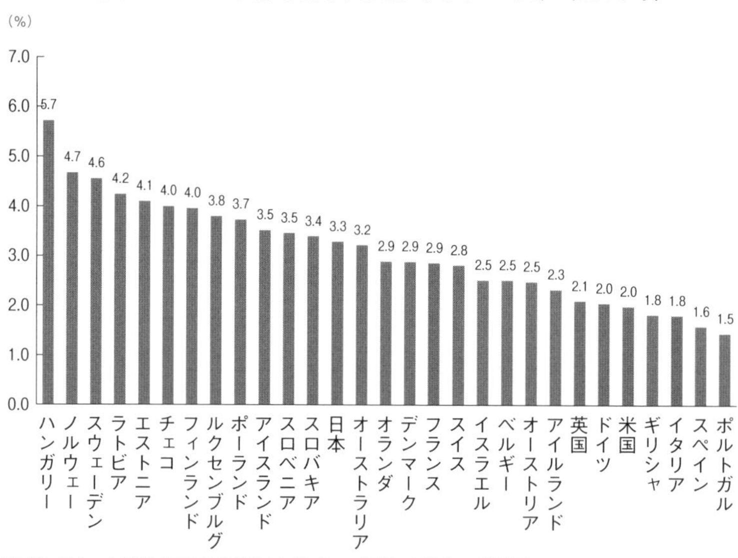

（出典）日本…内閣府「国民経済計算」に基づいて計算した数値．諸外国…OECD“National Accounts”等に基づいて計算した数値．

（注）1．公的資本形成について，日本は年度ベース．諸外国は暦年ベース．総固定資本形成から研究開発投資分（R & D）や防衛関連分を控除．

2．一般政府（中央政府，地方政府，社会保障基金を合わせたもの）ベース．

6兆600億円（前年度比＋0.0%）が計上されており，一般会計予算の5.3%を占めている．

2 基礎知識

(1) 社会資本の定義

我が国をはじめ資本主義経済では，資源は基本的に市場機構を通じて配分される．しかし，市場機構による取引が困難な財，すなわち公共財については，国や地方公共団体，政府関係機関など，広い意味での政府によって供給されなければならない．このような政府の経済活動のうち，道路，港湾などの施設への投資は通常公共投資と呼ばれており，こうした投資の累積が社会資本である．社会資本には，道路，港湾，住宅，下水道などの生産活動や生活を営むう

図表Ⅱ.6.2 公的固定資本ストック（対GDP比）（2019年）

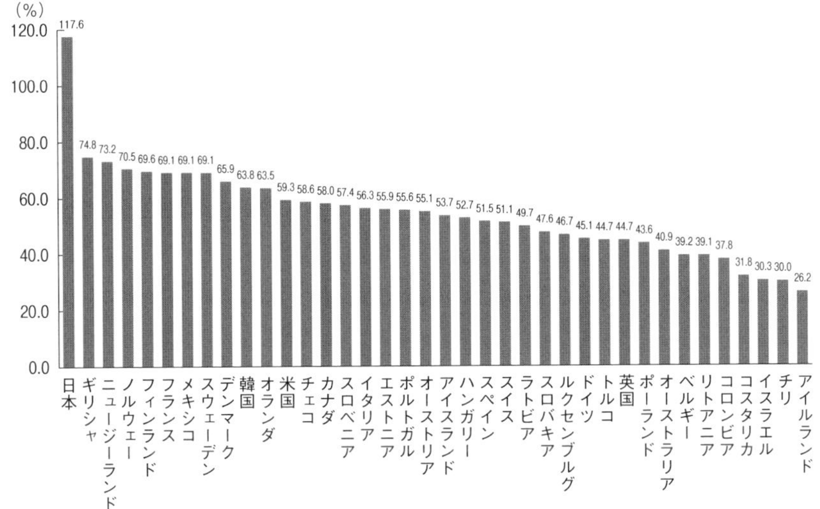

（出典）日本…内閣府「国民経済計算」，諸外国…IMF "Investment and Capital Stock Dataset"
（注）一般政府（中央政府，地方政府，社会保障基金を合わせたもの）ベース．

えで欠くことのできない施設のほか，治山・治水などの国土保全施設が含まれる．

(2) 公共事業の分類

公共事業は，事業を行う主体などによって「直轄事業」，「補助事業」，「地方単独事業」などに分けることができる．直轄事業とは，国が自ら事業の主体として行う事業である．ただし，一般的には費用負担については，国の行う施設などの整備から受ける地域的便益に対する応分の負担として，地方公共団体が経費の一部を負担（直轄負担金）している．なお，維持管理に係る直轄負担金については，平成22年度に廃止されている．補助事業とは，地方公共団体の行う事業で，国家的な利害にも関連する事業について，地方公共団体が国からの国庫補助金などを受けて施行する事業である．地方単独事業とは，地方公共団体の行う事業で，国庫補助金などを受けずに行う事業である．

図表Ⅱ.6.3　公共事業関係費の推移

(兆円)

□補正　■当初

年度	合計	当初
平成2	8.5	7.3
3	8.1	7.3
4	8.5	7.7
5	9.9	8.1
6	12.5	8.5
7	10.5	8.9
8	14.2	9.2
9	11.2	9.6
10	10.5	9.7
11	14.9	9.0
12	12.2	9.4
13	11.5	9.4
14	11.3	9.4
15	10.0	8.4
16	8.3	8.1
17	8.9	7.8
18	8.0	7.5
19	7.8	7.2
20	7.4	6.9
21	7.3	6.7
22	8.8	7.1
23	6.4	5.8
24	7.8	5.0
25	7.0	4.6
26	6.3	5.3
27	6.4	6.0
28	6.5	6.0
29	7.5	6.0
30	7.0	6.0
令和元	7.6	6.0
2	8.5	6.9
3	9.3	6.9
4	8.1	6.1
5		6.1

(年度)

(注) NTT-A を除く.

図表Ⅱ.6.4　社会資本の整備状況

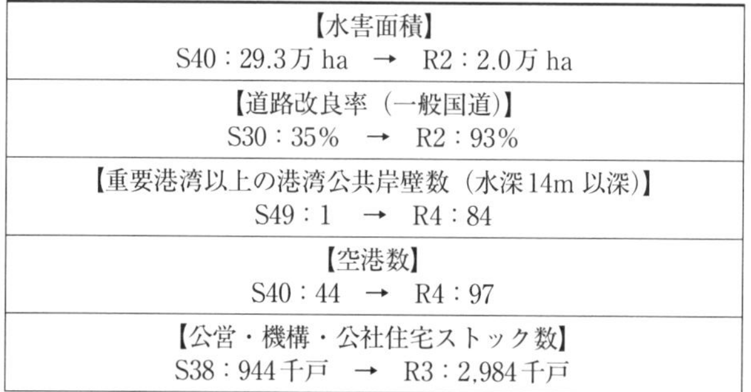

【水害面積】 S40：29.3万 ha　→　R2：2.0万 ha
【道路改良率（一般国道）】 S30：35%　→　R2：93%
【重要港湾以上の港湾公共岸壁数（水深14m 以深）】 S49：1　→　R4：84
【空港数】 S40：44　→　R4：97
【公営・機構・公社住宅ストック数】 S38：944千戸　→　R3：2,984千戸

(3) 公共事業の推移

① 平成元～２年度

経済が順調に推移していることから，景気を刺激することなく，引き続き内需の持続的拡大に配慮する観点から，前年度予算と同水準が確保された.

② 平成３～９年度

本格的な高齢社会の到来を目前に控えて，景気動向に配慮を行いつつ，社会資本整備を着実に推進する必要があるという社会情勢，深刻な財政事情を総合的に勘案しつつ，さらに「公共投資基本計画」などの考え方を踏まえて，国民生活の質の向上に直結する分野に重点を置き，当初予算においては，前年水準は上回るものの，徐々に抑制的なものとされていった．他方で，補正予算では経済対策としての大幅な追加が行われた.

③ 平成10年度

力強い景気回復の軌道に乗っていない景気への配慮が行われるとともに，社会資本の整備と財政構造改革の必要性を総合的に勘案し，さらに「財政構造改革の推進に関する特別措置法」などの考え方を踏まえ，物流の効率化対策に資する分野などへの重点化が図られ，前年度比7.8％の減少とこれまで以上に抑制的なものとなった．なお，その後の経済情勢の変化に対応し，緊急の内需の拡大を図るため，第１次及び第３次補正予算において公共事業関係費の追加が行われ，当初予算と補正予算の合計で見ると前年度比41.1％の増加となった.

④ 平成11～13年度

平成11年度には，本格的な高齢社会の到来を目前に控え，社会資本整備を着実に推進するとの基本的考え方を踏まえたうえで，当面の景気回復に向け全力を尽くすとの観点に立ち，さらに引き続き物流効率化による経済構造改革に資する分野などへの重点化が図られ，当初予算は前年度比5.0％の増加となった.

平成12年度及び平成13年度当初予算は前年度予算と同水準が確保された．また，各年度において，引き続き経済対策などのために，補正予算において公共事業の追加が行われた.

⑤ 平成14年度

「平成14年度予算編成の基本方針」に基づき，公共事業関係費について平成

13年度当初予算相当額より１割の削減が行われ，そのうえで「今後の経済財政運営及び経済社会の構造改革に関する基本方針」(平成13年６月６日閣議決定）で示された７分野（環境，少子高齢化，地方活性化・まちづくり，都市再生，科学技術，人材育成など，IT）に対して重点的に配分が行われた．

⑥　平成15～17年度

平成15～17年度は，公共事業関係費について前年度当初予算相当額より３％以上の削減が行われた．そのうえで，活力ある経済社会の実現に向けた将来の発展につながる４分野（「人間力の向上・発揮―教育・文化，科学技術，IT」「個性と工夫に満ちた魅力ある都市と地方」「公平で安心な高齢化社会・少子化対策」「循環型社会の構築・地球環境問題への対応」）を中心に，予算の重点的な配分が行われた．

⑦　平成18～21年度

平成18～21年度は，公共事業関係費について３％削減を継続するなかで，真に必要な社会資本整備を実現するため，「予算編成の基本方針」を踏まえ，地域の自立・活性化，我が国の成長力強化，国民の安全・安心の確保等，緊急の課題への対応に施策を集中し，重点化を強化している．

また，平成21年度には，道路特定財源制度を廃止し，すべて一般財源化するとともに，特定財源制度を前提とした地方道路整備臨時交付金を廃止し，地域活力基盤創造交付金を創設，あわせて，社会保障財源への拠出（600億円）を行った．

⑧　平成22～24年度

平成21年の衆議院選挙の民主党マニフェストにおいて，「コンクリートから人へ」の理念が打ち出され，工程表期間（平成22～25年度）を通じて公共事業関係費を1.3兆円縮減することが明記された．それに基づき，平成22～24年度は，社会資本整備総合交付金などの創設，大胆な予算の組替えや，「選択と集中」やコスト縮減の徹底を通じて合理化・効率化を図ったうえ，地域自主戦略交付金等への移行もあり，公共事業関係費は大幅な削減となった．また，平成24年度には，被災地の復旧・復興のための公共事業関係費として，東日本大震災復興特別会計に7288億円を計上した．

⑨ 平成25～令和5年度

平成25～令和5年度は，投資の重点化・効率化を図りつつ，国民の安全を守るために必要となる維持管理，老朽化対策をはじめとした防災・減災対策，国際競争力強化，地域経済の活性化につながる取組みに重点が置かれた．また，平成25年度には地域自主戦略交付金を廃止し，各省庁の交付金等に移行され，公共事業関係費は前年度比15.6%の増加となった．それ以降，公共事業関係費については上記の取組みを重点的に進めるため，安定的な確保を行っている．

このほか，復旧進度に応じた災害復旧等事業費の追加や，被災地の復興に向けたまちづくりの支援などを実施するため，東日本大震災復興特別会計に，平成25年度は8487億円，平成26年度は9080億円，平成27年度は9905億円，平成28年度は9030億円，平成29年度は6774億円，平成30年度は6015億円，令和元年度は6157億円，令和2年度は5085億円，令和3年度は524億円，令和4年度は467億円，令和5年度は464億円を計上した．

(4) 公共事業の効率化・透明化の徹底

公共事業については，社会資本整備の効率化，透明化を進める観点から策定した「公共事業コスト構造改善プログラム」（平成20年5月行政効率化関係省庁連絡会議）に基づき，平成19年度と比較して平成24年度までに総合コストを12%改善する取組みを実施し，今後も総合的なコスト構造改善を推進していくこととしている．また談合の排除を徹底し，一般競争方式の拡大等を通じて，入札・契約の一層の競争性，透明性，公平性の確保に引き続き取り組むとともに，費用便益分析等の一層の活用や事業見直しの実施により事業評価を徹底することとしている．

さらに，公共事業の効率性・透明性を確保するため，事業採択後一定期間経過後で未着工の事業などを対象とした「再評価システム」が平成10年度より導入されたほか，平成11年度からは，各省庁において，事業の各段階で評価を実施する事業評価システムが整備されている．また，事業採択時や再評価において活用されている費用対効果分析については，平成11年3月に各事業に共通して適用される統一的運用指針が策定されている．事業完了後一定期間経過後に行う事後評価については，平成15年度から本格的に導入された．

新規採択時から完了後までにわたる事業評価の体系が整備されて以降，平成15年度から平成30年度までに50の事業について，再評価により中止が決定された．

また，昨今の物価上昇等が生じる中において，事業実施に際し，ICTの活用をはじめ新技術の導入によるコスト削減など公共工事の効率化や，現場を支える人材確保・育成，生産性向上に取り組んでいる．具体的には，「建設工事における3次元データの活用やAI等を利用した新技術の開発・現場導入の拡大」，「ドローンや画像解析技術を活用したインフラ維持管理の高度化・効率化とデジタル技術を利用したインフラ分野でのDX推進」，「建設現場での技能人材の確保・育成と適正な工期設定や施工時期の平準化の推進等を合わせた働き方改革の推進」等の取組を継続的に実施しているところである．

(5) 社会資本整備の計画

① 従来の社会資本整備計画

平成に入ってからの社会資本の整備にかかる議論の推移を見ると，平成元年9月から開始された日米構造協議などを経て，本格的な高齢社会が到来する21世紀を見据え，着実に社会資本の充実を図っていくことの重要性が認識され，平成2年6月には今後の社会資本整備の指針として「公共投資基本計画」が策定された．平成4年6月には「生活大国5カ年計画」がまとめられ，「公共投資基本計画」に基づき，利用者の視点に立った整備目標などを踏まえ，生活に関連した社会資本の整備を重点的に図ることとされた．その後，平成5年12月の経済改革研究会報告「経済改革について」（平岩レポート）において，経済に活力のある間に社会資本整備を一層促進する必要から，後世代に負担を残さないような財源の確保を前提として，「公共投資基本計画」の配分の再検討と積増しを含めた見直しを行うべきとされたことから，平成6年10月「公共投資基本計画」の策定がなされた．さらに，平成9年6月3日閣議決定された「財政構造改革の推進について」において，従来までの計画の基本的考え方は維持しつつ，我が国財政の危機的状況などを踏まえ，公共投資の水準をおおむね景気対策のための大幅な追加が行われていた以前の国民経済に見合った適正な水準にまで引き下げることを目指す必要があるとされたことから，平成9年6月19日に新

図表Ⅱ.6.5　公共事業関係長期計画の現状と今後の計画

計画	根拠法（新）	計画内容	根拠法（旧）
社会資本整備重点計画 （R3-R7年度）	社会資本整備重点計画法	社会資本整備事業の実施に関する重点目標 重点目標達成のため実施すべき社会資本整備事業の概要等	•緊急措置法（道路，交通安全，都市公園，下水道，港湾，治水） •根拠法なし（空港，急傾斜地，海岸） •計画なし（鉄道，航路標識）
廃棄物処理施設整備計画 （R5-R9年度）	廃棄物の処理及び清掃に関する法律	廃棄物処理施設整備事業の実施の目標及び概要	•緊急措置法
土地改良長期計画 （R3-R7年度）	土地改良法	土地改良事業の実施の目標及び事業量	•変更なし
漁港漁場整備長期計画 （R4-R8年度）	漁港漁場整備法	漁港漁場整備事業の実施の目標及び事業量	•変更なし
森林整備保全事業計画 （R元-R5年度）	森林法	森林整備保全事業の実施の目標及び事業量	•森林法（森林整備） •緊急措置法（治山）
住生活基本計画（全国計画） （R3-R12年度）	住生活基本法	住生活の安定の確保及び向上の促進に関する目標並びにその達成のために必要な基本的な施策等	•住宅建設計画法

たな「公共投資基本計画」の改定がなされた.

「公共投資基本計画」は，その後，計画策定の重点を，従来の「事業量」から計画によって達成することを目指す成果とするとの観点から，「構造改革と経済財政の中期展望」（平成14年1月25日閣議決定）において廃止された.

②　社会資本整備計画の見直し

それぞれの分野の社会資本整備はおのおのの公共事業関係長期計画などに従って進められてきたが，平成13年6月に閣議決定された「今後の経済財政運営及び経済社会の構造改革に関する基本方針」及び平成14年6月に閣議決定された「経済財政運営及び構造改革に関する基本方針2002」を踏まえ，平成14, 15年度を期限とする9本の国土交通関係の公共事業関係計画（道路，交通安全，空港，港湾，都市公園，下水道，治水，急傾斜地，海岸）については，「暮らし」「安全」「環境」「活力」を横断的政策テーマとした「社会資本整備重点計画」として一本化された（平成15年10月10日閣議決定）．社会資本整備計画のこうした抜本的改革は，昭和29年以来50年ぶりである．

「社会資本整備重点計画」では，より低コストで，質の高い事業を実現するといった時代の要請に応じ，一層重点的，効果的かつ効率的に社会資本整備を推進していくこととしている．具体的には，事業評価の厳格な実施，技術開発などを通じたコストの縮減・事業の迅速化，地域住民などの理解と協力の確保，事業相互間の連携の確保，民間資金・能力の活用（PFI 導入の積極的推進など），公共工事の入札及び契約の適正化などがあげられた．

また，その他の「住宅」「廃棄物処理施設」「森林整備保全」「漁港漁場整備」「土地改良」に関する計画についても，「事業費目標」から「成果目標」への改善を図るなど，効率的な公共投資の実現に向けた改革が進められている（図表Ⅱ.6.5）．

3　令和5年度公共事業関係予算

(1) 概要

令和5年度の公共事業関係費は，前年度当初予算額に対して26億円（+0.0%）増の6兆600億円を計上している（図表Ⅱ.6.6）．具体的には，AI・ドローン等を活用した予防保全の取組など老朽化対策や特定都市河川の指定等を通じた総合的な治水対策，3次元データを用いた水害リスクや治水対策効果の「見える化」等を推進する．さらに，船舶の大型化に対応したコンテナターミナルの整備等の集中的実施や，交通渋滞の緩和による迅速・円滑な物流ネットワークの構築，コンパクトなまちづくりと連動した鉄道設備やバス関連施設の整備等を通じた地域公共交通の利便性向上・効率化等に取り組むこととしている．

(2) 治山治水対策事業費

①　治水事業

治水事業については，頻発・激甚化する水災害に対応するため，あらゆる関係者が協働して取り組む「流域治水」を推進し，ハード・ソフト一体の事前防災対策として堤防やダムの整備，河道掘削等を実施することとしている．また，

図表Ⅱ.6.6　令和５年度公共事業関係費

（単位　億円，％）

	令和４年度	令和５年度		
			対前年度増減(▲)額	伸び率
１．治山治水対策	12,828	9,544	▲3,285	▲25.6
(1)　治水	11,342	8,518	▲2,824	▲24.9
(2)　治山	875	623	▲252	▲28.8
(3)　海岸	612	403	▲209	▲34.1
２．道路整備	19,797	16,711	▲3,086	▲15.6
３．港湾空港鉄道等整備	4,932	3,976	▲956	▲19.4
(1)　港湾整備	3,233	2,444	▲789	▲24.4
(2)　空港整備	328	287	▲40	▲12.3
(3)　都市・幹線鉄道整備	320	228	▲92	▲28.7
(4)　整備新幹線整備	804	804	0	0.0
(5)　船舶交通安全基盤整備	247	212	▲35	▲14.0
４．住宅都市環境整備	9,774	7,307	▲2,468	▲25.2
(1)　住宅対策	3,304	1,562	▲1,742	▲52.7
(2)　都市環境整備	6,471	5,745	▲726	▲11.2
５．公園水道廃棄物処理等	2,360	1,784	▲576	▲24.4
(1)　下水道	690	773	83	12.1
(2)　水道施設整備	194	170	▲24	▲12.4
(3)　廃棄物処理施設整備	957	417	▲539	▲56.4
(4)　工業用水道	36	22	▲15	▲40.3
(5)　国営公園等	366	324	▲42	▲11.4
(6)　自然公園等	117	78	▲40	▲33.9
６．農林水産基盤整備	8,455	6,078	▲2,376	▲28.1
(1)　農業農村整備	4,990	3,323	▲1,667	▲33.4
(2)　森林整備	1,685	1,252	▲432	▲25.6
(3)　水産基盤整備	997	729	▲268	▲26.8
(4)　農山漁村地域整備	784	774	▲10	▲1.3
７．社会資本総合整備	17,117	13,805	▲3,312	▲19.3
８．推進費等	678	619	▲58	▲8.6
計	75,941	59,823	▲16,117	▲21.2
９．災害復旧等	4,590	776	▲3,814	▲83.1
(1)　災害復旧	3,325	544	▲2,781	▲83.6
(2)　災害関連	1,265	233	▲1,032	▲81.6
合計	80,531	60,600	▲19,931	▲24.7

河川管理施設等の老朽化対策については，コストの縮減や事業の効率化に資する新技術の活用等を進めるとともに，個別補助により集中的・計画的に実施することとし，令和５年度については8518億円（前年度当初予算額8484億円，＋0.4％）が計上されている．

② 治山事業

治山事業については，流域治水と連携した治山対策を推進するとともに，荒廃山地等の復旧及び重要な水源地域における保安林の整備を重点的に実施することとし，令和５年度については623億円（前年度当初予算額620億円，＋0.4％）が計上されている．

③ 海岸事業

海岸事業については，津波による被災の危険性が高い大規模地震の対策地域において，背後地に人口・資産集積地区や重要交通基盤・生産基盤を抱える海岸等における津波・高潮対策に重点化することとしている．また，海岸保全施設の老朽化対策については，コストの縮減や事業の効率化に資する新技術の活用等を進めるとともに，個別補助により集中的・計画的に実施することとし，令和５年度については403億円（前年度当初予算額403億円，0.0％）が計上されている．

(3) 道路整備事業費

道路整備事業については，道路施設の着実な点検・修繕，新技術を活用した老朽化対策の効率的実施や，地方公共団体における橋梁等の老朽化対策等について個別補助による重点的・効果的な支援を推進するほか，空港・港湾等へのアクセス道路など生産性向上・成長力強化につながる道路ネットワークの整備等を推進することとし，令和５年度については１兆6711億円（前年度当初予算額１兆6660億円，＋0.3％）が計上されている．

(4) 港湾空港鉄道等整備事業費

① 港湾整備事業

港湾整備事業については，国際コンテナ戦略港湾における国際競争力強化のため，船舶の大型化に対応したコンテナターミナルの整備を重点的に実施するとともに，洋上風力発電の導入を促す基地港湾の整備等を通じて，港湾における脱炭素化を推進することとしている．また，港湾施設の老朽化対策については，コストの縮減や事業の効率化に資する新技術の活用等を進めるとともに，個別補助により集中的・計画的に実施することとし，令和5年度については2444億円（前年度当初予算額2439億円，＋0.2%）が計上されている．

②　空港整備事業

空港整備事業については，首都圏空港の国際競争力強化のため，東京国際空港（羽田）の機能拡充に必要な事業等を重点的に実施するとともに，福岡空港においては，引き続き，滑走路増設事業を実施することとし，令和5年度については287億円（前年度当初予算額328億円，▲12.4%）が計上されている．

③　都市・幹線鉄道整備事業

都市・幹線鉄道整備事業については，都市機能を支える都市鉄道ネットワークの整備，防災・減災，老朽化対策や，鉄道駅におけるバリアフリー化の推進，輸送の安全性の向上等による安全・安心の確保等を推進することとし，令和5年度については228億円（前年度当初予算額238億円，▲4.2%）が計上されている．

④　整備新幹線整備事業

整備新幹線整備事業については，独立行政法人鉄道建設・運輸施設整備支援機構による北海道新幹線新函館北斗―札幌間，北陸新幹線金沢―敦賀間及び九州新幹線武雄温泉―長崎間の建設等を着実に実施することとし，令和5年度については804億円（前年度当初予算額804億円，＋0.0%）が計上されている．

⑤　船舶交通安全基盤整備事業

船舶交通安全基盤整備事業については，船舶が安全に航行するための指標となる灯台，電波標識等の整備等を実施することとし，令和5年度については212億円（前年度当初予算額179億円，＋19.0%）が計上されている．

(5) 住宅都市環境整備事業費

①　住宅対策

住宅対策については，地方公共団体等が施行する公営住宅整備等事業，独立行政法人住宅金融支援機構が行う証券化支援事業に係る金利引下げ，地方公共団体等が行う高齢者向け優良賃貸住宅等の公的賃貸住宅に係る家賃低減，地方公共団体等が施行する防災性を向上するための住宅市街地総合整備促進事業等を推進することとし，令和５年度については1562億円（前年度当初予算額1580億円，▲1.1%）が計上されている．

②　都市環境整備事業

都市環境整備事業については，広域連携を含む都市機能のコンパクト化や防災力強化に積極的に取り組む地方公共団体等に対する重点的・効果的な支援や都市の国際競争力の強化等を図る市街地整備事業，大気汚染等の沿道環境問題への対策や個別補助による通学路の交通安全対策への計画的・集中的な支援等を実施する道路環境整備事業及び水辺空間のにぎわい創出のため，まちづくりと一体となった水辺整備や水環境の改善等を実施する都市水環境整備事業により，都市環境の整備を推進することとし，令和５年度については5745億円（前年度当初予算額5720億円，＋0.4%）が計上されている．

(6)　公園水道廃棄物処理等施設整備費

①　下水道事業

下水道事業については，市街地における内水氾濫を防止するための雨水貯留施設の整備等による防災・減災対策の支援や，下水道事業に関する調査等を実施することとし，令和５年度については773億円（前年度当初予算額614億円，＋26.0%）が計上されている．

②　水道施設整備事業

水道施設整備事業については，簡易水道等施設及び水道水源開発等施設の整備等を実施することとし，令和５年度については170億円（前年度当初予算額169億円，＋0.6%）が計上されている．

③　廃棄物処理施設整備事業

廃棄物処理施設整備事業については，一般廃棄物処理施設及び浄化槽の整備等を実施することとし，令和５年度については417億円（前年度当初予算額417億円，0.0%）が計上されている．

④　工業用水道事業

工業用水道事業については，工業地帯における地下水汲上げによる地盤沈下の防止と立地条件の整備を目的として敷設される工業用水道施設の整備等を実施することとし，令和５年度については22億円（前年度当初予算額22億円，0.0％）が計上されている．

⑤　国営公園等事業

国営公園等事業については，国営公園等の施設の整備，維持管理等を実施することとし，令和５年度については324億円（前年度当初予算額320億円，＋1.3％）が計上されている．

⑥　自然公園等事業

自然公園等事業については，国立公園，国民公園等の施設の整備，維持管理等を実施することとし，令和５年度については78億円（前年度当初予算額78億円，0.0％）が計上されている．

(7)　農林水産基盤整備事業費

①　農業農村整備事業

農業農村整備事業については，生産性・収益性等の向上のための水田の畑地化や農地の大区画化等を推進する農業競争力強化基盤整備事業，国土強靱化のための農業水利施設の長寿命化や防災・減災対策等を推進するかんがい排水事業，総合農地防災事業等を実施することとし，令和５年度については3323億円（前年度当初予算額3321億円，＋0.1％）が計上されている．

②　森林整備事業

森林整備事業については，林業の持続的発展や国土強靱化のため，間伐や主伐後の再造林等を実施するとともに，森林整備の効率化に必要な路網の整備をすることとし，令和５年度については1252億円（前年度当初予算額1247億円，＋0.4％）が計上されている．

③　水産基盤整備事業

水産基盤整備事業については，水産物の輸出拡大等による水産業の成長産業化のための拠点漁港の流通機能強化及び養殖生産拠点整備，持続可能な漁業生産を確保するための漁場整備，漁港施設の強靱化・長寿命化等を推進することとし，令和５年度については729億円（前年度当初予算額727億円，＋0.3％）が計上されている．

④　農山漁村地域整備事業

農山漁村地域整備事業については，地方公共団体が作成した計画に基づく農山漁村地域の基盤整備のほか，整備効果を促進するためのソフト事業について交付金により総合的に支援することとし，令和５年度については774億円（前年度当初予算額784億円，▲1.3％）が計上されている．

(8)　社会資本総合整備事業費

社会資本総合整備事業費については，地方公共団体等が作成した社会資本総合整備計画に基づき，頻発・激甚化する風水害・土砂災害や大規模地震・津波に対する防災・減災対策，予防保全に向けた老朽化対策，将来の成長の基盤となる民間投資・需要を喚起する道路整備，PPP／PFIを活用した下水道事業や利便性・効率性の向上を図るための地域公共交通ネットワークの再構築事業など，地域における総合的な取組を支援するための交付金であり，令和５年度については１兆3805億円（前年度当初予算額１兆3973億円，▲1.2％）が計上されている．

(9)　推進費等

推進費等については，「地域再生法」（平17法24）に基づき，地方公共団体が行う地方創生の深化のための先駆的な地方創生基盤整備事業に対して支援するための交付金並びに再度災害防止や安全な避難経路の確保等の防災・減災対策を強化すること及び北海道総合開発計画の効果的な推進を図ること等を目的とし，予算作成後に各地域で発生した事象に柔軟に対応するため地方公共団体等との協議結果を踏まえた事業の推進等に必要な経費であり，令和５年度については619億円（前年度当初予算額676億円，▲8.3％）が計上されている．

(10)　災害復旧等事業費

①　災害復旧事業

令和４年以前に発生した災害等の復旧事業については，事業の促進を図ることとし，また，当年発生災害については，発生を見込んで復旧事業費を計上し，迅速な対応を行うこととし，令和５年度については544億円（前年度当初予算額541億円，＋0.6%）が計上されている．

② 災害関連事業

災害復旧事業と合併して施行する一般関連事業及び助成事業については，災害復旧事業の進捗状況を考慮して事業の推進を図ることとしている．また，山地崩壊等の災害に対しては，災害関連緊急事業により緊急に対応することとし，令和5年度については233億円（前年度当初予算額232億円，＋0.4%）が計上されている．

第7章 経済協力

1 ポイント

我が国は，かつて，世界銀行の融資を受け，東海道新幹線や黒部ダムを建設するなど，国際社会の支援を受けつつ，経済成長を果たしてきた．そうしたなか，昭和29年，我が国は，アジア・太平洋地域における経済社会開発を促進するための地域的国際機関である「コロンボ・プラン」に加盟し，同機関が設けた枠組みのなかで技術協力の供与を開始した．これが，我が国が政府開発援助（ODA：Official Development Assistance）を供与することとなった端緒である．

世界の現状に目を向ければ，東アジア諸国を中心に，経済成長を通じた貧困削減が大きく進む一方，貧困，飢餓，難民，災害などの人道的問題，気候変動をはじめとする環境問題，感染症，テロなどの地球的規模の問題が山積している．こうした状況にかんがみ，国際社会では，開発途上国の開発問題について，途上国と先進国のそれぞれが取り組むべき課題を掲げた国際開発目標を策定しており，国際社会の一員である我が国としても積極的な取組みが求められる．

一方，我が国の財政状況はきわめて厳しく，ODAの効果や効率性などについて，国民から厳しい見方も示されている．令和5年6月に閣議決定された開発協力大綱は，「開発途上国との対等なパートナーシップに基づき，開発途上国の開発課題や人類共通の地球規模課題の解決に共に対処し，法の支配に基づく自由で開かれた国際秩序の下，平和で安定し，繁栄した国際社会の形成に一層積極的に貢献すること」及び「同時に，我が国及び世界にとって望ましい国際環境を創出し，信頼に基づく対外関係の維持・強化を図りつつ，我が国と国民の平和と安全を確保し，経済成長を通じて更なる繁栄を実現するといった我が国の国益の実現に貢献すること」を開発協力の目的として掲げたうえで，「開発協力が国民の税金を原資とする点や開発協力が上記の目的を果たす上でいかなる効果を上げたかという点を強く意識」する必要があるとしている．そのため，開発協力の実施に際しては，政策や事業レベルで開発協力の成果・効果（アウトカム）を設定したうえで，データも用いた適切な評価を行い，その結果を適切にフィードバックするなど，説明責任を果たしつつ，効果的・戦略的な開発協力となるようにする必要がある．ODA については，開発協力の実施基盤の強化のため必要な努力を行うと同時に，開発協力をめぐる官民の役割分担が変化している中，民間企業や OOF を扱う公的金融機関等との連携強化を始め，民間資金の動員を促進し開発協力の様々なパートナーとの間でより効果的な開発協力を追求することが重要である．

こうした考えのもと，令和5年度は，ウクライナ侵略を含め国際情勢が激変する中，G7広島サミットや日本 ASEAN 友好協力50周年等を見据え，「自由で開かれたインド太平洋」の実現など戦略的な ODA の活用を図るとし，過去最高の水準となる3兆1184億円の ODA 事業量（予算ベースの見込み）を有するに至った．

（注1） ODA 事業量とは，当初予算における ODA 予算のほか，補正予算における ODA 予算，円借款事業，国際機関向け出資などを加えたもの．

ODA 事業量のうち，一般会計 ODA 予算については，令和5年度当初予算と令和4年度第2次補正予算を合わせた合計額として9124億円（令和4年度当初予算＋令和3年度補正予算額7212億円，＋26.5%）が計上されている．なお，主要経費分類である経済協力費については，5114億円（前年度当初予算額5105億円，＋0.2%）となっており，一般会計の0.4%を占めている．

（注2） 経済協力費の一部，たとえば国連分担金は，経済協力開発機構（OECD）の開発援助委員会（DAC）の規定により，一定割合のみが ODA と定義されているため，経済協力費の全額が ODA 予算となるわけではない．一方，経済協力費以外の主要経費のうち，同規定により ODA と定義される部分があり，一般会計 ODA 予算は，これを加えたものとなっている．

図表Ⅱ.7.1　我が国の経済協力

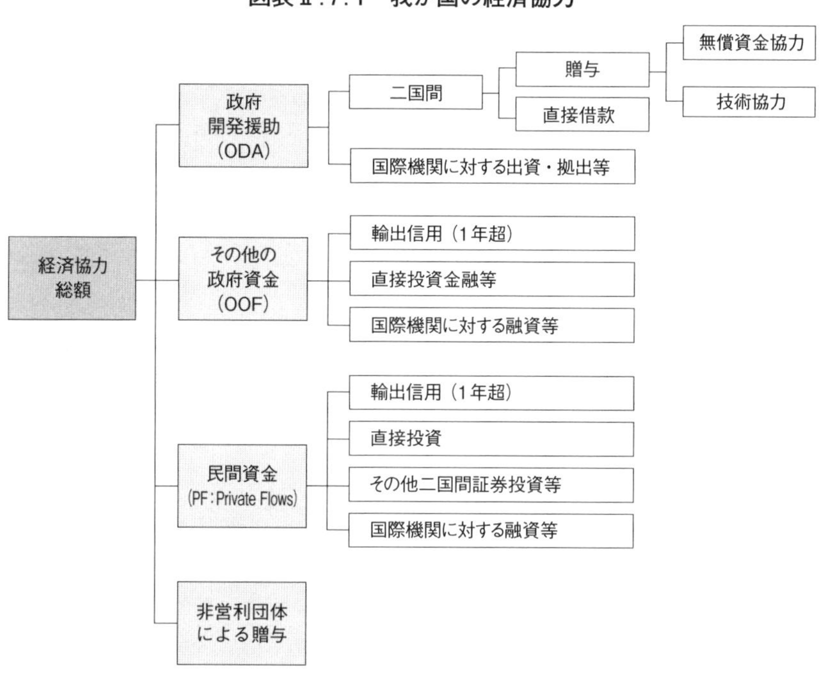

2 基礎知識

(1) 経済協力の諸形態

経済協力は，開発途上国の経済的・社会的開発，あるいは福祉の向上に貢献することを目的とした資金の流れであり，公的資金によるものと民間資金によるものとに大別される．このうち，公的資金によるものは，さらにODAとその他の政府資金（OOF：Other Official Flows.（国際協力銀行（JBIC）による投資金融など））に分類される（図表Ⅱ.7.1）.

OECD・DACによれば，ODAは，政府が財政資金を使って実施する経済協力の中核となるもので，以下の3つの要件を満たす資金の流れと定義されている．

① 政府ないし政府の実施機関によって供与されるものであること．

② 開発途上国の経済開発や福祉の向上に寄与することを主たる目的としていること.

③ 政府貸付等については，その供与条件が被援助国にとって重い負担にならないようになっており（実質的譲許性を有しており），グラント・エレメント（GE: Grant Element）が（ⅰ）LDC（後発開発途上国）及びLIC（低所得国）は45%以上，（ⅱ）LMIC（低中所得国）は15%以上，（ⅲ）UMIC（高中所得国）は10%以上であること.

（注1） グラント・エレメント（GE：Grant Element）とは，援助条件の緩やかさを示す指標．貸付金利，返済期間，据置期間が反映されるため，金利が低く，返済期間が長いほど，グラント・エレメントは高くなり，借入人（開発途上国）にとって有利であることを示す．贈与の場合のグラント・エレメントは100%となる.

（注2） 2014年12月のDACハイレベル会合において，当該条件（割引率・閾値）が見直され，2018年実績から新しい割引率・閾値が適用されることとなった．従来，グラント・エレメント算出に用いる割引率は10%，グラント・エレメントの閾値が25%以上（いずれも一律）であったが，現在，ODA対象国・地域に関するDACリスト掲載国の所得階層（(a) 高中所得国，(b) 低中所得国，(c) 後発開発途上国及び低所得国）ごとに異なる割引率（(a) 6%，(b) 7%，(c) 9%）及び閾値（(a) 10%以上，(b) 15%以上，(c) 45%以上）が適用されている．DACの新計上ルール（2018年実績から適用）における割引率とODA適格の閾値は以下のとおり.

	LDC及び その他のLIC向け	LMIC向け	UMIC向け	国際機関等への拠出
割引率	9%	7%	6%	5%または6%
閾値	45%	15%	10%	10%

（※ソブリン向けのみ．民間セクター向けについては協議中であり，合意に至るまでは従来の条件（割引率10%，閾値25%）が適用される.）

なお，その他の政府資金とは，上記の①の条件を満たし，②または③を満たさないものとされている.

ODAには，無償資金協力，技術協力，有償資金協力（円借款等），国際機関に対する出資・拠出の4形態がある．以下，これらを説明する.

（イ）無償資金協力

無償資金協力は，対象国に返済義務を課さずに資金を供与する援助であり，開発途上国のなかでも比較的所得水準の低い国に対して，一般会計の負担により実施されている.

対象分野は，基本的に収益性が低く，具体的には，保健・衛生，給水，教育，農村・農業開発などの基礎生活分野，社会基盤整備，環境保全及び人材育成などを中心とした開発途上国の生活水準の向上を目指すものであるが，災害や難民援助にかかる緊急人道支援などの分野への協力も実施されている．

無償資金協力の最大の特徴は，相手国に対して債務負担を求めないことにあり，紛争によって疲弊した国における平和構築など，ODAの「フロンティア」を担う援助形態であるといえる一方，債務負担を求めないことから，真に必要な案件なのかどうか，事前の審査はもとより，期待されていた開発効果を上げられたのかどうかなど，事後的な評価も一層充実させる必要がある．

（ロ）技術協力

技術協力は，開発途上国の人材育成や制度・政策環境の構築に資するため，JICA（独立行政法人国際協力機構）などが実施する，我が国の技術や知見を相手国に伝えることを目的として行う専門家派遣や，相手国からの研修員の受入れなどである．具体的には，開発途上国の技術者や行政官などに対する研修の実施，開発途上国における大規模な災害に対し，国際緊急援助隊の派遣及び緊急援助物資の供与を行う災害援助，都市や農業，運輸など各種の開発計画の作成や資源の開発などを支援する調査，さらには，我が国の高等教育機関における途上国からの留学生の受入れなど，多様な形態がとられている．

技術協力の大半は，JICAの一般勘定で実施されているが，同勘定に対する運営費交付金などは，一般会計の負担による．他方，JICAの有償資金協力勘定においても，有償資金協力プロジェクトの開発効果を高める観点などから有償資金協力プロジェクトに関連して実施される技術支援（プロジェクトの有効性を確認するための事前の調査（F/S：Feasibility Study）など）が行われている．

（ハ）有償資金協力（円借款等）

有償資金協力のうち円借款については，開発途上国に対して経済開発などを目的に，JICA有償勘定を通じて，低利（0.10％～2.30％（固定金利の場合），令和5年4月現在），長期（15～40年）資金を貸し付けるものである．特に，サブサハラ・アフリカの低所得国のように，経済・財政状況が脆弱な国に対する貸付条件（年利0.10％，40年（うち据置期間10年））は，著しく譲許性（援助における条件の緩やかさ）の高いものとなっており，IDA（国際開発協会，世界銀行のソフト・ウィンドウ（譲許性の高い融資窓口）であり，その優遇貸付条件は，手数料0.75%，38年（うち据置期間6年））に匹敵する条件である．円借款の特徴は，鉄道，道路，橋りょう，電力や港湾などの大規模インフラの整備に必要となる大きい資金需要にまとめて応じられることに加え，数年間にわたるプロジェクトの実施を通じて，経済発展に不可欠な有形無形のノウハウが伝えられ，持続的な経済成長が促されることにある．また，返済義務が課されることから，借款の供与が行われる前の段階で，相手国政府において，自らの開発のために必要不可欠なプロジェクトかどうかが厳格に精査されることになり，援助の効率性を高めるインセンティブとなるといった点も円借款の利点としてあげられる．なお，我が国は，債務持続可能性が担保されないと判断される国に対しては，円借款を供与しないこととしている．

円借款は，伝統的に道路・電力・港湾などの経済成長の下支えとなる経済インフラの整備を中心に大きな実績をあげてきた．最近では，特定のプロジェクトに対する支援ではなく，相手国が実施する政策全般を支援する観点から，我が国と相手国及び関係国際機関の間で政策協議を実施したうえで，世界銀行やアジア開発銀行が供与する一般財政支援型の融資に対して，円借款により協調融資を実施する例がある．なお，インフラ整備などのプロジェクトの進捗に応じて資金の貸付けが行われるプロジェクト型の円借款に比して，こうした一般財政支援型の円借款は，経済・財政政策などについて相手国の制度や政策の改善の実施を前提に，借款契約締結後すぐに資金が供与されることから，「足の速い」支援として知られている．

令和5年度のODA事業量は3兆1184億円を見込んでいるが，その半分以上に相当する1兆8940億円が円借款等であり，円借款等は，我が国ODAを代表する援助形態となっている．円借款等の原資の大半は，財政融資資金からの借入金や貸付相手国からの回収金，国際協力機構債券の発行でまかなわれている．（一般会計の負担は，JICA有償資金協力部門に対する出資金のみ（令和5年度は478億円）．）

（二）国際機関に対する出資・拠出

国際機関に対する出資・拠出は，国連関係機関や世界銀行，アジア開発銀行などの国際開発金融機関（MDBs：Multilateral Development Banks）など，いわゆる多国間（マルチ）の途上国支援を実施する機関に対する資金協力である．利点としては，世界的なネットワークを通じて，それぞれの機関が有する専門知識や経験を活かした援助が可能であること，複数の国・地域にまたがる援助を多国間で調整しながら実行できることなどがあげられる．その内訳は，国連開発計画などの国連機関と，世界銀行やアジア開発銀行などのMDBsが大半を占めている．

具体的には，加盟国の経済力などに応じて義務的な負担額が決定される分担金，我が国の政策判断に基づいて任意に支払う拠出金，国際交渉を通じてシェアが決定される世界銀行などのMDBsに対する出資・拠出のかたちで行われている．国際機関のなかでも，世界銀行などの国際開発金融機関については，法律上の規定に基づき，出資・拠出国債により払込みが行われる場合がある．

（注）出資・拠出国債

出資・拠出国債は，交付国債（詳細は第Ⅰ部第1章を参照）の一種で，我が国が国際機関へ加盟する際に，出資または拠出する現金に代えて，その全部または一部を払い込むために発行される国債で，いずれも無利子，譲渡禁止，要求払い（当該機関が我が国の通貨を必要とし，その現金化について要求があったときは，いつでも現金化することが約束されている）となっている．

(2) 政策的枠組み

我が国の開発協力の基本方針を示す文書は開発協力大綱（令和5年6月9日閣議決定）である．国際社会が歴史的な転換期にあり，開発協力が果たすべき役割，開発課題やその手法にも変化が生じている中で，令和4年12月に策定された国家安全保障戦略（令和4年12月16日閣議決定）も踏まえ，平成27年の開発協力大綱を改定した．開発協力大綱は，重点政策として，①新しい時代の「質の高い成長」とそれを通じた貧困撲滅，②平和・安全・安定な社会の実現，法の支配に基づく自由で開かれた国際秩序の維持・強化，③複雑化・深刻化する地球規模課題への国際的取組の主導の3つを示している．

その上で，ODAについては，これまで以上に，戦略的かつ効果的に実施することが求められており，開発協力大綱は，「効果的・戦略的な開発協力推進のための3つの進化したアプローチ」を定めている．

こうしたODAの戦略性・効率性・透明性向上に向けた取組みの一環として，被援助国の政治・経済・社会情勢を踏まえ，当該国の開発計画，開発上の課題等を総合的に勘案して作成する我が国のODAの方針である「国別開発協力方針」を，原則すべての被援助国について策定することとしている．方針の策定にあたっては，被援助国において在外公館，JICA現地事務所等で構成される現地ODAタスクフォース，相手政府，他国援助機関，NGO，企業等の意見を踏まえることとしており，「国別開発協力方針」は，国ごとの特性に応じた具体的な案件策定の指針となるとともに，我が国のODAの方針を国内外に発信する役割を担っている．

(3) ODAの現状

（イ）援助額（ネット及び贈与相当額）

OECD・DACは，毎年，DACに参加する先進国のODAを統一的な基準に基づいて取りまとめ，実績値を公表している．DACにおける標準のODA計上方式としては，平成29年の実績まではODA供与総額から円借款に係る回収金などを差し引いたODAの供与純額（ネット）が用いられていたが，平成30年の実績から，借款供与時に贈与に相当する額（供与額にグラント・エレメント（%）を乗じたもの）のみを計上し，返済時に減算計上をしない贈与相当額が採用されている．直近の令和4年の日本の贈与相当額のODA実績見込みは世界第3位となっている．なお，OECDは，ドナー国によるODAの量を国際比較する際の基準として，経済規模との対比の観点から，国民総所得（GNI：Gross National Income）比のODA実績（平成29年まではネット，平成30年以降は贈与相当額）を用いることが多く，令和4年暫定値において日本は0.39%となっている（図表Ⅱ.7.2）下部

また，ODAを議論する際にしばしば用いられる指標としては，前述の贈与相当額のほか，贈与比率（ODAのうち無償資金協力及び技術協力が占める割合），アンタイド比率（ODAのうち資材やサービスの調達先が特定国に限定されない部分の割合）などがある．

我が国について，これらの指標を見ていく．贈与比率については，開発途上国の自助努力を支援する観点から，返済義務をともなう借款を積極的に活用す

図表Ⅱ.7.2　DAC 諸国における ODA 実績（贈与相当額）の対国民総所得（GNI）比

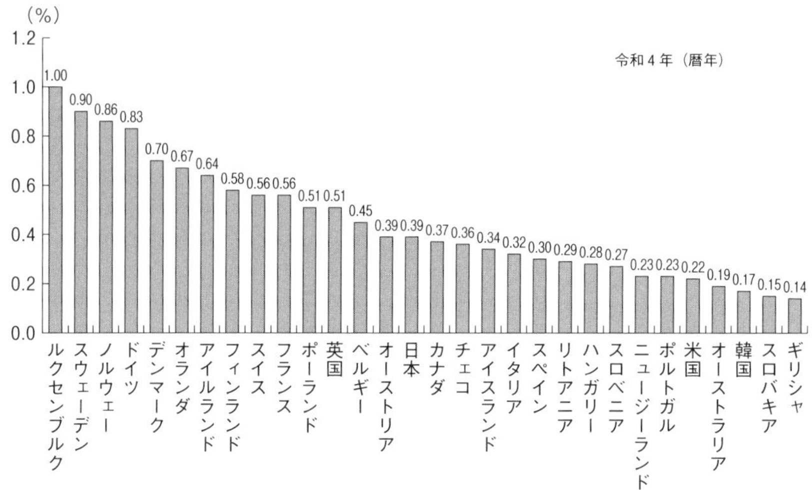

（出典）OECD Aid Statistics（令和５年４月現在）.
（注）国名は政府開発援助対 GNI 比の順.

平成17年	13126百万ドル	対 GNI 比0.28%
平成18年	11136百万ドル	同0.25%
平成19年	7697百万ドル	同0.17%
平成20年	9601百万ドル	同0.19%
平成21年	9467百万ドル	同0.18%
平成22年	11058百万ドル	同0.20%
平成23年	11086百万ドル	同0.18%
平成24年	10605百万ドル	同0.17%
平成25年	11469百万ドル	同0.22%
平成26年	9483百万ドル	同0.20%
平成27年	9203百万ドル	同0.20%
平成28年	10417百万ドル	同0.20%
平成29年	11462百万ドル	同0.23%
平成30年	14164百万ドル	同0.28%
令和元年	15588百万ドル	同0.29%
令和２年	16260百万ドル	同0.31%
令和３年	17634百万ドル	同0.34%
令和４年	17475百万ドル	同0.39%

（注）　平成30年以降は供与純額ベースから贈与相当額ベースに変更している.
　　　令和４年に関しては暫定値.

図表Ⅱ.7.3 DAC 諸国の贈与比率

（約束額ベース，2カ年の平均値，%）

国名	順位	2019/2020	順位	2018/2019
オーストラリア	1	100.0	1	100.0
チェコ	1	100.0	1	100.0
デンマーク	1	100.0	1	100.0
ギリシャ	1	100.0	1	100.0
ハンガリー	1	100.0	1	100.0
アイスランド	1	100.0	1	100.0
アイルランド	1	100.0	1	100.0
ルクセンブルク	1	100.0	1	100.0
オランダ	1	100.0	1	100.0
ニュージーランド	1	100.0	1	100.0
ノルウェー	1	100.0	1	100.0
スロバキア	1	100.0	1	100.0
スロベニア	1	100.0	1	100.0
スウェーデン	1	100.0	1	100.0
米国	1	100.0	1	100.0
英国	16	98.8	18	99.6
スペイン	17	98.2	19	98.5
ポルトガル	18	98.2	20	97.4
ベルギー	19	98.2	25	92.4
フィンランド	20	97.7	21	96.7
スイス	21	96.7	1	100.0
ポーランド	22	96.7	24	92.5
カナダ	23	96.2	23	94.7
オーストリア	24	94.1	1	100.0
イタリア	25	93.3	22	96.5
ドイツ	26	81.7	26	81.6
フランス	27	56.4	27	60.1
韓国	28	53.2	28	41.8
日本	29	39.2	29	38.8
DAC 諸国計		82.6		83.0

出典：DAC 開発協力報告書
＊1　国名は2019/2020年平均における贈与比率の高い順.
＊2　債務救済を除く.
＊3　%の数値は，小数点以下第2位で四捨五入しているため，同一値で順位の異なる場合がある.

図表Ⅱ.7.4 DAC 諸国の二国間政府開発援助のタイイング・ステイタス

（約束額ベース，単位：%）

国名	アンタイド		部分アンタイド		タイド	
	2020年	2019年	2020年	2019年	2020年	2019年
オーストラリア	100.0	100.0	—	—	—	—
カナダ	100.0	100.0	—	—	—	—
アイルランド	100.0	100.0	—	—	—	—
英国	100.0	100.0	—	—	—	—
オランダ	100.0	100.0	—	0.0	0.0	0.0
ハンガリー	99.9	49.6	—	—	0.1	50.4
デンマーク	99.8	96.3	—	—	0.2	3.7
フィンランド	99.5	99.3	—	—	0.5	0.7
ノルウェー	99.3	100.0	—	—	0.7	—
スイス	99.2	99.1	—	—	0.8	0.9
ドイツ	99.1	98.3	—	—	0.9	1.7
ルクセンブルク	98.7	98.5	—	—	1.3	1.5
フランス	96.7	97.8	—	0.1	3.3	2.1
イタリア	95.3	96.4	1.0	0.3	3.7	3.3
ベルギー	95.1	98.2	—	—	4.9	1.8
アイスランド	94.7	76.1	3.5	17.8	1.8	6.1
スウェーデン	94.2	97.2	1.5	0.0	4.3	2.8
ニュージーランド	93.7	96.0	0.1	0.7	6.2	3.4
日本	92.3	74.3	—	—	7.7	25.7
スペイン	85.2	77.1	0.0	—	14.8	22.9
オーストリア	84.3	58.6	—	—	15.7	41.4
韓国	81.6	59.4	0.2	—	18.2	40.6
スロベニア	79.9	86.2	—	—	20.1	13.8
スロバキア	79.0	75.5	0.4	—	20.6	24.5
ポルトガル	76.7	91.1	—	—	23.3	8.9
米国	73.2	58.5	—	—	26.8	41.5
チェコ	67.5	78.2	0.6	0.1	31.9	21.7
ポーランド	53.9	56.5	—	—	46.1	43.5
ギリシャ	—	0.1	—	—	100.0	99.9
DAC 諸国計	89.9	82.5	0.0	0.0	10.1	17.5

出典：DAC 統計（DAC Statistics on OECD.STAT）
＊1　アンタイド：実施するプロジェクトに必要な財およびサービスの調達先を特定の国に限定しない資金協力.
＊2　タイド：実施するプロジェクトに必要な財およびサービスの調達先を特定の国に限定する資金協力.
＊3　国名はアンタイドの比率の高い順.
＊4　四捨五入の関係上，合計が100%にならないことがある.

るアプローチをとっていることを反映して，他のDAC加盟国に比べて低位となっている（図表Ⅱ.7.3）.

アンタイド比率については，令和2年時点で92.3%となっており，DAC加盟国のなかで第19位に位置している（図表Ⅱ.7.4）.

（ロ）地域別の動向

我が国のODAの地域別動向を見ると，過去に供与した円借款に係る回収金を控除したネット・ベースでは2021年時点でアジア（54.1億ドル，46.6%）が最も大きな割合を占めており，これにサブサハラ・アフリカ（16.3億ドル，14.0%）が続くかたちとなっている.

3 令和5年度経済協力関係予算

前述のとおり，令和5年度の予算ベースのODA事業量は，3兆1184億円を見込んでいる.

また，令和5年度の一般会計予算についてみると，ウクライナおよび周辺国や，グローバル・サウスへの支援を含め，2023年のG7議長国としてのリーダーシップ発揮に向け，令和4年度第2次補正予算と一体的にODAを活用し，当初予算と前年度補正を合わせたODA予算は対前年度比＋26.5%の9124億円，また，経済協力費は前年度当初予算比＋0.2%の5114億円となっている.以下，経済協力費を構成する主な項目を中心に述べる.

(1) 無償資金協力

無償資金協力を実施するために必要な予算については，「自由で開かれたインド太平洋」の具体化，グローバルな課題への対処，複雑さを増す安全保障・経済環境への対応等に必要な経費として，1634億円（前年度当初予算額1633億円，＋0.1%）を計上している.

(2) 技術協力（JICA）

JICAが実施する技術協力のために必要な予算については，「自由で開かれたインド太平洋」の具体化，グローバルな課題への対処，複雑さを増す安全保障・経済環境への対応等に必要な経費として，1519億円（前年度当初予算額

1518億円，＋0.1%）が計上されている．

(3) 国際分担金・拠出金

国際分担金・拠出金については，我が国にとっての支払の必要性等を踏まえ，1133億円（前年度当初予算額1140億円，▲0.6%）が計上されている．

(4) 円借款等

JICA有償資金協力部門が実施する令和5年度の円借款等の原資の一部として，JICA有償部門出資金が前年度比＋1.6%の478億円（前年度当初予算額471億円）が一般会計予算として計上されている．なお，令和5年度の円借款等の事業規模については，1兆8940億円（前年度当初予算額1兆4200億円，＋33.4%）であり，一般会計からの出資金以外の原資として，財政融資資金借入金1兆431億円（前年度当初予算額5237億円）等を予定している．

(5) 留学生関係経費

留学生関係経費については，外国人留学生への奨学金の給付等に必要な経費として，272億円（前年度当初予算額268億円，＋1.7%）が計上されている．

第8章

防衛力の整備

1 ポイント

令和5年度の防衛関係予算は，自衛隊の管理・運営及びこれに関する事務，条約に基づく外国軍隊の駐留並びに防衛力強化資金への繰入れ等に関するものとして計上される経費で構成される．

防衛省所管の防衛関係費については，令和4年12月16日の国家安全保障会議及び閣議において決定された「国家安全保障戦略（以下「安保戦略」という．）」，「国家防衛戦略（以下「防衛戦略」という．）」及び「防衛力整備計画（以下「整備計画」という．）」により構成される「三文書」に基づき，スタンド・オフ防衛能力や統合防空ミサイル防衛能力，施設整備等の重点分野を中心に防衛力を抜本的に強化するとともに，防衛力整備の一層の効率化・合理化を徹底することとし，令和4年度当初予算額に対して14,192億円（26.4%）増の67,880億円を計上している．また，防衛省情報システム関係経費のうちデジタル庁計上分を加えた額は68,219億円となる．

また，財務省所管の防衛関係費については，「我が国の防衛力の抜本的な強化等のために必要な財源の確保に関する特別措置法」に基づく防衛力強化資金への繰入れに必要な経費として33,806億円を計上している．

2 基礎知識

(1)「三文書」の体系の見直し

「三文書」の体系は，これまで，安保戦略の下に，10年程度の期間を念頭に保有すべき防衛力の水準としての自衛隊の体制を規定した防衛計画の大綱，そして，5年間の経費総額と主要装備の整備数量を示した中期防衛力整備計画(以下「中期防」という.)，という整理であった.

この体系では，国防のための戦略文書がないといった問題意識から，今回の改定に合わせて，安保戦略の下，防衛の目標を設定し，達成するための方法と手段を示す防衛戦略と，概ね5年後と10年後に保有すべき防衛力の水準と5年間の経費総額・主要装備品の整備数量の両方を示した整備計画を策定することとなった．また，安保戦略については，従来の外交，防衛に加え，経済安保，技術，サイバー，情報等の安保戦略に関連する政策を含めて戦略的指針を定めている．(図表Ⅱ.8.1：新たな「三文書」と年度予算の関係)

(2) 安保戦略のポイント

財政面から見て，安保戦略の最大のポイントは，「2027年度において，防衛力の抜本的強化とそれを補完する取組をあわせ，そのための予算水準が現在の

図表Ⅱ.8.1：新たな「三文書」と年度予算の関係

国家安全保障戦略
(2022年12月16日)

外交，防衛に加え，経済安保，技術，サイバー，情報等の国家安全保障に関連する政策に戦略的指針を与える
(おおむね10年程度の期間を念頭)

国家防衛戦略
[防衛計画の大綱に代わるもの]
(2022年12月16日)

防衛の目標を設定し，達成するための方法と手段を示す
- 防衛力の抜本的な強化(重視する7つの能力を含む)
- 国全体の防衛体制を強化
- 同盟国・同志国等との協力方針
(おおむね10年程度の期間を念頭)

※7つの能力：①スタンドオフ防衛能力，②総合ミサイル防空，③無人アセット，④領域横断作戦，⑤指揮統制・情報，⑥機動展開，⑦持続性・強靱性

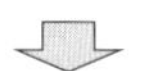

防衛力整備計画
[中期防衛力整備計画に代わるもの]
(2022年12月16日)

我が国として保有すべき防衛力の水準と達成するための中長期的な整備計画
- 自衛隊の体制(おおむね10年後の体制を念頭)　※これまでは防衛計画の大綱に掲載
- 5年間の経費の総額・主要装備品の整備数量(特に重要な装備品等の研究・開発事業とその配備開始等の目標年度などを本文に記載)

年度予算

各事業の進捗状況，実効性，実現可能性を精査し，必要に応じて柔軟に見直しつつ，各年度に必要な経費を計上

国内総生産（GDP）の２％に達するよう，所要の措置を講ずる」と決定したことである．

これは，数字ありきではなく，安全保障環境が一層厳しさを増す中，必要とされる防衛力の内容を積み上げた上で，同盟国・同志国等との連携を踏まえ，国際比較のための指標も考慮し，我が国自身の判断として導き出された．

具体的には，「三文書」の検討の中で，整備計画の対象となる経費に加え，安保戦略において総合的な防衛体制を強化するための取組とした，(1) 研究開発，(2) 公共インフラ，(3) サイバー安全保障，(4) 我が国及び同志国の抑止力の向上等のための国際協力の四つの分野を，防衛力の抜本的強化を補完する取組の中核をなすものとして新たに位置づけることとなった．その上で，歴代の政権で，これまでNATO定義を参考にしつつ，安全保障に関連する経費として仮に試算してきた際に含めてきたSACO・米軍再編関係経費（注１・注２），海上保安庁予算，PKO関連経費等に加え，四つの分野に関する経費についても，「補完する取組」として計上されることとなった．

また，経済財政基盤の強化についても触れられ，「我が国の経済は海外依存度が高いことから，有事の際の資源や防衛装備品等の確保に伴う財政需要の大幅な拡大に対応するため，国際的な市場の信認を維持し，必要な資金を調達する財政余力が極めて重要であり，わが国の安全保障の礎である経済・金融・財政の基盤強化に不断に取り組む」ことを示した．

有事であっても日本の信用や国民生活が損なわれないようにし，平時から財政余力を維持・強化しておくことは不可欠であり，安保戦略では，初めて，安全保障の観点からの経済・金融・財政に関する政府としての方針を示すことになった．

（注１）SACO関係経費とは，沖縄に関する特別行動委員会（SACO：Special Action Committee on Okinawa）最終報告（平成８年12月２日）に盛り込まれた措置を実施するために必要な経費を指す．

（注２）米軍再編関係経費とは，「在日米軍の兵力構成見直し等に関する政府の取組について」（平成18年５月30日閣議決定）及び「平成22年５月28日に日米安全保障協議委員会において承認された事項に関する当面の政府の取組について」（平成22年５月28日閣議決定）に基づく再編関連措置のうち，地元の負担軽減に資する措置を実施するために必要な経費を指す．

(3) 防衛戦略のポイント

防衛戦略においては，防衛力の抜本的強化を，「我が国への侵攻を我が国が主たる責任をもって阻止・排除し得る能力」を持つこととし，そのために重視する能力として以下の７分野を位置付けた．

①スタンド・オフ防衛能力（国産ミサイルの開発・量産，トマホーク等の外国製ミサイルの取得等）

②統合防空ミサイル防衛能力（イージス・システム搭載艦，迎撃ミサイルの整備等）

③無人アセット防衛能力（各種無人機の取得，調査，研究等）

④領域横断作戦能力（宇宙・サイバー・電磁波の能力強化，陸海空の統合運用等）

⑤指揮統制・情報関連機能（防衛省/自衛隊システムのサイバー強化，情報分析・対処強化等）

⑥機動展開能力・国民保護（輸送力強化，空港・港湾施設等の利用拡大，住民避難への活用等）

⑦持続性・強靱性（弾薬・誘導弾・燃料の保有，装備品の可動率向上，施設の老朽化対策等）

また，装備品の生産・技術基盤をいわば防衛力そのものと位置づけ，持続可能な防衛産業の構築，リスク対処，販路拡大等に取り組んでいくとしている．具体的には，防衛産業が適正な利益を確保するための新たな利益率算定方式の導入，下請け企業を含むサプライチェーン全体のサイバー等の基盤強化，他に手段がない場合に国が製造設備等を保有する形態の検討などが挙げられた．加えて，防衛装備移転円滑化のため，防衛装備移転三原則等の制度の見直しの検討，基金を創設し，必要に応じた企業支援を行うこととしている．

(4) 整備計画のポイント

整備計画では，令和５年度から令和９年度までの５年間における防衛力整備の水準に係る金額を43兆円程度，新たに必要となる事業に係る契約額（物件費のみ）を43.5兆円程度とした．（図表Ⅱ.8.2：整備計画の概要，図表Ⅱ.8.3整

図表Ⅱ.8.2：整備計画の概要

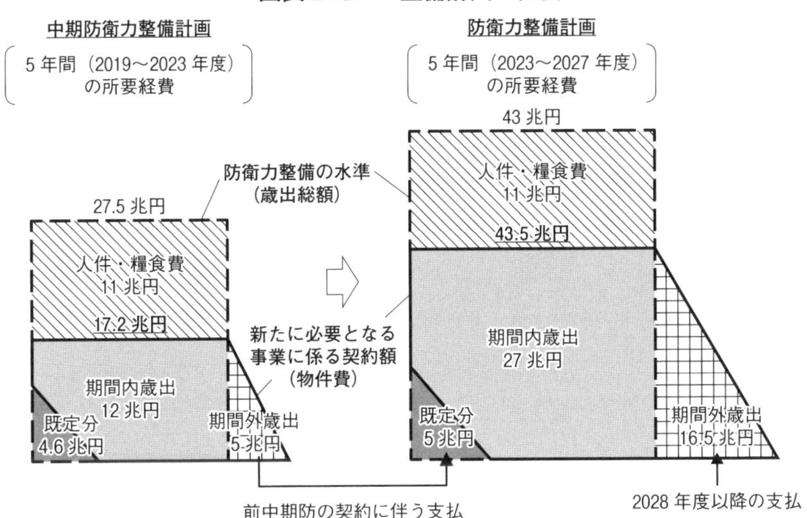

備計画（別表１）図表Ⅱ.8.4整備計画（別表２）図表Ⅱ.8.5整備計画（別表３））

その上で，計画期間の下で実施される各年度の予算の編成に伴う防衛関係費を40.5兆円程度（令和９年度は，8.9兆円程度）とし，その前提として以下の措置をとることとしている．

- 自衛隊施設等の整備の更なる加速化を事業の進捗状況等を踏まえつつ機動的・弾力的に行うこと（1.6兆円程度）．
- 一般会計の決算剰余金が想定よりも増加した場合にこれを活用すること（9,000億円程度）．

なお，格段に厳しさを増す財政事情と国民生活に関わる他の予算の重要性等を勘案し，国の他の諸施策との調和を図りつつ，防衛力整備の一層の効率化・合理化を徹底し，重要度の低下した装備品の運用停止，費用対効果の低いプロジェクトの見直し，徹底したコスト管理・抑制や長期契約を含む装備品の効率的な取得等の装備調達の最適化，その他の収入の確保等を行うこととし，上記剰余金が増加しない場合にあっては，この取組を通じて実質的な財源確保を図ることとしている．

図表Ⅱ.8.3 防衛力整備整備計画
別表1 抜本的に強化された防衛力の目標と達成時期

分　野	2027年度までの5年間（※）	おおむね10年後まで
	我が国への侵攻が生起する場合には，我が国が主たる責任をもって対処し，同盟国等からの支援を受けつつ，これを阻止・排除し得る防衛力を構築	左記防衛構想をより確実にするための更なる努力（より早期・遠方で侵攻を阻止・排除し得る防衛力を構築）
スタンド・オフ防衛能力	●スタンド・オフ・ミサイルを実践的に運用する能力を獲得	●より先進的なスタンド・オフ・ミサイルを運用する能力を獲得 ●必要かつ十分な数量を確保
統合防空ミサイル防衛能力	●極超音速兵器に対処する能力を強化 ●小型無人機（UAV）に対処する能力を強化	●広域防空能力を強化 ●より効率的・効果的な無人機（UAV）対処能力を強化
無人アセット防衛能力	●無人機（UAV）の活用を拡大し，実践的に運用する能力を強化	●無人アセットの複数同時制御能力等を強化
領域横断作戦能力	●宇宙領域把握（SDA）能力，サイバーセキュリティ能力，電磁波能力等を強化 ●領域横断作戦の基本となる陸・海・空の領域の能力を強化	●宇宙作戦能力を更に強化 ●自衛隊以外の組織へのサイバーセキュリティ支援を強化 ●無人機と連携する陸海空能力を強化
指揮統制・情報関連機能	●ネットワークの抗たん性を強化しつつ，人工知能（AI）等を活用した意思決定を迅速化 ●認知領域の対応も含め，戦略・戦術の両面で情報を取得・分析する能力を強化	●人工知能（AI）等を活用し，情報収集・分析能力を強化しつつ，常時継続的な情報収集・共有体制を強化
機動展開能力・国民保護	●自衛隊の輸送アセットの強化，PFI船舶の活用等により，輸送・補給能力を強化（部隊展開・国民保護）	●輸送能力を更に強化 ●補給拠点の改善等により，輸送・補給を迅速化
持続性・強靱性	●弾薬・誘導弾の数量を増加 ●整備中以外の装備品が最大限可動する体制を確保 ●有事に備え，主要な防衛施設を強靱化 ●保管に必要な火薬庫等を確保	●弾薬・誘導弾の適正在庫を維持・確保 ●可動率を維持 ●防衛施設を更に強靱化 ●弾薬所要に見合った火薬庫等を更に確保
防衛生産・技術基盤	●サプライチェーンの強靱化対策等により，強力な防衛生産基盤を確立 ●将来の戦い方に直結する装備分野に集中投資するとともに，研究開発期間を大幅に短縮し，早期装備化を実現	●革新的な装備品を実現し得る強力な防衛生産基盤を維持 ●将来における技術的優位を確保すべく，技術獲得を追求
人的基盤	●募集能力強化や新たな自衛官制度の構築等により，民間を含む幅広い層から優秀な人材を必要数確保 ●教育・研究を強化（サイバー等の新領域，統合，衛生） ●隊舎・宿舎の老朽化や備品不足を解消し，生活・勤務環境及び処遇を改善	●募集対象者人口の減少の中でも，専門的な知識・技能を持つ人材を含め，必要な人材を継続的・安定的に確保 ●教育・研究を更に強化 ●全ての隊員が高い士気を持ちながら個々の能力を発揮できる組織環境を醸成

※ 現有装備品を最大限活用するため，弾薬確保や可動率向上，主要な防衛施設の強靱化への投資を加速するとともに，スタンド・オフ防衛能力や無人アセット防衛能力等，将来の防衛力の中核となる分野の抜本的強化に重点.

図表Ⅱ.8.4：防衛力整備整備計画
別表2

区　分	種　類	整備規模
(1) スタンド・オフ防衛能力	12式地対艦誘導弾能力向上型 (地上発射型，艦艇発射型，航空機発射型) 島嶼防衛用高速滑空弾 極超音速誘導弾 トマホーク	地上発射型 11個中隊 — — —
(2) 統合防空ミサイル防衛能力	03式中距離地対空誘導弾（改善型）能力向上型 イージス・システム搭載艦 早期警戒機（E-2D) 弾道ミサイル防衛用迎撃ミサイル (SM-3ブロックⅡ A) 能力向上型迎撃ミサイル（PAC-3MSE) 長距離艦対空ミサイル SM-6	14個中隊 2隻 5機 — — —
(3) 無人アセット防衛能力	各種 UAV USV UGV UUV	— — — —
(4) 領域横断作戦能力	護衛艦 潜水艦 哨戒艦 固定翼哨戒機（P-1) 戦闘機（F-35A) 戦闘機（F-35B) 戦闘機（F-15）の能力向上 スタンド・オフ電子戦機 ネットワーク電子戦システム（NEWS)	12隻 5隻 10隻 19機 40機 25機 54機 1機 2式
(5) 指揮統制・情報関連機能	電波情報収集機（RC-2)	3機
(6) 機動展開能力・国民保護	輸送船舶 輸送機（C-2) 空中給油・輸送機（KC-46A 等)	8隻 6機 13機

図表Ⅱ.8.5　防衛力整備整備計画
別表3（おおむね10年後）

区　分			将来体制
共同の部隊	サイバー防衛部隊		1個防衛隊
	海上輸送部隊		1個輸送群
陸上自衛隊	常備自衛官定数		149,000人
	基幹部隊	作戦基本部隊	9個師団
			5個旅団
			1個機甲師団
		空挺部隊	1個空挺団
		水陸機動部隊	1個水陸機動団
		空中機動部隊	1個ヘリコプター団
		スタンド・オフ・ミサイル部隊	7個地対艦ミサイル連隊
			2個島嶼防衛用高速滑空弾大隊
			2個長射程誘導弾部隊
		地対空誘導弾部隊	8個高射特科群
		電子戦部隊（うち対空電子戦部隊）	1個電子作戦隊 （1個対空電子戦部隊）
		無人機部隊	1個多用途無人航空機部隊
		情報戦部隊	1個部隊
海上自衛隊	基幹部隊	水上艦艇部隊（護衛艦部隊・掃海艦艇部隊）	6個群（21個隊）
		潜水艦部隊	6個潜水隊
		哨戒機部隊（うち固定翼哨戒機部隊）	9個航空隊（4個隊）
		無人機部隊	2個隊
		情報戦部隊	1個部隊
	主要装備	護衛艦（うちイージス・システム搭載護衛艦）	54隻（10隻）
		イージス・システム搭載艦	2隻
		哨戒艦	12隻
		潜水艦	22隻
		作戦用航空機	約170機
航空自衛隊	主要部隊	航空警戒管制部隊	4個航空警戒管制団
			1個警戒航空団（3個飛行隊）
		戦闘機部隊	13個飛行隊
		空中給油・輸送部隊	2個飛行隊
		航空輸送部隊	3個飛行隊
		地対空誘導弾部隊	4個高射群（24個高射隊）
		宇宙領域専門部隊	1個隊
		無人機部隊	1個飛行隊
		作戦情報部隊	1個隊
	主要装備	作戦用航空機（うち戦闘機）	約430機（約320機）

注1：上記，陸上自衛隊の15個師・旅団のうち，14個師・旅団は機動運用を基本とする．
注2：戦闘機部隊及び戦闘機数については，航空戦力の量的強化を更に進めるため，2027年度までに必要な検討を実施し，必要な措置を講じる．この際，無人機（UAV）の活用可能性について調査を行う．

また，各年度の予算編成においては，情勢の変化等の不測の事態にも対応できるよう配意するとともに，各事業の進捗状況，実効性，実現可能性を精査し，必要に応じてその見直しを柔軟に行うこととされている．

さらに，本計画期間中，令和５年度から令和９年度までの５年間において，装備品の取得・維持整備，施設整備，研究開発，システム整備等を集中的に実施するため，その後の整備計画においては，これを適正に勘案した内容とし，令和９年度の水準を基に安定的かつ持続可能な防衛力整備を進めるものとしている．

その上で，令和９年度以降，防衛力を安定的に維持するための財源，及び，令和５年度から令和９年度までの本計画を賄う財源の確保については，歳出改革，決算剰余金の活用，税外収入を活用した防衛力強化資金の創設，税制措置等，歳出・歳入両面において所要の措置を講ずることとしている．

(5) 防衛財源について

抜本的に強化される防衛力は，将来に亘って維持・強化していかねばならず，これを安定的に支えるためには，しっかりとした財源を確保することが不可欠である．

即ち，令和９年度の整備計画対象経費を8.9兆円としている中，令和４年度の同経費5.2兆円との差額である約４兆円に対して，裏付けとなるしっかりとした財源が毎年度必要となる．その財源確保に当たっては，国民のご負担をできるだけ抑えるため，あらゆる工夫を検討した結果，(1) 歳出改革，(2) 決算剰余金の活用，そして，(3) 様々な取組により確保した税外収入等を防衛力整備に計画的・安定的に充てるための新たな資金制度「防衛力強化資金」の創設により，必要な財源の約４分の３を確保することとしている．

それでも足りない約４分の１については，総理から，「将来世代に先送りすることなく，令和９年度に向けて，今を生きる我々の将来世代への責任として対応すべきもの」として，「税制措置での協力をお願いしたい」旨表明された．(図表Ⅱ.8.6：令和９年度に向けて新たに必要となる防衛費をまかなう財源)

その上で，令和４年度の中期防対象経費（5.2兆円）から令和５年度の整備計画対象経費（6.6兆円）への増額（1.4兆円程度）の財源については，歳出改革

図表Ⅱ.8.6：令和９年度に向けて新たに必要となる防衛費をまかなう財源

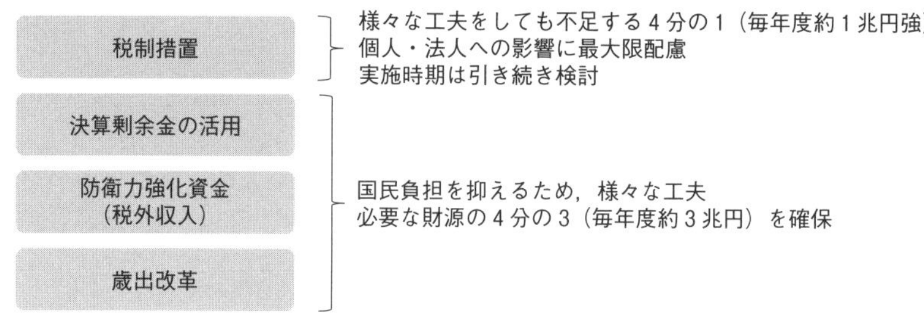

図表Ⅱ.8.7　令和５年度予算における防衛力強化のための対応に係る税外収入（全体像）

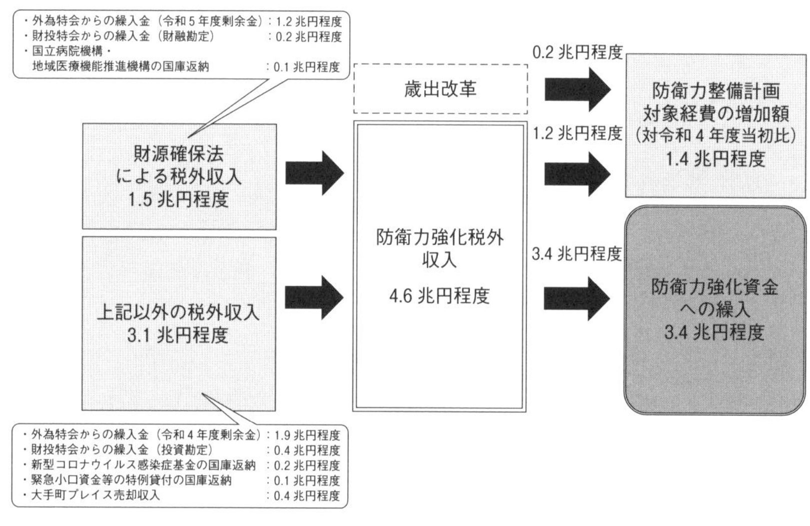

（0.2兆円程度）と税外収入（1.2兆円程度）により確保している．

また，令和５年度に防衛力強化のための財源として確保した税外収入の総額は4.6兆円程度であり，このうち，前述の1.2兆円程度を超える分（3.4兆円程度）は防衛力強化資金に繰り入れ，令和６年度以降の財源として活用することとしている．（図表Ⅱ.8.7：令和５年度予算における防衛力強化のための対応に係る税外収入（全体像））

3 令和5年度防衛関係予算

(1) 予算のポイント

新たな「防衛力整備計画」の初年度の予算として，これまでの水準を大きく上回る6兆6,001億円（対前年度+1兆4,213億円）を計上している．SACO・米軍再編経費を含む歳出予算は，6兆8,219億円（対前年度+1兆4,214億円）となっている．

防衛省における装備品取得，研究開発，施設整備等の事業が複数年度を要するところ，整備計画初年度から可能な限り事業を開始するため，新規契約額を8兆9,525億円（対前年度+5兆4,546億円）に拡大した．SACO・米軍再編を含む新規契約額は，9兆5,768億円（対前年度+5兆5,054億円）．トマホークの取得，開発中の12式地対艦誘導弾能力向上型の量産，庁舎・隊舎の整備，火薬庫の建設等に係る事業を開始する．

装備品等取得については，契約ベースで，3兆4,804億円（対前年度+2兆5,932億円）を確保．スタンド・オフ・ミサイル（トマホークの取得，開発中の12式地対艦誘導弾能力向上型の取得等）や統合防空ミサイル防衛能力（イージス・システム搭載艦の構成品取得等）といった重点分野に予算を配分しつつ，装甲車26両の新規取得や戦車の取得増加（令和4年：6両→令和5年：9両）など従来領域の装備品も拡充する．これまで装備品取得を重視することで十分な予算が配分されていないと指摘されてきた装備品等の維持整備や弾薬の取得についても，予算を重点配分し，契約ベースで，維持整備は2兆355億円（対前年度+9,428億円），弾薬の取得は8,283億円（対前年度+6,624億円）を確保している．

宇宙・サイバー・電磁波等の新領域への対応として，宇宙分野では，契約ベースで1,844億円（対前午度+1,054億円）を確保し，我が国初のSDA（宇宙領域把握）衛星の製造費用等を計上するとともに，複数機の衛星の運用検討を推進する．防衛省・自衛隊が運用するシステムが対象である，サイバー分野については，契約ベースで2,146億円（対前年度+1,804億円）を確保し，装備品を含むあらゆるシステムについて，部隊対応のみならず外部委託も活用し，常時継続的にリスクを管理する体制を構築する．

また，防衛省・自衛隊システムのサーバーの集約化，換装等の経費として，契約ベースで，3,522億円（対前年度＋2,052億円）を確保している．

研究開発は，契約ベースで，8,968億円（対前年度＋6,056億円）を確保されている．将来の戦い方に直結する分野に集中的に投資することとしており，極超音速誘導弾の研究を始めとする新規開発事業や発射プラットフォームの多様化を含め，約10種類のスタンド・オフ・ミサイルの同時研究開発等を推進．加えて，約10年後の試験的配備を目指す将来レールガンや，次期戦闘機（日英伊共同開発），無人アセット関連事業など，様々な分野に経費を計上している．将来にわたって技術的優越を確保することを目的に，他省庁等の研究成果を防衛用途に取り込むための経費を大幅に拡充するとともに，防衛省自らが人工知能等の基礎研究を公募・委託する安全保障技術研究推進制度なども引き続き推進する．

防衛生産基盤の強化では，契約ベースで，1,463億円（対前年度＋1,431億円）を確保している．防衛省が企業努力等を評価することにより，企業が十分な利益を確保する仕組みを構築するとともに，調達上，企業に対して求めるサ

図表Ⅱ.8.8：防衛関係予算の推移

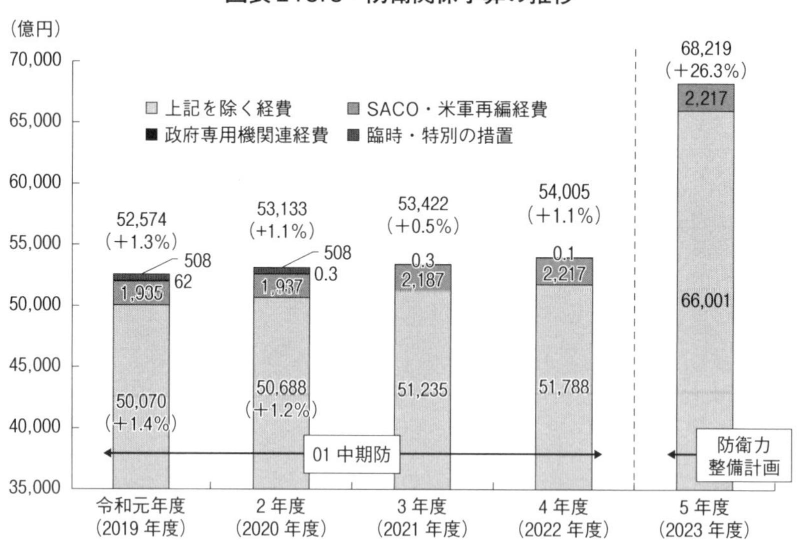

図表Ⅱ.8.9 令和5年度整備計画対象経費の内訳

	歳出ベース		契約ベース		主な内訳（金額は契約ベース）
	令和5年度	対前年度	令和5年度	対前年度	
装備品等購入費	1.4兆円	＋0.5兆円 （約1.7倍）	3.5兆円	＋2.6兆円 （約3.9倍）	•航空機購入費（1兆円） •艦船建造費（0.4兆円） •戦車・火砲等（0.2兆円） •各種弾薬の整備（0.8兆円）
維持費等	1.9兆円	＋0.6兆円 （約1.5倍）	3.0兆円	＋1.5兆円 （約1.9倍）	•保有装備部品の部品不足解消，維持整備（2.5兆円） •教育訓練費等（0.3兆円）
施設整備費	0.2兆円	＋0.05兆円 （約1.3倍）	0.5兆円	＋0.3兆円 （約2.5倍）	•庁舎・隊舎の整備，火薬庫の建設等
研究開発費	0.2兆円	＋0.06兆円 （約1.3倍）	0.9兆円	＋0.6兆円 （約3.1倍）	•約10種類のスタンド・オフ・ミサイルの開発（0.4兆円） •極超音速滑空兵器（HGV）対処の研究（0.1兆円） •次期戦闘機の開発等（0.1兆円）
人件糧食費	2.2兆円	＋0.02兆円	2.2兆円	＋0.02兆円	•実員1,769人増（R4：1,014人増）
基地対策	0.5兆円	＋0.02兆円	0.5兆円	＋0.02兆円	•基地周辺対策経費（0.1兆円） •在日米軍駐留経費負担（0.2兆円）
その他	0.2兆円	＋0.1兆円	0.4兆円	＋0.4兆円	•防衛事業者のサイバー・セキュリティ強化等（0.1兆円） •防衛装備移転推進のための基金・補助金（0.04兆円）
合計	6.6兆円	＋1.4兆円 （約1.3倍）	11.1兆円	＋5.5兆円 （約2.0倍）	

（注1）上表においては，歳出ベース・契約ベースともに人件糧食費を含んだ額.
（注2）上表の合計額にSACO・米軍再編経費を含め，デジタル庁計上分を除いた防衛関係費（防衛省所管分）は，歳出ベースが6兆7,880億円（対前年度＋1兆4,192億円），契約ベースが11兆7,246億円（対前年度＋5兆5,100億円）.
（注3）計数は四捨五入のため合計と符合しない場合がある.

イバーセキュリティ強化などを推進するための必要経費を計上している．また，基本的に顧客は防衛省のみの限られた市場を拡大するため，防衛装備移転を推進する観点から，防衛事業者が装備品等の仕様を海外向けに調整することを支援する基金・補助金を創設することとしている．

人的基盤の強化では，自衛官の定員を増やすことなく必要な人員を確保する方針をとっている．予算上の自衛官数（実員）については，陸上自衛隊を中心に昭和53年以降で過去最大の増員（＋1,769人）．事務官等についても，定員合理化数等を上回る増員（75人の純増）を行っている．また，隊員の生活・勤務環境を改善するため，空調や海自艦内の無線LAN環境等を整備する．自衛隊のインフラ基盤（飛行場，港湾等）の強化，自衛隊施設（庁舎・隊舎等）の耐震化・老朽化対策等を重点的かつ集中的に実施するため，契約ベースで，5,049

図表Ⅱ.8.10　整備計画対象経費の区分・分野別内訳（人件糧食費を除く）

区　分	分　　野	５年間の総事業費 （契約ベース）	令和５年度事業費 （契約ベース）	令和５年度事業費 （歳出ベース）
スタンド・オフ防衛能力		約５兆円	約1.4兆円	約0.1兆円
統合防空ミサイル防衛能力		約３兆円	約1.0兆円	約0.2兆円
無人アセット防衛能力		約１兆円	約0.2兆円	約0.02兆円
領域横断作戦能力	宇宙	約１兆円	約0.2兆円	約0.1兆円
	サイバー	約１兆円	約0.2兆円	約0.1兆円
	車両・艦船・航空機等	約６兆円	約1.2兆円	約1.1兆円
指揮統制・情報関連機能		約１兆円	約0.3兆円	約0.2兆円
機動展開能力・国民保護		約２兆円	約0.2兆円	約0.1兆円
持続性・強靱性	弾薬・誘導弾	約２兆円 （他の分野も含め約５兆円）	約0.2兆円 （他分野も含め約0.8兆円）	約0.1兆円 （他分野も含め約0.3兆円）
	装備品等の維持整備費・可動確保	約９兆円 （他の分野も含め約10兆円）	約1.8兆円 （他の分野も含め約２兆円）	約0.8兆円 （他の分野も含め約1.3兆円）
	施設の強靱化	約４兆円	約0.5兆円	約0.2兆円
防衛生産基盤の強化		約0.4兆円 （他分野も含め約１兆円）	約0.1兆円 （他分野も含め約0.1兆円）	約0.1兆円 （他分野も含め約0.1兆円）
研究開発		約１兆円 （他分野も含め約3.5兆円）	約0.2兆円 （他分野も含め約0.9兆円）	約0.1兆円 （他分野も含め約0.2兆円）
基地対策		約2.6兆円	約0.5兆円	約0.5兆円
教育訓練費，燃料費等		約４兆円	約0.9兆円	約0.7兆円
合　計		約43.5兆円	約9.0兆円	約4.4兆円

億円（対前年度＋3,517億円）確保しており，その中で，弾薬の大幅増を踏まえた火薬庫の整備も実施する．

なお，前述のように，「安保戦略」等において，平時から総合的な防衛体制の強化を図ることとしている中，安全保障に係る経費全体で整合的な考え方をとる観点から，海上保安庁を含む各省庁において，施設整備費や船舶建造費が公債発行対象経費とされていることを踏まえ，防衛省・自衛隊の施設整備費や艦船建造費についても，建設公債の発行対象として整理（4,343億円）されている．SACO・米軍再編経費は，移設事業等を着実に推進するため，2,217億円を確保している．

（図表Ⅱ.8.8：防衛関係予算の推移，図表Ⅱ.8.9：防衛力整備計画対象経費の内訳，図表Ⅱ.8.10：防衛力整備計画対象経費の区分・分野別内訳（人件糧食費を除く）））

(2) 主要な事業

※（　）内は契約額

① スタンド・オフ防衛能力

○ミサイルの開発・取得

- 12式地対艦誘導弾能力向上型の開発・量産（開発：338億円，量産：939億円）
- 島嶼防衛用高速滑空弾の研究・量産（研究：158億円，量産：347億円）
- 島嶼防衛用高速滑空弾（能力向上型）の開発（2,003億円）
- 極超音速誘導弾の研究（585億円）
- 島嶼防衛用新対艦誘導弾の研究（342億円）
- JSM（空対艦ミサイル）・JASSM（空対地ミサイル）の取得（JSM：347億円，JASSM：127億円）
- トマホークの取得（2,113億円）

② 統合防空ミサイル防衛能力

○警戒管制能力の強化

（FPS-5（３億円），FPS-7（43億円），JADGE（90億円）の能力向上）

- FPS-５・FPS-７を改修し，極超音速滑空兵器（HGV）等の探知・追尾能力を強化するための機能付加等を実施．また，機能付加をしたFPS-７を統制するため，自動警戒管制システム（JADGE）をFPS-７に適合化等．

○イージス・システム搭載艦（2,208億円）

- ロフテッド軌道や同時複数の弾道ミサイルに対応する，既存イージス艦より高度な弾道ミサイル迎撃能力を有するとともに，HGV等に対応する拡張性を有したイージス・システム搭載艦の整備に向け，構成品等の取得に着手．

◯03式中距離地対空誘導弾（改善型）能力向上型の開発（758億円）
• 極超音速滑空兵器や弾道ミサイル対処を可能とするための能力向上.
◯弾道ミサイル，巡航ミサイル，HGV等の迎撃能力を強化
• SM-6（136億円）
• PAC-3 MSE（421億円）
• 基地防空用地対空誘導弾（129億円）
• 03式中距離地対空誘導弾（改善型）（248億円）
• SM-3ブロックⅡA（595億円）
◯ HGV対処の研究（585億円）
• HGVの脅威に対処するため，必要な要素技術を早期に確立

③　弾薬の確保，部品不足の解消，施設の強靱化
◯各種弾薬の整備（8,283億円）
• 継続的な部隊運用に必要な各種弾薬を確保
• 静粛型動力装置搭載魚雷（86億円）
◯弾薬の製造態勢等の拡充（1,618億円）
◯スタンド・オフ・ミサイル等の大型弾薬等の火薬庫の確保（58億円）
◯自衛隊施設の抗たん性の向上（364億円）
• 主要司令部等の地下化，戦闘機用の分散パッド，電磁パルス攻撃対策等
◯既存施設の更新（868億円）
• 老朽化対策及び耐震対策を含む防護性能の付与等のため，建物の構造強化，施設の再配置・集約化等
◯津波・浸水等の自然災害対策（275億円）
• 大規模自然災害発生時における機能維持・強化のための津波・浸水等対策の推進
◯佐世保（崎辺東地区（仮称））の施設整備（41億円）
• 南西方面における後方支援基盤と位置づけ，崎辺東地区（仮称）に大規模な岸壁等及び後方支援施設を整備
◯装備品の維持整備（20,355億円）
• 部品不足等による非可動を局限し，保有装備品の可動数を最大化するた

め，十分な部品を確保し，確実に整備

④　研究開発

○スタンド・オフ防衛能力

- 12式地対艦誘導弾能力向上型の開発・量産

（開発：338億円，量産：939億円）【再掲】

- 島嶼防衛用高速滑空弾の研究・量産

（研究：158億円，量産：347億円）【再掲】

- 島嶼防衛用高速滑空弾（能力向上型）の開発（2,003億円）【再掲】
- 極超音速誘導弾の研究（585億円）【再掲】
- 島嶼防衛用新対艦誘導弾の研究（342億円）【再掲】

○ HGV 等対処能力

- 03式中距離地対空誘導弾（改善型）能力向上型の開発（758億円）【再掲】
- HGV 対処の研究（585億円）【再掲】

○ドローン・スウォーム攻撃等対処能力

- 高出力レーザーや高出力マイクロ波（HPM）に関する研究（45億円）
- 群目標対処の研究（53億円）

○無人アセット

- UUV（無人水中航走体）管制技術に関する研究（262億円）
- 無人戦闘車両システムの研究（68億円）

○次期戦闘機の開発等

- 次期戦闘機の開発（1,023億円）
- 次期戦闘機関連研究（31億円）

○その他抑止力の強化

- 将来レールガンの研究（160億円）

○先端技術の発掘・育成・活用

- 民生分野や政府の科学技術投資で得られた研究の成果等の中から，革新的な装備品の研究開発に資する有望な先進技術を育成し，防衛用途に取り込むための先進技術の橋渡し研究を大幅に拡充（188億円）
- 画期的な防衛装備品を生み出すための新たな研究機関の創設に向けて，防

衛イノベーションを引き起こすための研究体制や手法に関する調査研究を実施（0.2億円）

・大学等における革新的・萌芽的な技術についての基礎研究を公募・委託する安全保障技術研究推進制度を推進（112億円）

⑤　防衛生産基盤

○防衛装備品等の生産基盤強化のための体制整備事業（363億円）

・国内の防衛生産・技術基盤を維持・強化するため，サイバーセキュリティ強化体制などを整備等するための事業

○防衛装備移転のための基金・補助金（400億円）

［参考］諸外国から日本側に示されている引き合いを踏まえた事業の規模：数千億円から最大１兆円

⑥　米軍再編，基地対策等の推進

〈米軍再編等関連経費2,217億円（6,242億円）〉

日米同盟の抑止力・対処力の強化と地元の負担軽減を実現するため，米軍再編事業を着実に実施.

○米軍再編関係経費［地元の負担軽減に資する措置］2,103億円（6,090億円）

・普天間飛行場の移設，自衛隊馬毛島基地（仮称）の施設整備，嘉手納以南の土地の返還等を推進.

○ SACO 関係経費115億円（152億円）

・沖縄に関する特別行動委員会（SACO）の最終報告に盛り込まれた措置を着実に実施.

〈基地対策等関連経費4,872億円（5,122億円）〉

防衛施設と周辺地域との調和を図るため，基地周辺対策を着実に実施するとともに，在日米軍の駐留を円滑かつ効果的にするための施策を推進.

○基地周辺対策経費1,218億円（1,267億円）

・自衛隊の行為や防衛施設の設置等により発生する障害の防止等を図るため，住宅防音や周辺環境整備を実施.

○在日米軍駐留経費負担（「同盟強靱化予算」）2,112億円（2,232億円）
- 特別協定等に基づき，在日米軍従業員の給与の負担，提供施設の整備，訓練資機材の調達等を実施.

○施設の借料，補償経費等1,542億円（1,623億円）
- 防衛施設用地等の借上や水面を利用して訓練を行うことによる漁業補償等を実施.

(3) 効率化・合理化への取組

防衛力整備の効率化・合理化を徹底することにより，2,572億円の縮減を実現.

① 装備品の運用停止・用途廃止［縮減見込額：52億円］

○運用が終了し不用決定された装軌車（203ミリ自走りゅう弾砲等）を早期に処分することにより，維持経費を削減［縮減見込額：52億円］

② 装備品の計画的・安定的・効率的な取得［縮減見込額：1,456億円］

○新型護衛艦（FFM）に搭載する垂直発射装置（VLS）や換装する電装品について，長期契約を活用し，一括して調達することにより，器材価格を低減［縮減見込額：357億円］

○輸送ヘリ（CH-47J/JA）の機体部品の取得及び修理等について，在庫量を保持する包括的な契約（PBL）を行うことにより，コストを抑制［縮減見込額：12億円］

③ 自衛隊独自仕様の絞り込み［縮減見込額：214億円］

○海上自衛隊において使用する従来の実機器材や訓練装置に代えて，教育用電子機材を導入することにより，効率化を実現［縮減見込額：78億円］

○戦闘機（F-15）の運用支援器材の代替品について，取得する代替器材を見直すことにより，調達コストを低減［縮減見込額：25億円］

④ 事業に係る見直し［縮減見込額：849億円］

○次期装輪装甲車について，量産仕様の具体化に伴う原価の精査を実施することにより，取得単価を低減［縮減見込額：72億円］

○弾薬について，既存弾薬等を修理等により維持・改善するほか，誘導弾についても，耐用年数を超過し，使用不能となった部品のみを交換すること

により，事業費を削減［縮減見込額：50億円］

4 今後の課題

令和4年12月に策定された「三文書」は反撃能力の保有の明記や，防衛関係費の大幅な増加など，歴史的な転換と言われる戦略・計画となった．

安全保障の観点から見た経済・金融・財政の在り方や財源確保の必要性についても言及されており，令和9年度に向けて，そして，令和10年度以降も見据えて必要な財源をしっかりと確保し，有事に備えた財政余力を維持・強化することが重要である．

また，上述のとおり，整備計画においては，各年度の予算編成において，各事業の進捗状況，実効性，実現可能性を精査し，必要に応じてその見直しを柔軟に行うこととされている．引き続き各事業の内容を精査しつつ，実効的な防衛体制の確立を図っていく必要がある．

第9章

中小企業施策の推進

1 ポイント

昭和38年に中小企業基本法が制定されて以来60年が経過し，我が国経済が大きく変貌するなか，平成11年12月には中小企業基本法が抜本的に改正された．中小企業が我が国経済のダイナミズムの源泉であり，産業と雇用を生み出す重要な担い手であるとの認識に立ち，中小企業政策の理念が「格差是正」から「多様で活力ある中小企業の成長発展」へと転換されたことを踏まえ，中小企業の自助努力を支援すべく，さまざまな施策が講じられている．さらに，平成26年6月には，中小企業の約9割を占める小規模事業者の振興施策として「小規模企業振興基本法（小規模基本法）」などが制定され，小規模事業者の「事業の持続的発展」が基本原則として位置付けられた．また，中小企業の自助努力を積極的に支援するための経費について資金の重点的な配分を図る一方，我が国の厳しい財政事情にも配慮し，事業の執行状況などを踏まえた既存事業の見直しなどにより支出の抑制を図ることが必要となっている．

このような考え方のもと，令和5年度一般会計予算における中小企業対策費は，1704億円（前年度当初予算額1713億円，▲0.5%）となっており，一般会計の0.2%となっている．一方，令和5年度財政投融資計画においては，中小零細企業向け資金として4兆9715億円（前年度当初計画額3兆5667億円，＋28.3%）が計上されており，財政投融資計画額全体の30.6%を占めるに至っている．

2 基礎知識

(1) 中小企業政策の抜本的見直し

21世紀を見据え政策体系を抜本的に再構築し，今後の中長期的な政策展開の基軸を明確化すべく，平成11年12月に「中小企業基本法」が改正された．これにより，経済の二重構造を背景とした非近代的な中小企業構造を克服するという「格差の是正」から，「多様で活力ある独立した中小企業の成長発展」へと政策目標が変更され，また中小企業に期待される役割として，①新たな産業の創出，②就業機会の増大，③市場競争の促進，④地域経済活性化などがあげられている．

また，昭和48年以降変更されていなかった中小企業の定義についても，物価上昇率などを勘案し，資本金基準を中心に引上げが行われた（図表Ⅱ.9.1）．

さらに，中小企業の約9割を占める小規模事業者は，地域に密着した活動体として地域の経済社会・雇用を支える重要な存在であり，その活力を最大限に発揮させることが必要不可欠であるとの認識から，平成26年6月には「小規模企業振興基本法（小規模基本法）」及び「商工会及び商工会議所による小規模事業者の支援に関する法律の一部を改正する法律（小規模支援法）」が制定された．小規模基本法では，中小企業基本法で基本理念に掲げられた「成長発展」のみならず，小規模事業者の「事業の持続的発展」を基本原則として位置付けており，小規模事業者支援の新たな施策体系を構築するものとなっている．また，小規模支援法では，この基本原則に則りつつ，地域に根ざした各地の商工会及び商工会議所が，小規模事業者の支援を行う体制を整備するなどの支援が掲げられている．

(2) 中小企業対策の体系

新・中小企業基本法のもと，中小企業対策として行われている施策は以下のように整理できる．

(イ) 経営革新・創業の促進

中小企業の経営革新を促進するために，新商品などの研究開発や生産販売の

図表Ⅱ.9.1　中小企業・中堅企業の定義（製造業その他）

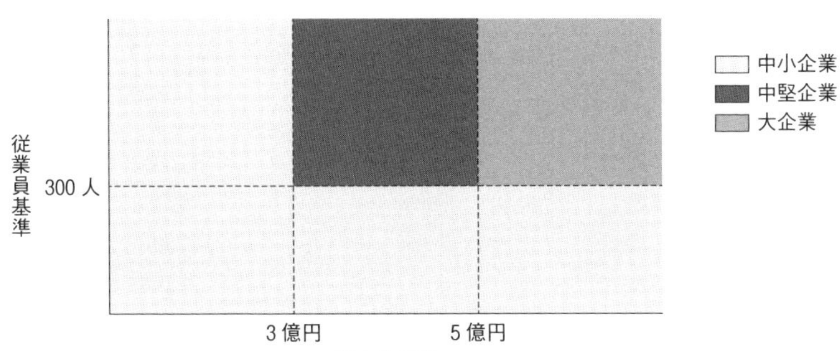

（注）1．製造業等以外の業種における中小・中堅企業の定義（資本金・従業員基準）は，以下のとおり．

	中小企業	中堅企業
卸売業	1億円以下または100人以下	中小企業以外の資本金5億円未満の企業
サービス業	5000万円以下または100人以下	中小企業以外の資本金5億円未満の企業
小売業	5000万円以下または50人以下	中小企業以外の資本金5億円未満の企業

2．上記の中堅企業の定義は，破綻金融機関等の融資先である中堅事業者に係る信用保険の特例に関する臨時措置法参照．

効率化，新たな経営管理方法の導入促進などといった必要な施策を講じ，また，中小企業の創業促進のために，創業に関する情報提供や資金供給の円滑化などの必要な施策を講ずるものである．

(ロ) 経営基盤強化（経営資源の充実）

経営方法の改善，技術の向上など，中小企業の経営基盤の強化に必要な経営資源の確保に資するために必要な施策を講ずるものである．具体的には，施設・設備の設置または整備の促進や，行政機関及び大学などとの連携推進による研究開発の促進などがあげられる．また，中小企業者相互の交流・連携の推進や，産業集積・商業集積の活性化，取引の適正化などのために必要な施策を講じるほか，国などの物品・役務などの調達に関し中小企業者の受注機会の増大などに努めることとしている．

(ハ) 環境激変への適応円滑化（セーフティネットの整備）

貿易構造，原材料の供給事情など，経済的社会的環境の著しい変化による影

図表Ⅱ.9.2　政府系中小企業金融機関の貸出残高

（単位　億円）

	日本政策金融公庫	
	国民生活事業 （旧国民生活金融公庫）	中小企業事業 （旧中小企業金融公庫）
平成15年度	79930	75553
平成16年度	75830	74456
平成17年度	70887	70014
平成18年度	65511	64165
平成19年度	61837	57869
平成20年度	59849	56189
平成21年度	60396	61667
平成22年度	60989	64281
平成23年度	60543	64320
平成24年度	60296	64529
平成25年度	59968	63494
平成26年度	59516	61787
平成27年度	58173	59106
平成28年度	58465	56845
平成29年度	58775	55134
平成30年度	58626	53264
令和元年度	58561	52079
令和２年度	114466	82180
令和３年度	113244	84327
令和４年度	108119	83657

（注）１．平成20年10月に「国民生活金融公庫」,「農林漁業金融公庫」,「中小企業金融公庫」及び「国際協力銀行（国際金融等業務）」が統合し,「株式会社日本政策金融公庫」に名称変更.
２．国民生活事業（旧国民生活金融公庫）は普通貸付，中小企業事業（旧中小企業金融公庫）は公庫貸付.

響を緩和し，事業者の変化への円滑な対応を促すとともに，市場での敗者に対して再挑戦の機会を提供する仕組みを整備していくことなどを図るものである．具体的には，事業転換などの円滑化や取引先企業の倒産による連鎖の発生などの防止などがあげられる．また，事業の再建，承継または廃止の円滑化を図るために必要な施策を講ずることともされている．

（二）金融・税制

中小企業に対する資金供給の円滑化を図るため，政府系金融機関の融資（図

図表Ⅱ.9.3 信用補完の仕組み

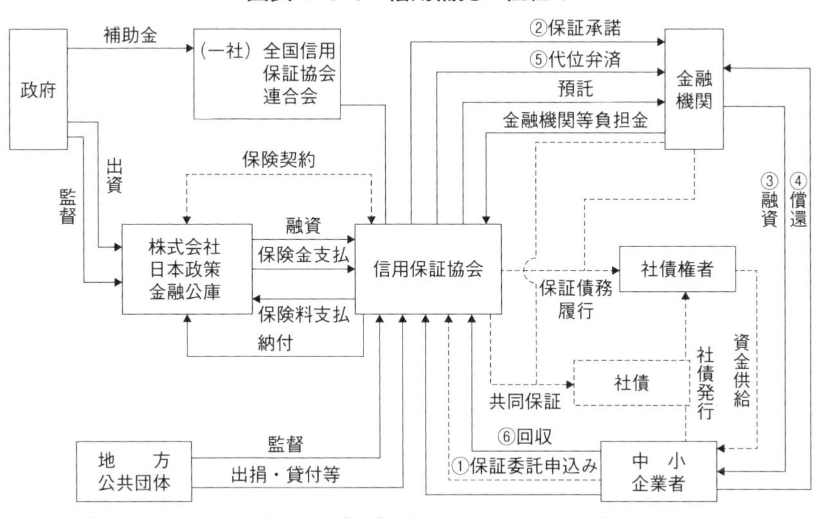

(注) 1. ①～④は保証申込みから償還まで，⑤，⑥は事故による代位弁済から回収まで．
2. -----は社債保証のフロー．

表Ⅱ.9.2）をはじめ，信用保証協会などによる中小企業の信用力・担保力の補完（図表Ⅱ.9.3）などの信用補完事業の充実，民間金融機関からの中小企業に対する適正な融資の指導などの必要な施策が講じられる．また，中小企業の自己資本の充実を図り，その経営基盤強化に資するため，中小企業に対する投資円滑化のための制度整備や租税負担の適正化などといった必要な施策を講じることともされている．

3 令和5年度中小企業対策予算

(1) 概要

令和5年度の中小企業対策費については，取引適正化対策や中小企業の研究開発投資などに重点的な配分を図るとともに，事業再生・事業承継支援など，現下の中小企業・小規模事業者を取り巻く経営課題に対応するために必要な額を計上することとしている．

この結果，令和5年度一般会計予算における中小企業対策費は，1704億円

（前年度当初予算額1713億円，▲0.5%）となっている（図表Ⅱ.9.4）．

なお，令和５年度財政投融資計画においては，中小零細企業向け資金として４兆9715億円（前年度当初計画額３兆5667億円，＋28.3%）が計上されており，財政投融資計画額全体の30.6%を占めるに至っている．

以下では，令和５年度の中小企業対策費について，一般会計予算を中心に概観する．

(2) 中小企業政策推進費

下請取引の適正化のための監督体制の強化，中小企業・小規模事業者が産学官連携により行う研究開発に対する支援，中小企業・小規模事業者の事業再生・事業承継に対する支援などに必要な経費として，503億円を計上している．（前年度当初予算額514億円，▲2.0%）

(3) 独立行政法人中小企業基盤整備機構運営費

独立行政法人中小企業基盤整備機構に対する運営費交付金として，183億円を計上している．（前年度当初予算額176億円，＋4.3%）

(4) 政府系中小企業金融機関

（株）日本政策金融公庫（国民一般向け業務，中小企業者向け業務，信用保険等業務）に対する財政投融資などの主なものは，以下のとおりである．

（イ）国民一般向け業務

令和５年度においては，新型コロナウイルス感染症などにより厳しい状況にある小規模事業者の資金繰り支援に引き続き万全を期すとともに，経営転換，事業再構築の取組，スタートアップなどや生産性向上に資する設備投資などを支援するほか，東日本大震災などによる被災小規模事業者などの経営安定などを図るため，必要とする資金需要に的確に対応することとし，貸付規模として総額４兆7490億円（うち，小規模事業者経営改善資金貸付3950億円）を計上している．この原資として，財政投融資特別会計投資勘定からの出資金18億円，東日本大震災復興特別会計からの出資金２億円，財政融資資金からの借入金３兆700億円，社債の発行による収入1700億円などを予定している．

図表Ⅱ.9.4 中小企業対策費

（単位 億円，%）

	令和4年度	令和5年度		
			対前年度増減額	伸び率
一般会計	1,713	1,704	▲9	▲1
中小企業政策推進費	514	503	▲10	▲2
（独）中小企業基盤整備機構運営費交付金	176	183	8	4
（株）日本政策金融公庫出資金（財務省所管）	471	467	▲4	▲1
（株）日本政策金融公庫出資金（経済産業省所管）	2	0	▲2	▲100
（株）日本政策金融公庫補給金（財務省所管）	135	137	2	2
（株）日本政策金融公庫補給金（経済産業省所管）	176	176	0	0
中小企業最低賃金引上げ支援対策費	12	10	▲2	▲17
その他	227	227	▲0	▲0
計	1,713	1,704	▲9	▲1

（注）計数は原則としてそれぞれ四捨五入しているため，項目を足し合わせても合計とは一致しないものがある．

なお，業務円滑化のための補給金として200億円が一般会計に計上されている．

（ロ）中小企業者向け業務

令和5年度においては，新型コロナウイルス感染症などにより厳しい状況にある中小企業の資金繰り支援に引き続き万全を期すとともに，経営転換，事業再構築の取組，スタートアップなどや生産性向上に資する設備投資などを支援するほか，東日本大震災などによる被災中小企業者などの経営安定などを図るため，必要とする資金需要に的確に対応することとし，融資事業の貸付規模として2兆7400億円を計上している．この原資として，財政投融資特別会計投資勘定からの出資金240億円，東日本大震災復興特別会計からの出資金6000万円，財政融資資金からの借入金1兆9000億円，社債の発行による収入806億円及び回収金など7353億円を予定している．また，証券化支援事業におけるクレジット・デフォルト・スワップ契約（総額500億円を予定）により必要となる資産担保証券の取得208億円の原資として，社債の発行による収入194億円，有価証券回収金など14億円を予定しているほか，債務の保証605億円を予定している．

なお，業務円滑化のための補給金として143億円が一般会計に計上されている．

(ハ) 信用保険等業務

令和5年度における中小企業信用保険事業は，19兆6576億円の保険引受，破綻金融機関等関連特別保険等事業は660億円の保険引受をそれぞれ予定しているほか，信用保証協会に対する貸付けは240億円を予定しており，その原資として一般会計からの出資金467億円を予定している．

第10章 農林水産業の振興

1 ポイント

我が国の農業・農村は，農業従事者の高齢化と若い担い手の不足により世代間バランスが崩れ，耕作放棄地も増加するなど厳しい状況に直面している一方，農業の成長産業化に向けて推進してきた改革については，農林水産物・食品の輸出額が増加傾向にあるなど，その成果が着実に現れてきている．ロシアによるウクライナ侵略等を背景として，食料安定供給への関心が高まるほか，デジタル化や，グローバル化の進展など，我が国経済社会が新たな時代のステージを迎えるなかで，農業・農村分野においても，時代の変化を見通し，実態に合わなくなった制度やシステムを見直しつつ，新たな成長につなげていくことが必要である．

また，林業においては，戦後に造林された人工林を中心に本格的な利用期を迎えており，森林資源を「伐って，使って，植える」という形で循環利用していくことにより，国土の保全，水源の涵（かん）養，生物多様性の保全，地球温暖化の防止，文化の形成，木材等の物質生産等の森林の有する多面的機能を持続的かつ適切に発揮させていくためには，将来にわたり，森林を適切に整備及び保全していかなければならない．水産業においても，水産資源の減少によって漁業・養殖業生産量は長期的な減少傾向にあり，漁業者数も減少しているという課題を抱えるなか，水産資源の適切な管理を通じて水産業の成長産業化を実現し，漁業者の所得向上と年齢のバランスのとれた漁業就業構造を確立させることを目指す水産政策の改革の推進が求められている．

2 基礎知識

(1) 我が国の農林水産行政の推移

戦後の我が国農政は,「食糧増産対策」と農業民主化のための「農地改革」を2本の柱としてスタートした. 当時は米の国内自給ができなかったため, 相当量を輸入に頼らざるをえず, 農政の中心は米麦の増産対策であった.

高度成長期に向かうなか, 昭和36年に「農業基本法」が制定され, これまでの米麦一辺倒から多角的な拡大を目指すようになった. その後, GDPに占める農業総生産の比率が相対的に低下していき, 都市勤労者との所得格差や他産業への労働力流出が顕在化するとともに, 農業経営の規模拡大の遅れなどもあり, 後継者不足や耕作放棄地の増大といった問題が生じるようになった. 一方この間に, バナナやグレープフルーツの輸入自由化, 日米農産物交渉（昭和50年代）を経た牛肉・オレンジの輸入自由化など, 農業における国際化の流れが強まり, 平成7年度にはウルグアイ・ラウンド農業合意が実施された.

こうした我が国の食料・農業・農村をめぐる状況の変化を受け, 平成11年7月に新たな基本法として「食料・農業・農村基本法」が制定され, 法律に定められた基本理念を具体化するため, 食料・農業・農村基本計画（平成12年3月, 平成17年3月, 平成22年3月, 平成27年3月）に基づき農業政策が行われてきた. 令和2年3月には新たな課題に対応するため食料・農業・農村基本計画が改めて策定された.

新たな計画では,「我が国農業・農村の持続可能性に深く思いを致し, 農業者が減少する中にあっても, 各般の改革を強力に進め, 国内の需要にも, 輸出にも対応できる国内農業の生産基盤の強化を図ることにより, 需要の変化に対応した食料を安定的に供給する役割や, 農業・農村における多面的な機能が将来にわたって発揮され, 我が国の食と農の持つ魅力が国内外に輝きを放ち続けるものとなるよう, 食料・農業・農村が持続的に発展し, 次世代を含む国民生活の安定や国際社会に貢献する道筋を示す」ことが重要なテーマとされた. また, 国内においては, 今後の本格的な少子高齢化・人口減少に伴う農林水産物・食品の消費減少が見込まれる中, 品目ごとの特性を踏まえて国内需要に応じた生産を拡大することに加えて，可能な限り輸出を拡大するため，輸出阻害要因の解消などによる輸出環境の整備，海外への商流構築・プロモーションの促進，食産業の海外展開といった取組を総合的に進め，「令和12年までに農林水産物・食品の輸出額を5兆円とすることを目指す」こととされた.

この間，「環太平洋パートナーシップ（TPP）協定」が平成27年10月に大筋合意に至り（平成29年1月に離脱を宣言した米国を除く11か国によって，TPP11として平成30年12月に発効），新たな国際環境の下，「総合的なTPP関連政策大綱」（平成27年11月）等に基づき，攻めの農林水産業への転換を図るための体質強化や経営安定対策等を講じている.

米政策については，平成25年12月に策定された「農林水産業・地域の活力創造プラン」に基づき，昭和40年代以降続いてきた米の生産調整（いわゆる「減反」）について，平成30年産米から行政による米の生産数量目標の配分が廃止され，農業者の自主的な経営判断による需要に応じた生産・販売に移行した. しかし，人口減少等により主食用米の需要が減少するなか，「水田活用の直接支払交付金」による転作支援が続いており，特に飼料用米については作付面積・生産量が食料・農業・農村基本計画の2030年目標を超過するほどに増加している. ロシアによるウクライナ侵略等を背景に，食料の安定供給の確保への関心が高まるなか，このような転作を毎年繰り返す状況から脱却し，野菜や麦・大豆など，需要のある畑作物の生産へのシフトを進める観点から，水田の畑地化による畑作物の生産を推進することが課題となっている.

林業については，戦後に植栽されたスギやヒノキ等の人工林が十分に成長したことで，その約半数が50年生を超え，木材としての本格的な利用期を迎えている. この森林を循環利用していくことにより，国土の保全，地球温暖化防止等の森林の有する多面的機能を確保し，林業の成長産業化と森林の適切な管理を両立していくことが課題となっている.

このため，森林経営管理制度の創設，「森林組合法」の改正といった制度的対応が図られた.

このほか「森林・林業基本計画」（令和3年6月）などを踏まえ，（ア）森林資源の適正な管理及び利用，（イ）「新しい林業」に向けた取組の展開，（ウ）木材産業の「国際競争力」と「地場競争力」の強化，（エ）都市等における「第2

の森林」づくり，（オ）新たな山村価値の創造，という５つの柱を通じて，林業・木材産業が内包する持続性を高めながら成長発展させ，カーボンニュートラルに寄与する「グリーン成長」を実現するための取組を推進することとされた．

水産業については，水産資源の減少によって漁業生産量は長期的な減少傾向にあり，漁業者も減少しているという課題を抱えている．こうした水産業をめぐる状況の変化に対応するため，「水産基本計画」（平成29年４月）及び「農林水産業・地域の活力創造プラン」（平成30年６月改訂）に盛り込んだ「水産政策の改革について」に基づき，水産資源の適切な管理と水産業の成長産業化を両立させ，漁業者の所得向上を図り，将来を担う若者にとって漁業を魅力ある産業とする施策を講じることとされた．その一環として「漁業法等の一部を改正する等の法律」が平成30年12月に成立し，令和２年12月に施行され，科学的知見による資源評価に基づく数量管理を基本とする新たな資源管理システムの構築，生産性の向上に資する漁業許可制度の見直し，養殖・沿岸漁業の発展に資する海面利用制度の見直しなどを図ることとされた．

さらに，これらの取組は令和４年３月に改訂された新たな「水産基本計画」にも引き継がれ，海洋環境の変化も踏まえた水産資源管理の着実な実施，増大するリスクも踏まえた水産業の成長産業化の実現，地域を支える漁村の活性化の推進の三本の柱を中心に施策を展開することとされた．

3　令和５年度農林水産関係予算

(1)　概要

令和５年度農林水産関係予算については，令和４年度補正予算と一体で編成を行い，化学肥料や配合飼料等の価格高騰など喫緊の課題への対策を講じるとともに，食料安全保障の強化に向けた支援，米政策をはじめとした既存の施策の見直しなど，生産基盤の強化・構造転換に向けた様々な取組について，所要の予算を計上した．

令和５年度一般会計予算における農林水産関係予算は，２兆2683億円（前年度当初予算額２兆2777億円，▲0.4％）となっており，一般会計の2.0％を占めている（図表Ⅱ.10.1）．

以下では，令和５年度農林水産関係予算の特色と主な経費について説明する．

(2) 施策の重点

(イ) 食料安全保障の強化

食料安全保障の強化に向け，安定的な輸入と適切な備蓄を組み合わせつつ，水田の畑地化支援により収益性の高い野菜や国内で自給できていない麦・大豆など畑作物の生産を推進するとともに，海外に依存した肥料・飼料などの国内生産を推進．

(ロ) 米の需給安定と水田の畑地化による畑作物の生産の推進

主食用米の需要が減少する中，補助金によって飼料用米などへの転作を毎年繰り返している状況から脱却し，野菜や麦・大豆など，需要のある畑作物の生産へのシフトを進める観点から，水田を畑地化して野菜や麦・大豆など畑作物の生産に取り組む農業者に対し，畑作物の定着までの一定期間の支援や，畑作物の産地づくりに取り組む地域を対象に，土地改良区の地区除外決済金の費用負担に要する経費等を支援．

また，飼料用米について，主食用米との所得差が乖離し，作付面積・生産量が2030年目標を超過していることなどを踏まえ，多収品種の作付を促し生産性向上を図るため，令和６年産から一般品種の支援単価を段階的に引き下げるとともに，飼料用米の３年契約による作付が定着しているため，産地交付金による３年契約の支援単価の加算措置を廃止する見直しを実施．

このほか，産地と実需の連携の下，輸出用米や米粉用米（パン・めん用の専用品種）の低コスト生産等の取組を支援．

(ハ) 農業農村整備事業等による水田の畑地化の推進

生産性・収益性等の向上に向けて，農業農村整備事業等による水田の畑地化を推進するため，これまでの野菜等の高収益作物のほか，麦・大豆・トウモロコシ等の作付を増加させた場合についても事業費の農家負担を軽減するなど，インセンティブ措置を強化．

(ニ) 畜産・酪農の安定的な経営の推進

飼料価格の高騰等による畜産・酪農の生産費の上昇を踏まえ，配合飼料価格の高騰の影響緩和対策や，生乳の生産費上昇の適正な価格転嫁に向けた需給ギャップ解消への支援，さらには加工原料乳生産者補給金の単価引上げなどの実施により，畜産・酪農の安定的な経営を推進.

（ホ）農林水産物輸出の拡大

円安も活かし，農林水産物・食品の輸出額を2025年に２兆円とする目標を前倒しして達成するとともに，2030年に５兆円とする目標を達成できるよう，生産者・事業者の所得向上効果を把握しつつ，「農林水産物・食品輸出促進団体」を中核とした品目ごとの売り込み強化や，海外における品種登録支援や知的財産の保護・活用を行う「育成者権管理機関」の設立などの施策を実施.

（へ）中山間地域等の課題への対応

予算の執行状況や所要見込額等を反映しつつ，高齢化や人口減少による中山間地域等の機能低下，荒廃農地の増大等の課題に対応.

（ト）林業・木材産業の持続的成長の推進

林業の持続的発展や，外国産木材価格の高騰等に対応するため，森林資源の適正な管理や国産材供給体制の強化を推進.

（チ）水産業の基盤強化の推進

不漁問題，燃油価格高騰等に対応する観点から，資源管理に取り組む漁業者に対する経営安定対策等を着実に実施するとともに，水産業の成長産業化等に向けて，収益性向上に必要な漁船・漁具等のリース方式による導入等を支援.

図表Ⅱ.10.1　農林水産関係予算の推移

（単位：億円，％）

区　分	24年度	25年度	26年度	27年度	28年度	29年度	30年度	元年度	2年度	3年度	4年度	5年度（概算決定）	
農林水産関係予算	(▲4.3) 21,727	(5.7) 22,976	(1.3) 23,267	(▲0.8) 23,090	(0.0) 23,091	(▲0.1) 23,071	(▲0.2) 23,021	(0.4) 23,108	(0.0) 23,109	(▲1.1) 22,853	(▲0.3) 22,777	22,683	(▲0.4) ▲94
公共事業	(▲5.7) 4,896	(32.9) 6,506	(1.1) 6,578	(0.2) 6,592	(2.6) 6,761	(1.1) 6,833	(0.4) 6,860	(1.5) 6,966	(0.3) 6,989	(▲0.2) 6,978	(0.0) 6,980	〈30.8〉 6,983	(0.0) 3
非公共事業	(▲3.9) 15,831	(▲2.1) 16,469	(1.3) 16,689	(▲1.1) 16,499	(▲1.0) 16,330	(▲0.6) 16,238	(▲0.5) 16,161	(▲0.1) 16,142	(▲0.1) 16,120	(▲1.5) 15,875	(▲0.5) 15,797	〈69.2〉 15,700	(▲0.6) ▲97
農業関係予算	17,190	17,128	17,396	17,302	17,308	17,325	17,336	17,297	17,285	17,151	17,135	16,980	(▲0.9) ▲155
林業関係予算	2,608	2,899	2,916	2,904	2,933	2,956	2,997	2,992	3,006	3,025	2,977	3,057	(2.7) 80
水産業関係予算	1,832	1,820	1,834	1,818	1,784	1,774	1,772	1,892	1,875	1,870	1,881	1,872	(▲0.5) ▲9
農山漁村地域整備交付金	96	1,128	1,122	1,067	1,067	1,017	917	927	943	807	784	774	(▲1.3) ▲10

（注）1．予算額は当初予算額．上段（　）書きは対前年度増▲減率，5年度の〈　〉書きは農林水産関係予算全体に占める構成比である．
2．24年度予算は，一括交付金等への拠出額を除く．
3．元年度及び2年度予算は，上記の他に「臨時・特別の措置」を活用した防災・減災，国土強靱化のための緊急対策（元年度：1,207億円，2年度：1,008億円）を措置している．
4．林業関係予算は，義務的経費である国有林野事業債務管理特別会計への繰入（旧国有林野事業特別会計から承継した借入金債務の処理）を含む．（5年度：280億円（対前年度＋92億円））
5．3年度以降の予算は，政府情報システム予算を除いたものである．
6．計数は，それぞれ四捨五入によっているので端数において合計と合致しないものがある．

第11章

エネルギー・地球温暖化対策の推進

1 ポイント

戦後の我が国の経済発展は，鉄，自動車，家電を中心とした製造業が牽引してきた．また，経済発展に合わせて，我が国の人々のライフスタイルも，エネルギーを大量に消費するものへと大きく変化した．こうした経済発展や豊かで快適な暮らしには，大量かつ安定的なエネルギー供給が不可欠である．しかし，一方で，我が国は天然資源が乏しく，大半を輸入に依存してきた．

近年の我が国のエネルギー需給についての状況を見ると，供給面では依然として構造的な脆弱さを抱えている．需要面では，石油ショックを契機に，製造業を中心に省エネルギー化が進んだことなどにより，産業部門の最終エネルギー消費量は減少傾向が続いている．他方で，業務他部門，家庭部門，運輸部門の最終エネルギー消費については，2005年度をピークに減少傾向となっている．

こうしたエネルギー需給の状況に加え，近年の急激な原油価格の変動など，エネルギーを取り巻く諸情勢を踏まえ，エネルギーの安定供給の確保や，エネルギー価格の変動に耐性のある経済への転換が図られている．また，地球温暖化問題への対応が求められるなか，省エネルギー対策や再生可能エネルギーの利用の推進，二酸化炭素排出抑制対策などが行われている．

こうした状況に対応するため，令和５年度一般会計予算におけるエネルギー対策予算は，8540億円（前年度当初予算額8756億円，▲2.5%）となっており，一般会計の0.7%となっている．一般会計と特別会計の重複分を除いて合計すると14兆1023億円（前年度当初予算額13兆8182億円，＋2.1%）となっている．

2 基礎知識

(1) 我が国のエネルギー需給の動向

1970年代までの高度経済成長期に，我が国のエネルギー消費は，国内総生産（GDP）よりも高い伸び率で増加していたが，1970年代の二度の石油ショックを契機に，製造業を中心に省エネルギー化が進んだ．その後，1990年代を通して原油価格が低水準で推移するなかで，家庭部門，業務他部門を中心にエネルギー消費は増加していたが，2000年代半ば以降は再び原油価格が上昇したこともあり，2005年度をピークに最終エネルギー消費は減少傾向に転じた．2020年度は，新型コロナウイルス感染症拡大による経済活動の低迷等により最終エネルギー消費の減少が加速していたが，2021年度は，新型コロナウイルス感染症による前年度の活動低迷からの回復などもあり増加している．2021年度について，部門別に見ると，1973年度から2021年度までの伸びは，企業・事業所他部門が1.0倍（産業部門0.8倍，業務他部門2.0倍），家庭部門が1.8倍，運輸部門が1.5倍となった．企業・事業所他部門では第一次石油ショック以降，経済成長するなかでも製造業を中心に省エネルギー化が進んだことから同程度の水準で推移した．一方，家庭部門，運輸部門ではエネルギー利用機器や自動車などの普及が進んだことから，大きく増加した．その結果，企業・事業所他，家庭，運輸の各部門のシェアは1973年度の71.7%，8.9%，16.4%から，2021年度には63.5%，14.6%，21.9%へと変化した．

我が国のエネルギー供給は，長らく国産石炭がその中心を担っていたが，我が国の高度経済成長期をエネルギー供給の面で支えたのが，中東地域などで大量に生産されている石油だった．我が国は，安価な石油を大量に輸入し，1973年度には一次エネルギー国内供給の75.5%を石油に依存していた．しかし，1970年代の二度の石油ショックによって，原油価格の高騰と石油供給断絶の不安を経験した我が国は，エネルギー供給を安定化させるため，石油依存度を低減させ，石油に代わるエネルギーとして，原子力，天然ガス，石炭などの導入

図表Ⅱ.11.1　我が国の

		昭和45年度	55	平成2	17	18	19	20	21	22
1次エネルギー国内供給		13,383	16,627	19,669	22,905	22,871	22,968	21,897	20,853	21,995
		(—)	(—)	(—)	(▲0.8)	(▲0.1)	(+0.4)	(▲4.7)	(▲4.8)	(+5.5)
構成比（%）	石油	71.9	66.1	56.0	46.7	44.5	44.5	42.6	42.3	40.3
	石炭	19.9	17.0	16.9	20.9	21.2	22.0	22.6	21.1	22.7
	天然ガス	1.2	6.1	10.5	14.4	15.7	16.9	17.7	18.1	18.2
	原子力	0.3	4.7	9.6	11.6	11.6	10.0	10.2	11.5	11.2
	水力	5.6	5.2	4.2	2.9	3.4	2.8	3.1	3.2	3.3
	再生可能エネルギー等	1.0	1.0	1.4	2.9	3.4	2.8	3.1	3.2	3.3

(注) 1.（　）内は対前年度比伸び率.
2．計量法改定に基づき，従来の「原油換算」表示より「J（ジュール）」表示に変更している.
換算：10^{15}J（PJ）×(2.5821/100)＝原油換算百万キロリットル

を推進した．その結果，一次エネルギー国内供給に占める石油の割合は，2010年度には，40.3%と第一次石油ショック時から大幅に低下し，その代替として，石炭（22.7%），天然ガス（18.2%），原子力（11.2%）の割合が増加するなど，エネルギー源の多様化が図られた．しかし，2011年に発生した東日本大震災とその後の原子力発電所の停止により，原子力の代替発電燃料として化石燃料の割合が増加し，近年減少傾向にあった石油の割合は2012年度に44.5%まで上昇した．2021年度には，発電部門において再生可能エネルギーの導入や原子力の再稼動が進んだことなどにより石油火力の発電量が減少し，6年連続で40%を下回った．なお，一次エネルギー国内供給に占める化石エネルギーの依存度を世界の主要国と比較した場合，2021年の日本の依存度は83.2%であり，原子力や風力，太陽光などの導入を積極的に進めているフランスやドイツなどと比べると依然として高い水準となっている．このため，化石燃料のほとんどを輸入に依存している我が国にとってその安定的な供給は大きな課題である．

(2) 原油価格の動向

原油価格は，これまでも大きな変動を繰り返してきた．2000年代半ば以降，中国を始めとする非OECD諸国において石油需要が急増したことを受けて上

1次エネルギー供給の推移

（単位：10^{15}J，％）

23	24	25	26	27	28	29	30	31	令和2	3
21,011	20,740	21,052	20,263	20,016	19,838	20,072	19,692	19,119	17,942	18,670
(▲4.5)	(▲1.3)	(＋1.5)	(▲3.7)	(▲1.2)	(▲0.9)	(＋1.2)	(▲1.9)	(▲2.9)	(▲6.2)	(＋4.1)
43.3	44.5	42.8	41.2	40.7	39.6	39.0	37.5	37.1	36.4	36.0
22.2	23.5	25.2	25.2	25.8	25.4	25.1	25.1	25.4	24.6	25.8
22.3	23.5	23.3	24.5	23.3	23.8	23.4	22.9	22.4	23.8	21.4
4.2	0.7	0.4	0.0	0.4	0.8	1.4	2.8	2.8	1.8	3.2
3.5	3.2	3.2	3.5	3.6	3.4	3.5	3.5	3.5	3.7	3.6
3.5	3.2	3.2	3.5	3.6	3.4	3.5	3.5	3.5	3.7	3.6

3．総合エネルギー統計（平成29年11月17日）の改定により，遡及集計されている平成2年度以降とそれ以前とでは接続しない．
4．2018年度からエネルギー源別の標準発熱量の最新の改訂値が適用されている．

昇し続けた原油価格は，2008年の米国大手証券会社の経営破綻に端を発する経済危機（リーマンショック）に伴って急落した．その後は，非OECD諸国がけん引する形で世界経済が回復したことや，OPEC産油国が減産したことなどから上昇に転じた．2011年から2014年までの年間平均価格は，ブレント原油で1バレル99ドルから112ドル，WTI原油で93ドルから98ドルの範囲で推移した．2014年7月以降は，米国を筆頭とする非OPEC産油国の供給増加，これに対抗する形でOPECの市場シェアの確保を重視した増産，そして非OECD諸国の経済成長の減速に伴う石油需要の伸びの鈍化等を受け，原油価格は急速に下落した．しかしその後，2017年1月からのOPECプラス協調減産も奏功し，価格は回復した．2018年後半には需給緩和懸念によって価格が急落したが，その後OPECプラスが2019年1月より減産量を見直したことにより価格は上昇した．2020年に入り，世界中で新型コロナ禍の影響が顕著になる中，徐々にOPECプラス参加国の足並みが揃わなくなり，2020年3月末に協調減産体制は終了した．協調体制終了に伴い，サウジアラビアやアラブ首長国連邦は，同年4月から増産を打ち出したものの，新型コロナ禍による移動制限や経済活動の停滞に伴い，世界の原油需要は大きく落ち込み，原油価格は大幅に急落し，同月にはWTI原油でマイナス価格を記録した．それを受け，OPECプラスは再び協議を行い，970万バレル/日というかつてない規模の減産に合意した．その後，世界経済が徐々に回復傾向にあるとの見方から，同年８月以降，OPECプラスは協調減産幅を段階的に縮小した．2020年秋以降，経済活動が徐々に再開される中で，石油需要が増加するとともに減産の効果も見られ，価格は上昇したが，

2022年２月のロシアによるウクライナ侵略により原油価格は2022年３月に一時，欧州のブレント原油で１バレル133ドル台，米国のWTI原油で123ドル台まで上昇した．その後，中国での一部都市におけるロックダウンや消費国の備蓄石油放出などにより，下落基調をみせ，2023年５月中旬時点でブレント原油，WTI原油ともに70ドル台となっている．

(3) 我が国の地球温暖化対策

気候変動問題は，人類の生存基盤にかかわる最も重要な課題の１つとして近年大きく取り上げられている．

① 国連気候変動枠組条約及びパリ協定

この問題について，平成６（1994）年に発効した国連気候変動枠組条約（以下「条約」という）に基づき，国際的な対処が進められている．

※世界のエネルギー起源CO_2排出量（2020年実績317億トン）

うち中国：31.8%，アメリカ：13.4%，EU27カ国：7.6%，インド：6.6%，ロシア：4.9%，日本：3.1%

② 国際交渉の経緯

2015年11月から12月にかけてフランス・パリで開催されたCOP21では，気候変動に関する2020年以降の新たな国際枠組みである「パリ協定」が採択された．

同協定には，世界共通の長期目標として２℃に抑えること，及び1.5℃に制限する努力を継続することや，すべての国による削減目標の５年ごとの通報義務，各国の適応計画プロセスと行動の実施，先進国が引き続き資金を提供することと並んで途上国も自主的に資金を提供すること，共通かつ柔軟な方法で各国の実施状況を報告・レビューを受けること，JCM（二国間クレジット制度）を含む市場メカニズムの活用などが位置づけられている．

各国による締結が進んだ結果，パリ協定は2016年11月に発効した．同協定発効後最初のCOPとなるCOP22においては，第1回パリ協定締約国会議(CMA1)が開催され，引き続き条約加盟国全体で同協定の実施指針に係る交渉を継続するとともに，2018年に当該実施指針等を採択することなどが決定された．2018年12月にポーランドで行われたCOP24において，2020年以降のパリ協定の本格運用に向け，パリ協定の実施指針が採択された．2021年11月にイギリス・グラスゴーで開催されたCOP26において，市場メカニズムの実施指針が合意され，当該合意により，パリルールブックが完成した．また，COP全体決定として採択された文書では，最新の科学的知見に依拠しつつ，今世紀半ばでの温室効果ガス実質排出ゼロ及びその経過点である2030年に向けて野心的な緩和策，適応策を締約国に求める等の内容となっている．

③　国内対策

日本政府は，平成14年3月に我が国における「京都議定書」の約束を達成するための具体的な裏付けのある対策を提示した新しい地球温暖化対策推進大綱を決定し，平成17年2月の「京都議定書」の発効を受けて，平成17年4月に京都議定書目標達成計画を閣議決定した．

また，「地球温暖化対策の推進に関する法律」に基づき，事業者の排出抑制などに関する指針の策定，地方公共団体実行計画の策定支援，温室効果ガス排出量算定・報告・公表制度などを実施している．

平成25年1月25日，安倍内閣総理大臣は「環境大臣と関係大臣が協力して，11月の地球温暖化対策の会議（COP19）までに，25%削減目標をゼロベースで見直すとともに，技術で世界に貢献していく，攻めの地球温暖化外交戦略を組み立てる」よう指示した．

これを踏まえ，平成25年3月15日には，地球温暖化対策推進本部において，「当面の地球温暖化対策に関する方針」が決定された．

さらに，同日，地球温暖化対策計画策定の法的根拠となる「地球温暖化対策の推進に関する法律の一部を改正する法律案」が閣議決定され，第183回通常国会に提出，5月17日に可決成立した．

2020年以降の温室効果ガス削減に向けた我が国の約束草案は，エネルギーミックスと整合的なものとなるよう，技術的制約，コスト面の課題などを十分

図表Ⅱ.11.2 主要国におけるエネルギー海外依存度（2021年）

（単位：%）

	日本	アメリカ	ドイツ	イギリス	フランス	イタリア
エネルギーの海外依存度	86.7	▲3.5	64.7	36.9	46.0	77.1
エネルギーの石油依存度	36.0	35.7	31.6	32.8	28.1	33.0
石油の輸入依存度	99.7	5.0	96.8	18.4	98.8	89.4

（注）輸入依存度のマイナスは輸出超過を表す．
（出典） IEA/Energy Balances 2022 Edition，総合エネルギー統計2021年度確報値（日本のみ）

に考慮した裏付けのある対策・施策や技術の積み上げによる実現可能な削減目標として，国内の排出削減・吸収量の確保により，2030年度に2013年度比▲26.0%（2005年度比▲25.4%）の水準（約10億4200万ｔ—CO_2）とした（2015年7月17日地球温暖化対策本部決定）．

COP21では，日本政府は積極的に会合に参加し，新たな枠組みはすべての国が参加する公平かつ実効的なものであるべきとの立場を発信するとともに，具体的なテキスト案を提案するなど議論に貢献した．その後，パリ協定を踏まえ我が国の今後の方針を示すため，「パリ協定を踏まえた地球温暖化対策の取組方針について」を2015年12月22日に決定した（地球温暖化対策推進本部決定）．

この方針を受け，平成28年5月13日に地球温暖化対策計画及び政府実行計画が閣議決定された．地球温暖化対策の目指す方向として，中期目標（2030年度（令和12年度）削減目標）の達成に向けた取組みや長期的な目標を見据えた戦略的取組み，世界の温室効果ガスの削減に向けた取組みを進めることとしている．また，事業者，国民などが講ずべき措置に関する基本的事項や目標達成のために国，地方公共団体が講ずべき施策などについても記載している．この地球温暖化対策計画に基づいて，地球温暖化対策の総合的かつ計画的な推進を図っていく．なお，令和3年度（2021年度）の我が国の温室効果ガスの排出・吸収量は，11億2200万トン，対前年度比では2.0%増加しており，要因としては，コロナ禍からの経済回復により，エネルギー消費量が増加したこと等が挙げられる．しかし，2019年度からは3.4%減少しており，2030年度目標の達成及び2050年カーボンニュートラル実現に向けた取組については一定の進捗が見られる.

また，令和元年6月11日にパリ協定の規定に基づく長期低排出発展戦略として「パリ協定に基づく成長戦略としての長期戦略」（以下，「パリ協定長期成長戦略」という.）が閣議決定された. パリ協定長期成長戦略では，最終到達点としての「脱炭素社会」を掲げ，それを野心的に今世紀後半のできるだけ早期に達成することを目指すこととしている. そのため，ビジネス主導の非連続なイノベーションを通じた「環境と成長の好循環」の実現を目指し，イノベーションの推進，グリーン・ファイナンスの推進，ビジネス主導の国際展開・国際協力の3つを施策の大きな柱とした.

更に，パリ協定長期成長戦略を受けて「革新的環境イノベーション戦略」が令和2年1月21日に統合イノベーション戦略推進会議で決定された. 革新的環境イノベーション戦略では，世界のカーボンニュートラル，更には，過去のストックベースでのCO_2削減（ビヨンド・ゼロ）を可能とする革新的技術を2050年までに確立することを目指し，長期戦略に掲げた目標に向けての社会実装を目指すこととした. そのため，戦略に示した5分野16課題39技術テーマ（イノベーション・アクションプラン），これら技術の社会実装に向けた仕組み（アクセラレーションプラン），国際的な共創・発信の仕組み（ゼロエミッション・イニシアティブズ）の具体化を進め，本戦略を確実に実行することを定めた.

令和2年10月26日，我が国は，2050年までにカーボンニュートラルを目指すことを宣言，令和3年4月22日には，2030年度において温室効果ガスを2013年度から46%削減することを目指し，さらに50%の高みに向けて挑戦を続けていくことを表明した.

令和3年6月18日に，経済産業省が中心となり関係省庁と連携して，「2050年カーボンニュートラルに伴うグリーン成長戦略」を策定した. グリーン成長戦略では，産業政策・エネルギー政策の両面から，成長が期待される14の重要分野について実行計画を策定し，国として高い目標を掲げ，企業の前向きな挑戦を後押しするため，あらゆる政策を総動員するとしている.

令和3年10月22日には，新たな2030年度目標の達成に向けて，裏付けとなる対策・施策を記載して目標実現への道筋を描いた「地球温暖化対策計画」，2050年カーボンニュートラル実現に向けた「あるべき姿」としての長期的なビジョンを分野別に示した「パリ協定に基づく成長戦略としての長期戦略」が閣議決定された．また，新たな目標達成に向けて，政府実行計画についても改定を行い，太陽光発電の最大限の導入，新築建築物のZEB化，電動車・LED照明の導入徹底，積極的な再エネ電力調達等について率先的に実行することを定めた．

令和5年2月10日には，「GX基本方針」が閣議決定された．この方針は，令和3年10月に閣議決定した「地球温暖化対策計画」等を踏まえ，気候変動対策についての国際公約（2030年度に温室効果ガス46%削減（2013年度比），さらに50%の高みに向けて挑戦を続けるとともに，2050年カーボンニュートラルの実現を目指す）及び我が国の産業競争力強化・経済成長の実現に向けた取組等を取りまとめたもの．詳しい内容等については，後述の「コラム④気候変動（グリーン関連政策）について」をご参照いただきたい．

(4) 東日本大震災後のエネルギー政策

平成23年3月11日に発生した東日本大震災と東京電力福島第一原子力発電所の事故は，我が国のエネルギー政策に大きな影響を与えた．

政府は平成23年6月に関係閣僚からなるエネルギー・環境会議を設け今後のエネルギー政策について議論を開始し，平成24年9月14日に決定された「革新的エネルギー・環境戦略」において，2030年代に原発稼働ゼロを可能とするよう，あらゆる政策資源を投入するとの内容が盛り込まれた．

しかし，平成24年12月に発足した安倍内閣においては，同戦略をゼロベースから見直し，エネルギー安定供給，エネルギーコスト低減の観点も含め責任あるエネルギー政策を構築することとした．

これを受け，平成26年4月11日に，「第4次エネルギー基本計画」が閣議決定された．本計画は，特に，電力システム改革をはじめとした国内の制度改革が進展するとともに，北米からのLNG調達など国際的なエネルギー供給構造の変化が我が国に具体的に及んでくる時期（2018～2020年を目途）までを，安定的なエネルギー需給構造を確立するための集中改革実施期間と位置づけ，当該期間におけるエネルギー政策の方向を定めている．

「第4次エネルギー基本計画」の策定から4年，平成30年7月3日に「第5

次エネルギー基本計画」が閣議決定された．具体的には，2030年のエネルギーミックスについて，「3E＋Sの原則の下，徹底した省エネルギー，再生可能エネルギーの最大限の導入，火力発電の高効率化，原発依存度の可能な限りの低減といったこれまでの基本的な方針を堅持しつつ，エネルギー源ごとの施策等の深掘り・対応強化により，その確実な実現を目指す」こととしており，2050年に向けては，「技術革新等の可能性と不確実性，情勢変化の不透明性が伴い，蓋然性をもった予測が困難である」ため，「より高度な3E＋S」を評価軸として設定し，「野心的な目標を掲げつつ，常に最新の情報に基づき重点を決めていく複線的なシナリオによるアプローチとすることが適当である」とまとめている．

また，脱炭素化に向けた世界的な潮流，国際的なエネルギー安全保障における緊張感の高まりなどの2018年の第5次エネルギー基本計画策定時からのエネルギーをめぐる情勢変化や日本のエネルギー需給構造が抱える様々な課題を踏まえて議論を深め，2021年10月22日に「第6次エネルギー基本計画」が閣議決定された．第6次エネルギー基本計画は，「2050年カーボンニュートラル」や2030年度の温室効果ガス排出削減目標の実現に向けたエネルギー政策の道筋を示すこと，気候変動対策を進めながら，日本のエネルギー需給構造が抱える課題の克服に向け，安全性の確保を大前提に安定供給の確保やエネルギーコストの低減に向けた取組を示すことを，2つの重要なテーマとして策定している．

なお，「GX基本方針」（令和5年2月10日閣議決定）は，「第6次エネルギー基本計画」を踏まえたものとなっており，エネルギー安定供給の確保を大前提としたGXの取組として，徹底した省エネルギーの推進，再生可能エネルギーの主力電源化，安全性の確保を大前提とした原子力の活用を定めている．具体的には，省エネルギー設備への更新を支援する省エネ補助金について複数年の投資計画に対応できる仕組みを創設するなど，中小企業の省エネ支援を強化することや，2030年度の再生可能エネルギー比率36～38％に向け，全国規模での系統整備計画に基づき，今後10年間程度で過去10年の8倍以上の規模で系統整備を加速し，2030年度を目指して北海道からの海底直流送電を整備し，これらの系統投資に必要な資金の調達環境を整備すること，原子力の安全性向上を目指し，新たな安全メカニズムを組み込んだ次世代革新炉の開発・建設に取り組むこと等が盛り込まれている．

3 令和5年度エネルギー対策予算

(1) 概要

令和5年度予算においては，「第6次エネルギー基本計画」（令和3年10月22日閣議決定）の実現に向けて，徹底した省エネルギーの推進や再生可能エネルギーの最大限の導入と国民負担の抑制の両立に向けた取組をはじめ，エネルギーの安定供給の確保や安全かつ安定的な電力供給の確保等についても取り組むこととしている．

これらの施策を推進する一方，エネルギー対策特別会計の剰余金等の増加を踏まえた繰入額の減少等により，一般会計のエネルギー対策費として，4年度当初予算額に対して217億円（2.5%）減の8540億円を計上している．具体的には，再生可能エネルギーや省エネルギーに資する技術の開発・設備等の導入，石油・天然ガス等の資源の探鉱・開発，石油備蓄の維持，石油の生産・流通合理化，原子力防災体制の整備等を推進することとしている．

また，「原子力災害からの福島復興の加速のための基本指針について」（平成28年12月20日閣議決定）を踏まえ，中間貯蔵施設費用相当分について原子力損害賠償・廃炉等支援機構に資金交付を行うこととしている．

このほか，国として長期・複数年度にわたり投資促進策を講ずるために，カーボンプライシング導入の結果として得られる将来の財源を裏付けとした20兆円規模の「GX経済移行債」を，来年度以降10年間，毎年度，国会の議決を経た金額の範囲内で発行していく．

(2) 燃料安定供給対策

石油・天然ガスの安定供給確保のため，必要な開発案件への支援，石油・天然ガスの探鉱及び地質構造の調査並びに石油・天然ガス開発関連技術の研究開発の効果的・効率的な推進のために必要な経費を計上しているほか，石油等の備蓄の着実な維持・管理に必要な経費を計上している．さらに，開発・精製分野を中心とした産油・産ガス・産炭国との共同研究，人的交流，投資促進事業など，我が国の強みを活かした資源外交の展開等の施策に要する経費を計上している．

また，国内石油精製機能の強化等による石油供給構造の高度化や，石油製品販売業等における安全確保対策等の施策に必要な経費を計上している．

この結果，エネルギー対策特別会計のうち，エネルギー需給勘定に燃料安定供給対策費として2798億円（前年度当初予算額2443億円，＋14.5%）が計上されている．

(3) エネルギー需給構造高度化対策

内外の経済的，社会的環境に応じた安定的かつ適切なエネルギーの需給構造の構築を図るため，再生可能エネルギーの利用拡大のための技術開発に要する経費及び省エネルギー設備等の導入支援に要する経費等を計上している．

この結果，エネルギー対策特別会計のうち，エネルギー需給勘定にエネルギー需給構造高度化対策費として3162億円（前年度当初予算額3286億円，▲3.8%）が計上されている．

(4) 電源立地対策

発電用施設（原子力発電施設，水力発電施設，地熱発電施設，核燃料サイクル施設等）の設置及び運転の円滑化のため，同施設の所在市町村等に対し，公共用施設の整備，住民の生活の利便性の向上，産業の振興等を図る経費に充てるための交付金を交付することとしている．また，「原子力災害からの福島復興の加速のための基本指針について」（平成28年12月20日閣議決定）を踏まえ，中間貯蔵施設費用相当分について原子力損害賠償・廃炉等支援機構へ資金交付を行うこととしている．

この結果，エネルギー対策特別会計のうち，電源開発促進勘定に電源立地対策費として1622億円（前年度当初予算額1594億円，＋1.8%）が計上されている．

図表Ⅱ.11.3　一般会計および特別会計のエネルギー対策

（単位：億円）

	令和 4年度	令和 5年度	対前年度 増▲減額	伸び率
一般会計（主要経費）				
国立研究開発法人日本原子力研究開発機構運営費交付金	364	364	0	0.1
核不拡散・核セキュリティ関連業務等	7	7	0	3.7
国際原子力機関分担金等	51	57	6	12.3
小計	422	428	7	1.7
エネルギー対策特別会計 （エネルギー需給勘定）へ繰入	5,395	5,158	▲237	▲4.4
エネルギー対策特別会計 （電源開発促進勘定）へ繰入	2,939	2,953	13	0.5
エネルギー対策特別会計 （原子力損害賠償支援勘定）へ繰入	—	—	—	—
計	8,756	8,540	▲217	▲2.5
特別会計（エネルギー対策特別会計）				
エネルギー需給勘定	22,368	27,871	5,504	24.6
電源開発促進勘定	3,224	3,345	120	3.7
原子力損害賠償支援勘定	112,168	109,378	▲2,790	▲2.5
計	137,760	140,594	2,834	2.1
一般会計，特別会計　合計（重複分は除く）	138,182	141,023		

（注）計数は原則としてそれぞれ四捨五入しているため，項目を足し合わせても合計とは一致しないものがある．

(5) 電源利用対策

安定的な電力供給源であり，かつ，地球環境面の負荷が低い電源の開発及び利用の促進を図るため，これらの電源を効果的に活用する利用技術，原子力発電所の安全性向上等のための研究開発に要する経費を計上しているほか，核燃料物質の再処理並びに放射性廃棄物の処理及び処分，これらに関する研究開発及び事故対応・安全対策に要する経費として，国立研究開発法人日本原子力研究開発機構に対する運営費交付金等を計上している．

この結果，エネルギー対策特別会計のうち，電源開発促進勘定に電源利用対策費として129億円（前年度当初予算額166億円，▲22.2％）が計上されている．

(6) 原子力安全規制対策

原子力発電施設等（原子力発電施設，核燃料サイクル施設等）の安全規制の措置を適正に実施するための審査・検査等及び原子力発電施設等の安全性に関する調査研究に要する経費を計上しているほか，原子力発電施設等の周辺地域の安全を確保するための防災体制の強化，原子力事故による被災者の健康管理・健康調査等に要する経費等を計上している．

この結果，エネルギー対策特別会計のうち，電源開発促進勘定に原子力安全規制対策費として267億円（前年度当初予算額265億円，＋0.6％）が計上されている．

(7) 原子力損害賠償支援勘定

「原子力損害賠償・廃炉等支援機構法」に基づき，東日本大震災による原子力損害の賠償の迅速かつ適切な実施等に対応するための財政上の措置に必要な経費を計上している．

この結果，エネルギー対策特別会計のうち，原子力損害賠償支援勘定として10兆9378億円（前年度予算額11兆2168億円，▲2.5％）が計上されている．

4 令和５年度地球温暖化対策関係予算

(1) 概要

我が国の地球温暖化対策は，産業部門や家庭部門でのエネルギー効率の向上や，森林吸収源対策，都市・地域づくり，排出量取引制度をはじめとする経済的手法など，非常に幅広く多岐にわたっている．そのため，地球温暖化対策関係予算は，環境省，経済産業省，国土交通省，農林水産省など多くの府省において計上されている．

このように，地球温暖化対策は多岐にわたるが，環境省では，2013（平成25）年以降の地球温暖化対策において，中長期的な低炭素社会構築に向けて，対策・施策を総合的・計画的に推進し，政府全体での取組状況の予算面からの把握及び各府省の連携強化を図るため，「地球温暖化対策関係予算」として取りまとめを行っている．

この結果，政府全体の地球温暖化対策を盛り込んだ「地球温暖化対策関係予算」については，令和５年度予算では7004億円となっている．

また，分類別にみると，A．2030年までに温室効果ガスの削減に効果があるもの3911億円，B．2030年以降に温室効果ガスの削減に効果があるもの430億円，C．その他結果として温室効果ガスの削減に資するもの1911億円，D．基盤的施策など753億円となっている．

(2) 分類ごとの解説

A　2030年までに温室効果ガスの削減に効果があるもの（3911億円）

対策・施策の主たる目的・効果が地球温暖化対策に該当するもので，2030年までに効果を発揮する対策・施策が該当する．具体的には対策実施への補助・支援，対策普及のための情報提供，実用化のための実証実験などが該当する．

【主な予算】

森林環境保全整備事業（内閣府，復興庁，農林水産省，国土交通省）	953億円
地域脱炭素移行・再エネ推進交付金（環境省）	320億円
先進的省エネルギー投資促進支援事業費（経済産業省）	261億円
水源林造成事業（復興庁，農林水産省）	255億円
廃棄物処理施設を核とした地域循環共生圏構築促進事業（環境省）	215億円

B　2030年以降に温室効果ガスの削減に効果があるもの（430億円）

対策・施策の主たる目的・効果が地球温暖化対策に該当するもので，主に2030年以降に効果を発揮する対策・施策が該当する．具体的には，研究開発拠点の整備，対策技術の基礎研究などが該当する．

【主な予算】

CCUS研究開発・実証関連事業（経済産業省）	80億円

高効率・高速処理を可能とする次世代コンピューティングの技術開発事業（経済産業省） 49億円

エネルギー・環境分野の中長期的課題解決に資する新技術先導研究プログラム（経済産業省） 48億円

C　その他結果として温室効果ガスの削減に資するもの（1911億円）

対策・施策の主たる目的・効果が地球温暖化対策でないものが該当する．具体的には，治山事業等による森林の保全，廃棄物焼却等に伴う排出の削減，公共交通機関の整備などが該当する．

【主な予算】

治山事業（内閣府，農林水産省，国土交通省） 414億円

循環型社会形成推進交付金（環境省，国土交通省） 393億円

需要家主導による太陽光発電導入促進補助金（経済産業省） 105億円

D　基盤的施策など（753億円）

我が国の温室効果ガスの排出削減等の効果を持たないものが該当する．具体的には，対策・施策の全般的な評価・見直し，排出量・吸収量の算定，気候変動の研究監視観測，国際的な連携の確保などが該当している．

【主な予算】

航空分野における脱炭素化の推進（国土交通省） 167億円

商用車の電動化促進事業（環境省） 136億円

全球地球観測システム構築の推進に必要な経費（文部科学省） 82億円

コラム　気候変動対策（グリーン関連政策）について

令和３年に国連気候変動枠組条約第26回締約国会議（COP26）が開催された時点で，154カ国・１地域が2050年までにカーボンニュートラル実現を目指すことを宣言した．我が国も，気候変動を巡る国際的世論の高まりや激甚化する気象災害を踏まえ，令和２年10月26日，菅内閣総理大臣より，2050年までにカーボンニュートラルの実現を目指すことを表明した．また，令和３年４月22日には，2050年カーボンニュートラル目標と整合的かつ野心的な目標として，2030年度の削減目標が従来の2013年度比26％削減から46％削減に引き上げられた．

我が国では，2050年カーボンニュートラル目標達成のために，革新的技術の研究開発・実証から社会実装までを10年間継続的に支援する「グリーンイノベーション基金」（２兆円）をはじめとして，気候変動対策に積極的に取り組んできた．それに加え，令和４年６月７日に閣議決定された「新しい資本主義のグランドデザイン及び実行計画」において，国際公約達成と，我が国の産業競争力強化・経済成長の同時実現に向けて，今後10年間に官民協調で150兆円規模のグリーン・トランスフォーメーション（GX）投資の実現を目指すことが示された．さらに，その実現のために，民間事業者の予見可能性を高めることが必要であり，脱炭素に向けて野心的な投資を前倒しで大胆に行うことを目的として，「GX投資のための10年ロードマップ」を策定することと，その具体化に向けた議論・検討を行う場として，「GX実行会議」を官邸に新設することが示された．

令和４年７月27日，岸田内閣総理大臣を議長として，第１回GX実行会議が開催された．大きな論点として，令和４年２月のロシアによるウクライナ侵略や足下の電力需給ひっ迫を踏まえた日本のエネルギーの安定供給の再構築に必要となる方策や，それを前提とした，GXに向けた今後10年のロードマップについて議論を行い，同年12月22日の第５回GX実行会議において，「GX実現に向けた基本方針（案）」としてとりまとめられ，約１ヶ月間のパブリックコメントを経て，令和５年２月10日に「GX実現に向けた基本方針」（以下，GX

基本方針）として閣議決定された．また，GX 基本方針と併せて，今後10年間のタイムスケジュールを示した，「今後10年を見据えたロードマップの全体像」や産業等の各分野別の道行きも整理された．

GX 基本方針には，規制・支援一体型投資促進策，カーボンプライシングによる GX 投資先行インセンティブ，新たな金融手法の活用といった，巨額の GX 投資を官民協調で実現するための「成長志向型カーボンプライシング構想」の措置のほか，国際展開戦略について，実施予定の施策と実施時期がまとめられた．ここでは，規制・支援一体型投資促進策とカーボンプライシングによる GX 投資先行インセンティブについて，説明する．

まず，「GX 経済移行債」の発行によって調達した資金を活用した，今後10年間で20兆円規模の先行投資支援（規制・支援一体型投資促進策等）である．短期的な支援しか得られない場合，民間事業者はコスト回収の見通しが立たず，投資を決断することが難しくなる．今後10年間で150兆円を超える GX 投資を官民協調で実現していくためには，国として長期・複数年度にわたり支援策を講じ，民間事業者の予見可能性を高めていく必要がある．そのため，新たに創

図表　今後10年を見据えたロードマップの全体像

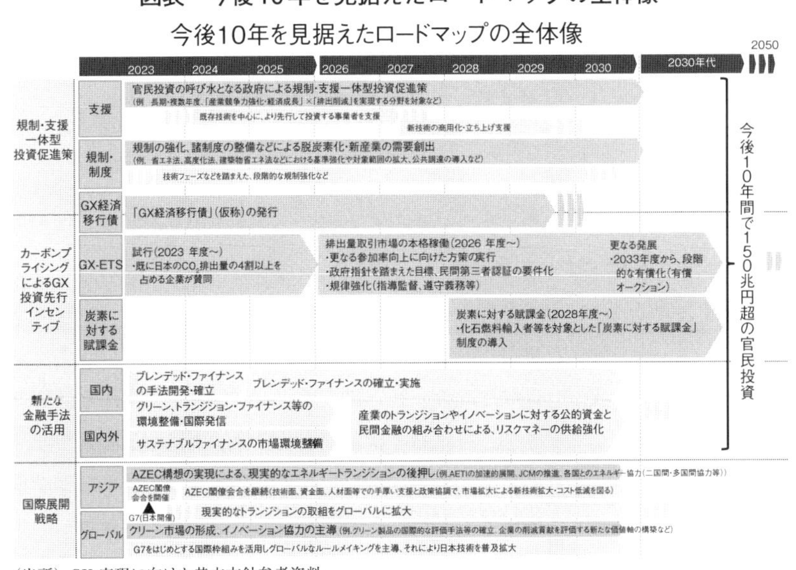

（出所）GX 実現に向けた基本方針参考資料

設する「GX 経済移行債」の発行によって調達した資金を活用することで，国として20兆円規模の大胆な先行投資支援を実行するのである．その投資促進策は，新たな市場・需要の創出に効果的につながるよう，規制・制度的措置と一体的に講じられることとなる．

また，「GX 経済移行債」は，これまでの国債（建設国債，特例国債，復興債等）と同様に，同一の金融商品として統合発行することに限らず，国際標準に準拠した新たな形での発行も目指して検討されている．新たな形での発行に際しては，市場における一定の流動性の確保，発行の前提となる民間も含めたシステム上の対応，調達した資金の支出管理（支出のフォローアップ，レポート作成等）等の難しい課題を解決するとともに，国際的な認証を受けて発行していくことが必要となる．

令和５年度国債発行計画には，0.5兆円の「GX 経済移行債」の発行が盛り込まれている．令和４年度第２次補正予算において先行的に措置した1.1兆円分については，特例公債を発行してこれに充てることとしているが，法令の規定により，これは「GX 経済移行債」とみなすとされている．そのため，令和５年度までに，合計1.6兆円を「GX 経済移行債」として発行することとなる．

「GX 経済移行債」により調達した資金は，GX に向けた投資促進のために支出することを明確化するべく，GX 基本方針に基づく国による GX 投資の一環として先行的に措置した予算を含めて，エネルギー対策特別会計で区分して経理する．「GX 経済移行債」の償還は，借換債も含め，カーボンニュートラルの達成目標年度の2050年度までに終えることとしている．

つぎに，カーボンプライシングによる GX 投資先行インセンティブとは，炭素排出に対する値付けであるカーボンプライシングによって付与される，GX 投資を先行的に実施することのインセンティブである．我が国のカーボンプライシングは，排出量取引制度（「有償オークション」を含む），「炭素に対する賦課金」の２つから成る．これらのカーボンプライシングは，炭素排出削減をコスト削減につなげることから，GX 関連製品・事業の付加価値向上を通じて，GX 投資の先行実施のインセンティブとなる一方，代替技術の有無や国際競争力への影響等を踏まえて実施しなければ我が国経済への悪影響や，国外への生産移転が生じるおそれがある．そのため，直ちに導入するのではなく GX に集中的に取り組む期間を設けた上で導入することとしており，排出量取引市場は令和８年度から本格稼働（「有償オークション」は令和15年度に導入）し，「炭素に対する賦課金」は令和10年度から導入する予定となっている．また，負担の在り方の中長期的なイメージとしては，GXの進展により減少していく石油石炭税や再生可能エネルギー買取価格の低下等によってピークアウトしていく再生可能エネルギー発電促進賦課金も勘案し，エネルギーに係る負担の総額を中長期的に減少させていく中で導入することを基本としている．

「成長志向型カーボンプライシング構想」では，カーボンプライシングとして，排出量取引制度における「有償オークション」と「炭素に対する賦課金」による収入を「GX経済移行債」の償還に充てることとなる．カーボンプライシング導入の結果として得られる将来の財源を裏付けとした「GX経済移行債」の発行により，足下で必要となる「呼び水」にあたる多額の先行投資支援を行うという，財政の視点でいえば，収入と支出のタイミングに差がある仕組みである．

GXの実現に向けて，政府による先行的な投資支援が果たす役割は重要である．しかし，だからといって無秩序に将来世代にツケを回していいわけではない．この度，GX実行会議で議論され，GX基本方針にまとめられた内容は，民間事業者に先行投資のインセンティブを付与することに加え，カーボンプライシングの収入を裏付けとして，「GX経済移行債」の償還財源を確保することによって，財政の健全性を保ったうえでのGX推進にも寄与するといえる．

図表　成長志向型カーボンプライシング構想のイメージ

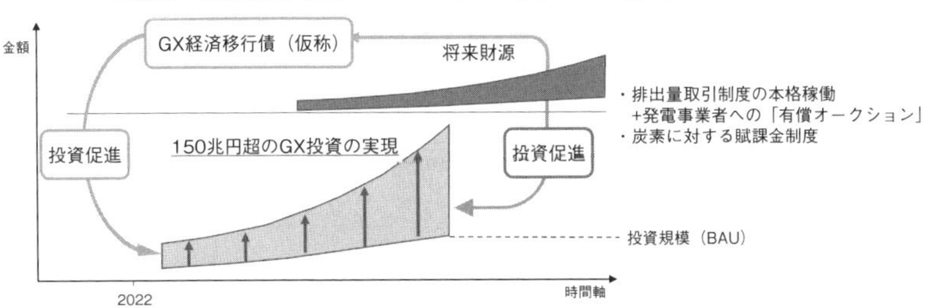

（出所）第11回　産業構造審議会・産業技術環境分科会／総合資源エネルギー調査会・基本政策分科会合同会合（令和４年12月14日）資料

第12章

国債費及び国債管理政策

1 ポイント

昭和50年代以降の国債大量発行の継続と債務残高の累増にともない，一般会計歳出に占める国債費の割合は増加し続けており，政策的な経費である基礎的財政収支対象経費の割合が大幅に低下し，財政の硬直化が進んでいる（図表Ⅱ.12.1）.

近年の低金利により，国債費の増大は相対的に抑えられてきた．しかし，仮に今後金利水準が上昇することとなれば，債務残高が累増している現状にかんがみると，現在低く抑えられている利払費が大幅に増加することによって財政の急速な悪化を招くことにもなりかねない．こうした状況のもと，財政健全化は一層の急務となっている．令和５年度予算における国債費は，25兆2503億円（前年度比9111億円増）となっており，一般会計に占める割合は22.1%となっている．

一方，公債の発行状況を見ると，令和５年度の公債金収入は35兆6230億円（前年度比１兆3030億円減）であり，公債依存度は31.1%となっている．令和５年度末の公債残高は1068兆円程度となる見込みである．これに交付国債，出資・拠出国債，借入金，地方の債務などを加えた国及び地方の長期債務残高は1280兆円程度と見込まれており，国内総生産（GDP）に対する比率は224%に達するものと見込まれている．

図表Ⅱ.12.1 財政の硬直化

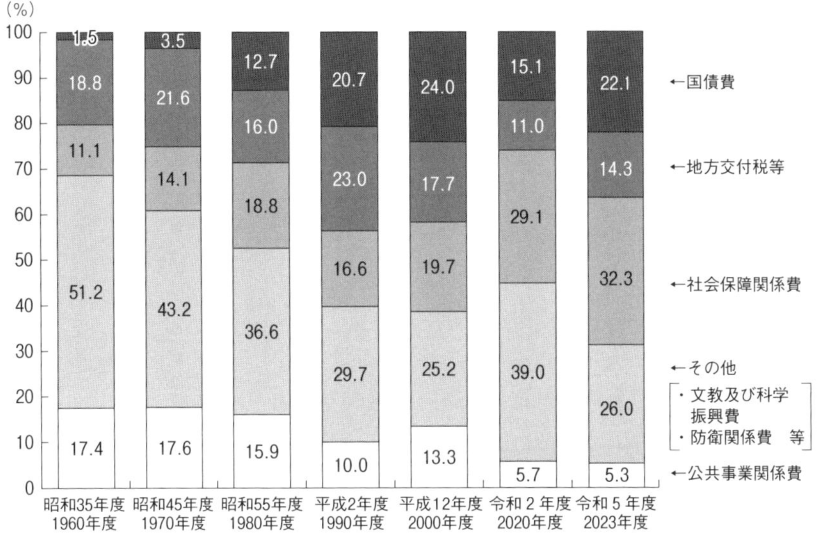

(注) 令和2年度までは決算, 令和5年度は予算による. (2年度は, 臨時・特別の措置を含む.)

2 基礎知識

(1) 国債について

(イ) 国債の概念

広義では国の債務一般を国債というが, 通常, 国債という場合には, 借入金・一時借入金を除いたものをいうことが多い.

(ロ) 国債の発行根拠法

歳出需要を賄うための国債は, 以下の法律に基づいて発行されている. ただし, これらは基本的に一体として発行されており, その信用力が変わることはない.

(a) 財政法 (第4条第1項ただし書) : 建設国債

国の資産を形成するものとして, 公共事業費, 出資金及び貸付金の財源に充てるために発行される国債

（b）各年度における特例公債法：特例国債

税収及び税外収入等に加えて，建設国債を発行してもなお不足する歳出財源を補うため特例的に発行される国債

（c）特別会計に関する法律（第46条第１項及び第47条第１項）：借換債

各年度における国債の整理又は償還のために必要な資金を確保するために発行される国債

（d）特別会計に関する法律（第62条第１項）：財政投融資特別会計国債（財投債）

財政融資資金において運用の財源に充てるために発行される国債

（e）東日本大震災からの復興のための施策を実施するために必要な財源の確保に関する特別措置法（第69条第１項及び第４項）：復興債

東日本大震災からの復興のために実施する施策に必要な財源を確保するために発行される国債

（f）脱炭素成長型経済構造への円滑な移行の推進に関する法律（第７条第１項）：脱炭素成長型経済構造移行債（GX 経済移行債）

脱炭素成長型経済構造への円滑な移行の推進に関する施策に必要な財源を確保するために発行される国債

（ハ）国債の種類（図表Ⅱ.12.2）

国債を償還期限別に見た場合，令和５年度国債発行計画においては，６カ月，１年，２年，５年，10年，20年，30年，40年の国債の発行が予定されている（個人向け国債に関しては，３年，５年，10年）．このうち，償還期限が６カ月，１年のものを短期国債，２年，５年を中期国債，10年を長期国債，20年，30年，40年のものを超長期国債という．

（ニ）国債発行の歯止め

戦前には軍事費調達のために多額の国債が発行され，歳入のかなりの部分が国債，借入金によってまかなわれた結果，インフレなどの好ましくない影響が多く出たことがあった．こうした経験を踏まえ，財政健全化の見地から，戦後制定された財政法では，国債の発行や借入金について厳しい制限が付されている．

図表Ⅱ.12.2 国債の種類

	種別	概要	備考
償還期限	超長期国債	償還期限15年，20年，30年，40年	利付国債（40年もの） 利付国債（30年もの） 利付国債（20年もの） 変動利付国債（15年もの）
	長期国債	償還期限10年	利付国債（10年もの）
	中期国債	償還期限2年，5年	利付国債（5年もの） 利付国債（2年もの）
	短期国債	償還期限6カ月，1年	国庫短期証券（T-Bill：Treasury Discount Bills）
	政府短期証券 財務省証券 財政融資資金証券 外国為替資金証券 石油証券 原子力損害賠償支援証券 食糧証券	償還期限2カ月，3カ月，6カ月，1年	
	個人向け国債	償還期限10年，5年，3年	変動利付国債（10年もの） 固定利付国債（5年もの） 固定利付国債（3年もの）
	物価連動国債	償還期限10年	物価連動国債（10年もの）
債券形態	利付国債	償還期限までに，定期的に利払いを約束	年2回払い
	割引国債	償還期限までの利子相当額があらかじめ額面金額から差し引かれて発行	
	割賦償還制国債	元利金の償還を割賦の方法で行う	遺族国庫債券等
発行根拠法	建設国債	財政法第4条第1項	
	特例国債	特例公債法等	
	復興債	東日本大震災からの復興のための施策を実現するために必要な財源の確保に関する特別措置法	
	GX 経済移行債	脱炭素成長型経済構造への円滑な移行の推進に関する法律	
	政府短期証券	財務省証券…財政法第7条第1項 財政融資資金証券…財政融資資金法第9条第1項 外国為替資金証券…特別会計に関する法律第83条第1項 石油証券…特別会計に関する法律第94条第2項，第95条第1項 原子力損害賠償支援証券…特別会計に関する法律第94条第4項，第95条第1項 食糧証券…特別会計に関する法律第136条第1項，第137条第1項	
	借換債	特別会計に関する法律第46条第1項，第47条第1項	
	財投債	特別会計に関する法律第62条第1項	
発行目的	普通国債	国の収入となり国の経費をまかなう	
	政府短期証券	国庫の日々の資金繰りをまかなう	
	交付国債及び出資・拠出国債	国の支払いの手段であり国の収入とならない	遺族国庫債券，IMF 通貨代用証券等
	財投債	財政融資資金において運用の財源に充てる	
起債地	内国債	国内で発行する	
	外国債	国外で発行する	

（注）15年変動利付国債は，現在発行を停止している．
10年物価連動国債は，平成25年10月に発行を再開した．割引短期国債（6カ月）は，令和2年10月に発行を再開した．

（a）建設国債の原則

財政法第４条第１項は，「国の歳出は，公債又は借入金以外の歳入を以て，その財源としなければならない」とするいわゆる非募債主義をとる一方，同条ただし書において，公共事業費，出資金及び貸付金の財源に充てる場合にのみ公債を発行しまたは借入金をなすことができると定めており（建設公債の原則），この規定により発行される国債を建設国債という．なお，公共事業費の範囲については，毎会計年度，国会の議決を経なければならないとされており，予算総則にその範囲が明記されている．建設国債の発行をもってしてもなお歳入が不足すると見込まれる場合には，公共事業費など以外に充てる資金を調達することを目的として国債を発行することがある．これらの国債は，特例公債法に基づき発行され，通常「特例国債（赤字国債）」と呼ばれている．

（b）市中消化の原則

財政法第５条は，戦前・戦中において大量の公債発行が日本銀行引受けによって行われた結果，マネーサプライの増加を通じて激しいインフレーションを引き起こしたことへの反省に基づき，公債の日本銀行引受けによる発行を原則として禁じている（公債の市中消化の原則）．

同条ただし書においては，「特別の事由がある場合において，国会の議決を経た金額の範囲内では，この限りでない」とされているが，このただし書に基づいて行われている後述の「日銀乗換」は，通貨膨張をもたらす要因にあたらないことから，「特別の事由」として認められているものである．

なお，財務省証券及び一時借入金，さらに各特別会計の一時借入金や短期証券については，短期の資金繰りを目的とするものであることを考慮すると，公債の市中消化の原則の趣旨に反しないため，同条の規定は適用されないこととなっている．

（ホ）国債の発行方式

国債は主に以下のような各種の発行方式により発行されている．

（a）公募入札方式

財務省が提示した発行条件（発行予定額，償還期限，表面利率（クーポン・レート）など）に対して，入札参加者が，落札希望価格（又は利回り）と落札希望額を入札し，その入札状況に基づいて発行価格と発行額を決定する入札方式（価格（利回り）競争入札方式）がとられている．

なお，価格（利回り）競争入札方式と並行して，非競争入札方式（価格競争入札における加重平均価格を発行価格と定め，落札希望額のみを募る）を導入しており，現在は，２年利付国債，５年利付国債，10年利付国債で実施されている．

その他，国債市場特別参加者のみに参加が認められる非価格競争入札（価格競争入札における加重平均価格（ダッチ方式の場合は発行価格）を発行価格とし，参加者ごとに定められた限度額まで落札できる）が実施されている．

（b）個人向け販売

個人向け国債及び新型窓口販売方式は，財務省が委託した銀行等の金融機関や郵便局といった取扱機関において募集・販売する方式である．この方式は，金融機関等が財務省の定める発行条件で個人投資家に募集をし，応募があった金額分の個人向け国債または一般の利付国債を発行するものである．これらに募集残額引受義務はなく，金融機関等が取り扱いやすいものとなっている．

（c）日銀乗換

前述のとおり，財政法は第５条で日本銀行の国債引受けを原則として禁止しているが，特別の事由がある場合には，国会の議決を経た金額の範囲内で日本銀行による国債の引受けが認められている．現在，日本銀行が保有する国債の償還額の範囲内で，借換債の引受け（日銀乗換と呼ばれる）が行われている．

（ヘ）国債の償還

国債の償還は，国債整理基金を通じて行われている．国債整理基金特別会計における償還のための財源は，一般会計や特別会計からの繰入のほか，国債整理基金特別会計において発行される国債（借換債）の収入金によってまかなわれている（借換については後述）．

現在の減債制度は，昭和43年５月の旧国債整理基金特別会計法（現「特別会計に関する法律」）の改正によって確立され，これに基づいて毎年度，一般会計や特別会計から国債整理基金特別会計への繰入が行われている．主な繰入のうち，具体的なものは以下のとおりである．

（a）定率繰入・発行価格差減額繰入

国債の償還は，満期ごとに規則的に一部を借り換え，一部を債務償還費として計上された一般財源で償還し，全体として60年間で償還し終える仕組みとなっており，毎年度，前年度期首における国債残高の100分の1.6（＝約60分の1）に相当する金額を繰り入れることとされている（いわゆる「60年償還ルール」に基づく定率繰入）．たとえば10年債を新たに発行する場合，10年後の満期には，償還される国債の60分の10が一般財源により償還される一方，残額については借換債の発行が行われることとなる．これを繰り返すことで，発行から60年後には償還を終えることとなる．

なお，割引国債については，発行価格を額面金額とみなすこととしているので，発行価格と額面との差減額（発行価格差減額）分については，差減額を償還年限で除した金額を別途繰り入れることとしている．

60年償還ルールの例外として，復興債やGX経済移行債などがある．復興債は，借換債を含め，全体として令和19年度までに償還することとしている．これは，「東日本大震災からの復興の基本方針」において，復興のための財源については，「次の世代に負担を先送りすることなく，今を生きる世代全体で連携し負担を分かち合う」こととされており，特定の償還財源が確保されているためである．GX経済移行債については，カーボンニュートラルの達成目標年度が2050年度であることに鑑み，借換債を含め，全体として令和32年度（2050年度）までに償還することとされている．

(b) 剰余金繰入

一般会計における決算上の剰余金の2分の1を下らない額の繰入．

(c) 予算繰入

必要がある場合における予算措置による繰入．

(ト) 国債の借換

借換とは，国債の償還額の一部を乗り換えるための資金を調達するために国債（借換債）を発行することをいう．当然のことながら，国債の満期が到来した場合，個々の保有者に対しては現金をもって償還が行われる．その償還を受けた人が，再び借換のために発行される国債を買うかどうかはその人の自由であり，強制的に借換債を取得させられるわけではない．

なお，昭和60年度以降，それ以前に大量に発行されてきた国債の満期が到来し，借換債の大量発行が必要になったことにともない，借換債を金融情勢に応じてより弾力的に発行できるようにするため，昭和60年６月に国債整理基金特別会計法の改正が行われ，短期の借換債の発行や年度を超えた借換債の前倒し発行といった方策が可能となった．

(2) 国債管理政策

財政健全化に向けた取組みにもかかわらず，我が国の財政は依然，厳しい状況にある．新規の国債発行とともに，これまで発行した国債が大量に償還されることもあり，借換債を含めた国債の大量発行が今後も見込まれる．このため，国債管理政策を適切に運営していくことが重要な課題の１つとなっている．

いわゆる「国債管理政策」の一義的な定義はないが，国債を発行する立場である財政当局からは，「財政負担を軽減する観点から，利払費といった調達コストを中長期的に抑制しつつ，国債の確実かつ円滑な発行を図るため，国債の発行，償還などの各方面にわたり行われる種々の政策の総称」と解することができる．

「国債管理政策」の運営にあたっては，まずは財政健全化に向けた取組みを着実に進めることにより，国債に対する信認を維持する必要がある．そのうえで，①国債の確実かつ円滑な発行②中長期的な調達コストの抑制という基本的目標に沿って，市場のニーズ・動向等を十分に踏まえた国債発行を行うとともに，国債市場の流動性維持・向上のための取組みや国債の保有者層の多様化に向けた取組みなど，国債にかかる各種の施策を総合的に講じていくことが重要である．具体的には以下のような施策が行われている．

（イ）市場のニーズ・動向等を踏まえた国債発行計画の策定

毎年度の国債発行計画の策定にあたっては，国債の確実かつ円滑な発行を図る観点から，市場関係者との意見交換などを通じ，市場のニーズ・動向等を十分に踏まえ，その消化方式が設定される必要がある．また，必要に応じ，年度の途中でも発行計画を適宜見直している．

国債の発行にあたっては，例年12月下旬に発表される国債発行計画を通じ，翌年度の発行予定額について，発行総額や年限別の国債の発行額などが公表されるほか，日々の国債の発行に際しても，入札スケジュールを３カ月先まで定期的に公表するなど，市場の予見可能性が確保されるようになっている．

図表Ⅱ.12.3. 国債及び国庫短期証券（T-Bill）の保有者別内訳（令和4年12月末（速報））

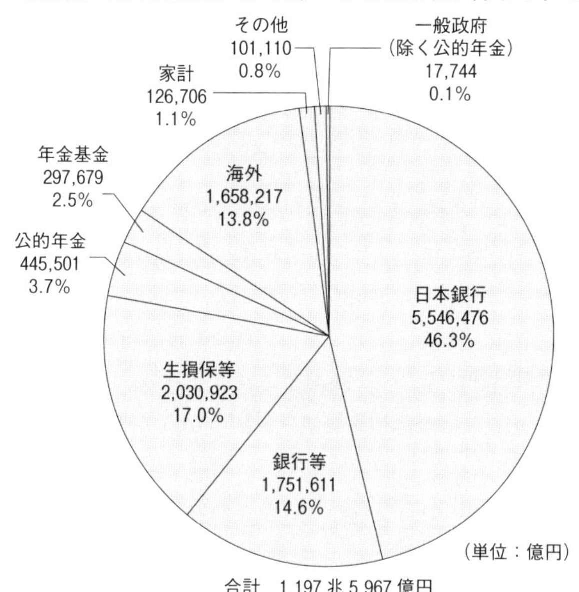

（注）1.「国債」は「財投債」を含む.
2.「銀行等」には「ゆうちょ銀行」,「証券投資信託」及び「証券会社」を含む.
3.「生損保等」は「かんぽ生命」を含む.
（出所）日本銀行「資金循環統計」

（ロ）国債市場の流動性維持・向上

国債市場において流動性が十分に確保されていることは重要であり，近年の国債管理政策においても，流動性供給入札の実施や，リオープン方式の採用などが実施されてきたところである.

（ハ）保有者層の多様化

国債の大量発行が続くなか，国債の安定的な消化を確保し，国債市場の安定を図る観点から，国債の保有者層の多様化を図ることが重要である.

我が国の国債の保有構造は図表Ⅱ.12.3のとおりとなっている．多様な投資家が様々な投資ニーズに基づき国債を保有することは，市場の状況が変化した場合に取引が一方向に流れることを防ぎ，市場を安定させる効果もあると考えられることから，銀行や生命保険会社等の国内機関投資家のみならず，個人や海外投資家の国債保有促進に向けた取組が進められている.

個人投資家については，平成23年7月に，低金利時に適用利率が低くなりすぎないよう変動10年金利設定方法の見直し（基準金利－0.8%⇒基準金利×0.66）や，平成24年4月に，固定5年の中途換金禁止期間の短縮（発行後2年間⇒発行後1年間）を行い，平成26年1月以降は，導入時より毎月発行していた固定3年と同様に，変動10年・固定5年についても毎月発行とするなど，個人向け国債の商品性の改善を行ってきた．

（注）個人向け国債の利率を決定するにあたっては，中途換金等の商品性を総合的に勘案しているため，適用金利は，基準金利（市場実勢利回り）に一定率を乗じまたは一定値を減じ調整されたものとなる．

（注）個人向け国債は，発行後1年間は原則として中途換金ができない（中途換金禁止期間）．また，中途換金が認められる期間において中途換金をした場合は，直前2回分の各利子（税引前）相当額×0.79685が差し引かれる（中途換金調整額）．

また，海外投資家については，国債に係る海外投資家との関係強化の取組み（海外IR：Investor Relations）を平成17年1月以降，各国で実施し，日本の国債や経済・財政状況などについて説明している．海外IRの展開にあたっては，長期安定的に国債を保有する傾向が強い機関投資家を重点的に個別訪問し，よりきめ細かい投資ニーズの把握を行っているほか，各国の債務管理当局や国際機関と意見交換を実施し，連携を強化している．

(3) 国債費

主要経費項目の1つとしての国債費は，一般会計の負担に属する国債及び借入金の償還並びに国債及び借入金の利子等の支払に必要な経費と，これらの償還及び発行に必要な手数料等の経費を国債整理基金特別会計へ繰り入れるものなどである．

国債費は，大きく分けて，債務償還費，利子及割引料，国債事務取扱費から構成される．

• 債務償還費

60年償還ルールに基づき，前年度期首国債残高の100分の1.6に相当する額（定率繰入分）を繰り入れるなど，普通国債，交付国債及び出資・拠出国債並びに借入金等の償還に必要とされる額を計上するもの．

図表Ⅱ.12.4　令和５年度国債発行計画の概要

〈発行根拠法別発行額〉　（単位：兆円）

区分	令和５年度当初	対令和４年度当初
新規国債（建設・特例国債）	35.6	▲1.3 (36.9)
GX 経済移行債	0.5	＋0.5 ［皆増］
復興債	0.1	▲0.1 (0.2)
財投債	12.0	▲13.0 (25.0)
借換債	157.6	＋4.6 (152.9)
国債発行総額	205.8	▲9.3 (215.0)

〈消化方式別発行額〉　（単位：兆円）

区分		令和５年度当初	対令和４年度当初
カレンダーベース市中発行額		190.3	▲8.3
うち	40年債	4.2	―
	30年債	10.8	―
	20年債	14.4	―
	10年債	32.4	―
	５年債	30.0	―
	２年債	34.8	＋1.2
	１年割引短期国債	42.0	―
	６ヵ月割引短期国債	8.7	▲9.7
	10年物価連動債	1.0	＋0.2
	流動性供給入札	12.0	―
その他		15.5	▲1.0
合計		205.8	▲9.3

（注１）括弧内は令和４年度発行予定額（当初）
（注２）GX 経済移行債の発行額は，令和５年度分の0.5兆円のほか，令和４年度第２次補正予算で先行的に措置した1.1兆円分に係る借換債を合わせれば1.6兆円となる
（注３）計数ごとに四捨五入したため，合計において一致しない場合がある

・利子及割引料

国債，借入金，財務省証券の利子の支払に必要な経費.

・国債事務取扱費

国債の事務処理に必要な手数料及び事務費.

3　令和５年度国債発行計画の概要

令和５年度国債発行計画における国債発行総額は205.8兆円となっており，前年度当初比▲9.3兆円と減少傾向にはあるものの，引き続き高い水準が続いている.

発行根拠法別の内訳をみると，まず，一般会計予算の歳入となる新規国債（建設国債・特例国債）は，前年度当初比▲1.3兆円の35.6兆円となっている.

GX 経済移行債は，今後10年間で150兆円を超える GX 投資を官民協調で実

現していくため，創設されるものである．令和５年度予算におけるGX歳出の財源分としては0.5兆円の発行が予定されており，また，令和４年度第２次補正予算で先行的に措置した1.1兆円分に係る借換債を合わせれば，1.6兆円となる．具体的な発行方法については，これまでの国債と同様に，同一の金融商品として統合して発行することに限らず，国際標準に準拠した新たな形での発行も目指して，GX実行会議での議論や市場参加者の意見も踏まえ，関係省庁で協力して検討することとされている．

復興債は，東日本大震災からの復興のための施策に要する費用の財源に充てるため，復興特別税等の収入が確保されるまでのつなぎとして発行されるものであり，令和５年度は0.1兆円の発行が予定されている．財投債は，財政融資の新規貸付規模や財政融資資金全体の資金繰り等を勘案した結果，令和５年度は前年度当初比▲13.0兆円の12.0兆円となっている．

借換債は，過去に発行した国債の満期到来に伴う借換えのために発行するものであり，国債発行総額の大半を占めている．令和５年度の借換債発行額は，前年度当初比＋4.6兆円の157.6兆円となっている（図表Ⅱ.12.4）．

カレンダーベース市中発行額については，前年度当初比▲8.3兆円の190.3兆円となっている．その年限構成については，利付債の毎月の発行額は全年限において令和４年度２次補正後を維持したうえで，前年度からの減額を短期債の減額に充てることとされた．これにより，カレンダーベース市中発行額全体のうち短期債が占める割合は，前年度当初の30.4%から26.6%まで減少し，平均償還年限は８年１カ月に長期化する見込みとなった．

4 令和５年度国債費の概要

令和５年度一般会計予算における国債費は，25兆2503億円（前年度比9111億円増）となっており，一般会計の22.1%を占めるに至っている．

令和５年度国債費の内訳は，図表Ⅱ.12.5のとおりとなっている．

図表Ⅱ.12.5　国債費の内訳

（単位　億円）

		令和4年度（当初）	令和5年度	
				対前年度増減額
債務償還費		160,733	167,561	6,828
	公債等償還	157,537	164,466	6,928
	借入金償還	3,196	3,095	▲101
利子及割引料		82,472	84,723	2,250
	公債利子等	81,748	84,007	2,259
	借入金利子	125	116	▲9
	財務省証券利子	600	600	—
国債事務取扱費		187	220	33
計		243,393	252,503	9,111

コラム 格付について

格付とは，債券などの金融商品や，一般事業会社・金融機関・保険会社・地方自治体・国といったさまざまな経済主体の信用力についての，民間の格付会社の意見のことである．格付会社により多少標記は異なるが，AAA，AA，A，BBB，BB などといった簡便な符号で表されることが多い．また，各格付会社が独自に表明しているものであるため，同一の格付対象に対しての格付が，格付会社によって異なる場合もある．アメリカにおいて1900年代初頭に始まったとされるが，現在は，投資家が投資判断を行う際の信用リスク評価の参考として，金融・資本市場において広く利用されている．

一方で，格付の問題点も指摘されている．たとえば，格付には格付対象から依頼を受けて行う依頼格付と，格付対象からの依頼はないものの，格付会社側が自主的に行う非依頼格付がある．依頼格付の場合，格付会社は依頼者から報酬を受け取るため，利益相反構造が内在している可能性がある．また，格付を行うにあたって格付対象から入手した情報が，インサイダー取引などに利用されることがないよう，格付会社内での情報取扱いも注意されなければならない．非依頼格付の場合，依頼をしていないのに，格付が行われてしまった結果，格付対象側が不利益をこうむる恐れがある．また，正確な情報を十分に得ることが困難な状況で格付を行うこととなり，格付自体に対する信頼性が損なわれることもある．

(注) IOSCO（証券監督者国際機構）は，「信用格付機関の基本行動規範」において，信用格付機関が採用・遵守すべき行動規範として，①格付プロセスの品質と公平性，②信用格付機関の独立性と利益相反の回避，③信用格付機関の一般投資家及び発行体に対する責任，④行動規範の開示と市場参加者への情報提供などをあげている．

我が国の国債については，1990年代前半以降，順次主要格付会社が格付けを開始した．その後，平成10年から平成14年にかけて格付が累次にわたり引き下げられ，平成19年以降，一時は引き上げられてきたものの，平成23年1月27日にはスタンダード・アンド・プアーズ（S&P）が格付を AA から AA－に引き下げ，8月24日にはムーディーズ・インベスターズ・サービス

（Moody's）が格付をAa2からAa3に引き下げた．また，平成24年5月22日にはフィッチ・レーティングス（Fitch）がAA－からA＋に引き下げた．近年では，「財政赤字削減目標の達成可能性に関する不確実性の高まり」等を受け，平成26年12月1日には，Moody'sがAa3からA1に，平成27年4月27日には，FitchがA＋からAに，平成27年9月16日には，S&PがAA－からA＋に，それぞれ格付の引下げを行った．

結果として，我が国の国債格付は米英仏といった主要先進国より低く，中国と同程度の評価となっている（図）．

さらに，新型コロナウイルス感染症の影響による経済の下振れリスクや政府債務比率の増加等を背景として，令和2年6月にはS&Pが，令和2年7月にはFitchが，それぞれ格付けの見通しの引き下げを行った．（Fitchについては令和4年3月に，新型コロナによるマクロ経済や財政見通しへの不確実性が徐々に後退するにつれ，政府債務比率が中長期的に安定化することへの信頼度が上昇したことを背景に感染拡大前の見通しに戻している）．

世界に目を向けると，ギリシャでは平成20年秋のリーマン・ショックや，翌年の統計の不備の発覚等により，財政赤字や債務残高が非常に深刻な状況であることが顕在化した影響もあり，ギリシャに対する信用不安が表面化し，平成21年12月以降，格付会社から相次いで国債の格下げが行われた．また，ユーロ圏に加盟する国のうち，特に財政状況が悪化していたGIIPS諸国（ギリシャ，アイルランド，イタリア，ポルトガル，スペインの5カ国）では，財政に対する懸念から，ギリシャ以外の国でも平成22年4月から相次いで国債格付の引下げが行われた．近年では，ロシアによるウクライナ侵略を発端とした，各種制裁措置によるロシア経済の混乱や信用低下を背景に，相次いで格下げが行われた．（令和4年4月には，EUの制裁措置を受けて，各社は格付を取り下げている．）

ギリシャやGIIPS諸国のように，財政危機に陥った国では，年金・医療などの社会保障給付の大幅カットなど，財政健全化に取り組んでおり，一部の国ではこうした最近の財政再建の進展が一定程度評価されたことで格上げが行われているが，他の先進国と比較すると低い水準にとどまっている格付が多く，引き続き財政再建の努力が必要とされている．

主要格付会社によるソブリン格付一覧

（自国通貨建長期債務　2023/4/10現在）

	Moody's	S&P	Fitch	R&I	JCR
Aaa/AAA	アメリカ ドイツ カナダ	ドイツ カナダ	アメリカ ドイツ	アメリカ イギリス ドイツ フランス	日本 アメリカ イギリス ドイツ フランス カナダ
Aa1/AA +		アメリカ	カナダ	日本	韓国
Aa2/AA	フランス 韓国	イギリス（↓） フランス（↓） 韓国	フランス（↓）		スペイン 中国
Aa3/AA-	イギリス（↓）	アイルランド(↑)	韓国 アイルランド イギリス（↓）	中国 韓国 アイルランド	
A1/A +	日本 中国 アイルランド(↑)	日本 中国	中国		
A2/A		スペイン	日本	スペイン	イタリア ポルトガル
A3/A-			スペイン		
Baa1/BBB +	スペイン	ポルトガル	ポルトガル	イタリア	
Baa2/BBB	ポルトガル	イタリア	イタリア	ポルトガル	
Baa3/BBB-	イタリア（↓）				
Ba1/BB +		ギリシャ	ギリシャ	ギリシャ	
Ba2/BB					
Ba3/BB-	ギリシャ（↑）				
B1/B +					
B2/B					
B3/B-					
Caa1/CCC +			＼		＼
Caa2/CCC					
Caa3/CCC-			＼		＼
Ca/CC	ロシア（格付取り下げ済）	ロシア（格付取り下げ済）			
C			ロシア（格付取り下げ済）		ロシア（格付取り下げ済）
SD/RD	＼			＼	＼

（↑）は，アウトルックが positive となっていることを示す．
（↓）は，アウトルックが negative となっていることを示す．

近年の我が国の国債格付は，主要格付会社からは，「経済成長率が継続的かつ大幅に他の高所得経済の国々を下回る場合には格下げする可能性がある」などと指摘されており，我が国の経済・財政に対する取組が市場からつねに厳しい目で見られていることを忘れてはならない．前述のとおり，我が国の債務残高は他に例をみないほどの水準まで累増しており，このような厳しい財政状況を放置して，欧州諸国のように財政の持続可能性に対する市場の信認が失われ，急激な金利の上昇が発生した場合には，経済・財政・国民生活が危機的な状況に陥ることになる．したがって，我が国の財政に対する市場からの信認を維持するためにも，財政規律を維持し，財政健全化を着実に進めていくことが重要である．

第13章

地方財政

1 ポイント

地方財政は，約1800の地方公共団体（都道府県及び市区町村）が地方行政を実施するための財貨を取得し，これを管理し，支出する経済活動である．地方公共団体は，教育，警察，消防など国民生活に密接に関係する行政サービスを提供しており，国の財政とともに，公経済を構成している．

地方財政の実情は地方公共団体個々によって異なり，地方公共団体の数だけ地方財政が存在することになるが，地方財政をあえて総体的に捉えたものが地方財政計画であり，その歳出規模（通常収支分）は令和５年度予算で92.0兆円と国の一般会計歳出の規模114.4兆円を下回っている．また，決算（令和３年度）ベースで比較して見ると，地方の普通会計の財政規模は123.4兆円と国の一般会計の財政規模144.6兆円と同程度である．もっともこの比較は，単純に形式上の決算規模を比較したものにすぎず，実際には国家財政と地方財政にも相互に重複する部分が相当含まれている．すなわち，国の歳出には地方公共団体に対する支出が含まれている一方，地方公共団体の歳出には国に対する支出が含まれている．そこで，このような重複分を除いた純計のかたちにして，国・地方のいずれがその金額を最終的に支出したかを比較すれば，国が97.3兆円に対し地方は122.6兆円と，地方財政の実質規模は国家財政の実質規模の約1.3倍となっており，地方が国と並んで「公経済を支える車の両輪」であることがわかる（図表Ⅱ.13.1）．

我が国財政の特徴の１つとして，国と地方とで財政事情の厳しさに明確な差

図表Ⅱ.13.1 国と地方の税財源配分と歳出割合

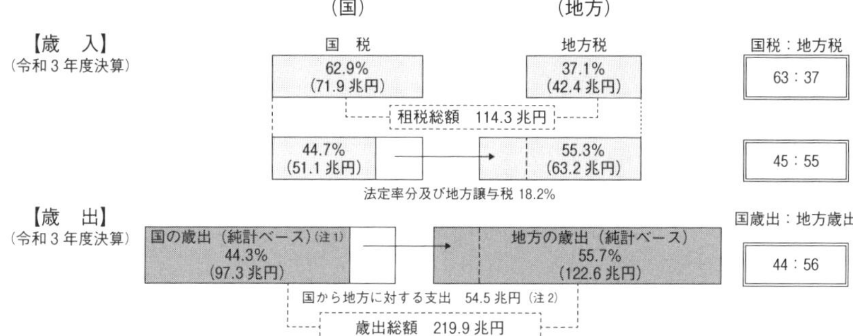

(注1) 国の歳出額は，令和3年度については，一般会計と交付税及び譲与税配付金特別会計，エネルギー対策特別会計，年金特別会計（子ども・子育て支援勘定のみ），食料安定供給特別会計（国営土地改良事業勘定のみ），自動車安全特別会計（空港整備勘定のみ），東日本大震災復興特別会計の6特別会計との純計決算額であり，令和2年度以前においても，一般会計とこれらの特別会計に相当する特別会計がある場合には，それらの特別会計との純計決算額である．

(注2)「国から地方に対する支出」は，地方交付税（地方分与税，地方財政平衡交付金，臨時地方特例交付金及び特別事業債償還交付金等を含む．），地方特例交付金等，地方譲与税及び国庫支出金（交通安全対策特別交付金，国有提供施設等所在市町村助成交付金及び地方債のうち特定資金公共投資事業債を含む．）の合計額であり，地方の歳入決算額によっている．

出典)「地方財政の状況（令和5年3月)」等

が認められる点があげられるが，これは，バブル経済崩壊後の景気低迷，リーマン・ショック等にともなう景気後退や減税にともなう税収の落込みによる地方財政の悪化により，その財源不足の補塡を行うための地方交付税の各種加算が赤字国債の累増をともない，現在の国の深刻な財政事情の要因となっていることに留意する必要がある．こうした国の著しい財政状況に対して，総体としての地方は，プライマリー・バランスが黒字基調を続け，長期債務残高も近年微減傾向となってきた．

こうした現状を踏まえれば，地方財政についても，地方自らによる歳入確保の取組みを促進するとともに，国の取組みと基調を合わせ，地方歳出の見直し・抑制を図っていくことがますます重要となっている．

2 基礎知識

(1) 地方公共団体の予算制度

地方公共団体の予算制度は，「地方自治法」で統一的に定められているが，基本的に国の予算制度と同様となっている．

地方公共団体の予算は，会計区分では一般会計と特別会計に分類され，特別会計には，国の法令により義務づけられているものと，各地方公共団体が任意に設置するものとがある．また，地方公共団体ごとに一般会計，特別会計の範囲は様々であることから，地方財政を統一的に把握するため，統計区分として普通会計と公営事業会計に分類する統一基準を設けている（図表Ⅱ.13.2）．

普通会計とは，地方公共団体の一般会計と，公営事業会計を除く特別会計を合算し会計間の重複等を控除したもので，通常，単に地方財政という場合は，この普通会計を指すことが多く，国の一般会計と対比される．

一方，公営事業会計は，地方公共団体の企業活動の収支を表すもので，公営企業会計，収益事業会計，国民健康保険事業会計などの事業会計を指す．このうち公営企業会計に属する地方公営企業とは，経費を料金収入などでまかなう独立採算を原則とし，公共福祉を目的として経営される企業であり，水道，交通，病院，下水道事業などの地域住民の生活に不可欠なサービスを提供している．ただし，地方公営企業は，その性格から企業負担させることが困難，または適当でないと認められる費用もあるため，地方の普通会計から地方交付税などを財源とした財政措置が講じられているほか，地方公営企業が発行する地方債に対して，政府資金や地方公共団体金融機構などによる引受けが行われている．

(2) 地方交付税制度の仕組み

地方財政の一般論からいえば，地方団体の行政に必要な財源は，それぞれの地域社会が負担することが望ましい．だが，地方団体の自らの財源調達能力には著しい地域格差が見られる．そのため，国は，国民の租税負担の公平化や一定の行政水準の維持などの観点から，地方交付税などにより，財政力の格差の調整や地方行政を実施するために必要な財源の保障を行っている（図表Ⅱ.13.1）．

(イ) 地方交付税

地方交付税は，税源の偏在からくる地方団体間の財政力格差を調整（財源調整機能）し，財政力の弱い地方団体であっても一定水準の行政サービスを行うことができるよう，必要な財源を保障する機能（財源保障機能）をもっている．

図表Ⅱ.13.2　地方財政の構造

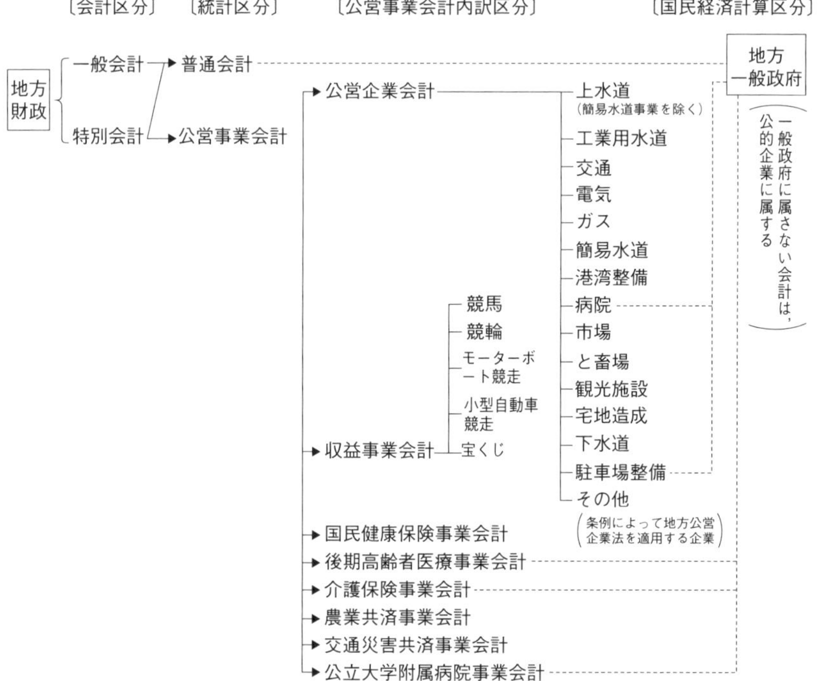

実際，図表Ⅱ.13.3のように，財政力の弱い（財政力指数の低い）団体では交付税の比重が大きくなることで財源調整が行われている．

（注）財政力指数は地方公共団体の財政力を示す指標で，基準財政収入額を基準財政需要額で除して得た数値の過去３年間の平均値．財政力指数が高いほど，普通交付税算定上の留保財源が大きいことになり，財源に余裕があるといえる．

地方交付税制度の運営の基本としては，①地方交付税の総額を，財政需要額が財政収入額をこえる地方団体に対し，衡平にその超過額を補てんすることを目途として交付しなければならない（地方交付税法第３条第１項），②交付にあたっては地方自治の本旨を尊重し，条件をつけ，またはその使途を制限してはならない（同法第３条第２項），③地方団体は，その行政について，合理的，かつ，妥当な水準を維持するように努め，少なくとも法律またはこれに基づく政令により義務づけられた規模と内容とを備えるようにしなければならない（同

図表Ⅱ.13.3　歳入総額に占める一般財源の割合の分布状況（令和3年度決算　道府県）

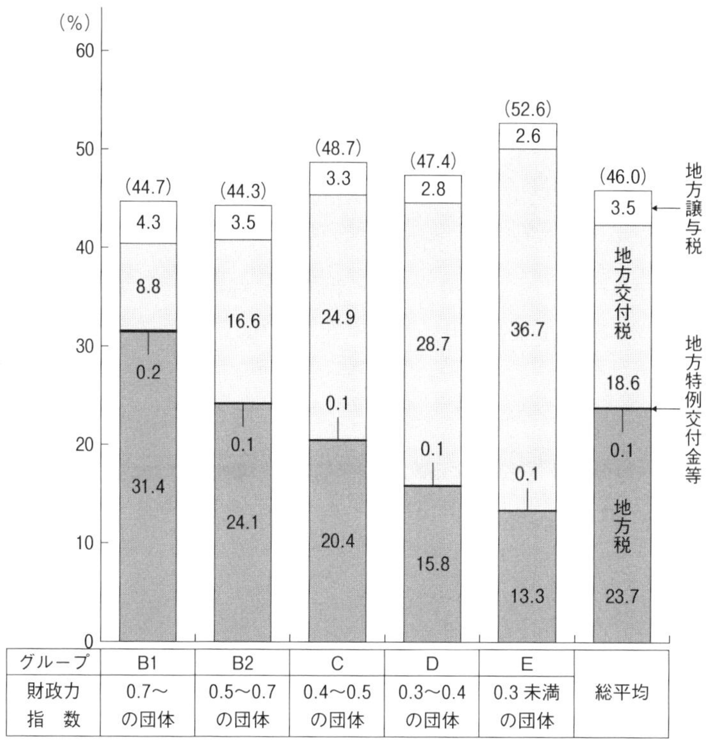

グループ	B1	B2	C	D	E	総平均
財政力指数	0.7～の団体	0.5～0.7の団体	0.4～0.5の団体	0.3～0.4の団体	0.3未満の団体	

1．数値は，歳入総額に対する一般財源の割合である．
2．地方税の額は，利子割交付金，配当割交付金，株式等譲渡所得割交付金，分離課税所得割交付金，地方消費税交付金，ゴルフ場利用税交付金，特別地方消費税交付金，自動車取得税交付金，軽油引取税交付金，自動車税環境性能割交付金及び法人事業税交付金に相当する額を除いたものである．
3．グループ別の該当団体
B1　愛知県，神奈川県，千葉県，埼玉県，大阪府
B2　静岡県，茨城県，福岡県，兵庫県，栃木県，群馬県，宮城県，広島県，三重県，京都府，滋賀県，岐阜県，福島県，岡山県，長野県
C　石川県，富山県，香川県，新潟県，北海道，山口県，愛媛県，奈良県，福井県，熊本県
D　山梨県，大分県，山形県，沖縄県，岩手県，佐賀県，青森県，宮崎県，鹿児島県，長崎県，和歌山県，徳島県，秋田県
E　鳥取県，高知県，島根県
4．東京都については，総平均から除いている．

法第3条第3項），と法律上定めている．

（ⅰ）交付税の「総額」の決定

各年度の地方交付税の総額は，地方財政計画の歳入と歳出の差額（地方財源不足）を補塡するなかで決定される．

具体的には，令和５年度の地方交付税は，地方交付税法の本則に定められた，いわゆる法定率分（所得税及び法人税の33.1%，酒税の50.0%，消費税の19.5%）及び地方法人税の全額と法定加算（別途法定された各年度の加算額）との合算額となることを基本としている（図表Ⅱ.13.4）.

この法定率分などに地方税などのその他の歳入を加えた合計額と，各年度の地方財政計画の歳出総額との間に乖離（折半対象財源不足）が生じる場合，現行の補塡スキームにおいては，国と地方が折半して負担することとなっている.

この際，国負担分は一般会計からの特例加算，地方負担分は「地方財政法」第５条の特例となる赤字地方債（臨時財政対策債）により補塡することとされている.

（ⅱ）交付税の「交付額」の決定

地方交付税は，総額の94%に相当する額が普通交付税，残りの６%に相当する額が特別交付税として，基準財政需要額の算定などを通じて，各地方団体に配分される.

(a) 普通交付税

普通交付税は，基準財政需要額が基準財政収入額を超える団体について，その差額（財源不足額）が交付されるものである.

これを算式で示せば，

基準財政需要額－基準財政収入額＝普通交付税額

となる.

① 基準財政需要額

基準財政需要額とは，各地方団体の財政需要を合理的に測定するためのものであって，その内容は全国標準に基づいて，合理的で妥当な水準において行政を行うため必要とする経費のうち，一般財源をもってまかなわれるべきものの額であり，使用料，手数料などの特定財源をもってまかなわれるべきものは除外される．ただし，地方向け補助金等が交付される事業について，地方団体が負担すべき部分（いわゆる補助裏）は基準財政需要額に算入される.

これを算式で示せば，

基準財政需要額＝ 単位費用（測定単位１当たりの費用） × 測定単位（人口，面積など） × 補正係数（段階補正，寒冷補正など）

図表2.13.4 地方交付税 法定率の推移

（単位：%）

年度	地方交付税率			
	国税三税	消費税	たばこ税	地方法人税
1954（昭29）	（当初予算） 所得税19.66 法人税19.66 酒税20.0 （補正後予算） 所得税19.874 法人税19.874 酒税20.0			
1955（昭30）	22.0			
1956（昭31）	25.0			
1957（昭32）	26.0			
1958（昭33）	27.5			
1959（昭34） ～ 1961（昭36）	28.5			
1962（昭37） ～ 1964（昭39）	28.9			
1965（昭40）	29.5			
1966（昭41） ～ 1988（昭63）	32.0			
1989（平元） ～ 1996（平８）	32.0	24.0	25.0	
1997（平９） ～ 1998（平10）	32.0	29.5	25.0	
1999（平11）	所得税32.0 法人税32.5 酒　税32.0	29.5	25.0	
2000（平12） ～ 2006（平18）	所得税32.0 法人税35.8 酒　税32.0	29.5	25.0	
2007（平19） ～ 2013（平25）	所得税32.0 法人税34.0 酒　税32.0	29.5	25.0	
2014（平26）	所得税32.0 法人税34.0 酒　税32.0	22.3	25.0	100.0
2015（平27） ～ 2018（平30）	所得税33.1 法人税33.1 酒　税50.0	22.3		100.0
2019（令元）	所得税33.1 法人税33.1 酒　税50.0	20.8		100.0
2020（令２） ～ 2023（令５）	所得税33.1 法人税33.1 酒　税50.0	19.5		100.0

（注）各種の補正係数は，地方団体ごとの自然条件や社会条件などの違いによる行政経費の差を反映するもの．

② 基準財政収入額

基準財政収入額とは，各地方団体の財政力を合理的に測定するため，標準的な状態において徴収が見込まれる税収入の一定割合を地方交付税法の規定により算定した額のことである．

（b）特別交付税

特別交付税は，基準財政需要額の算定方法によって捕捉されなかった特別の財政需要（例：災害，干・冷害など）がある場合，また基準財政収入額のうち著しく過大に算定された財政収入（例：法人税割修正など）がある場合に，それらの事情を考慮して交付されるものである．

（iii）地方交付税額決定までの流れ

地方交付税額が決定されるまでの流れは，まず，予算編成時（９月～12月）に，①地方の翌年度の歳出歳入を見込み，収支過不足を見積もる，②収支不足を補塡するため，法定率分を計上するとともに，それでも不足する場合には，法定率分に加えて，一般会計からの特例加算などを行って交付税を増額する，という流れで，総務省と財務省の折衝を経て，交付税総額が決定される．さらに予算編成後（１月～７月）に，①予算編成で決定した交付税総額を各地方団体に配分するため，基準財政需要額の算定の基準（単位費用，測定単位，補正係数）を毎年改定し，②改定した算定基準により，各地方団体の基準財政収入額と基準財政需要額を算定して普通交付税の各地方団体への配分額を決定している．普通交付税は８月31日までに，特別交付税は12月と３月に総務省により決定されることになっている．

（注）平成23年度の地方交付税法の改正により，大規模災害等の発生時において，12月と３月の定例の決定・交付とは別に，そのつど，特別交付税の額を決定・交付することができる特例が新設された．

（ロ）地方財政対策

現在の地方財政制度は，国・地方間の税財源配分の１つとして，国から地方団体に対し一般財源として交付される地方交付税制度を１つの大きな柱として成り立っている．

この地方交付税制度においては，各年度における地方交付税の法定率分などと地方財政の収支見通しによる所要の財源との間に乖離（財源不足）が生じる場合に，どのようなかたちで，総額としての地方交付税を含めた所要の地方財源を確保していくかが問題となる．

この問題への対応がいわゆる地方財政対策である．

各年度の地方財政対策にあたっては，公経済を支える車の両輪である国と地方が，バランスのとれた財政運営を行う必要があるという基本的な考え方を踏まえ，地方財政の運営に支障が生ずることのないよう所要の措置を講ずることとされている．

地方財政対策にかかる一連の流れを整理すると，次のようになる．

まず地方財政の収支見通しを行い，そこで発生する地方の財源過不足を算定する．そしてその不足分に対して，地方交付税や地方債などにより所要の財源を措置する地方財政対策を行う．その結果，地方交付税などの総額が決定され，地方全体としての歳入・歳出が確定し，地方財政計画が策定される．

また，国の一般会計及び特別会計予算における地方交付税交付金も，この地方財政対策を踏まえて決定されるため，地方財政対策は，国の予算編成においても大きな意味をもっている．

(ハ) 地方財政計画

地方財政計画は，例年12月頃までに行われる地方財政収支見通し，地方財政対策，国の一般会計予算（政府案）を踏まえ，例年２月に内閣が国会に提出するもので，約1800の地方団体の普通会計をいわば１つの財政主体とみなし，その翌年度の歳入・歳出の姿を一元的に示すものであり，地方交付税を除いて主に以下の歳入・歳出項目で構成される（図表Ⅱ.13.5）.

（ｉ）歳入

① 地方税

地方税は，課税団体の種類により道府県税と市町村税に分かれ，その使途によって普通税と目的税に分かれる．普通税とは，その税の使途が特定されていないものであり，目的税とは，その税の使途が特定されているものである．

また，地方税には，地方税法で税目その他が規定されているもの以外に，条例可決の後に，地方団体が国との協議・同意を経て設けることのできる法定外税（法定外普通税，法定外目的税）がある．

地方財政計画上の地方税収は，法定税目の収入見込額の標準税率分が計上されており，法定外税による収入や標準税率を超えた課税（超過課税）による収入については計上されない．

(注) 標準税率とは，地方団体が課税する場合に通常よるべき税率で，総務大臣が地方交付税の額を定める際に基準財政収入額の算定の基礎として用いる税率．

図表Ⅱ.13.5　令和５年度地方財政計画（通常収支分）の各費目の概要

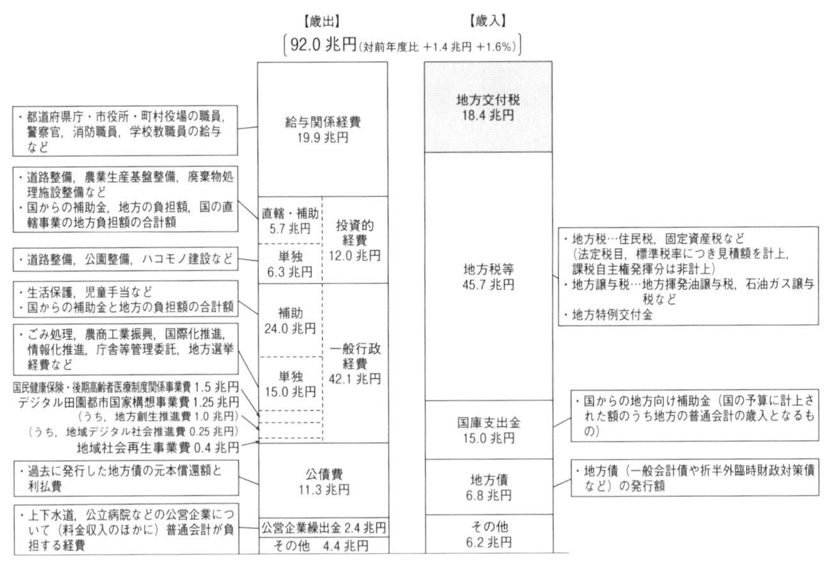

②　地方譲与税

地方譲与税は，それぞれの法律の目的・経緯に基づき国税として徴収した租税を，客観的基準によって地方公共団体に譲与するものである．令和５年度は，地方譲与税として，地方揮発油譲与税，森林環境譲与税，石油ガス譲与税，特別法人事業譲与税，自動車重量譲与税，航空機燃料譲与税及び特別とん譲与税の７種類がある．

地方揮発油税，石油ガス税，自動車重量税，航空機燃料税及び特別とん税は，国税として徴収され国税収納金整理資金に受け入れられ，地方揮発油税及び特別とん税収額の全額，石油ガス税収額の２分の１，自動車重量税収額の1000分の431，航空機燃料税収額の13分の４が，同資金から交付税特会へ繰り入れられ，そこから地方公共団体に譲与されている．また，国税として徴収される特別法人事業税収額の全額が，国税収納金整理資金に収納されることなく，交付税特会に直接繰り入れられ，そこから地方公共団体に譲与されている．さらに，森林環境税収額についても，令和６年度以降，地方公共団体に譲与される予定である．なお，森林環境譲与税は令和元年度から開始されており，森林環境税が課税されるまで地方公共団体金融機構の公庫債権金利変動準備金をもって地方公共団体に譲与することとされている.

(注) 自動車重量譲与税について，本来は収入額の1000分の357とされているが，当分の間譲与割合が引き上げられている※.

また，航空機燃料譲与税について，本来は収入額の13分の2とされているが令和5年度及び6年度においては，13分の4が適用されている．なお，航空機燃料税の税率が引き上げられることに伴い，航空機燃料税の譲与割合を引き下げる等所要の措置を講じている.

※令和元～令和3年度：348/1000（当分の間422/1000）
令和4～令和15年度：357/1000（当分の間431/1000）
令和16年度　　　　：401/1000（当分の間475/1000）
令和17年度以降　　：416/1000（当分の間490/1000）

③ 地方特例交付金

地方特例交付金は，国の一般会計から交付税特会を通じて，地方公共団体に交付される．また，地方特例交付金は普通交付税の算定に際し，地方税と同じ取扱いとし，75％が基準財政収入額に算入される.

例えば，個人住民税における住宅借入金等特別税額控除による減収額の一部を補塡する措置がある.

④ 国庫支出金

国は地方公共団体に対して補助金，交付金，負担金，補給金など様々な名称で支出金を交付しているが，そのうち地方交付税など一般財源であるものを除く，使途を特定した支出金を国庫支出金という.

⑤ 地方債

地方公共団体の歳出は，原則として地方債以外の歳入をもって，その財源としなければならないが，公共事業の建設や，災害復旧事業を行う場合などにおいては，当該年度に調達される歳入のみではまかないきれない場合がある．また，世代間の公平を図る観点からは，当該年度に調達される歳入のみで経費をすべてまかなうことが不適当な場合もある．これらの場合については，地方債を発行し資金調達を行うことになる.

平成18年度に，地方債許可制度が廃止され，協議制度へ移行した．従来の許可制度においては，地方債を発行するにあたり，地方公共団体は総務大臣また

図表Ⅱ.13.6 地方債起債手続きの概要

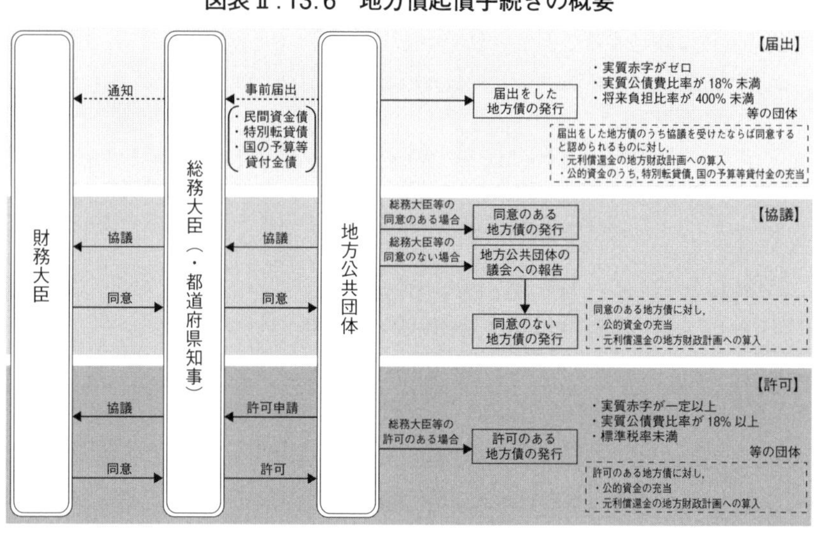

は都道府県知事の許可を受けなければならないとされていたが，協議制度においては原則として，総務大臣または都道府県知事と協議を行うことにより，仮にその同意が得られない場合でも，あらかじめ議会に報告することで，地方債を発行できることとした．一方，実質収支の赤字が一定以上の団体，公債費などの比率が一定以上の団体及び赤字公営企業などについては，地方債を発行するときには総務大臣または都道府県知事の許可を受けなければならないとしている．

さらに平成24年度に，地域の自主性及び自律性を高める観点から，協議制度を一部見直し，財政状況について一定の基準を満たす地方公共団体については，原則として，民間等資金債の起債にかかる協議を不要とし，事前に届け出ることで起債することができる事前届出制度が導入されている．また平成28年度からは，届出基準が一部緩和されるとともに，公的資金の一部（特別転貸債・国の予算等貸付金債）に事前届出制度が導入されている（図表Ⅱ.13.6）．

（ⅱ）歳出

① 給与関係経費

都道府県庁・市役所・町村役場の職員，警察官，消防職員，学校教職員の給

与，地方公務員共済組合負担金，退職金，委員等報酬，議員報酬手当などが計上されている．

② 一般行政経費

地方財政計画上の歳出総額から，給与関係経費，公債費，維持補修費，投資的経費及び公営企業繰出金などとして別途計上している経費を除いたものであり，広範な内容にわたっている．地方財政計画上，国からの補助金などをともなうもの（補助分）と，ともなわないもの（単独分）に区分して計上されている．

③ 公債費

地方債の元本返済と利払いに必要な経費のことで，過去に発行した地方債の元利償還費が計上されている．

④ 投資的経費

道路，橋りょう，公園，学校，公営住宅の建設などの社会資本整備に要する経費であり，補助事業費と単独事業費に分けられる．このうち，補助事業費は国からの補助金に地方負担を加えた額に，国の直轄事業の地方負担額を加えて計上されている．

⑤ 公営企業繰出金

上下水道，病院などの事業を行う地方公営企業について，普通会計の負担分として，普通会計から公営企業会計に繰り出される経費のことで，事業ごとに定める基準に基づき所要額が計上されている．

(3) 地方分権改革の推移

国と地方公共団体の役割分担や行政体制のあり方などについては，旧来，政府における臨時行政調査会などの場において様々な議論がなされてきたが，平成5年6月の衆・参両院における「地方分権の推進に関する決議」を契機として，地方分権に関する議論が本格化した．たとえば，同決議及び同年10月の臨時行政改革推進審議会最終答申において，地方分権の推進に関する法律の制定が提言され，これを受けて平成7年5月に「地方分権推進法」が成立した．そして，同法に基づき設置された地方分権推進委員会における議論及び累次の答申を踏まえ，平成10年5月には「地方分権推進計画」が閣議決定され，さらに，平成11年7月には「地方分権一括法」が成立した．これにより，機関委任事務の廃止や地方公共団体に対する国の関与の見直しが実施され，国と地方公共団体との間に対等・協力という新しい関係が構築された．

また，地方財政のあり方についても，地方分権の重要な論点の1つとして活発に議論されてきた．たとえば，「地方分権推進計画」においては，地方公共団体の自主性・自立性を高める見地から，国庫補助負担金の整理合理化や地方債許可制度の廃止（事前協議制への移行）などの見直しが盛り込まれている．他方，平成13年6月の地方分権推進委員会最終報告においては，さらなる分権改革の課題として，地方財政秩序の再構築が掲げられ，また，その方策として，国と地方の税源配分の見直しによる地方税収の充実及び国庫補助負担金や地方交付税といった依存財源の縮減が示された．

こうした問題は，地方分権推進委員会の後継組織である地方分権改革推進会議に引き継がれ，同会議において議論が行われた．そして，「経済財政運営と構造改革に関する基本方針2002」（平成14年6月25日閣議決定）において，「国庫補助負担金，交付税，税源移譲を含む税源配分のあり方を三位一体で検討」と記されて以降，いわゆる三位一体の改革として，大規模な議論が行われることとなった（図表Ⅱ.13.7）．

三位一体の改革の目的は，「経済財政運営と構造改革に関する基本方針2003」（平成15年6月27日閣議決定，以下「基本方針2003」）に示されているように，

① 地方における受益と負担の関係を明確化し，地方が自らの支出を自らの権限，責任，財源でまかなう割合を増やし，真に住民に必要なサービスを地方自らの責任で自主的，効率的に選択する幅を拡大すると同時に，

② 国・地方ともに非常に厳しい財政状況のもとで，地方の自立を支える財政基盤の構築のため，国・地方全体の行政のスリム化も進めることにより，行財政システムを持続可能なものへと変革し，「効率的で小さな政府」を実現することにある．

「基本方針2003」では，このほか，国庫補助負担金改革，地方交付税改革及び税源移譲の各分野における基本的な考え方が示された．たとえば，廃止される国庫補助負担金のなかで，引き続き地方が行う必要のあるものについてのみ税源移譲を行うことや，地方交付税を受けない不交付団体の人口割合を大幅に

図表Ⅱ.13.7 地方が決定すべきことは地方が自ら決定するという地方自治の本来の姿の実現に向けた改革

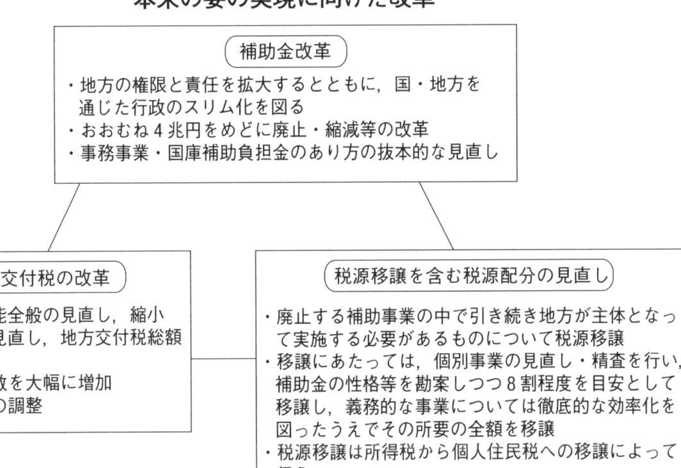

(注)「経済財政運営と構造改革に関する基本方針2003」(平成15年６月27日閣議決定）などより作成.

高めていくことなどが掲げられている．また，国庫補助負担金改革については，４兆円程度の廃止・縮減などという数値目標も設けられ，さらに，「経済財政運営と構造改革に関する基本方針2004」（平成16年６月４日閣議決定）においては，税源移譲についておおむね３兆円規模を目指すとの目標が掲げられた.

これら累次の基本方針を踏まえ，関係大臣間や地方公共団体との間で精力的な議論が行われた結果，平成16～平成18年度予算において，約4.7兆円の国庫補助負担金の改革，約３兆円の税源移譲，約5.1兆円の地方交付税及び臨時財政対策債の総額抑制といった改革が実現した．この三位一体改革については，平成20年11月26日の財政制度等審議会の「平成21年度予算の編成等に関する建議」において，以下のような意見が述べられている．「三位一体改革前の平成15年度（2003年度）と平成20年度（2008年度）を比較してみると，地方税，地方譲与税，地方特例交付金，地方交付税及び臨時財政対策債の合計である地方一般財源は，2.1兆円増加している．……（中略）
……この間の推移を見ると，地方交付税は2.7兆円減少しているが，地方税は当該減少分を大きく上回って5.3兆円（税源移譲3兆円を含まないベース）増加している．臨時財政対策債は3兆円の減少であるが，そもそもこれは赤字地方債であり，歳出削減努力を通じて縮小していくべきものである．この間，給与関係経費の縮減（1.2兆円），地方の債務残高の減少に伴う公債費の減（0.4兆円）を始めとして，2.8兆円の歳出削減を実施しており，これに見合って赤字地方債が縮減されてきたものである．

なお，地方交付税と臨時財政対策債を合計すれば5.7兆円の減少であるが，地方税はこれを概ね埋め合わせるだけ増加している．この上，給与関係経費の縮減や公債費の減少等の歳出減があるため，総体としての地方は，交付税が削減されて財政が悪化しているわけではなく，一般財源比率が上昇するなど，むしろ財政体質の改善を示している．」

平成21年9月以降の民主党政権では，国と地方公共団体の関係を対等の立場で対話のできる新たなパートナーシップの関係へと転換し，国民が，地域の住民として，自らの暮らす地域のあり方について考え，主体的に行動し，その行動と選択に責任を負うという住民主体の発想に基づき，地域主権改革の取組みが進められた．

具体的には，地域主権改革の理念及び改革を推進するための講ずべき措置等を定めた「地域主権戦略大綱」（平成22年6月22日閣議決定）が策定された．そうした方針を踏まえ，平成23年度予算においても，地域の自由裁量を拡大するため，各府省の枠にとらわれずに地方公共団体が自主的に事業を選択できる地域自主戦略交付金等を創設し，平成24年度も対象事業の拡大や政令指定都市への導入を行うといった取組みが行われた．

政権交代により，平成24年12月に発足した安倍内閣では，日本国憲法の国民主権の理念のもとに，住民に身近な行政は，地方公共団体が自主的かつ総合的に広く担うようにするとともに，地域住民が自らの判断と責任において地域の諸課題に取り組むことができるようにするための地方分権改革の取組みが進められている．具体的には，申請窓口の一元化や手続きの簡素化等について地方から課題の指摘がなされていた地域自主戦略交付金を平成25年度に廃止し，各省庁の交付金等に移行するとともに，移行先の各省庁において交付金のメニューの大括り化や事務手続きの簡素化などの運用改善等を行うことで，地方の意見を踏まえつつ，より使い勝手のよい制度に改める取組みなどが行われている.

また，地方分権改革の推進は，地域が自らの発想と創意工夫により課題解決を図るための基盤となるものであり，地方創生においてきわめて重要なテーマであることから，国から地方への権限移譲や規制緩和に関する地方からの提案について最大限の実現を図るなど制度改正を強力に進めていくとともに，改革成果の情報発信や優良事例の展開等を図っていくこととしている.

(4) 東日本大震災への対応

未曾有の甚大な被害をもたらした東日本大震災については，累次にわたる予備費の活用，平成23年度1次補正予算，2次補正予算により所要の対応が講じられた後，平成23年7月29日には，東日本大震災復興対策本部において「東日本大震災からの復興の基本方針」(以下「基本方針」) が決定され，平成27年度末までの「集中復興期間」に実施すると見込まれる施策・事業は，これらのすでに対応した分も含めて少なくとも19兆円程度に上るものとされた. そして，その財源のうち平成23年度1次補正予算や2次補正予算等においてすでに確保されたものを除く分については，歳出の削減や税外収入の確保さらには時限的な税制措置によって確保するものとされた. その後，平成25年1月には，平成25年度を含め今後の事業費が19兆円を上回る部分について，日本郵政株式の売却収入等の6兆円程度を充て，復興財源フレームの規模を25兆円程度と見直し，復興財源に対する被災地の不安を払拭することとされた. さらに，平成27年6月には，平成28年度から令和2年度までの「復興・創生期間」を含む復興期間10年間における復興事業費を合計32兆円程度と見込み，平成27年度までに計上した復興財源を上回る部分については，税外収入の確保や一般会計からの繰入れによって適切に確保することとされた. さらに，復興の状況に応じた取組みが必要との考えから，令和2年7月には，令和3年度から令和7年度までを「第2期復興・創生期間」と位置付けるとともに，平成23年度から令和7年度までの15年間における復旧・復興事業規模と財源は合計32.9兆円程度でおおむね見合うものと見込まれている.

東日本大震災への対応については，甚大な被害が広範囲に及んでいることや被災団体に財政力が低い地方公共団体が多いことなどを踏まえ，この事業規模の見込みとこれに対応する所要の財源の確保が時限的な税制措置等により適切に行われることを前提として，国費による措置をできる限り拡充することとする一方，なお生じる地方負担分については，「基本方針」において，「地方交付税の加算を行う等により確実に地方の復興財源の手当てを行う」ことが明記された.

これを受け，国税における時限的な税制措置としての復興特別所得税や復興特別法人税等を定める「東日本大震災からの復興のための施策を実施するために必要な財源の確保に関する特別措置法」が平成23年11月30日に成立することとなり，これを前提とした地方財政への対応として，

①全国防災事業（全国的に直轄・補助事業として行われる緊急防災・減災事業）の地方負担分さらには各地方団体で地方単独事業として行われる緊急防災・減災事業については，地方税における時限的な税制措置（個人住民税の均等割の標準税率の10年間の引上げ等）でまかなう一方，

②緊急防災・減災事業の地方負担分を除く復旧・復興事業の地方負担分や地方税の特例減税措置等にともなう減収分については，上記の国税における時限的な税制措置により最終的に財源が確保されることを踏まえ，その全額を震災復興特別交付税（東日本大震災に対処するために通常の地方交付税の総額とは別に加算された特別交付税）で措置する，

との基本的枠組みが構築された.

令和５年度地方財政対策においては，直轄・補助事業の地方負担分（公営企業債等によりまかなうこととされている地方負担額を除く）として530億円，地方単独事業分（中長期職員派遣，職員採用，単独災害復旧事業等）として124億円，地方税の特例減税措置等にともなう減収分への対応として281億円，合計935億円を計上し，東日本大震災からの復旧・復興への対応に万全を期すこととしている．なお，この震災復興特別交付税の財源は，全額，東日本大震災復興特別会計（復興特会）から交付税特会に繰り入れられる.

(5) 国と地方，地方公共団体間の比較

(イ) 国と地方の財政状況

国の債務残高は令和５年度末で1097兆円程度と見込まれており，交付税等移転後の税収53.8兆円に対して約20.4倍である．一方，地方の債務残高は令和５年度末で183兆円程度と見込まれており，交付税等移転後の税収63.5兆円に対して約2.9倍である．また，令和５年度の国のプライマリー・バランスは▲28.0兆円の赤字である一方，地方は＋5.1兆円の黒字である．この２点で見ても，国と総体としての地方の財政状況を比較した場合には，国の方がきわめて厳しい財政状況にあるといえる（図表Ⅱ.13.8～図表Ⅱ.13.10）．

(ロ) 地方間の財政状況

厳しい国の財政状況に比べれば，総体としての地方の財政状況は良いといえるが，各地方公共団体間には，地方税収が十分に確保できていない団体がある一方で，財政余剰が発生する団体があるというように，財政力に格差がある（図表Ⅱ.13.11）．

図表Ⅱ.13.8 国と地方の財政状況

○ 債務残高と税収の比率（令和５年度）

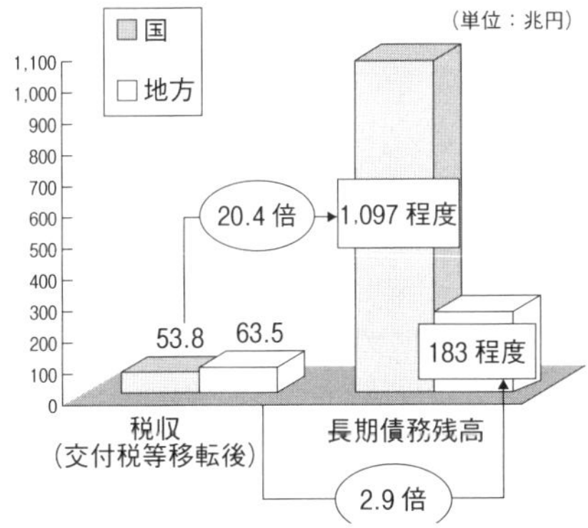

（単位：兆円）

国
地方
20.4倍
1,097程度
53.8
63.5
183程度
税収（交付税等移転後）
長期債務残高
2.9倍

○ 国と地方の基礎的財政収支

	令和３年度	令和４年度	令和５年度
国	▲35.6兆円	▲52.1兆円	▲28.0兆円
地方	5.2兆円	2.8兆円	5.1兆円

○ 国と地方の財政収支

	令和３年度	令和４年度	令和５年度
国	▲40.7兆円	▲57.0兆円	▲33.1兆円
地方	4.2兆円	1.6兆円	4.1兆円

○ 国と地方の長期債務残高

	令和４年度末	令和５年度末	増減額
国	1,068兆円	1,097兆円	＋29兆円
地方	187兆円	183兆円	▲4兆円

（注） 国と地方の基礎的財政収支，国と地方の財政収支は，「中長期の経済財政に関する試算」（令和５年１月24日内閣府）．
長期債務残高は，国については，令和４年度は第二次補正後予算，令和５年度は当初予算に基づく見込み，地方については，地方債計画等に基づく見込み．
交付税及び譲与税配付金特別会計の借入金は，地方負担分であることから，地方に計上している．

図表Ⅱ.13.9　国と地方の長期債務残高の推移

国の長期債務残高は，年々増加の一途であるのに対し，地方の長期債務残高は近年横ばい傾向．

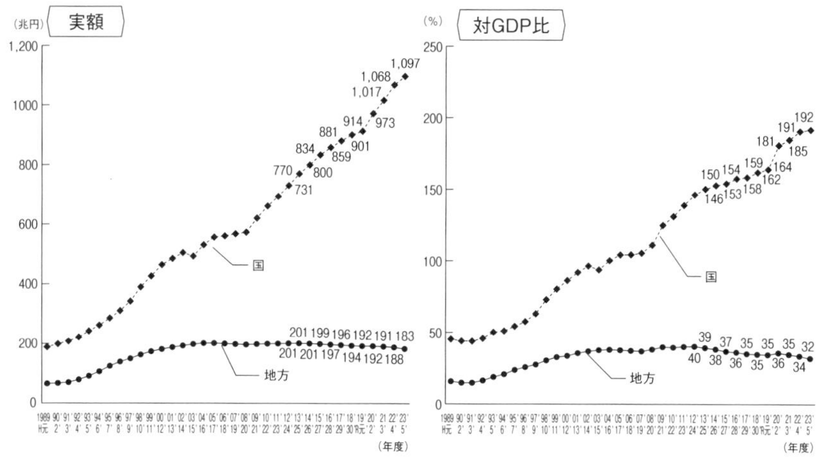

（注）1．債務残高は，2021（令和3）年度までは実績値．国は，2022（令和4）年度については第二次補正後予算，2023（令和5）年度については予算に基づく見込み，地方は，地方債計画等に基づく見込みである．

2．GDPは，2021（令和3）年度までは実績値，2022（令和4）年度及び2023（令和5）年度は政府経済見通しによる．

3．交付税及び譲与税配付金特別会計の借入金については，その償還の負担分に応じて，国と地方に分割して計上している．なお，平成19年度初をもってそれまでの国負担分借入金残高の全額を一般会計に承継したため，平成19年度末以降の同特会の借入金残高は全額地方負担分（令和5年度末見込で28兆円程度）である．

図表Ⅱ.13.10　国と地方のプライマリーバランス（基礎的財政収支）の推移

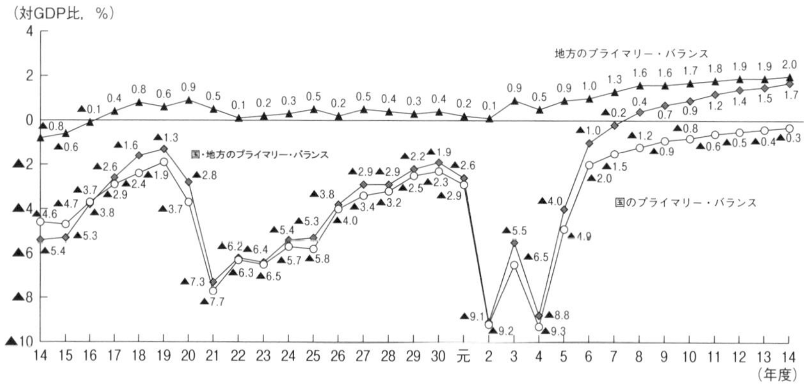

（出典）内閣府「国民経済計算」及び「中長期の経済財政に関する試算」（令和5年1月）

図表Ⅱ.13.11　人口一人当たりの税収額の指数（令和３年度決算額）

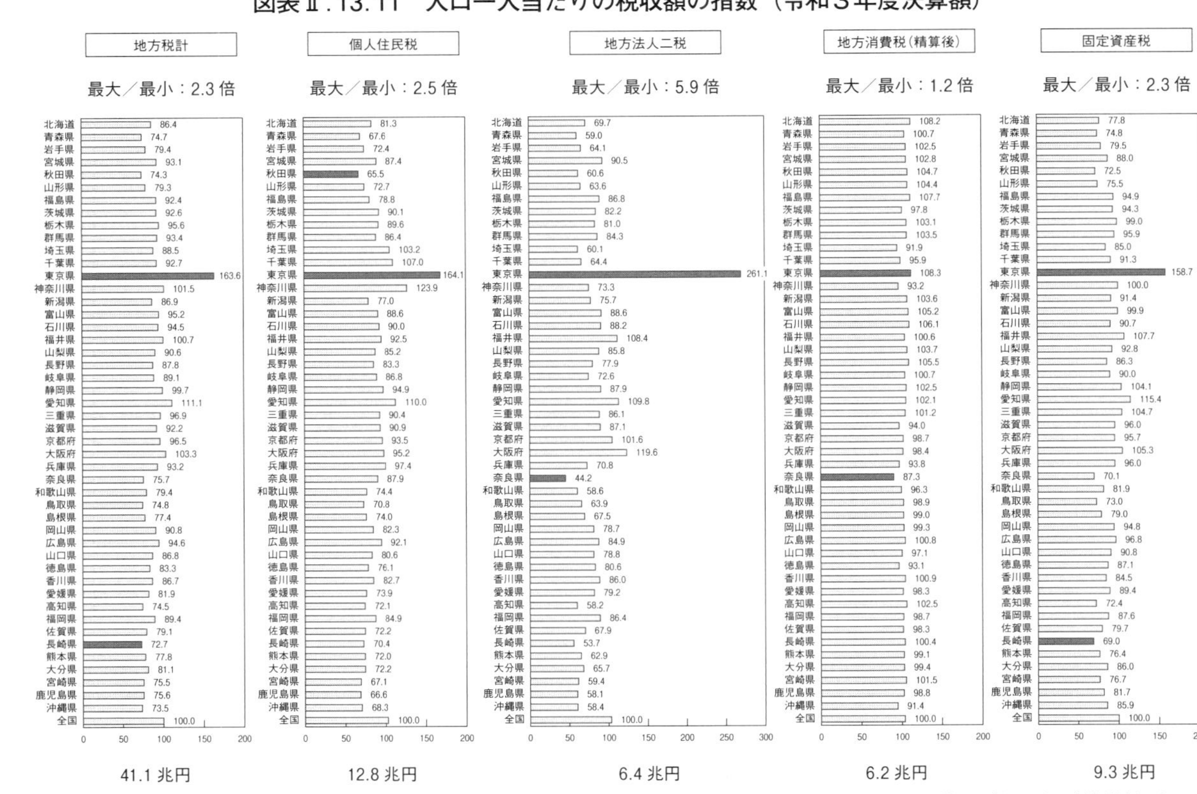

※１　上段の「最大／最小」は，各都道府県ごとの人口１人当たり税収額の最大値を最小値で割った数値であり，下段の数値は，税目ごとの税収総額である．
※２　地方消費税については，現行の清算基準により得られる最新の理論値である．

こうした地方公共団体間の財政力格差に関し，税収に占める地方税の割合が，我が国と同程度に高いドイツ，スウェーデンなどの国々の多くで，地方公共団体間の水平的な財政調整が取り入れられている．これは，地方税の割合が高いと，垂直的な財政調整にあて得る国の財源が限られてしまうためと考えられる．また，地方交付税による垂直的な財政調整では，不交付団体と交付団体の間の財政力格差の是正が困難であるという問題もあることから，地方公共団体の財政力格差の調整にあたっては，垂直的な財政調整に加えて水平的な財政調整の仕組みを適切に組み合わせるとの視点が重要となる．我が国においても，地方法人税や特別法人事業税・譲与税の仕組みが，こうした偏在是正に一定の効果を発揮している．

3 令和５年度地方財政対策

(1) 概要（図表Ⅱ.13.12，図表Ⅱ.13.13）

地方交付税交付金は，現行制度においては，地方交付税法により定められた国税（所得税，法人税，酒税及び消費税）の一定割合（交付税率）に相当する額（法定率分）及び地方法人税の全額に，別途法定された額を加算した額となる．

一般会計から交付税特会への繰入額（交付税特会の入口ベース，図表Ⅱ.13.13）は，令和５年度においては16兆1823億円（前年度15兆6558億円，＋3.4％）である．内訳は，法定率分（精算減を含む）として16兆9500億円，加算措置として154億円，過年度の精算として▲7,832億円である．地方団体に交付する交付税特会出口ベース（地方財政計画ベース，図表Ⅱ.13.13）での地方交付税交付金は18兆3611億円（前年度18兆538億円，＋1.7％）となった．

(2) 主な措置

(イ)「新経済・財政再生計画」等の方針

政府は平成30年６月15日に「新経済・財政再生計画」を含む「経済財政運営と改革の基本方針2018」を閣議決定し，令和７年度（2025年度）の国・地方

図表Ⅱ.13.12　令和５年度地方財政対策のポイント

1．地方交付税の全体像

- 一般会計から交付税特会に繰り入れる**地方交付税交付金等（入口ベース）**は，好調な税収により国税の法定率分が増加すること等から，**16.4兆円**（＋0.5兆円）.[※1]
- 交付税特会から地方団体に交付される**地方交付税交付金（出口ベース）**は，前年度までの税収上振れに伴う繰越財源も活用し，リーマン・ショック後最高となる**18.4兆円**（＋0.3兆円）を確保.

2．地方一般財源総額の確保

- 一般財源総額[※2]：62.2兆円（＋0.15兆円）⇒　**前年度と実質的に同水準を確保**

3．地域のデジタル化の推進

- 「地域デジタル社会推進費」の事業期間を延長（「マイナンバーカード利活用特別分」として令和５年・６年度に限り500億円増額し0.25兆円，令和７年度は0.2兆円）.
  - ※「まち・ひと・しごと創生事業費」（１兆円）を「地方創生推進費」に名称変更した上で，これと「地域デジタル社会推進費」を内訳として，「デジタル田園都市国家構想事業費」を創設.

4．地方財政の健全化

（1）臨時財政対策債の抑制

- 好調な税収を背景に，臨時財政対策債（赤字地方債）は**過去最少の発行額1.0兆円**（▲0.8兆円）.

（2）交付税特会借入金の償還

- **償還計画額**（令和５年度：0.5兆円）**を大幅に上回る1.3兆円**の交付税特会借入金の償還を実施.

※1　昨年度に引き続き，国と地方が折半で負担する財源不足はない.
※2　水準超経費（不交付団体の超過財源見合いの歳出）を除く.

図表Ⅱ.13.13　令和５年度地方財政計画の概要

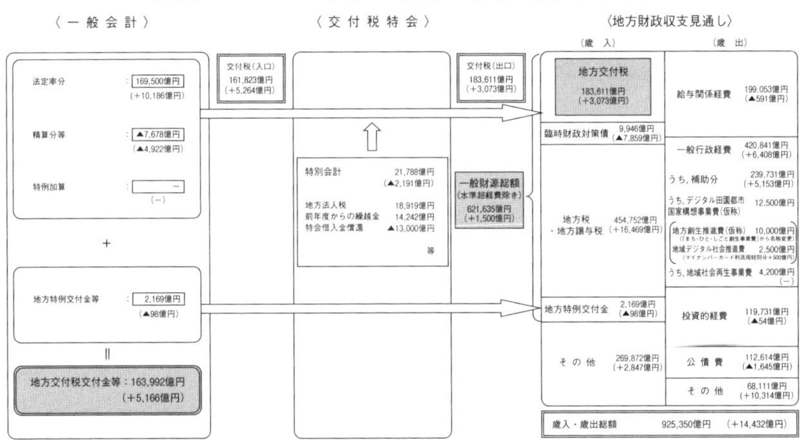

（注）（　　）内は対前年度当初増減．計数は四捨五入しているので，合計において一致しない場合がある．

を合わせた基礎的財政収支の黒字化目標を堅持する旨を掲げた．この財政健全化目標の実現に向けて，令和３年６月18日に閣議決定した「経済財政運営と改革の基本方針2021」では，「地方の歳出水準については，国の一般歳出の取組と基調を合わせつつ，交付団体を始め地方の安定的な財政運営に必要となる一般財源の総額について，2021年度地方財政計画の水準を下回らないよう実質的に同水準を確保する」とし，「地方一般財源総額実質同水準ルール」を令和６年度まで維持することとした．

令和５年度の地方財政対策は，こうした方針に沿って策定されたものである．

(ロ) 主な取組み

主な取組みとして，令和５年度の地方財政対策においては，交付団体をはじめ地方が安定的な財政運営を行うために必要となる一般財源総額について，前述した地方一般財源総額実質同水準ルールを堅持することを基本として地方財政対策を講ずることとした．

今後の地方財政を考えると，社会保障分野の歳出増などが見込まれる中でも，地方財政計画に計上された事業の実績や効果について「見える化」を進めながら不断に検証し歳出改革を進め，持続可能性を確保していくことが求められる．令和６年度以降も，地方一般財源総額実質同水準ルールの下で，国・地方を通じた財政健全化を目指して取り組んでいくことが必要である．

4　令和５年度地方財政計画

(1) 概要

令和５年度の地方財政計画（通常収支分）について，歳出面においては，地域のデジタル化や脱炭素化の推進等に対応するために必要な経費や，社会保障関係費の増加に係る経費を反映した計上を行う一方，国の取組と基調を合わせた歳出改革を行うこととしている．また，歳入面においては，骨太方針2022等を踏まえ，交付団体を始め地方の安定的な財政運営に必要となる地方の一般財源総額について，令和４年度地方財政計画の水準を下回らないよう実質的に同水準を確保することを基本として，引き続き生じることとなった財源不足について，地方財政の運営上支障が生じないよう適切な補塡措置を講じることとしている.（図表Ⅱ.13.14）.

これらの結果，地方財政計画の歳入歳出の総額は，通常収支分については92兆350億円（前年度90兆5918億円，＋1.6％）（図表Ⅱ.13.15）.

令和5年度地方財政計画（通常収支分）の主な内容は以下のとおりである（図表Ⅱ.13.16）.

(2) 主な歳出項目

（イ）給与関係経費

給与関係経費については，19兆9053億円（前年度19兆9644億円，▲0.3％）を計上している.

（ロ）一般行政経費

一般行政経費については，42兆841億円（前年度41兆4433億円，＋1.5％）を計上している.

このうち，国の補助事業に係る経費として23兆9731億円（前年度23兆4578億円，＋2.2％），国民健康保険・後期高齢者医療制度関係事業費として1兆4726億円（前年度1兆4988億円，▲1.7％），「デジタル田園都市国家構想事業費」として，1兆2500億円（うち，「まち・ひと・しごと創成事業費」から名称変更した「地方創生推進費」1兆円（前年度1兆円，±0.0％），「地域デジタル社会推進費」2500億円（前年度2000億円，＋25.0％）），「地域社会再生事業費」として4200億円（前年度4200億円，±0.0％），これらを除く地方単独事業分として14兆9684億円（前年度14兆8667億円，＋0.7％）を計上している.

（ハ）投資的経費

投資的経費については，11兆9731億円（前年度11兆9785億円，▲0.0％）を計上している．投資的経費のうち，国の直轄事業に対する地方団体の負担額や国庫補助負担金をともなう公共事業に係る経費として5兆6594億円（前年度5兆6648億円，▲0.1％），これらを除く地方単独事業分として6兆3137億円（前年度6兆3137億円，±0.0％）を計上している.

（ニ）公債費

公債費（地方債の元利償還費）については，11兆2614億円（前年度11兆4259億円，▲1.4％）を計上している．このうち元金償還金は10兆3331億円，利払

図表Ⅱ.13.14　地方交付税総額と一般会計からの特例加算

○ 令和5年度における財源不足額1兆9900億円（前年度比▲5699億円, ▲22.1%）
うち折半対象財源不足額はゼロ（前年度比 ±0億円）

令和5年度地方財政計画（単位：兆円）

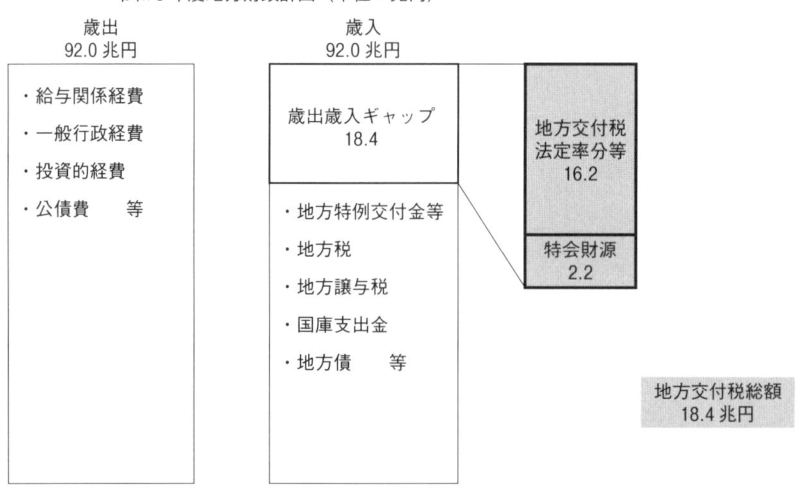

図表Ⅱ.13.15　地方財政計画の歳出の推移

（単位：兆円）

	平成18年度	平成19年度	平成20年度	平成21年度	平成22年度	平成23年度	平成24年度	平成25年度	平成26年度	平成27年度	平成28年度	平成29年度	平成30年度	令和元年度	令和2年度	令和3年度	令和4年度	令和5年度
歳出総額	83.2	83.1	83.4	82.6	82.1	82.5	81.9	81.9	83.4	85.3	85.8	86.6	86.9	89.6	90.7	89.6	90.6	92.0
対前年増▲減	▲0.6	▲0.0	+0.3	▲0.8	▲0.4	+0.4	▲0.6	+0.1	+1.4	+1.9	+0.5	+0.9	+0.3	+2.7	+1.1	▲1.1	+1.0	+1.4
地方一般歳出	66.5	65.7	65.8	66.2	66.3	66.8	66.5	66.4	67.7	69.3	69.9	70.6	71.3	74.1	75.8	75.4	75.9	76.5
対前年増▲減	▲0.8	▲0.7	+0.0	+0.5	+0.1	+0.5	▲0.4	▲0.0	+1.3	+1.6	+0.6	+0.7	+0.6	+2.8	+1.7	▲0.4	+0.5	+0.6

（注1）一般歳出は歳出総額から公債費，公営企業繰出金（企業債償還費）及び水準超経費を控除したものである．
（注2）2012（平成24）年度から2023（令和5）年度の計数は通常収支分によるものであり，東日本大震災への対応（復旧・復興事業，緊急防災・減災事業）は含まない．
（注3）令和3年度においては，令和2年度徴収猶予の特例分（0.2兆円）を除いている．

図表Ⅱ.13.16 令和5年度地方財政計画

（単位：億円，％）

	4年度	5年度		
			増減額	伸率
地方税	412,305	428,751	＋16,446	＋4.0%
地方譲与税	25,978	26,001	＋23	＋0.1%
地方特例交付金	2,267	2,169	▲98	▲4.3%
地方交付税	180,538	183,611	＋3,073	＋1.7%
（うち法定率分（精算減を含む））	156,404	161,669	＋5,264	＋3.4%
（うち法定加算等）	154	154	―	―
（うち前年度からの繰越金，特会借入金利払等）	23,980	21,788	▲2,191	▲9.1%
国庫支出金	148,826	150,085	＋1,259	＋0.8%
地方債	76,077	68,163	▲7,914	▲10.4%
（うち臨時財政対策債）	17,805	9,946	▲7,859	▲44.1%
（臨財債除き地方債）	58,272	58,217	▲55	▲0.1%
使用料・手数料	15,729	15,646	▲83	▲0.5%
雑収入	44,456	45,867	＋1,411	＋3.2%
復旧・復興事業一般財源充当分	▲ 4	▲ 3	＋1	▲25.0%
全国防災事業一般財源充当分	▲ 254	60	＋314	▲123.6%
歳入計	905,918	920,350	＋14,432	＋1.6%
地方一般財源（全国防災/復旧・復興事業除き）	638,635	650,535	＋11,900	＋1.9%
地方一般財源（全国防災/復旧・復興事業及び水準超経費を除く）	620,135	621,635	＋1,500	＋0.2%
給与関係経費	199,644	199,053	▲591	▲0.3%
退職手当以外	185,283	187,724	＋2,441	＋1.3%
退職手当	14,361	11,329	▲3,032	▲21.1%
一般行政経費	414,433	420,841	＋6,408	＋1.5%
（うち単独分）	148,667	149,684	＋1,017	＋0.7%
（うちデジタル田園都市国家構想事業費）		12,500	12,500	皆増
（うち地方創生推進費）	10,000	10,000	―	―
（うち地域デジタル社会推進費）	2,000	2,500	500	＋25.0%
（うち地域社会再生事業費）	4,200	4,200	―	―
公債費	114,259	112,614	▲1,645	▲1.4%
維持補修費	14,948	15,237	＋289	＋1.9%
投資的経費	119,785	119,731	▲54	▲0.0%
（うち単独分）	63,137	63,137	―	―
（うち緊急防災・減災事業費）	5,000	5,000	―	―
（うち緊急自然災害防止対策事業費）	4,000	4,000	―	―
公営企業繰出金	24,349	23,974	▲375	▲1.5%
（うち企業債償還費）	14,398	13,997	▲401	▲2.8%
水準超経費	18,500	28,900	＋10,400	＋56.2%
歳出計	905,918	920,350	＋14,432	＋1.6%
歳出計（水準超経費を除く）	887,418	891,450	＋4,032	＋0.5%
一般歳出	758,761	764,839	＋6,078	＋0.8%
地方交付税（入口ベース）	156,558	161,823	＋5,264	＋3.4%
地方交付税交付金等（一般会計）	158,825	163,992	＋5,166	＋3.3%
地方交付税（出口ベース）	180,538	183,611	＋3,073	＋1.7%

（注1）令和5年度においては上記の他，復興特会からの繰入622億円を財源として，交付税特会において震災復興特別交付税654億円を計上.

（注2）令和5年度において「まち・ひと・しごと創生事業費」を「地方創生推進費」に名称変更した上で，これと地域デジタル社会推進費を内訳として，「デジタル田園都市国家構想事業費」を創設.

いは9283億円となっている.

(ホ) 公営企業繰出金

公営企業繰出金は，水道，交通，病院，下水道事業などの地域住民の生活に不可欠なサービスを提供するため，地方公共団体が経営する地方公営企業に対して，本来，企業負担をさせることが困難または適当でないと認められる経費について，地方公共団体が公費で負担する経費である.

令和５年度の公営企業繰出金については，２兆3974億円（前年度２兆4349億円，▲1.5%）を計上している．なお，公営企業繰出金のうち，企業債の元利償還については，１兆3997億円（前年度１兆4398億円，▲2.8%）を計上している.

(3) 主な歳入項目

(イ) 地方税

地方税については，令和５年度の収入見込額は42兆8751億円（前年度41兆2305億円，＋4.0%）としている.

(ロ) 地方譲与税

令和５年度の地方譲与税の総額については，２兆6001億円（前年度２兆5978億円，＋0.1%）としている.

(ハ) 地方特例交付金等

地方特例交付金等は，住宅ローン減税による個人住民税の減収を補塡するための地方特例交付金のほか，「新型コロナウイルス感染症緊急経済対策」（令和２年４月20日閣議決定）における税制上の措置としての固定資産税の減収を補塡するための新型コロナウイルス感染症対策地方税減収補塡特別交付金であり，令和５年度は，2169億円（前年度2267億円，▲4.3%）を計上している.

(ニ) 地方交付税

令和５年度の一般会計から交付税特会への繰入額（入口ベース）は，16兆1823億円（前年度15兆6558億円，＋3.4%）である．これに，地方法人税１兆8919億円及び令和４年度からの繰越金１兆4242億円等から同特会における借入金の償還額と支払利子の合計１兆3572億円を控除した２兆1788億円を加算した額18兆3611億円（前年度18兆538億円，＋1.7%）を計上している.

（ホ）国庫支出金

令和５年度の国庫支出金は，15兆85億円（前年度14兆8826億円，＋0.8％）を計上している．

（ヘ）地方債

令和５年度の地方債については，普通会計分として６兆8163億円（前年度７兆6077億円，▲10.4％）を計上している．このうち，地方財源の不足に対応するため，赤字地方債である臨時財政対策債は9946億円（前年度１兆7805億円，▲44.1％）を計上している．

なお，令和５年度末の地方債現在高は139兆4382億円と見込まれ，対前年度比３兆5796億円減（▲2.5％）となる見込みである．

（注）地方の長期債務残高は令和５年度末の見込みで183兆円程度であり，上記の地方債現在高約139兆円と交付税特会借入金約28兆円，企業債（普通会計負担分）約16兆円の合計額．

第14章

予算制度改革

1 ポイント

国と地方を合わせた長期債務残高が令和５年度末でGDP比224％程度となる見込み（当初予算）であるなど，我が国の財政事情がきわめて厳しい状況のなか，財政資金の有効活用はますます重要な課題となってきており，今後の経済社会の発展に寄与すると見込まれる分野に重点的に予算を配分すると同時に，経済の活力・国民の厚生などに寄与していないもの，経済社会情勢の変化にともない重要性の低下したもの，民間活力を活用できるものについては，思い切った予算の縮減が求められている．

このためには，予算編成のなかで歳出の思い切った重点化を図ると同時に，予算の質の改善・透明性の向上が不可欠である．事前の目標設定と事後の厳格な評価の実施により，税金がどのような成果をあげたかについて，国民に説明責任を果たす予算編成プロセスを構築することが重要である．

こうした措置により，予算の質を高めるとともに，国民に理解されるわかりやすい予算への転換を図り，説明責任を果たしていくことは，財政の民主的コントロールという観点からきわめて重要である．

2 令和５年度における取組み

(1) 決算等の反映

(イ) 決算，決算検査報告等の反映

決算及び決算検査報告等の予算への反映については，会計検査院の指摘や決算に関する国会の議決等を踏まえ，個別の事務・事業ごとに必要性や効率性を洗い直し，その結果を予算に的確に反映している（図表Ⅱ.14.1）.

(ロ) 予算執行調査，政策評価の反映

予算執行調査については，令和４年度においては計39件の調査を実施した．調査結果を踏まえ，事業等の必要性，有効性及び効率性について検証を行い，予算に的確に反映している（令和４年度予算執行調査の令和５年度予算への反映額は▲189億円．過年度に実施した予算執行調査の令和５年度予算への反映額は▲25億円.）.

また，各府省の政策評価に示された達成すべき目標，目標を達成するための手段，どの程度目標が達成されたかに関する事後評価等を精査のうえ，各事業の必要性，効率性又は有効性の観点等から検証を行い，政策評価の結果を予算に的確に反映している.

(2) 特別会計

(イ) 特別会計とは

国の会計は，毎会計年度における国の施策を網羅して通観できるよう，単一の会計（一般会計）で一体として経理することが，財政の健全性を確保する見地からは望ましいものとされている（予算単一の原則）．しかしながら，国の行政の活動が広範になり複雑化してくると，場合によっては，単一の会計では国の各個の事業の状況や資金の運営実績等が不明確となり，その事業や資金の運営に係る適切な経理が難しくなりかねない．このような場合には，一般会計とは別に，特別会計を設け，特定の歳入と特定の歳出を一般会計と区分して経理することにより，特定の事業や資金運用の状況を明確化することが望ましいと考えられる．このような趣旨から，「財政法」（昭22法34）では，国が①特定の

図表Ⅱ.14.1　国会の議決・決算検査報告等の反映

➢ **決算に関する国会の議決については，審議の内容等を踏まえ，的確に反映.**

〈例〉建設工事受注動態統計調査の不適切事案等を受け，政府統計全体に対する信頼を確保するため，体制強化等を図ることとした.

【総務省，国土交通省】【反映額：8億円】

➢ **会計検査院の指摘については，個別の事務・事業ごとに必要性や効率性を洗い直し.**

〈例〉河道掘削工に係る掘削土量の算定において，土中に存在する根株等の体積分の数量を適切に控除することにより，削減が見込まれる掘削費等を予算に適切に反映した.

【国土交通省】【反映額：▲0.1億円】

➢ **多額の不用が生じている事業等については，決算結果を踏まえ，個々の予算の内容等を厳正に見直し.**

〈例〉水力発電の導入加速化補助金の執行状況を踏まえつつ，事業件数の見込みを精査すること等により，所要額の見直しを行った.

【経済産業省】【反映額：▲4億円】

事業を行う場合，②特定の資金を保有してその運用を行う場合，③その他特定の歳入をもって特定の歳出に充て一般の歳入歳出と区分して経理する必要がある場合に限り，法律により特別会計を設置するものとされている．令和5年度においては，13の特別会計が設置されている.

（ロ）歳出の規模

令和5年度予算における各特別会計の歳出額を単純に合計した歳出総額は，約441.9兆円である．このうち，会計間相互の重複計上などを除外した歳出の純計額は約197.3兆円であり，その内訳には，国債償還費等約82.0兆円（4年度当初予算比10.9兆円減），地方交付税交付金等（地方譲与税等を含む）約19.9兆円（同0.1兆円増），財政融資資金への繰入12.0兆円（同13.0兆円減），社会保障給付費約75.4兆円（同1.8兆円増）が含まれており，純計額よりこれらを除いた額は約8.1兆円となる．さらに，東日本大震災からの復興に関する事業に係る経費約0.7兆円（同0.1兆円減）を除いた額は約7.4兆円となり，前年度当初予算額に対して約0.9兆円の増加となっている（図表Ⅱ.14.2).

（ハ）特別会計改革

特別会計には，一般会計と区分経理することにより，受益と負担の関係や特定の事業・資金の運用の状況を明確化する等の意義があるが，他方で，特別会計が多数設置されることは，予算全体の仕組みを複雑でわかりにくくし，財政

図表Ⅱ.14.2 特別会計の歳出（令和５年度予算）

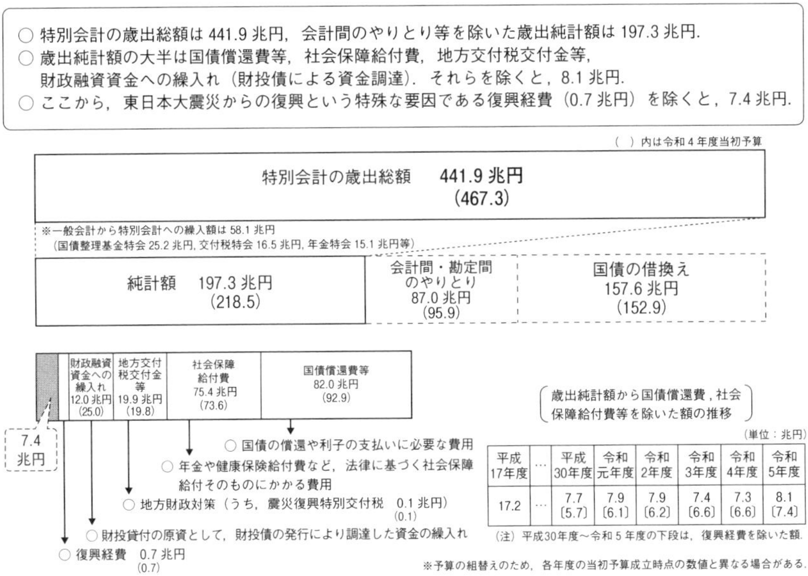

○ 特別会計の歳出総額は 441.9 兆円，会計間のやりとり等を除いた歳出純計額は 197.3 兆円.
○ 歳出純計額の大半は国債償還費等，社会保障給付費，地方交付税交付金等，
　財政融資資金への繰入れ（財投債による資金調達）．それらを除くと，8.1 兆円.
○ ここから，東日本大震災からの復興という特殊な要因である復興経費（0.7 兆円）を除くと，7.4 兆円.

歳出純計額から国債償還費，社会保障給付費等を除いた額の推移

（単位：兆円）

平成17年度	…	平成30年度	令和元年度	令和2年度	令和3年度	令和4年度	令和5年度
17.2	…	7.7〔5.7〕	7.9〔6.1〕	7.9〔6.2〕	7.4〔6.6〕	7.3〔6.6〕	8.1〔7.4〕

（注）平成30年度～令和５年度の下段は，復興経費を除いた額.

※予算の組替えのため，各年度の当初予算成立時点の数値と異なる場合がある.

の一覧性が阻害されるのではないか，固有の財源により不要不急の事業が行われているのではないかといった問題点が指摘されてきたことを踏まえ，さまざまな見直しが行われてきた.

特別会計改革の基本的な方針を定めた「行政改革の重要方針」（平成17年12月24日閣議決定）及びこれを法定化した「簡素で効率的な政府を実現するための行政改革の推進に関する法律」（平18法47）を踏まえ，特別会計の統廃合等を具体的に実施するための「特別会計に関する法律」（平19法23）が平成19年４月１日に施行された．これにより，平成18年度時点で31あった特別会計は平成23年度までに17まで減少した（平成24年度において，東日本大震災復興特別会計が新設され，特別会計数は18となった）.

さらに，「特別会計改革の基本方針」（平成24年１月24日閣議決定）において，さらなる改革の具体的内容と実施時期が定められ，これに基づき，各特別会計の廃止・統合等を内容とする「特別会計に関する法律の一部を改正する法律案」が同年３月に国会に提出されたが，衆議院解散にともない平成24年11月16日に廃案となった.

図表Ⅱ.14.3　特別会計一覧

- 交付税及び譲与税配付金特別会計（内閣府，総務省及び財務省）
- 地震再保険特別会計（財務省）
- 国債整理基金特別会計（財務省）
- 外国為替資金特別会計（財務省）
- 財政投融資特別会計（財務省及び国土交通省）
- エネルギー対策特別会計（内閣府，文部科学省，経済産業省及び環境省）
- 労働保険特別会計（厚生労働省）
- 年金特別会計（内閣府及び厚生労働省）
- 食料安定供給特別会計（農林水産省）
- 国有林野事業債務管理特別会計（農林水産省）
- 特許特別会計（経済産業省）
- 自動車安全特別会計（国土交通省）
- 東日本大震災復興特別会計（国会，裁判所，会計検査院，内閣，内閣府，デジタル庁，復興庁，総務省，法務省，外務省，財務省，文部科学省，厚生労働省，農林水産省，経済産業省，国土交通省，環境省及び防衛省）

また，「特別会計改革の基本方針」を踏まえて制定された「国有林野の有する公益的機能の維持増進を図るための国有林野の管理経営に関する法律等の一部を改正する等の法律」（平24法42）に基づき，平成25年度から国有林野事業特別会計を廃止し，国有林野事業債務管理特別会計が新たに設けられることとなった．

その後，「平成25年度予算編成の基本方針」（平成25年1月24日閣議決定）において，「特別会計改革の基本方針」を当面凍結しつつ，特別会計の見直しについて引き続き検討し，改革に取り組むこととされた．

これを受け，行政改革推進会議等において議論が進められ，平成25年6月5日に「特別会計改革に関するとりまとめ」がまとめられた．この取りまとめを踏まえ，財政の一層の効率化・透明化を図るため，「特別会計に関する法律等の一部を改正する等の法律案」が提出された（平成25年11月15日成立）．

平成26年度においては，「特別会計に関する法律等の一部を改正する等の法律」（平25法76）に基づき，社会資本整備事業特別会計を廃止し，食料安定供給特別会計に農業共済再保険特別会計及び漁船再保険及び漁業共済保険特別会計を統合した．平成29年度においては，「貿易保険法及び特別会計に関する法律の一部を改正する法律」（平27法59）に基づき，貿易再保険特別会計を廃止した．その結果，特別会計の数は13となっている（図表Ⅱ.14.3，図表Ⅱ.14.4）．

図表Ⅱ.14.4　特別会計の統廃合

（特別会計の数の変遷）

○「特別会計に関する法律」（平成19年３月成立）… 31 ⇒ 17 〔18年度～23年度〕

○「特別会計に関する法律等の一部を改正する等の法律」（平成25年11月成立）

… 18 ⇒ 15 （勘定数52→35）〔26年度〕

○「森林国営保険法等の一部を改正する法律」（平成26年４月成立）

… 15 ⇒ 14 （勘定数35→34）〔27年度〕

○「貿易保険法及び特別会計に関する法律の一部を改正する法律」（平成27年７月成立）

… 14 ⇒ 13 （勘定数34→33）〔29年度〕

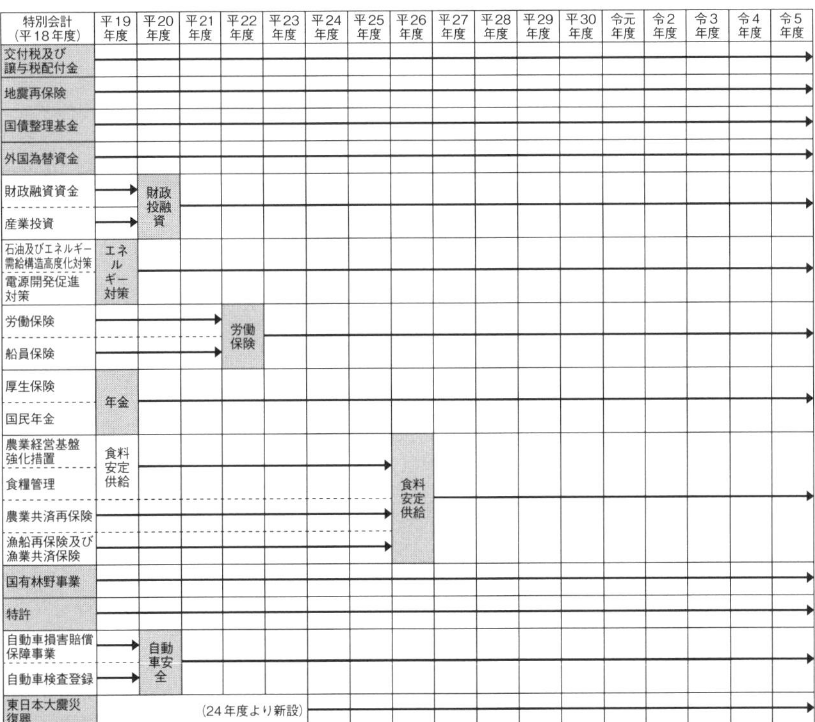

3　公会計の整備

(1)　公会計充実の必要性

我が国の財政活動は，国会の議決を経た予算をもとに実行されており，また，

図表Ⅱ.14.5 公会計整備の取組み

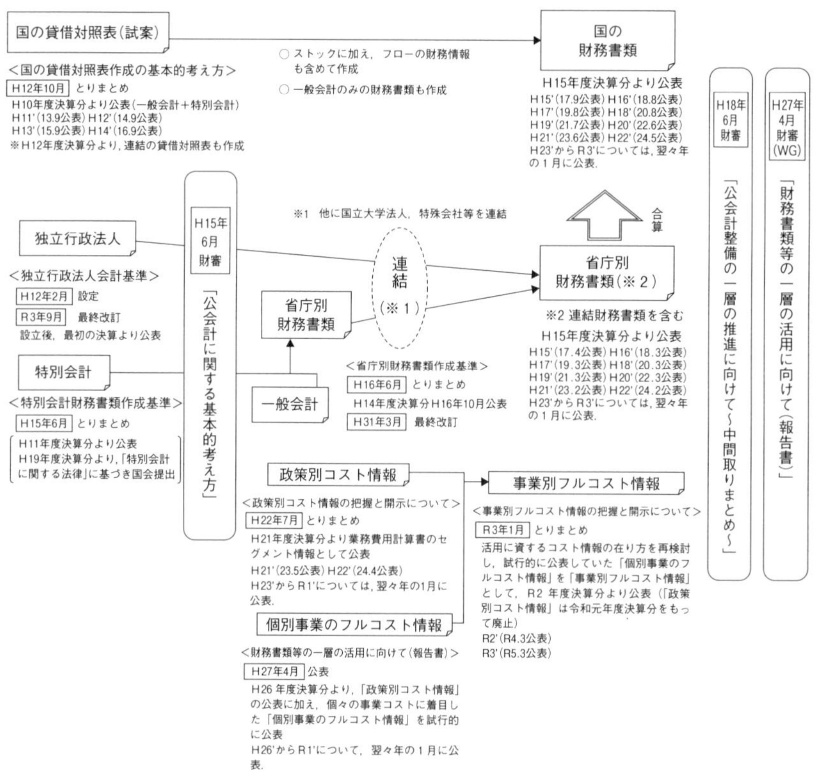

その執行実績として予算に対応した決算が作成されている．このように我が国の財政状況の報告は，議会による民主的統制の観点から，予算及び決算を中心としている．

しかし，財政状況などに関する情報開示や財政活動の効率化・適正化のための財務情報の提供の観点から，主に企業会計との対比において，ストックとしての国の資産・負債に関する情報が不十分であり，また，予算・決算などでは予算執行の状況がわかるのみで，当該年度に費用認識すべき行政コストなどが明らかにならないなどの指摘がなされており，発生主義・複式簿記などの企業会計の考え方を活用した財務書類の作成など，公会計の整備が進められてきた．こうした取組みにより，財政状況などに関する情報開示の充実が図られる

貸借対照表

（単位：百万円）

	前会計年度（令和3年3月31日）	本会計年度（令和4年3月31日）		前会計年度（令和3年3月31日）	本会計年度（令和4年3月31日）
〈資産の部〉			〈負債の部〉		
現金・預金	69,463,685	48,260,028	未払金	10,710,654	10,689,779
有価証券	119,683,572	123,506,116	支払備金	311,398	303,472
たな卸資産	4,107,889	4,172,756	未払費用	1,119,229	1,079,843
未収金	6,800,275	6,053,239	保管金等	1,362,732	1,485,157
未収収益	578,822	599,642	前受金	58,690	70,332
未収（再）保険料	5,292,084	4,933,462	前受収益	662,346	658,565
前払費用	3,661,400	3,265,355	未経過（再）保険料	29,534	31,520
貸付金	120,092,838	123,206,471	賞与引当金	343,186	315,130
運用寄託金	112,553,157	113,708,958	政府短期証券	92,778,100	88,321,707
その他の債権等	5,156,604	10,675,735	公債	1,083,931,301	1,113,967,605
貸倒引当金	△1,612,957	△1,479,047	借入金	32,862,555	33,553,777
有形固定資産	191,271,659	193,368,498	預託金	7,070,137	10,425,847
国有財産（公共用財産を除く）	32,521,019	32,766,123	責任準備金	9,495,717	9,318,370
土地	19,439,784	19,238,347	公的年金預り金	121,797,947	122,276,744
立木竹	3,263,869	3,624,759	退職給付引当金	5,715,759	5,503,393
建物	3,412,176	3,385,158	その他の債務等	7,705,062	12,971,464
工作物	2,588,138	2,523,303			
機械器具	0	0			
船舶	1,588,827	1,556,127			
航空機	1,057,296	1,141,126			
建設仮勘定	1,170,927	1,297,301			
公共用財産	154,075,248	156,085,881			
公共用財産用地	40,250,440	40,408,096			
公共用財産施設	113,392,496	115,251,334	負債合計	1,375,954,353	1,410,972,710
建設仮勘定	432,311	426,449			
物品	4,653,965	4,508,762	〈資産・負債差額の部〉		
その他の固定資産	21,425	7,731	資産・負債差額	△655,163,414	△687,030,650
無形固定資産	353,117	380,452			
出資金	83,388,788	93,290,389			
資産合計	720,790,938	723,942,060	負債及び資産・負債差額合計	720,790,938	723,942,060

（注1）資産の部の現金・預金（本会計年度48.3兆円）は，年度末時点の実際の保有残高に出納整理期間における現金・預金の出納を加減した金額である（年度末時点の政府預金残高は13.0兆円，外貨預金残高は12.8兆円である.）.

（注2）国が保有する資産には，国において直接公共の用に供する目的で保有している公共用財産のように，売却して現金化することを基本的に予定していない資産が相当程度含まれている．このため，資産・負債差額が必ずしも将来の国民負担となる額を示すものではない点に留意する必要がある.

（注3）負債の部の公債（本会計年度1,114.0兆円）については，基本的に将来の国民負担となる普通国債残高（1,000.7兆円）のほか，財政投融資特別会計等の公債残高を含み，国の内部で保有するものを相殺消去している.

業務費用計算書

（単位：百万円）

	前会計年度 （自　令和2年4月1日） （至　令和3年3月31日）	本会計年度 （自　令和3年4月1日） （至　令和4年3月31日）
人件費	4,488,142	4,536,498
賞与引当金繰入額	324,789	305,814
退職給付引当金繰入額	335,596	360,358
基礎年金給付費	23,872,351	24,130,422
国民年金給付費	339,996	288,241
厚生年金給付費	23,474,573	23,442,396
国家公務員共済組合連合会等交付金	4,603,106	4,901,441
保険料等交付金	10,448,664	10,893,314
失業等給付費	1,411,935	1,294,996
育児休業給付費	643,669	645,172
雇用安定等給付費	3,206,215	2,417,931
その他の社会保障費	1,660,938	1,720,836
（再）保険費等	28,055	153,806
公共用施設整備費等	86,578	58,358
持続化給付金等	7,169,192	1,116,437
補助金等	63,622,993	56,740,270
委託費等	3,184,655	2,820,710
地方交付税交付金等	19,446,895	22,406,353
資金援助交付費	516,500	396,000
運営費交付金	3,462,023	3,191,617
庁費等	4,673,304	4,332,918
公債事務取扱費	18,007	22,379
その他の経費	971,776	1,042,953
減価償却費	5,079,283	5,406,884
責任準備金繰入額	△35,697	△177,347
貸倒引当金繰入額	796,477	457,310
支払利息	6,420,526	6,263,902
為替換算差損益	△20,918	△11,826
公債償還損益	△16,292	11,661
資産処分損益	508,533	530,031
出資金等評価損	10,507	446,804
本年度業務費用合計	190,732,384	180,146,652

資産・負債差額増減計算書

（単位：百万円）

	前会計年度 （自　令和2年4月1日） （至　令和3年3月31日）	本会計年度 （自　令和3年4月1日） （至　令和4年3月31日）
Ⅰ　前年度末資産・負債差額	△591,810,097	△655,163,414
Ⅱ　本年度業務費用合計	△190,732,384	△180,146,652
Ⅲ　財源	131,653,997	139,329,751
租税等財源	64,933,013	71,881,111
その他の財源	66,720,984	67,448,639
Ⅳ　資産評価差額	△1,497,644	△4,282,558
Ⅴ　為替換算差額	△4,176,815	12,460,324
Ⅵ　公的年金預り金の変動に伴う増減	△612,035	△478,796
Ⅶ　その他資産・負債差額の増減	2,011,564	1,250,696
Ⅷ　本年度末資産・負債差額	△655,163,414	△687,030,650

区分別収支計算書

（単位：百万円）

	前会計年度 （自　令和2年4月1日） （至　令和3年3月31日）	本会計年度 （自　令和3年4月1日） （至　令和4年3月31日）
Ⅰ　業務収支		
1　財源		
租税等収入	64,933,013	71,881,111
その他の収入	66,134,516	69,164,955
前年度剰余金受入	17,199,174	46,730,690
資金からの受入（予算上措置されたもの）	16,797,549	27,469,656
財源合計	165,064,254	215,246,413
2　業務支出		
(1)　業務支出（施設整備支出を除く）		
人件費	△5,241,699	△5,326,376
恩給給付費	△158,808	△130,351
基礎年金給付費	△23,805,300	△24,092,620
国民年金給付費	△349,111	△296,455
厚生年金給付費	△23,474,573	△23,456,768
国家公務員共済組合連合会等交付金	△4,603,106	△4,901,441
保険料等交付金	△10,447,758	△10,878,896
失業等給付費	△1,382,584	△1,309,311
育児休業給付費	△643,669	△645,172
雇用安定等給付費	△3,206,215	△2,417,931
その他の社会保障費	△1,666,913	△1,723,441
（再）保険費等	△20,627	△144,836
公共用施設整備費等	△106,767	△71,071
持続化給付金等	△7,169,192	△1,116,437
補助金等	△63,649,311	△56,772,411
委託費等	△3,088,381	△2,730,047
地方交付税交付金等	△19,446,895	△22,406,353
運営費交付金	△3,462,023	△3,191,617
貸付けによる支出	△124,095	△129,250
出資による支出	△5,555,194	△7,982,610
庁費等の支出	△5,518,780	△5,158,499
その他の支出	△977,610	△1,049,988
資金への繰入（予算上措置されたもの）	△39,150,123	△10,210,800
業務支出（施設整備支出を除く）合計	△223,248,745	△186,142,692
(2)　施設整備支出		
公共用財産用地に係る支出	△192,814	△189,782
公共用財産施設に係る支出	△3,447,035	△3,290,764
その他の施設整備支出	△1,464,503	△1,939,738
施設整備支出合計	△5,104,353	△5,420,284
業務支出合計	△228,353,098	△191,562,977
業務収支	△63,288,844	23,683,436

Ⅱ　財務収支		
公債の発行による収入	256,855,267	210,689,743
公債の償還による支出	△134,735,699	△185,561,472
政府短期証券の発行による収入	1,276,900	1,339,400
政府短期証券の償還による支出	△1,271,700	△1,276,900
借入による収入	31,937,315	32,614,056
借入金の返済による支出	△31,434,843	△31,922,834
リース・PFI債務の返済による支出	△43,405	△43,896
預託金利息	△42,408	△36,011
利息の支払額（預託金利息を除く）	△8,180,517	△7,968,894
公債事務取扱に係る支出	△18,029	△22,521
資金からの受入	9,238,386	7,592,564
資金への繰入	△10,268,637	△9,860,042
財務収支	113,312,626	15,543,191
本年度収支	50,023,782	39,226,627
資金からの受入（決算処理によるもの）	412,046	897,166
資金への繰入（決算処理によるもの）	△3,705,138	△5,638,913
翌年度歳入繰入	46,730,690	34,484,880
特別会計に関する法律第47条第1項の規定による借換国債収入額	9,372,578	15,135,793
翌年度歳入繰入の預託金への運用	△512,065	△603,734
翌年度歳入繰入の預託金以外への運用	△199,547	△139,890
収支に関する換算差額	△660,305	1,465,693
資金本年度末残高	37,936,895	26,304,790
その他歳計外現金・預金本年度末残高	1,395,440	1,512,495
国庫余裕金の繰替使用	△24,600,000	△29,900,000
本年度末現金・預金残高	69,463,685	48,260,028

ほか，財務情報を予算編成に活用し，財政の効率化・適正化につなげることが期待されている．

(2) 公会計に関する取組み状況

公会計の充実については，公的部門における財務書類の作成を中心に，これまで以下のような取組みが進められている（図表Ⅱ.14.5）．

（イ）国の財務書類

我が国の財政事情をよりわかりやすく国民に説明するため，企業会計における貸借対照表の手法を用いて，一般会計及び特別会計を連結した「国の貸借対照表（試案）」を平成10年度版から平成14年度版まで作成・公表してきた．こうした取組みに引き続き，平成16年6月に取りまとめられた「省庁別財務書類の作成基準」（下記（ロ）参照）に基づき，各省庁が作成した「省庁別財務書類」を基礎として，省庁間の債権・債務などを相殺消去し，国全体のフローとストックの財政状況を開示する「国の財務書類」（貸借対照表，業務費用計算書，資産・負債差額増減計算書，区分別収支計算書）を平成15年度決算分から作成・公表している（図表Ⅱ.14.6）．

（ロ）省庁別財務書類等

予算執行の単位であるとともに行政評価の主体である省庁単位で財務書類を作成するため，平成16年6月に企業会計の慣行を参考とした「省庁別財務書類の作成基準」が取りまとめられ，これに基づき，各省庁において，平成14年度決算分から「省庁別財務書類」を作成・公表している．

また，より一層の財務情報の充実を図るため，省庁別財務書類のセグメント情報として，業務費用計算書では補助金等や庁費等といった形態別に表示されている費用を各省庁の政策評価項目ごとに組み替え表示した「政策別コスト情報」を平成21年度決算分から各省庁において作成・公表してきたが，コストの集計単位が大きく，政策に投入されたコストと定量化されたアウトプット・アウトカムの比較分析が困難な状況にあった．

そこで，更なる財務書類等の一層の活用を図るため，「政策別コスト情報」で表示している各省庁の政策評価毎の費用について，個別の事業単位で開示した「個別事業のフルコスト情報」を試行的な取組みとして平成26年度決算分から各省庁において作成・公表してきた.

こうした試行的な取組みでの成果等を踏まえ，活用に資するコスト情報の在り方を再検討した結果，令和3年1月に「事業別フルコスト情報の把握と開示について」が取りまとめられ，これに基づき，「個別事業のフルコスト情報」を「事業別フルコスト情報」として本格的に実施することとし，各省庁において令和2年度決算分から作成・公表している（なお，「政策別コスト情報」は令和元年度決算分をもって廃止することとなった）.

(ハ) 特別会計財務書類

特別会計の財務内容の透明性の確保などを図る観点から，平成15年6月に企業会計の慣行を参考とした「新たな特別会計財務書類の作成基準」が取りまとめられ，これに基づき，各省庁において，平成11年度決算分から「特別会計財務書類」を作成・公表している.

この「新たな特別会計財務書類の作成基準」については，さらに必要な見直しを行い，平成16年6月，「省庁別財務書類の作成基準」の体系に組み入れられ，平成14年度決算分から作成・公表している.

なお，「特別会計に関する法律」により，「特別会計財務書類」の作成が法定化され，平成19年度決算分から会計検査院の検査を経て国会に提出されている.

(ニ) 独立行政法人の財務諸表

独立行政法人については，制度の導入にともない，法人の財政状態及び運営状況を明らかにするとともに，業績の評価につなげるため，その特性を踏まえて取りまとめられた「独立行政法人会計基準」に基づいて，各独立行政法人において，財務諸表を作成・公表している.

第15章 財政投融資

1 ポイント

「財政投融資」とは，税財源によらず，国債の一種である財投債の発行によって調達した資金などを財源とする，国による投融資活動である．リスクが高く，民間では十分に対応できないものの，政策的必要性から資金供給を行うべき分野に対して，資金を後に回収することを前提に，長期・固定・低利の融資や，リスクマネーの供給を行っている．具体的には，融資（財政融資）・投資（産業投資）・保証（政府保証）の３つの手法を用いて，政策金融機関などを通じ，中小企業・小規模事業者の資金繰り支援や奨学金の貸与，インフラの海外展開支援といった分野に資金供給を行っている．

現下の厳しい財政状況を踏まえると，税財源によらない財政対応として財政投融資の重要性が一層高まっていると考えられる．

2 基礎知識

(1) 財政投融資の仕組み

財政投融資の具体的な資金供給手法には，（イ）財政融資，（ロ）産業投資，（ハ）政府保証の３種類がある（図表Ⅱ.15.1）．それぞれに原資や会計区分，対象などが異なる．

（イ）財政融資

財政融資とは，財投債の発行により調達された資金や，預託金（政府の特別

図表Ⅱ.15.1 財政投融資について

○財政投融資とは，財投債の発行等によって調達した資金を財源とする国の投融資活動

○民間では困難な長期・固定・低利の融資等を行う政策金融機関等へのファイナンスによって政策実現を支援

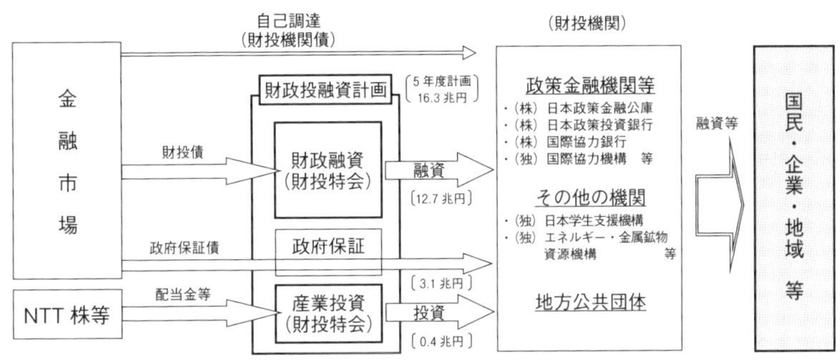

（注）計数は，それぞれ四捨五入によっているので，端数において合計とは合致しないものがある．

会計等から預託された積立金・余裕金）などによって構成されている財政融資資金を用いて，国の特別会計や地方公共団体，政府関係機関，独立行政法人などに対して主に長期・固定・低利で行われる融資である．

財政融資資金は，財政投融資特別会計の財政融資資金勘定において経理されている．

財政融資の対象は，政策的必要性が高く，かつ償還確実性のある事業となる．また，財政融資資金法第1条において，財政融資資金の運用は「確実かつ有利」に行うことが求められていることから，財政融資資金の運用先は，同法第10条において，資金の安全性及び公共性の確保を図るため，国や地方公共団体，政府関係機関などに限定されている．

（ロ）産業投資

産業投資とは，（株）国際協力銀行からの国庫納付金や財政投融資特別会計投資勘定が保有するNTT株，JT株の配当金などを原資として行う投資（主として出資）である．

産業投資は，財政投融資特別会計の投資勘定において経理されている．

産業投資は，産業の開発及び貿易の振興を目的としており，政策的必要性が

高く，リターンが期待できるものの，リスクが高く民間だけでは十分に資金が供給されない分野に民間資金の呼び水・補完としてのエクイティ性資金などを供給する産投機関に対する出資及び貸付を行っている．

(ハ) 政府保証

政府保証とは，政府関係機関・独立行政法人などが金融市場で発行する債券や借入金を対象に，政府が元利払いに対して行う保証である．これにより，財投機関（当年度において，財政投融資を活用している機関（政府関係機関，独立行政法人など）のこと）は事業に必要な資金を円滑かつ有利に調達することが可能となる．

政府保証債は国にとってバランスシートに計上されない債務であることに加え，財政投融資改革により財投債（政府保証債より低利な国債）で調達した財政融資資金の貸付けが導入されたことから，できる限り抑制する方向で対応している．最近では，「財政投融資を巡る課題と今後の在り方について」を踏まえ，政府保証については，引き続き個別に厳格な審査を行うことに加え，その執行に当たっても，資金需要に応じた管理を行うこととしている．

(2) 財政投融資の対象

国が特定の事業に財政上の関与を行う場合に，どのように補助金などの無償資金（予算措置）と有償資金（財政投融資）とを使い分けるかについては，対象となる事業の性格によって異なると考えられる．一般に，当該事業が，ある程度の採算性を有し，事業者が，貸付金の返済などを通じてコスト意識を有することにより事業などの効果的な実施が可能となるものについては，財政投融資の活用が適切と考えられる．

具体的には，以下のような分野で活用されている．

• 中小零細企業

信用力や担保力などの基盤が弱い中小・小規模事業者に対し，資金繰り支援，創業や経営転換のための設備投資等への資金供給を行っている．

• 農林水産業

自然条件に影響を受けやすい，生産サイクルが長いなどの特性がある農林水産業において，設備投資等への資金需要に対応するなどしている．

• 教育

学生等に対する貸与型奨学金事業や，私立学校の施設整備などに必要な資金の貸付けなどを行っている．

• 福祉・医療

医療法人や社会福祉法人等に対する融資を通じて，福祉施設や医療関連施設の整備の推進などを行っている．

• 産業・イノベーション

産業の競争力強化やイノベーションの創出に必要なリスクマネーの供給などを行っている．

• 住宅

老朽化した賃貸住宅の建替えの推進や東日本大震災などの災害に対応するための災害復興住宅融資などを行っている．

• 社会資本

空港や鉄道，高速道路の整備など，大規模・超長期のプロジェクトの推進・加速などを行っている

• 海外投融資等

資源・エネルギーの安定的な確保や，日本企業の海外事業展開の推進などを行っている．

• 地方公共団体

教育施設，上下水道など住民生活に密着した社会資本整備や，災害復旧事業，辺地・過疎対策事業のように国が責任を持って対応すべき分野を中心に，地方公共団体へ資金供給を行っている．

(3) 産業投資の活用

(イ) 産業投資の役割

産業投資は，産業の開発及び貿易の振興を目的としており，政策的必要性が高く，リターンが期待できるものの，リスクが高く民間だけでは十分に資金が供給されない分野に民間資金の呼び水・補完としてのエクイティ性資金などを供給する産投機関に対する出資及び貸付を行っている．民間金融機関などの行う投資活動は，短期的な期間損益を株主，債権者などから求められる短中期的

投資が中心となるのに対し，産業投資は，投資回収をして利益が上がるまで長期的に耐えることができる資金，いわゆるペイシェント・キャピタルであることが特徴である．

（ロ）産業投資の対象分野

産業投資は，従来，政策金融機関や独立行政法人などに対し，資本性資金の供給や政策的必要性の高いプロジェクトを支援するための財務基盤強化を目的とした出資を実施し，近年は，官民ファンドを通じてリスクマネー供給を強化し，これを呼び水として民間資金を誘発している．官民ファンドについては，特に研究開発・ベンチャーなどの分野において，産業投資を活用して，民間の人材・ノウハウによる運営を基本としつつ，民主導の新しい官民パートナーシップの構築に向けた取組を行っていく必要があるとされ，平成21年度に（株）産業革新機構が創設された（平成30年9月25日の改正産業競争力強化法施行により，（株）産業革新投資機構に改組）．また，（株）日本政策投資銀行による企業の競争力強化や地域活性化のほか，政府の成長戦略を受け，クールジャパン戦略，民間資金を活用したインフラ整備（PFI），インフラシステムの海外展開支援などに官民ファンドの対象分野が拡大している．一方，研究開発法人向け投資は，「独立行政法人の事務・事業の見直しの基本方針」（平成22年12月7日閣議決定）などを踏まえた各法人における事業の廃止や新規採択の廃止などを受け，大幅に減少している（平成26年度以降はゼロ）．

（ハ）昨今の経済・金融情勢を踏まえた今後の産業投資について

産業投資は，政策的必要性が高く，リターンが期待できるものの，リスクが高く民間だけでは十分に資金が供給されない分野にエクイティ性資金などを供給する産投機関に対する出資及び貸付である．産業投資は，特別会計に関する法律第50条において，「産業の開発及び貿易の振興のために国の財政資金をもって行う投資」と規定されており，政策性と収益性という2つの要件をそれぞれ満たす必要がある．令和3年度末で6兆5239億円の出資及び貸付を行っており，融資業務などのリスクバッファ，投資の直接の原資などに使われる．近年では，官民ファンド向けの出資など，投資の直接の原資としての産投出資が使われる割合が増えている．日本経済の成長力強化などにつながる産業の開発及び貿易の振興の観点から，民間投資の状況を見ると，新産業の創出，ビジネスの新陳代謝の促進，日本企業の海外展開などに係るエクイティ性資金の供給が一層必要であり，産業投資は，民間資金の呼び水・補完としての役割を果たす必要がある．他方，産業投資が出資している官民ファンドは，全体で累積損益はプラスであるが，一部のファンドでは累積損失が生じた．このような状況を踏まえ，財政制度等審議会財政投融資分科会では，投資の直接の原資としての産投出資を中心に，今後の産業投資について検討を行い，令和元年6月14日に報告書『今後の産業投資について』が取りまとめられた．

(4) 財政投融資改革

(イ) 財政投融資改革の概要

財政投融資制度については，平成13年度に抜本的な改革（財政投融資改革）が行われた（図表Ⅱ.15.2）．

この改革以前は，資金運用部資金法に基づき郵便貯金や年金積立金が資金運用部資金に義務的に預託されており，財政投融資の主要な資金調達手段となっていた．郵便貯金や年金積立金などを活用した財政投融資は，国内の貯蓄を社会資本の整備などに効率的に活用する財政政策手段として，我が国の経済発展に貢献してきたと考えられるが，政策的に必要とされる資金需要とは関係なく原資が集まることで財政投融資の規模が肥大化し，効率的な運用が行われていないなどの問題が指摘されていた．

財政投融資改革は，こうした点を踏まえ，財政投融資制度をより効率的で，市場原理と調和のとれたものとするために行われた．

具体的な改革の内容については，まず，財政投融資の資金調達のあり方について，郵便貯金・年金積立金の資金運用部への預託義務が廃止され，全額自主運用（原則市場運用）される仕組みへと改められた．財政投融資に必要な資金は，財投債の発行により市場から調達されることとなり，これにより，必要な資金需要に応じた効率的な資金調達を行うことが可能となった．同時に，貸付金利は国債金利と基本的に同水準となった．

さらに，財投機関が行う財政投融資対象事業についても，民業補完の観点から事業を見直し，また，財投機関においても，必要な事業の資金調達については，財投機関自身が，財投機関債の発行により市場での自主調達に努めること

図表Ⅱ.15.2 財政投融資改革のイメージ

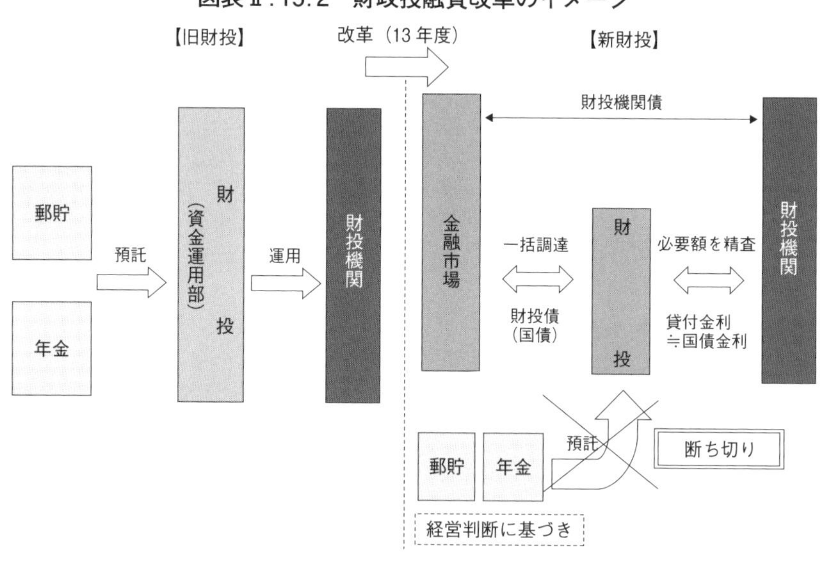

（注） 1．簡略化のため，産業投資，政府保証は省略している．
2．簡保については，財投改革前より預託義務はなかった．

となった．

このほか，政策コスト分析（詳細は後述）を導入した．これは，財政投融資のディスクロージャーの観点から，財政投融資を活用している事業について，政策コスト（将来見込まれる補助金や出資金の機会費用など）がどの程度生じるかを明らかにすることで，財政投融資対象事業の妥当性や財投機関の財務の健全性に関する情報の充実を図ったものである．

（ロ）財政投融資計画規模の推移

平成13年度の財政投融資改革において，財政投融資の大部分を占める財政融資については，郵便貯金・年金積立金の預託義務を廃止し，基本的には財投債を発行して市場から能動的に資金調達を行う仕組みに転換した．あわせて，事業の重点化・効率化に取り組んだこと，また「特殊法人等整理合理化計画」（平成13年12月19日閣議決定）などによる特殊法人改革を経て借り入れ需要が減少したことが相まって，財政投融資計画規模はスリム化した．

その後，引き続き事業の重点化・効率化を図りつつ，平成20年9月のいわゆるリーマン・ショック後の厳しい経済金融情勢や，平成23年3月の東日本大震災からの復興などに積極的に対応した．近年においては，足下の低金利状況を活用し，平成28年度補正及び平成29年度計画でのリニア中央新幹線の全線開業前倒しや，平成30年度計画での大都市圏環状道路等の整備加速，令和元年度計画での高速道路整備の加速と関西国際空港の防災機能強化などにも財政融資を活用している．さらに，「安心と成長の未来を拓く総合経済対策」（令和元年12月5日閣議決定）を踏まえ，令和元年度補正及び令和2年度計画においても，高速道路の整備及び成田国際空港滑走路の新設・延伸などに財政融資を措置した．

また，令和2年以降に猛威を振るった新型コロナウイルス感染症対策等として，「新型コロナウイルス感染症緊急経済対策」（令和2年4月7日閣議決定，同年4月20日変更）を踏まえ，事業の継続を強力に支援すべく，中小・小規模事業者や中堅企業・大企業の資金繰り支援対策等に万全を期すため，令和2年度第1次補正予算において総額10兆1877億円（財政融資9兆9877億円，産業投資1000億円及び政府保証1000億円）の財政投融資計画の追加を行った．さらに，実質無利子・無担保融資を含む，融資規模の拡充や資本性資金の活用など，金融機能の強化に向けた対応を行うため，同年第2次補正予算において総額39兆4258億円（財政融資32兆8258億円，産業投資1000億円及び政府保証6兆5000億円）の財政投融資計画の追加を行った．加えて，「国民の命と暮らしを守る安心と希望のための総合経済対策」（令和2年12月8日閣議決定）を踏まえ，現下の低金利状況を活かして，生産性向上や防災・減災，国土強靱化を加速するとともに，ポストコロナ時代の社会・経済構造変化に対応した民間投資を促進するため，令和2年度第3次補正予算において，総額1兆4341億円（財政融資1兆4121億円，産業投資200億円及び政府保証20億円）の財政投融資計画の追加を行うこととした．

令和3年度は，新型コロナウイルス感染症の影響を受けた企業・事業者及び地方公共団体への強力な支援，イノベーションの大胆な加速と事業再生・構造転換，低金利を活用した，生産性向上や防災・減災，国土強靱化等につながるインフラ整備の加速等のため，総額40兆9056億円（財政融資38兆3027億円，産業投資3626億円及び政府保証2兆2403億円）の財政投融資計画を策定した．

図表Ⅱ.15.3 財政投融資計画額（フロー）の推移

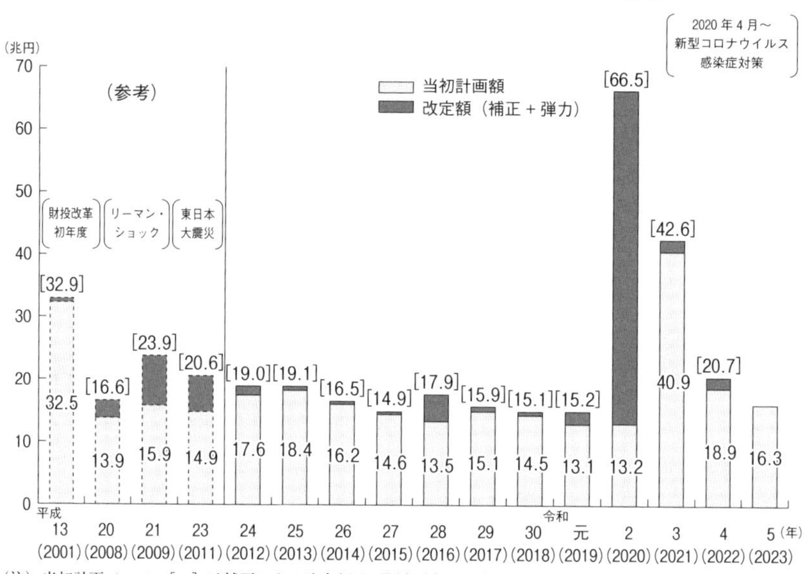

（注）当初計画ベース．［ ］は補正による改定額及び弾力追加額を加えた計数．

さらに，科学技術立国の実現に向けた積極的な投資を促進するとともに，防災・減災，国土強靱化の推進を図るため，令和3年度補正予算において総額9221億円（財政融資9200億円，政府保証21億円）の財政投融資計画の追加を行った．

令和4年度は，新型コロナの影響を受けた事業者への支援／ポストコロナを見据えた成長力強化，科学技術立国の実現，「デジタル田園都市国家構想」の推進，経済安全保障の推進，インフラ整備の加速（国際競争力の強化，防災・減災，国土強靱化）等のため，総額18兆8855億円（財政融資16兆4488億円，産業投資3262億円及び政府保証2兆1105億円）の財政投融資計画を策定した．

さらに，物価高騰・賃上げへの取組や，新しい資本主義の重点分野への投資等を推進するため，令和4年度第2次補正予算において総額1兆210億円（財政融資1兆4010億円，政府保証△3800億円）の財政投融資計画の追加を行った（図表Ⅱ.15.3，図表Ⅱ.15.4）．

図表Ⅱ.15.4　財政投融資計画残高（ストック）の推移

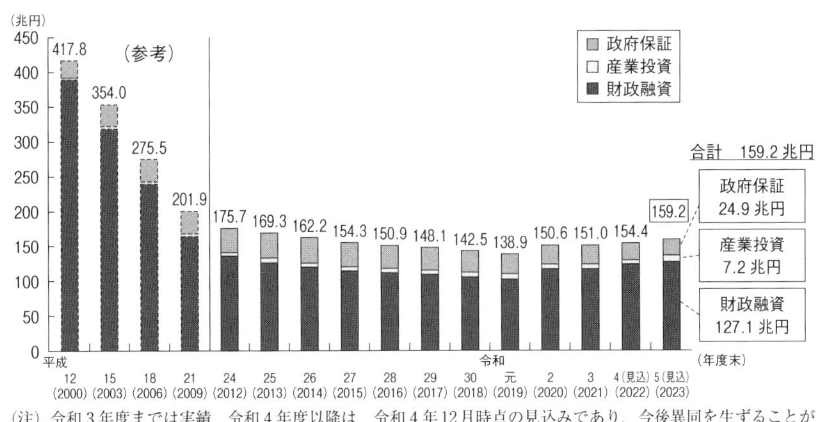

(注) 令和３年度までは実績．令和４年度以降は，令和４年12月時点の見込みであり，今後異同を生ずることがある．

(ハ) 財政投融資を巡る課題と今後の在り方について

前述のように，財政投融資改革以降，財政投融資計画の規模は減少傾向にあったが，平成20年以降，平成20年９月のいわゆるリーマン・ショックや平成23年３月の東日本大震災からの復興への対応，民間投資を活性化させるための官民ファンドを通じたリスクマネーの供給など，当時の経済社会情勢を踏まえ，資金需要に対し積極的に対応してきた．

そこで，平成26年２月から６回にわたり財政制度等審議会財政投融資分科会が開催され，内外の経済・金融情勢の変化などを踏まえて政府が行う投融資活動の在り方と，それを適切に運営していくために，官民の役割分担・リスク分担，貸し手又は出資者としてのガバナンスについて検討された．その結果，「財政投融資を巡る課題と今後の在り方について」がとりまとめられた（図表Ⅱ.15.5）．(ニ) ディスクロージャーの進展

(a) 政策コスト分析

財政投融資の対象事業には，政策目的を達成するため，事業実施機関に対して国から補助金などが投入される場合がある．政策コスト分析は，財政投融資のディスクロージャーの充実を図るため，財政投融資の対象事業に対して補助金などの国の支出が将来どの程度見込まれるかを試算し，その結果を開示するものである．

図表Ⅱ.15.5　「財政投融資を巡る課題と今後の在り方について」（平成26年6月17日）のポイント

◆ **日本経済の課題と財政投融資の果たす役割**

○ 持続的成長を支える重要な要素のひとつが中長期的な視点に立った投資。企業の生産性向上、イノベーション創出に向けて、規制緩和やコーポレート・ガバナンスの強化等に取り組むとともに、**官民の適切な役割分担の下、中長期のリスクマネーや成長資金の供給拡大**が必要。

○ 民間金融だけでは十分にリスクテイクできない分野において、**財政投融資を含む政府が行う投融資活動（公的金融機能）**に対する期待が生じてきている。財政投融資は、**自助努力の促進による事業の効率的な実施**や**受益者負担の実現**を通じて**租税負担の抑制**を図るという特徴を発揮しつつ、中長期的な視点から、かつ、民間金融を補完しながら、**資金面からの成長制約を解消**する役割を果たす。

※ 財政投融資は金融的手法の政策スキームであり、財政融資は償還確実性の確保、リスクマネーを供給する産業投資は適切なポートフォリオマネージメントによる全体としての毀損回避が前提。

◆ **財政投融資の役割**

○ **官民の適切な役割分担**

＜平時における公的金融機能＞

① 民間金融市場の補完（情報の非対称性、不完全競争、外部経済効果など）
② 民間では担えないリスクの負担
③ 民間資金の誘発効果

＜危機時における公的金融機能＞

・ 量的補完（平時への移行時に縮小）

○ **財政融資と産業投資の役割分担**

➢ 財政融資：超長期資金を含めた「負債性ファイナンス」
➢ 産業投資：エクイティ性資金を含めた「資本性ファイナンス」
・ 財政融資と産業投資を組み合わせたハイブリッドな資金供給の手法を検討（⇒事業の成長性を重視する資金供給に重点をシフト）

○ **官民の適切なリスク分担**

・ 民間企業のモラルハザードを防止しつつ、公的部門は、基礎的技術の不確実性、進出先国のリスクなどを分担し、適度な支援を行う

◆ **産業投資の在り方**

○ **産業投資の役割**

・ 短中期の民間投資に対し、収益が上がるまで長期に耐えうる資金。資本性資金を呼び水として供給し、民間金融による資金供給（レバレッジ）を誘発する質的補完
・ 「投資収益の論理」と「政策目的の論理」の重複領域（ストライクゾーン）で運営

○ **産業投資のリスク管理**

・ 個別の案件でのリスクテイクと全体での元本確保のバランスをとるポートフォリオマネージメントにより、毀損を回避し、一定の利益を確保
・ 時限組織である官民ファンドはフェーズ（投資期間、回収期間）毎に対応

○ **産投出資と産投貸付の役割・特徴**

・ エクイティファイナンス（産投出資）に加え、メザニンファイナンス（確定利付の財政融資では対応困難）に産投貸付を特例的・限定的に活用

◆ **財政投融資の対象として今後期待される分野**

・ 官民の適切な役割分担の下、6分野に対する中長期のリスクマネーや成長資金の供給拡大

① **産業競争力強化**（DBJ/JBIC/日本公庫/JOGMEC等）
② **イノベーション創出**（産業革新機構/農水機構/DBJ/日本公庫等）
③ **インフラ輸出**（JBIC/JICA/インフラ輸出機構等）
④ **中堅・中小企業の海外展開**（日本公庫/商工中金/クールジャパン機構等）
⑤ **インフラ投資**（UR都市機構/民都機構/PFI推進機構/DBJ等）
⑥ **地域活性化**（日本公庫/農水機構/UR/地公体等）

◆ **地方公共団体向け財政融資の在り方**

○ 資金調達能力の差を踏まえた資金供給、資金使途に着目した重点化
　⇒ 臨時財政対策債は、財政融資資金としては抑制的な関与にとどめる

○ 公共施設の更新投資への柔軟な対応、財政融資資金の償還年限延長を検討
　⇒ その際、公共施設の横断的管理を促す

◆ **ガバナンスの向上**

○ **貸し手として**（新たにコベナンツの活用を図り、外部ガバナンスを高める）
○ **出資者として**（官民ファンドガイドラインに基づき、出資者としてのガバナンスを確保）
○ **チェック機能の充実**（実地監査・スポット監査、地方公共団体の財務状況把握の充実・活用）

◆ **ディスクロージャーの充実**

○ **政策コスト分析の充実**（時系列の把握・公表、対象分野毎の集計を新たに行う）
○ **使途別分類表の見直し**（「産業・イノベーション」、「海外投融資等」を新たに分類）

◆ **資金調達の在り方**

○ **財投債・財融FB**（発行額の平準化、デュレーション／マチュリティ・ギャップの極小化）
○ **政府保証債・政府保証外債**（既往の資産・負債を管理するものについては引き続き過度的・限定的に付与。成長戦略等に応じ、外貨貸付や大規模プロジェクト等に係る審査基準を明確化）
○ **財投機関債**（ディスクロージャーや事業運営の効率化といった効果と調達コストを勘案）

◆ **財投特会の財務の健全性確保**

○ **ALMの高度化**（金利スワップ及び買入消却を補完的手法として引き続き実施）
○ **積立金**（財投特会の財務の健全性確保のため、復興の進捗や財政事情を勘案しつつ、継続的に積み立てる必要。その際、積立金の必要水準の引下げの可能性を検討）
○ **貸付金の証券化**（貸付金残高圧縮の進展等を踏まえ、基本的に実施しない方針）

分析に当たっては，一定の前提条件に基づく将来キャッシュフロー（資金収支）を推計し，①補助金など（将来，国から支出されると見込まれる金額），②国庫納付・法人税など（将来，国に納付されると見込まれる金額），③出資金などによる機会費用（＝利払軽減効果）（国から支出されない概念上の費用）を割引現在価値に換算の上，政策コストとして試算する．

また，政策コスト分析においては，財政投融資対象事業の将来キャッシュフローを推計した上で，事業終了までの長期損益計算書や長期貸借対照表を作成する．これらは，事業の見通しや財務状況，財政投融資の償還確実性などを確認する上で，重要な材料の一つとなっている．

さらに，長期推計の結果や分析を通じて顕在化する諸課題を，各省庁及び各財投機関と共有し，議論することは，事業主体自らが事業の改善や見直しに繋げる効果が期待できるほか，債権者として債権を適切に管理する観点からも意義があると考えられる．

また，各財投機関においては，ホームページでの公表や，財投機関債を発行する際の債券内容説明書（金融商品取引法上の目論見書に準じて投資家向けに作成される書類）への記載などにより，政策コスト分析が財投機関のディスクロージャーにも活用されている．

(b) 民間会計基準またはそれに準拠した財務諸表の作成

令和4年度の財政投融資対象機関のうち，特別会計及び地方公共団体を除く独立行政法人など（28法人）は，全て民間会計基準またはそれに準拠した財務諸表を作成している．そのため，株式会社ではない独立行政法人などの事業の財務状況についても，民間企業と同じ視点に立ち，統一的・横断的に財務内容を点検していくことが可能となっている．

3 財政投融資計画の策定

財政投融資は，政府による資源配分として重要な機能を持っており，長期にわたる投融資活動は，国民生活に大きな影響を与えると考えられる．

財政融資，産業投資，政府保証はそれぞれ異なる仕組み，特徴を持っているが，政府が政策的見地から行う投融資活動という点では共通しており，統一性・一覧性をもったものとして全体を整理する必要がある．

図表Ⅱ.15.6　財政投融資計画と予算

	財投計画の内容 （長期運用法5条第2項）	予算の該当部分
財政融資	期間5年以上の財政融資資金の運用	特別会計予算総則における 長期運用予定額
産業投資	財投特会（投資勘定）による 出資及び期間5年以上の融資	財投特会（投資勘定）における 歳出予算額
政府保証	期間5年以上の政府保証	一般会計予算総則における 債務保証契約の限度額

そのため,「財政融資資金の長期運用に対する特別措置に関する法律」(以下,長期運用法）第5条に基づき，財政融資（期間5年以上)，産業投資（出資及び期間5年以上の貸付け)，政府保証（期間5年以上）のそれぞれの予定額を，財投機関ごとに計上した財政投融資計画が策定される．

財政投融資計画の内容・取扱については，長期運用法において定められている．財政融資，産業投資，政府保証がそれぞれ予算の各所に盛り込まれ，予算が国会の審議・議決を経ることにより，財政投融資計画は国会による財政統制のもとに置かれることになる（図表Ⅱ.15.6)．

また，経済事情の変動などに応じ，機動的かつ弾力的に対応するため，政府関係機関，独立行政法人などに対して，財政融資資金の長期運用予定額及び債務に係る政府保証の限度額を年度内に50%の範囲内で増額することができるよう，弾力措置を講ずることとしている．ただし，財政融資資金の長期運用予定額の追加の総額に25%の上限を設けることとした．また，産業投資について，経済事情の変動などに応じ，機動的に対処するため，財政投融資特別会計投資勘定に産業投資予備費を設けることとした．

4　令和5年度財政投融資計画について

(1)　令和5年度財政投融資計画の概要

(イ)　計画策定の基本的考え方

令和5年度財政投融資計画の策定にあたっては，新型コロナウイルス感染症に加え，物価高騰の影響も重なって厳しい状況にある事業者への資金繰り支援

図表Ⅱ.15.7　（株）日本政策金融公庫，沖縄振興開発金融公庫

○新型コロナウイルス感染症等により経営に影響を受けた中小企業者等への対応について，現下の資金需要等を踏まえた十分な事業規模を確保し，引き続き資金繰り支援に万全を期すこととしている．

日本政策金融公庫（国民一般向け業務・中小企業者向け業務）　5 年度：財政融資 4 兆 9,700 億円，産業投資 258 億円
沖縄振興開発金融公庫　5 年度：財政融資　1,994 億円，産業投資　70 億円

➢ 事業規模及び財政投融資

（単位：億円）

国民一般向け業務

	R3 当初計画	R4 当初計画	R5 当初計画
事業規模	130,510	58,960	47,490
財政投融資	93,013	23,020	30,718
財政融資	90,500	23,000	30,700
産業投資	13	20	18
政府保障	2,500	-	-

中小企業者向け業務

	R3 当初計画	R4 当初計画	R5 当初計画
事業規模	62,400	33,700	27,400
財政投融資	49,354	11,969	19,240
財政融資	46,830	11,800	19,000
産業投資	24	169	240
政府保障	2,500	-	-

沖縄振興開発金融公庫

	R3 当初計画	R4 当初計画	R5 当初計画
事業規模	5,640	2,951	2,332
財政投融資	5,159	2,243	2,064
財政融資	5,137	2,217	1,994
産業投資	22	26	70
政府保障	-	-	-

➢ 貸付実績の推移

国民一般向け業務（億円）　■R2　□R3　■R4

【R2 実績】9 兆 1,640 億円
【R3 実績】2 兆 4,115 億円
【R4 実績（9 月末時点）】9,676 億円

令和 5 年度の事業規模の目安

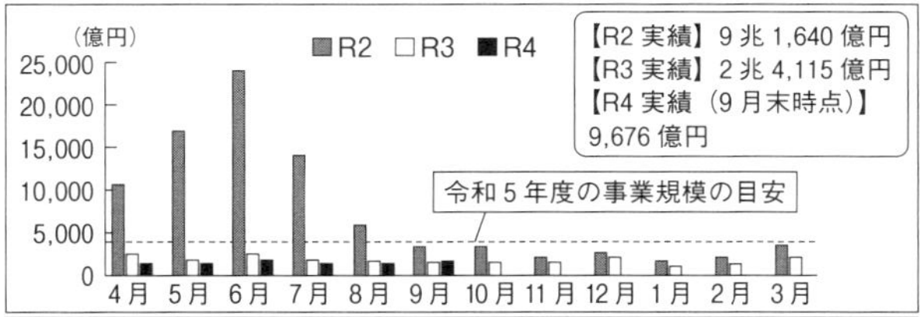

中小企業者向け業務（億円）　■R2　□R3　■R4

【R2 実績】4 兆 5,648 億円
【R3 実績】1 兆 6,873 億円
【R4 実績（9 月末時点）】7,224 億円

令和 5 年度の事業規模の目安

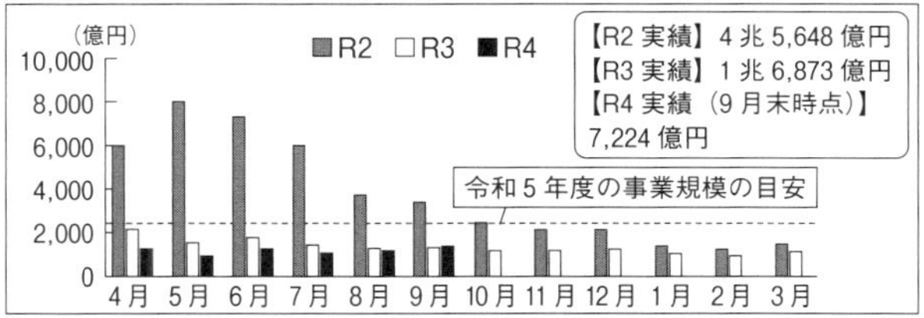

沖縄振興開発金融公庫（億円）　■R2　□R3　■R4

【R2 実績】3,010 億円
【R3 実績】1,263 億円
【R4 実績（9 月末時点）】911 億円

令和 5 年度の事業規模の目安

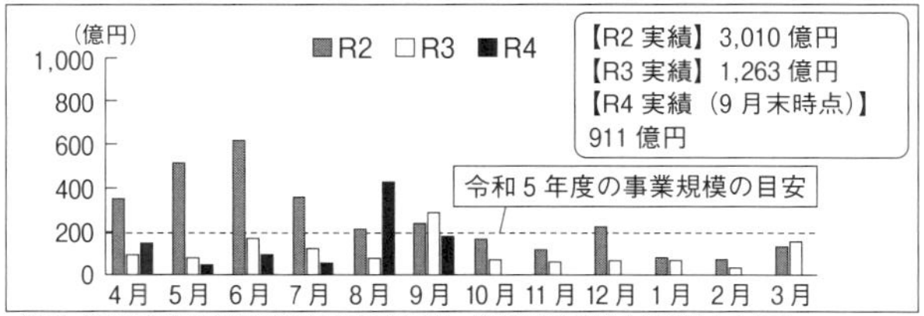

（注 1）令和 5 年度の事業規模の目安については，通年の事業規模を 12 等分したもの．
（注 2）沖縄振興開発金融公庫については，出資の実話を含んでいる．

に引き続き万全を期すとともに,「新しい資本主義」の加速や外交・安全保障環境の変化への対応等を行うこととした.

令和5年度財政投融資計画額は16兆2687億円となっている.その内訳は,財政融資12兆7099億円,産業投資4298億円,政府保証3兆1290億円となっている.

(ロ) 主な施策

令和5年度財政投融資計画における主な施策は以下のとおり(図表Ⅱ.15.7,図表Ⅱ.15.8,図表Ⅱ.15.9).

(a) 事業者への資金繰り支援

事業者への資金繰り支援については,株式会社日本政策金融公庫,沖縄振興開発金融公庫及び独立行政法人福祉医療機構において,新型コロナウイルス感染症に加え,物価高騰の影響も重なって厳しい状況にある事業者への資金繰り支援に引き続き万全を期すこととしている.

(b)「新しい資本主義」の加速

「新しい資本主義」の加速については,「人への投資」への取組として,DBJにおいて,人的資本に関する非財務情報に着目した融資制度を強化し,企業の人的資本に対する取組を促すこととするほか,株式会社日本政策金融公庫及び沖縄振興開発金融公庫において,「健康経営優良法人」と認定された中小企業等を支援することとしている.このほか,日本私立学校振興・共済事業団において,デジタル・グリーン等の成長分野をけん引する高度専門人材の育成に向けて大学の学部再編等を支援することとしている.また,スタートアップへの取組として,株式会社日本政策金融公庫及び沖縄振興開発金融公庫において,高い成長性が見込まれるスタートアップを対象とする融資制度の活用等により,スタートアップへの金融支援を強化することとするほか,DBJにおいて,「DBJスタートアップ・イノベーションファンド」を活用するなど,スタートアップ及びベンチャーキャピタルへの資金供給を強化することとしている.さらに,GX(グリーン・トランスフォーメーション)への取組として,株式会社脱炭素化支援機構において,民間企業等による脱炭素化に向けた意欲的な事業活動を支援することとするほか,独立行政法人住宅金融支援機構において,グリーン債を発行することにより,省エネルギー性に優れた住宅の普及を促進す

図表Ⅱ.15.8　（株）日本政策投資銀行

○「人への投資」を促す取組（人的資本に関する非財務情報に着目した評価認証型融資）やスタートアップへの投資（国内外のベンチャーキャピタルとの協業を含む）に注力しつつ，「カーボンニュートラル2050」に向けたグリーン・トランジションに関する取組やポストコロナを見据えたイノベーションに関する取組等への支援を継続．

5年度：財政融資3,000億円，産業投資400億円，政府保証3,500億円

➢ 事業規模及び財政投融資

（単位：億円）

	R3 当初計画	R4 当初計画	R5 当初計画
事業規模	26,000	25,900	24,800
財政投融資	9,000	7,000	6,900
財政融資	4,500	3,000	3,000
産業投資	1,750	500	400
政府保障	2,750	3,500	3,500

➢ 事業スキーム

（※）経営資源を有効活用し，経営の革新を行う取組であって，地域経済の自立的発展，日本企業の競争力強化，成長資金市場の発展に資するといった要件に合致するものについて特定投資業務で支援を行う．

➢ 資金供給の事例

人への投資

●人的資本に関する非財務情報（※）に着目した融資制度を活用し，企業の人的資本に対する取組を支援．

（※）リスキング，育児や介護等との両立支援，心身の健康づくり，労働時間適正化等

DBJ健康経営格付融資のロゴマークイメージ図

スタートアップ・イノベーション

●「DBJスタートアップ・イノベーションファンド」を活用し，経営成長の言動力であるイノベーションを生み出すスタートアップ及びかかるスタートアップへの投資を行うVC（CVCを含む）への資金供給を加速することにより，スタートアップの創出・育成やオープンイノベーションを促進．

（例）「空飛ぶクルマ」を開発するスタートアップ企業への出資

グリーン・トランジション

●「グリーン投資促進ファンド」等を活用しつつ，トランジションを含む脱炭素社会の実現に資する企業等の取組（再生可能エネルギー，低炭素技術の開発・普及，社会経済構造の低炭素化）を支援．

（例）再生可能エネルギーに取り組むプロジェクトや事業者等への投融資

図表Ⅱ.15.9　（株）国際協力銀行

○「グローバル投資強化ファシリティ」の創設や先進国業務の拡充等の機能強化を踏まえ，海外展開する本邦企業による①重要な物資・技術の確保（サプライチェーン強靭化），②先端技術・新たなビジネスモデルの海外展開・市場創出（スタートアップ・イノベーション），③低炭素技術・素材を含む脱炭素社会の実現（グリーン・トランジション）に資する取組を重点的に支援.

5年度：財政融資 9,810 億円，産業投資 900 億円，政府保証 9,010 億円

➤ 事業規模及び財政投融資

（単位：億円）

		R3 当初計画	R4 当初計画	R5 当初計画
事業規模	〈総括〉	27,000	23,000	26,500
	一般	26,000	22,000	25,000
	特別	1,000	1,000	1,500
財政投融資	〈総括〉	11,650	16,060	19,720
	一般	10,740	15,150	18,860
	特別	910	910	860
財政融資	〈総括〉	2,150	4,010	9,810
	一般	1,540	3,400	9,200
	特別	610	610	610
産業投資	〈総括〉	600	850	900
	一般	500	750	850
	特別	100	100	50
政府保証	〈総括〉	8,900	11,200	9,010
	一般	8,700	11,000	8,810
	特別	200	200	200

（注）特別業務の支援対象は，海外インフラ事業のうち一般業務ではリスクテイクが困難なもの（2016 年 10 月開始）

➤ 財政融資及び政府保証は，融資業務等の原資として措置.
➤ 産業投資は，融資業務等のリスクバッファ（兼原資）として措置.

➤ 想定される資金供給の事例

サプライチェーン強靭化

●日本の経済活動・国民生活に必須の重要物資・技術を確保するため，本邦企業によるグローバルなサプライチェーンの再編（M&A）や新規市場開拓のための現地サプライチェーン構築に向けた取組を支援.

（例）自動車排ガス浄化用・工業用触媒，電子材料等の様々な工業製品の原料となる「ジルユニウム化合物」製造・販売事業

スタートアップ・イノベーション

●本邦企業の国際競争力の維持・向上を図るため，既存事業の枠組みを超えた経済成長の原動力となるイノベーション・新規事業を創出するスタートアップ企業を支援.

（例）本邦スタートアップによる核融合の研究開発事業

グリーン・トランジション

●脱炭素社会の実現に向けて，グリーン（再生可能エネルギー，送配電網の強化，蓄電技術，水素バリューチェーンの構築等）や新興国におけるトランジション（天然ガス転換等）に向けた取組を支援.

（例）水素ステーション等の水素関連事業を投資対象とするファンド

ることとしている.

(c) 外交・安全保障環境の変化への対応

外交・安全保障環境の変化への対応については, JBICにおいて, 我が国企業のサプライチェーン強靱化や, グリーン・デジタルなど先端分野における我が国企業の海外展開を支援することとするほか, 独立行政法人エネルギー・金属鉱物資源機構において, 我が国企業の天然ガスやレアメタル等の金属鉱物資源の安定的な供給等の取組を支援することとしている. このほか, 株式会社日本政策金融公庫において, 半導体や蓄電池等の重要な物資の安定供給確保を図る事業者の長期・大規模な資金需要に的確に対応することとしている.

(d) 地方公共団体向け

地方公共団体向けについては, 地方債計画に基づき, 社会資本整備や災害復旧を中心に, 地方公共団体の円滑な資金調達に貢献する観点から, 必要な資金需要に的確に対応することとしている.

(ハ) 原資

令和5年度財政投融資の原資としては, 令和4年度計画額に対し2兆6168億円 (13.9%) 減の16兆2687億円を計上している (図表Ⅱ.15.10).

• 財政融資

財政融資資金12兆7099億円を計上している. 資金調達に関しては, 新たな貸付け及び既往の貸付けの継続に必要な財源として, 令和5年度において, 財政投融資特別会計国債12兆円の発行を予定している.

• 産業投資

(株) 国際協力銀行などの納付金, 日本たばこ産業 (株) 及び日本電信電話 (株) などの配当金などを見込むことにより, 4298億円を計上している.

• 政府保証

政府保証国内債1兆7825億円, 政府保証外債1兆3065億円, 政府保証外貨借入金400億円の合計3兆1290億円を計上している.

(ニ) 財投機関債

また, 各財投機関が民間の金融市場において個別に発行する財投機関債については, 15機関 (令和4年度 : 15機関) が, 3兆9322億円 (令和4年度 : 3兆9742億円) の発行を予定している (図表Ⅱ.15.11).

図表Ⅱ.15.10　令和５年度財政投融資原資見込

	令和４年度	令和５年度
	億円	億円
財政融資	164,488	127,099
財政融資資金	164,488	120,799
産業投資	3,262	4,298
財政投融資特別会計投資勘定	3,262	4,298
政府保証	21,105	31,290
政府保証国内債	6,525	17,825
政府保証外債	14,180	13,065
政府保証外貨借入金	400	400
合計	188,855	162,687

（注）１．令和４年度欄の金額は，当初計画額である．
２．財政融資資金による上記の新たな貸付け及び既往の貸付けの継続に必要な財源として，令和５年度において，財政投融資特別会計国債12.0兆円（令和３年度予算25.0兆円）の発行を予定している．また，財政融資資金の資金繰りのための財政融資資金証券の限度額は15.0兆円としている．
３．本表は計数整理の結果，異同を生ずることがある．

図表Ⅱ.15.11　令和５年度における財投機関債の発行予定

（単位：億円）

機関名	金額	
	令和４年度	令和５年度
独立行政法人住宅金融支援機構	23,772	21,745
株式会社日本政策投資銀行	6,300	6,400
独立行政法人日本高速道路保有・債務返済機構	2,000	3,900
株式会社日本政策金融公庫	2,900	2,900
独立行政法人日本学生支援機構	1,200	1,200
独立行政法人都市再生機構	1,100	1,100
独立行政法人国際協力機構	800	800
独立行政法人鉄道建設・運輸施設整備支援機構	800	530
株式会社国際協力銀行	200	200
独立行政法人福祉医療機構	200	200
沖縄振興開発金融公庫	100	100
独立行政法人水資源機構	70	100
中部国際空港株式会社	50	97
独立行政法人大学改革支援・学位授与機構	50	50
国立研究開発法人科学技術振興機構	200	—
合計	39,742	39,322
うち普通社債	21,370	21,462
資産担保証券	18,372	17,860

（注）各年度の金額は，財政投融資当初計画策定時の予定額である．

第16章

国庫金制度

国は，社会保障，防衛，公共事業，教育などのさまざまな活動を行っているが，その活動を支えるための資金は租税・国債などのかたちで民間部門から吸収され，予算執行・国債償還というかたちで国から民間部門へと再び還流している．こうした国家活動の一環として行われた資金調達・資金配分は，民間部門の資金の流れとともに一国の資金フローを形成しており，国全体の資金の流れのなかでも大きなウエイトを占め，金融市場に多大な影響を与えている．

以下，国庫金制度の概要及び財政資金対民間収支について説明する．

1 国庫金制度

(1) 国庫金

国を立法，司法，行政の主体としての国と区別して，財産権の主体としてとらえた場合を国庫といい，この国庫に属する現金を国庫金と呼ぶ．

(2) 国庫金の種類

国庫金はその性質により，①一般会計及び特別会計の手許現金，②各種政府資金などの残高，③公庫の預託金，④国庫金補填勘定の残高に分けられる．「一般会計及び特別会計の手許現金」は，原則として歳入歳出予算の執行によって増減する．「各種政府資金などの残高」は，国税収納金整理資金や外国為替運営資金などの各種の資金などからなっており，国税の納付または還付，為替介入などによって増減し，予算の枠外で受払いされる．「公庫の預託金」は，法律の規定で業務上の現金を国庫に預託している公庫の預け金であり，現在は沖縄振興開発金融公庫のみが計上されている．なお，「国庫金補填勘定」は，国が資金調達のために発行した政府短期証券（注）などの資金の収支を計上する勘定である．

（注）政府短期証券には，財務省証券，財政融資資金証券，外国為替資金証券，石油証券，原子力損害賠償支援証券及び食糧証券があり，割引短期国債と統合して「国庫短期証券」の名称で発行されている．

(3) 日本銀行の役割

国庫金の受払いは，日本銀行が原則としてすべて取り扱っている．日本銀行において受け入れた国庫金はすべて日本銀行における政府預金（当座預金，別口預金及び指定預金などに区分される）となる．このうち，当座預金は，国庫金のすべての受払いが整理される勘定で，政府預金の主体をなす預金である．すなわち，国庫金として受け入れられた現金は，すべてまず当座預金となり，国庫金の支払いはすべてこの預金から払い出される．

当座預金には，その日に予期せざる現金需要や収入不足が生じ残高不足となった場合に備えて，過去における見込みと実績との差額を踏まえ，支払準備として，1,500億円が置かれている．それを超えた金額が指定預金（注）に組み替えられるが，万一，指定預金及び当座預金の合計額を超える現金需要や収入不足が生じた場合には現金が不足することになる．その場合には，財政法第7条第1項に基づき財務省証券を発行し日本銀行が所要額の引受けを行うこととなっている．

（注）財務大臣が運用方法または利子などの特定の条件を指定した預金．

(4) 国庫余裕金の圧縮と繰替使用

国庫金の受払いの時期は，たとえば月初に法人税・消費税，年金保険料の受入れがある一方で，偶数月の中旬には年金の支払いがあるというように，月によって大きく異なっている．この受払いの時期のずれを極力小さくすることは，政府全体において一時的に保有する現金（国庫余裕金）の圧縮につながることになる．

平成17年9月以降，受入日と支払日を合わせる施策が行われている．具体的には，普通交付税の交付日や国立大学法人運営費交付金などの交付日を租税・年金保険料の受入日とし，国庫金の入りと出をならす調整を行うことにより，国庫余裕金の圧縮を図っている．

また，それでも国庫余裕金が生じた場合には，現金不足の特別会計などに無利子で貸し付けること（国庫余裕金の繰替使用）により，政府部門による政府短期証券（FB）の発行を減少させ，政府全体として利子負担を軽減させている．

こうした措置の後，最終的に残った現金は，日本銀行に設けられている指定預金として管理されることになり，その残高の抑制が図られている．

(5) 民間市場に対する配慮

国庫金の管理においては，民間金融市場に対する配慮もされている．(4) で述べたように，国庫金の受払いの時期は月によって大きく異なるため，国庫金の受払いのたびに民間金融市場の資金残高は大きく変動することになる．この影響を軽減するため，3カ月物FBについては，既発行FBの償還日に発行日を合わせて発行（償還日と発行日は毎週原則月曜日）し，平成18年8月からは2カ月程度のFBを政府の支払超過となる日に発行し，政府の受取超過となる日に償還する措置（注）がとられている．また，FBの国庫内引受（注）や国庫余裕金の繰替使用を活用することにより，市中への公募発行額の圧縮が図られている．

（注）令和4年度においては，国庫余裕金で対応できたため行っていない．

2 財政資金対民間収支

財政資金対民間収支（以下，対民収支）とは，国の財政活動にともなう国庫金の受払いが，通貨量の増減を通じて民間経済活動にどのような影響を及ぼしているかを把握しようとするものである．国庫金の受払いを示すものを「国庫収支」といい，その取引の相手先によって，①国庫内振替収支，②国庫対日銀収支，③国庫対民間収支に分類することができる．もう少し詳しくみると，①は国庫内における一般会計や各特別会計など相互間の受払いのことであり，こ

図表Ⅱ.16.1 国庫収支と財政資金対民間収支の関係

国庫収支	①国庫内振替収支		
	政府預金増減	②国庫対日銀収支	
		③国庫対民間収支	財政資金対民間収支
		調整項目	

れは政府預金の増減及び通貨量の増減をともなわない．②は国庫と日本銀行との受払いであり，日本銀行による法人税の納付，日本銀行の政府短期証券引受やその償還による収支で，政府預金の増減をともなうものの，通貨量の増減はともなわない．③は国庫と民間との受払いであり，これは政府預金の増減及び通貨量の増減をともなう．ここでいう「民間」には，独立行政法人及び地方公共団体も含んでいる．

これらの受払いのうち，③は通貨量の増減をともなうことから，金融市場の繁閑に直接影響を及ぼすもので，最も重視すべき収支であり，対民収支は，金融市場に及ぼす影響をより一層正確に把握できるように，国庫対民間収支に調整を加えたものである（図表Ⅱ.16.1参照）．

対民収支には，以下の特徴がある．

(1) 財政の執行状況の把握

国の財政活動を示すものとして予算が取り上げられることが多いが，予算は年度における収入と支出の予定額を示すものであり，実際にいつどれだけの金額が国庫に受け入れられ，また支払われるのかを把握することはできない．また，国の財政活動には予算を通じるもの（歳入金，歳出金）もあれば，国税収納金整理資金のように予算を通じないもの（歳入歳出外現金）もある．対民収支は，実際に国と民間の間で生じた現金の受払いを示すことから，財政の動きを総合的に把握できるという特徴がある．

(2) 金融市場への影響の把握

国の財政活動により生ずる民間との受払いは，金融市場へ多大な影響を与えている．具体的には，財政が受取超過になって通貨量が減少すれば，民間金融市場の資金不足要因となり，経済活動に対して抑制的に作用することとなる．一方，財政が支払超過になって，通貨量が増加すれば，資金余剰要因となり，経済活動に対して刺激的に作用することとなる．対民収支は，その総計の収支尻をみることで，国の財政活動が金融市場にどのような影響を与えうるかを把握することができる特徴がある．

対民収支について，毎月第2営業日に前月の実績と当月の見込み及び年度初来実績累計が発表されている（図表Ⅱ.16.2に，参考として令和3年度と令和4年度の実績対比を示した）．

図表Ⅱ.16.2　財政資金対民間収支（令和４年４月～令和５年３月累計）

（単位：億円）

区分	受		払		収支尻		
	令和４年度	令和３年度	令和４年度	令和３年度	令和４年度	令和３年度	前年度比
(1) 一般会計	1,015,530	939,002	1,148,319	1,230,470	▲132,789	▲291,467	158,678
租税	948,874	875,952	211,962	193,688	736,912	682,264	54,648
税外収入	44,879	44,419	—	—	44,879	44,419	460
社会保障費	—	—	286,090	333,563	▲286,090	▲333,563	47,474
地方交付税交付金	21,777	18,631	216,639	224,579	▲194,862	▲205,947	11,085
防衛関係費	—	—	48,642	54,162	▲48,642	▲54,162	5,520
公共事業費	—	—	82,188	85,160	▲82,188	▲85,160	2,972
義務教育費	—	—	15,156	15,254	▲15,156	▲15,254	97
その他支払	—	—	287,642	324,064	▲287,642	▲324,064	36,422
(2) 特別会計等	924,604	817,342	1,066,577	1,059,334	▲141,973	▲241,992	100,019
財政投融資	181,226	168,195	175,126	149,473	6,100	18,722	▲12,622
外国為替資金	178,472	78,032	86,938	81,795	91,534	▲3,763	95,297
保険	534,258	524,931	675,594	686,682	▲141,336	▲161,751	20,415
その他	30,647	46,184	128,918	141,384	▲98,271	▲95,200	▲3,071
(3) 小計（1＋2）	1,940,134	1,756,344	2,214,896	2,289,803	▲274,762	▲533,459	258,696
(4) 国債等	1,561,180	1,558,636	537,504	515,860	1,023,676	1,042,776	▲19,100
国債（1年超）	1,473,518	1,472,952	451,828	431,087	1,021,690	1,041,865	▲20,175
借入金	87,662	85,684	85,676	84,773	1,986	911	1,075
(5) 国庫短期証券等	4,413,878	4,403,862	4,293,449	4,076,908	120,429	326,953	▲206,524
国庫短期証券	3,932,969	3,922,951	3,812,538	3,601,999	120,432	320,952	▲200,520
一時借入金	480,909	480,911	480,911	474,910	▲3	6,001	▲6,004
(6) 小計（4＋5）	5,975,058	5,962,497	4,830,953	4,592,768	1,144,105	1,369,729	▲225,624
(7) 合計（3＋6）	7,915,192	7,718,842	7,045,849	6,882,572	869,343	836,270	33,072
(8) 調整項目	2,435,666	2,521,471	2,458,992	2,500,518	▲23,326	20,953	▲44,279
(9) 総計（7＋8）	10,350,858	10,240,313	9,504,841	9,383,090	846,017	857,223	▲11,207

（注）１．「受」は民間から国庫への資金の移動，「払」は国庫から民間への資金の移動を示す．
２．単位未満は四捨五入してあり，計において一致しない場合がある．
３．「令和４年度」及び「令和３年度」欄の▲印は支払超過を示す．

（参考）１．日本銀行が国庫短期証券売買オペによって取得した国庫短期証券のうち，償還期日が到来するものの償還額は次のとおりであり，これは対民間収支には計上されない（繰上償還額及び対政府等売却額は控除していない）．

日銀売買オペ分償還額					175,422	501,952	▲326,530

２．外国送金のために行った国庫内振替額は次のとおりであり，これは対民間収支には計上されない（国庫内振替収支に計上される）．

外国送金振替額					13,182	10,176	3,005

第17章 税制

1 令和５年度税制改正

令和５年度税制改正については，令和４年12月23日に「令和５年度税制改正の大綱」が閣議決定された.

Ⅰ 概要

家計の資産を貯蓄から投資へと積極的に振り向け，資産所得倍増につなげるため，NISA の抜本的拡充・恒久化を行うとともに，スタートアップ・エコシステムを抜本的に強化するための税制上の措置を講ずる．また，より公平で中立的な税制の実現に向け，極めて高い水準の所得について最低限の負担を求める措置の導入，グローバル・ミニマム課税の導入及び資産移転の時期の選択により中立的な税制の構築を行う．加えて，自動車重量税のエコカー減税や自動車税等の環境性能割等を見直す．租税特別措置については，それぞれの性質等に応じ適切な適用期限を設定する.

具体的には，Ⅱのとおり税制改正を行うものとする．また，防衛力強化に係る財源確保のための税制措置について，Ⅲのとおり決定する.

Ⅱ 主な措置

(イ) 個人所得課税

① NISA 制度の抜本的拡充・恒久化

・非課税保有期間を無期限化するとともに，口座開設可能期間については期限を設けず，NISA 制度を恒久的な措置とする．

- 一定の投資信託を対象とする長期・積立・分散投資の年間投資上限額（「つみたて投資枠」）については，120万円に拡充する．
- 上場株式への投資が可能な現行の一般 NISA の役割を引き継ぐ「成長投資枠」を設けることとし，「成長投資枠」の年間投資上限額については，240万円に拡充するとともに，「つみたて投資枠」との併用を可能とする．
- 一生涯にわたる非課税限度額を新たに設定した上で，1,800万円とし，「成長投資枠」については，その内数として1,200万円とする．
- 以上の措置は，令和６年１月から適用する．

②　スタートアップへの再投資に係る非課税措置の創設

- 保有株式の譲渡益を元手に，創業者が創業した場合やエンジェル投資家がプレシード・シード期のスタートアップへの再投資を行った場合に，再投資分につき20億円を上限として株式譲渡益に課税しない制度を創設する．
- スタートアップへの再投資に係る非課税措置及び課税繰延べについては，創業者は事業実態が認められれば適用が受けられるようにするほか，プレシード・シード期のスタートアップに係る外部資本要件を１/６以上から１/20以上に引き下げるなど，要件の緩和を行う．

③　極めて高い水準の所得に対する負担の適正化

- その年分の基準所得金額から３億3,000万円を控除した金額に22.5%の税率を乗じた金額が，その年分の基準所得税額を超える場合には，その超える金額に相当する所得税を課する措置を講じ，令和７年分以後の所得税について適用する．

④　特定非常災害に係る損失の繰越控除の見直し

- 特定非常災害法上の特定非常災害による損失に係る雑損失及び純損失の繰越期間について，損失の程度や記帳水準に応じ，例外的に３年から５年に延長する．

(ロ)　資産課税

資産移転の時期の選択により中立的な税制の構築等

- 相続時精算課税制度について，相続時精算課税適用者が特定贈与者から贈与により取得した財産に係るその年分の贈与税については，暦年課税の基礎控除とは別途，課税価格から基礎控除110万円を控除できることとするほか，相続時精算課税で受贈した土地・建物が災害により一定以上の被害を受けた場合，相続時にその被害を受けた額を控除する見直しを行う．

- 暦年課税における相続前贈与の加算期間を相続開始前7年間（改正前：3年間）に延長するほか，延長した期間（4年間）に受けた贈与のうち一定額（100万円）については，相続財産に加算しないこととする見直しを行う．
- 教育資金の一括贈与に係る贈与税の非課税措置については，節税的な利用につながらないよう所要の見直しを行った上で，適用期限を3年延長する．
- 結婚・子育て資金の一括贈与に係る贈与税の非課税措置についても，節税的な利用につながらないよう所要の見直しを行った上で，適用期限を2年延長する．

(ハ) 法人課税

① 研究開発税制の見直し

- 控除率カーブの見直し及び控除率の下限の引下げ（現行：2％→1％）を行うとともに，試験研究費の増減割合に応じて税額控除の上限を変動させる制度（現行：25％→20％～30％）を設ける．
- 試験研究費のうち新たなサービスの開発に係る一定の費用について，既に有する大量の情報を用いる場合についても対象とするほか，所要の見直しを行う．

② 企業による先導的人材投資に係る税制措置

- 法人が大学，高等専門学校又は一定の専門学校を設置する学校法人の設立を目的とする法人に対して支出する寄附金であって，その設立のための費用に充てられるものを指定寄附金とする．
- 特別試験研究費の対象費用に，博士号取得者又は一定の研究業務の経験を有する者に対する人件費を追加し，税額控除率を20％とする．

③ オープンイノベーション促進税制の見直し

- 発行法人以外の者から購入により取得した株式でその取得により総株主の議決権の過半数を有することとなるものを，税制の対象となる特定株式に加える．

（ニ）消費課税

①　適格請求書等保存方式の円滑な実施に向けた所要の措置

- これまで免税事業者であった者がインボイス発行事業者になった場合の納税額を売上税額の２割に軽減する３年間の負担軽減措置を講ずる.
- 一定規模以下の事業者の行う少額の取引につき，帳簿のみで仕入税額控除を可能とする６年間の事務負担軽減策を講ずるほか，少額の返還インボイスについて交付義務を免除する措置を講ずる.

②　承認酒類製造者に対する酒税の税率の特例措置の創設

- 酒税の保全のために酒類業の健全な発達に資する取組を適正かつ確実に行うことについて承認を受けた酒類製造者に係る一定の酒類について，製造規模に応じて酒税を軽減する措置を講ずる．あわせて，現行の酒税の特例措置は廃止し，新たな特例措置への移行に伴う激変緩和のための経過措置を講ずる.

③　車体課税

- 自動車重量税のエコカー減税について，異例の措置として現行制度を令和５年末まで据え置くほか，据置期間後は，制度の対象となる2030基準達成度の下限を３年間で段階的に80％まで引き上げる等の所要の措置を講ずる.
- 自動車税・軽自動車税の環境性能割について，異例の措置として現行の税率区分を令和５年末まで据え置くとともに，３年間で段階的に引き上げる.
- 自動車税・軽自動車税の種別割におけるグリーン化特例について，３年間延長する.
- メーカーの不正行為によって自動車税環境性能割等の納付不足額が発生した場合の特例について，納付不足額を徴収する際に加算する割合（現行：10％）を35％に引き上げる.

（ホ）国際課税

グローバル・ミニマム課税への対応

- グローバル・ミニマム課税について，所得合算ルールに係る法制化を行うため，各対象会計年度の国際最低課税額に対する法人税（仮称）及び特定基準法人税額に対する地方法人税（仮称）を創設する．その際，法人税による税額と地方法人税による税額が907：93の比率となるよう制度を措置するとともに，対象企業の事務手続きの簡素化に資する措置を導入する.

• 外国子会社合算税制について，特定外国関係会社の適用免除要件である租税負担割合の閾値引下げ等の見直しを行う．

（へ）納税環境整備

① 電子帳簿等保存制度の見直し

• 電子取引の取引情報に係る電磁的記録の保存制度については，電子取引の取引情報に係る電磁的記録の保存をすることができなかったことにつき相当の理由がある事業者等に対する新たな猶予措置を講ずるとともに，検索機能の確保の要件について緩和措置を講ずる．

• 過少申告加算税の軽減措置の対象となる優良な電子帳簿について，その範囲を合理化・明確化する．

② 課税・徴収関係の整備・適正化

• 申告義務を認識していなかったとは言い難い高額な無申告に対し，無申告加算税の割合を引き上げる．また，連年にわたって繰り返し無申告加算税等を課される者が行う更なる無申告に課される無申告加算税等を加重する措置を講ずる．

③ ふるさと納税における前指定対象期間に係る基準不適合等への対応

• ふるさと納税の指定制度に関し，前の指定対象期間における基準不適合等の事案について，2年前にまで遡って取消事由とできることとする．

Ⅲ 防衛力強化に係る財源確保のための税制措置

我が国の防衛力の抜本的な強化を行うに当たり，歳出・歳入両面から安定的な財源を確保する．税制部分については，令和9年度に向けて複数年かけて段階的に実施することとし，令和9年度において，1兆円強を確保する．具体的には，法人税，所得税及びたばこ税について，以下の措置を講ずる．

（イ）法人税

法人税額に対し，税率4～4.5％の新たな付加税を課す．中小法人に配慮する観点から，課税標準となる法人税額から500万円を控除することとする．

（ロ）所得税

所得税額に対し，当分の間，税率1％の新たな付加税を課す．現下の家計を取り巻く状況に配慮し，復興特別所得税の税率を1％引き下げるとともに，課税期間を延長する．延長期間は，復興事業の着実な実施に影響を与えないよう，復興財源の総額を確実に確保するために必要な長さとする．

廃炉，特定復興再生拠点区域の整備，特定復興再生拠点区域外への帰還・居住に向けた具体的な取組みや福島国際研究教育機構の構築など息の長い取組みをしっかりと支援できるよう，東日本大震災からの復旧・復興に要する財源については，引き続き，責任を持って確実に確保することとする．

(ハ) たばこ税

3円／1本相当の引上げを，国産葉たばこ農家への影響に十分配慮しつつ，予見可能性を確保した上で，段階的に実施する．

以上の措置の施行時期は，令和6年以降の適切な時期とする．

2 令和5年度関税改正

Ⅰ 令和5年度関税改正を巡る諸情勢

これまでのヒト・モノ・カネの流れの趨勢的な拡大に加え，デジタル化の急速な進展やサプライチェーンの見直しの動きなどの内外の経済・社会の構造変化を受け，税関を取り巻く環境は大きく変化している．越境 EC（電子商取引）の利用拡大に伴い，航空貨物の輸入申告件数は近年急増し，海上貨物の輸入申告件数についても，近隣アジア諸国からの輸入を中心に増加している．また，令和4年10月の水際対策の緩和に伴い，新型コロナウイルス感染症拡大の影響により大幅に落ち込んでいた入出国者数は回復傾向にあり，今後，更なる増加も予測される．こうした中，令和7年には大阪・関西万博が予定されており，税関においては，円滑な通関を確保しつつ，不正薬物やテロ関連物資等の密輸阻止の観点から厳格な水際取締りを行うことが求められている．

さらに，ロシア等に対する経済制裁措置の実効性の確保や経済安全保障上の脅威への対処等のため，輸出又は輸入される貨物に対する厳正な審査及び検査の実施を通じた水際取締りに，より重点的に取り組むことが求められている．

財務省関税局及び税関においては，こうした環境変化に的確に対応し，適切な関税率の設定・関税制度の整備等を行うとともに，税関の使命である「安全・安心な社会の実現」「適正かつ公平な関税等の賦課・徴収」「貿易円滑化の推進」

を着実に果たしていく必要がある．このため，今後も，世界税関機構や国内外の関係機関・関係事業者等との連携を強化すること，輸出貨物に係る審査・検査・事後調査を含めた税関の体制を整備・充実すること，税関業務にAI等の先端技術を導入すること，税関手続の一層のデジタル化を図ることなど，「スマート税関の実現に向けたアクションプラン2022」（令和4年11月公表）に掲げられた施策を着実に実施し，業務の一層の高度化・効率化を進めていくことが重要である．

さらに，近年，環太平洋パートナーシップに関する包括的及び先進的な協定（CPTPP），日EU経済連携協定，地域的な包括的経済連携（RCEP）協定といった大型の経済連携協定（EPA）が発効し，我が国の貿易総額に占めるEPA等が発効済の国・地域との貿易額の割合は約8割となっている．こうした協定の活用による国際貿易の更なる円滑化を推進するため，貿易関係者等へのきめ細やかな情報提供など一層の利用促進に取り組むとともに，これらの協定を前提とした関税政策の検討や関税制度・執行体制の整備を引き続き進めていくことが重要である．

Ⅱ　改正の概要

1．暫定税率等の適用期限の延長等

(1)　暫定税率の適用期限

暫定税率は，政策上の必要性等から，適用期限を定めて，基本税率を暫定的に修正する税率である．その水準及び必要性については，常に見直していくべきものであり，適用期限の延長に際しては，国内の生産者及び消費者等に及ぼす影響，国際交渉との関係，産業政策上の必要性等を考慮する必要がある．

上記の考え方に沿って検討を行った結果，令和5年3月31日に適用期限が到来する412品目に係る暫定税率について，その期限を令和6年3月31日まで延長することとした．

(2)　特別緊急関税制度

特別緊急関税制度については，対象となる品目がWTOドーハ・ラウンド交渉や，EPA等に係る交渉の対象となり得るものであり，国際交渉の状況を予断なく注視する必要があること，引き続き国内産業を保護する必要があることか

ら，令和5年3月31日に到来する適用期限を令和6年3月31日まで延長することとした.

(3) 加糖調製品に係る暫定税率

加糖調製品は，砂糖と砂糖以外のココア粉やミルク等の混合物であり，菓子類や飲料等の原料として幅広く使用され，国内の砂糖需要を一部代替している.

CPTPP 協定において，加糖調製品に関税割当制度が導入される等の譲許がされたこと等により，国内産糖への支援に対する影響が懸念されたため,「総合的な TPP 等関連政策大綱」(平成29年11月24日 TPP 等総合対策本部決定) に基づき，CPTPP 協定発効時に糖価調整制度における調整金の対象に加糖調製品が追加された.

加糖調製品に係る暫定税率については,

- 糖価調整制度が，甘味資源作物に係る農業所得の確保，国内産糖の製造事業の経営安定その他関連産業の健全な発展を通じて，国内産糖の安定的な供給の確保を図ることにより，国民生活の安定に寄与することを目的としていること
- 加糖調製品と国産の砂糖の価格差は足元で縮小しているものの，依然として価格差が認められること
- 加糖調製品全体の輸入量は近年減少しているものの，CPTPP 協定の枠内税率の引下げや枠数量の拡大等に伴い，一部の品目では CPTPP 加盟国からの輸入量が増加しており，今後再び加糖調製品全体の輸入量が増加に転じる可能性も否定できないこと
- 甘味資源作物の生産費削減を含む国内産糖に係る競争力強化等に努めていること
- 暫定税率の引下げにより確保した調整金を原資とした原料糖の価格調整により，国産の砂糖の価格が抑制され，消費者の利益に寄与していると評価できること
- こうした状況を踏まえ，農林水産省は，糖価調整制度の目的に照らして，国内産糖への支援の原資となる調整金を拡大する方針であること

等を総合的に勘案し，加糖調製品のうち6品目（ココアの調製品，ミルクの調製品等）について，調整金の拡大が可能となるよう，令和5年度の CPTPP

税率の設定状況等を踏まえ，暫定税率を引き下げることとした.

また，加糖調製品に係る暫定税率の検討に当たっては，毎年度，加糖調製品と国産の砂糖の価格差及び需給の動向，国内産糖に係る競争力強化の取組状況，暫定税率の引下げによる政策効果，加糖調製品と国産の砂糖に関する今後の中長期的な在り方及びその実現に向けた具体的取組等について，消費者の視点も踏まえつつ，農林水産省に検証及び報告を求めることとした.

(4) 航空機部分品等免税制度

我が国の航空機産業と宇宙産業においては，国際共同開発への参画や民間企業による宇宙ビジネスへの参入等が進められているところであり，国際競争力の更なる強化が必要となっている．その製造に際し，国産困難な部分品等は輸入に依存しているため，航空機部分品等免税制度は，航空機部分品等の免税輸入を通じて，コスト軽減に資するものとなっている.

こうした点を踏まえ，令和5年3月31日に適用期限が到来する航空機部分品等免税制度については，その適用期限を令和8年3月31日まで3年間延長することとした.

(5) 加工再輸入減税制度

安価な海外製原材料による製品の輸入が増加している我が国の繊維・皮革産業においては，加工再輸入減税制度を利用し，国産の材料を一旦輸出して海外で加工した後，再び輸入することで，国産材料の利用促進と生産コストの削減による産業全体の活性化及び競争力の強化を図っている.

こうした点を踏まえ，令和5年3月31日に適用期限が到来する加工再輸入減税制度については，その適用期限を令和8年3月31日まで3年間延長することとした.

2．個別品目の関税率の見直し

(1) プロポリス原塊の分類変更への対応

プロポリス原塊(注)については，従来，関税定率法別表（関税率表）第0511.99号の「食用ではない動物性生産品」に分類されていたが，令和元年9月のHS委員会（関税分類の国際会議）における分類決定を受けて第0410.90号の「昆虫類その他の食用の動物性生産品」へと分類変更されることとなった．移行先において適用される税率は，移行前の税率水準を上回っていたところ，分類変更による過度な税負担を避ける必要があることから，移行先（第0410.90号）において，税細分を新設した上で，移行前（第0511.99号）と同じ水準の関税率を設定することとした．

（注）ミツバチが植物やミツバチ自身の分泌物等を練り合わせて，巣に作られる粘土状の物質．

（2）セルラーバンブーパネルの分類変更への対応

セルラーバンブーパネル(注)については，従来，関税率表第4418.92号の「セルラーウッドパネル」に分類されていたが，令和4年3月のHS委員会における分類決定を受けて第4418.91号の「建具及び建築用品のうち竹製のもの」へと分類変更されることとなった．移行先において適用される税率は，移行前の税率水準を下回っていたところ，国内産業を保護する必要があることから，移行先（第4418.91号）において，税細分を新設した上で，移行前（第4418.92号）と同じ水準の関税率を設定することとした．

（注）芯材を平行又は格子状に並べ，その両面に竹製の合板等を貼り合わせた構造のもの．

3．急増する輸入貨物への対応

EC市場規模の拡大や，ECプラットフォーム事業者が提供するサービスの利用拡大を含む越境ECの拡大に伴い，輸入申告件数が年々増加している．特に，ECサイトを通じて購入された後，販売者により外国から日本に発送された貨物（以下「通販貨物」という．）の輸入が急増し，フルフィルメントサービス（ECプラットフォーム事業者等が海外の販売者等に対して提供する国内での倉庫保管，配送等を代行するサービス）を利用して国内で販売することを予定して輸入される貨物（以下「FS利用貨物」という．）の輸入も目立っている．

こうした中，航空貨物等による不正薬物や知的財産侵害物品の密輸が増加している．FS利用貨物については，非居住者が輸入実績のある国内居住者の名義を勝手に使用する，いわゆるなりすましにより輸入を行う事案が発生している．また，輸入時点で売買が成立しておらず，取引価格が存在していない中で，不当に低い価格で輸入申告し，関税等をほ脱する事案が顕在化している．

こうした状況を踏まえ，円滑な輸入を引き続き確保しながら，水際取締りの実効性を確保するとともに適正な課税を実現するため，以下の改正を行うこととした．

(1) 輸入申告項目の追加

改正前の輸入申告項目では，通販貨物やFS利用貨物であることが把握できず，審査・検査を行うべきハイリスク貨物の絞込みに限界があることから，通販貨物やFS利用貨物であることを申告情報から特定し，輸入貨物の類型を考慮したリスク管理に基づくメリハリのある審査・検査を実施する必要がある．このため，輸入申告項目に「通販貨物に該当するか否か」(通販貨物の場合は「プラットフォームの名称等」を含む.）及び「国内運送先」を追加することとした.

さらに，いわゆるなりすましにより輸入者の住所及び氏名を偽って輸入する行為が虚偽申告輸入罪（関税法第111条第1項第2号）の対象であることが明確になれば，このような不適切な輸入に対する防圧効果も見込まれるため，現在，輸入申告書の様式で記載を求めている「輸入者の住所及び氏名」を政令上の輸入申告項目に追加することとした.

(2) 税関事務管理人制度の見直し

非居住者が自ら輸入者となり貨物を輸入する場合，輸入申告等の事務を処理させるために，国内に住所等を有する者を税関事務管理人として定め，税関長に届け出なければならない．しかしながら，非居住者が税関事務管理人を定めず，取引実態を把握していない国内居住者に輸入の代行を依頼するため，税関が申告内容や取引の詳細を十分に確認できない事案が発生している．また輸入許可後に税関事務管理人が解任されて事後調査時には定められていない場合等にもこれらの事案と同様の問題が生じる.

こうした状況を踏まえ，税関が非居住者に連絡できるようにすることで審査や事後調査の実効性を高めるため，以下の事項を可能とする等の規定の整備を行うこととした.

① 税関事務管理人の届出がない場合，税関長が非居住者に対し，税関事務管理人に処理させる必要があると認められる事項（以下「特定事項」という.）(注1)を明示して，期限を指定して税関事務管理人の届出を求めること

② 非居住者が期限までに税関事務管理人を届け出ない場合に，税関長が，国内居住者で特定事項の処理につき便宜を有する者のうち一定の国内関連者(注2)を，特定事項を処理させる税関事務管理人として指定すること

さらに，適切な者が税関事務管理人として届出され，又は税関長が適切な者を指定できるよう，税関事務管理人の届出項目に「届出者（非居住者）の住所又は居所及び氏名又は名称」,「届出者（非居住者）と税関事務管理人との関係」等を追加するとともに，届出を行う非居住者に対して税関事務管理人との委任関係を明らかにする書類の提出を求めることとした．

（注１） 税関長から受領した書類の非居住者への送付，非居住者から受領した書類の税関長への提出．

（注２） 関税の税額等の計算の基礎となるべき事実について非居住者との契約により密接な関係を有する者，非居住者が利用するECプラットフォームを提供する事業者及び非居住者と資本関係がある等政令で定める特殊の関係のある者．

４．知的財産侵害物品の認定手続における簡素化手続の対象拡大

税関長は，知的財産を侵害する疑義のある貨物を発見した場合，認定手続を開始し，権利者及び輸入者に対し，証拠・意見の提出を求め，提出された証拠等に基づいて侵害の該否を認定する．侵害に該当する場合には貨物を没収することが可能となっている．

認定手続においては，平成19年に簡素化手続が導入され，輸入者が侵害の該否を争わない場合，権利者に証拠・意見の提出を求めることなく，侵害の該否を認定することとしている．特許権，実用新案権，意匠権及び保護対象営業秘密については，簡素化手続の導入時，特許権等の輸入差止件数が少なく，また税関が侵害の該否を即物的に判断可能か明らかでなかったこと等から，その対象に含めなかった．

近年，越境ECの進展等に伴い，特許権及び意匠権に係る輸入差止件数が増加し，権利者にとって，証拠・意見の提出に伴う業務や弁理士・弁護士への依頼費用等の負担が大きくなっている．実用新案権及び保護対象営業秘密を含め，輸入差止申立制度の対象となっている全ての知的財産を簡素化手続の対象とすることは，権利者，輸入者及び税関の事務負担の軽減に資する．

こうした点を踏まえ，権利者の事務負担軽減等の観点から，簡素化手続の対象に特許権，実用新案権，意匠権及び保護対象営業秘密を追加することとした．

５．入国者が携帯等して輸入する加熱式たばこに係る簡易税率の新設等

(1) 入国者が携帯等して輸入する加熱式たばこに係る簡易税率の新設

入国者が携帯し，又は別送して輸入する貨物については，通関手続の迅速化

を目的として，一部の貨物を除き，関税，内国消費税及び地方消費税の率を総合したものを基礎として算出した簡易税率が設けられている(注1)．ただし，加熱式たばこ(注2)には簡易税率の適用はなく，免税範囲を超える部分について，関税，たばこ税，消費税及び地方消費税が課されていた．

通関手続において，特にたばこ税額の計算方法が複雑であることから，入国者が携帯等して輸入する加熱式たばこの課税処理に時間を要し，また，入国者にとっても課税額の予見可能性が低いという問題があった．

こうした点を踏まえ，迅速通関等の観点から，加熱式たばこに係る簡易税率を新設することとした．簡易税率の水準については，課税対象としてスティック型及びリキッド型を区分して法令に規定した上で，スティック型15円/本，リキッド型50円/個とすることとした．

（注1） 関税が無税のアルコール飲料の一部及び紙巻たばこについては，租税特別措置法等に基づいて，特例税率が設けられている．

（注2） 加熱式たばこは大別すると，スティック型（紙で巻いた葉たばこ等のスティックを加熱して喫煙するもの）とリキッド型（カートリッジに充塡されたグリセリン等を加熱して葉たばこ等が充塡された容器を経由して喫煙するもの．製造たばことみなされるカートリッジに充塡されたグリセリン等のみが包装され販売されるものを含む．）の2種類．

(2) 入国者が携帯等して輸入するアルコール飲料に係る簡易税率の取扱い

入国者が携帯し，又は別送して輸入するアルコール飲料については，簡易税率を適用しており，入国者の利便のため，100円/ℓ刻みで設定している．

令和5年10月の酒税率の見直し（ワイン90→100円/ℓ，清酒110→100円/ℓ等）を受けたアルコール飲料に係る簡易税率の見直しの要否については，実態調査を踏まえて算出した税率の変化分が100円/ℓに満たないことから，現行の水準（蒸留酒（焼酎等）300円/ℓ，その他のもの（ワイン等）200円/ℓ）を維持することとした．

6．植物防疫法の改正に伴う保税関連の規定の整備

関税法上，外国貨物を置くことができる場所は保税地域に制限されている．ただし，外国貨物の特殊性により保税地域に置くことが困難である場合等があるため，政令で定める貨物等については，保税地域外に置くことが可能となっている．

検疫検査のために植物防疫所等（一部は保税地域外）に置かれる輸入植物等については，植物防疫官による適切な管理が行われていること等を踏まえ，「保税地域外に置くことができる貨物」として政令に規定されている.

国際植物防疫条約に基づく国際基準の策定等に伴い，今般，植物防疫法が改正され，輸入される中古農機等が新たに検疫検査の対象となったことを踏まえ，港又は飛行場の植物防疫所等に置かれる中古農機等については，輸入植物等と同様に扱うべきものであることから，政令上の「保税地域外に置くことができる貨物」に追加することとした.

７．保税蔵置場の許可手数料等に係る納付期限の緩和

保税蔵置場の許可を受けた者(注)は，保税蔵置場の面積に応じ，税関関係手数料令で定められた額の手数料を，１か月ごとに毎月納付することとされている．当該手数料の納付期限については，許可期間の初月分は許可の日から10日以内，２月目以後の分は前月末日まで，納付後に面積を拡張した場合の増額分は拡張した月の末日と拡張の日から10日経過日とのいずれか遅い日までとされていた.

初月分の納入告知書は，許可の日以後最初の開庁日に発送手続を行い，その翌開庁日に発送されるため，納付期限までの実質的な日数は10日より短い．また，令和３年10月施行の郵便法の改正（送達日数の繰下げ等）により，この日数は更に短くなっていた．２月目分や納付後に面積を拡張した場合の増額分についても，許可や拡張の日によっては，納付期限までの実質的な日数が短くなる場合があった.

手数料の納付のための十分な期間を確保する観点から，国の歳入の納付期限の原則を踏まえ，初月分の納付期限を許可の日から20日以内とする等の規定の整備を行うこととした.

（注）保税展示場，保税工場若しくは総合保税地域の許可又は承認工場の承認を受けた者についても同様の制度.

８．納税環境の整備

(1) 加算税制度の見直し

関税においては，提出期限後の特例申告書（期限後特例申告書）の提出や税関長による税額等の決定があった場合等に，納税額の15%（納税額が50万円を

超える部分は20%）に相当する無申告加算税を課すこととされており，この制度は内国税と同様である.

令和5年度税制改正においては，内国税の無申告加算税制度に関し，善良な納税者の公平感を特に損なうおそれのある無申告行為を未然に抑止する観点から，社会通念に照らして申告義務を認識していなかったとは言い難い規模の高額無申告について，納税額が300万円を超える部分に係る無申告加算税の割合を20%から30%に引き上げることとなった(注1). また，繰り返し行われる悪質な無申告行為を未然に抑止し，自主的な申告を促し，納税コンプライアンスを高める観点から，前年及び前々年の国税について無申告加算税等(注2)を課される者が行う更なる無申告行為に対して課される無申告加算税等を10%加重する措置を整備すること(注3)となった.

内国税の改正を踏まえ，関税の無申告加算税制度についても，輸入者による適正な申告を確保する観点から，納税額が300万円を超える部分に係る関税の無申告加算税の割合を20%から30%に引き上げることとした(注1). また，前年及び前々年の関税について無申告加算税等(注2)を課される者が行う更なる無申告行為に対して課される無申告加算税等を10%加重する措置を整備すること(注3)とした.

（注1） 調査通知以後，かつ，その調査があることにより更正又は決定があるべきことを予知する前にされた期限後特例申告書の提出又は修正申告に基づく無申告加算税の割合（改正前：10%（納税額が50万円を超える部分は15%））については，納税額が300万円を超える部分に対する割合を15%から25%に引き上げる.

（注2） 無申告重加算税を含む.

（注3） 本措置と，過去5年以内に無申告加算税又は重加算税を課された者が再び無申告又は仮装・隠蔽に基づく修正申告等を行った場合に課される無申告加算税又は重加算税の10%加重措置の両方の要件を満たす場合には，いずれかが適用される.

(2) 関税関係帳簿書類の電子保存制度の見直し

輸出入業者は，貨物に係る必要事項を記載した帳簿（以下「関税関係帳簿」という.）を備え付け，保存しなければならない(注1). ただし，関税関係帳簿に記載すべき事項が記載されている輸入許可書等を保存する場合は，当該事項の関税関係帳簿への記載を省略することができるとされている. 輸入許可書等の保存による関税関係帳簿の代用は，輸出入・港湾関連情報処理システム

（NACCS）から送信される輸入許可通知等の電磁的記録の保存によってもできるとされている．

関税関係帳簿の代用とする輸入許可通知等の電磁的記録の保存について，通達で規定している，改ざん防止措置等の保存要件（注２）に従うべき旨を，明確化の観点から省令に規定することとした．

また，令和５年度税制改正においては，内国税の国税関係書類のスキャナ保存制度について，制度の一層の利用促進を図る観点から，国税関係書類をスキャナ保存する場合において求められる保存要件等を緩和することとなった．内国税の改正を踏まえ，関税関係書類をスキャナ保存する場合において求められる保存要件等を緩和することとした．

（注１）特例輸入者及び特定輸出者についても同様．

（注２）電子取引の取引情報に係る電磁的記録の保存と同じ保存要件．

Ⅲ　おわりに

令和５年度関税改正における，具体的な改正規定や内容の詳細については，財務省・税関ホームページをご参照頂きたい．

第18章

金融政策

1 金融政策

(1) 金融政策と金融政策決定会合

日本銀行は，日本銀行法において，我が国の中央銀行として，物価の安定を図ることを通じて国民経済の健全な発展に資するため，通貨及び金融の調節を行うこととされている（日本銀行法第1条，第2条）．この日本銀行が行う政策を金融政策という．

金融政策運営の基本方針は，年8回開催される日本銀行政策委員会の金融政策決定会合において，政策委員（総裁1名，副総裁2名，審議委員6名の計9名）の多数決により決定される．

なお，日本銀行法において，金融政策決定会合には政府の代表者（財務大臣又は経済財政政策担当大臣（又はそれぞれが指名する職員））が出席し，経済金融情勢の認識などについて意見を述べることができることとされている（日本銀行法第19条第1項）．また，政府からの出席者は，会合における議決権はないが，金融調節事項に関する議案を提出し，又は議決の延期を求めることができる（日本銀行法第19条第2項）．

(2) 金融市場調節方針

金融市場調節方針とは，金融市場調節の操作目標の具体的な誘導水準のことであり，金融政策決定会合において，そのつど決定される．金融市場調節の操

図表Ⅱ.18.1 日本銀行の金融調節手段

1．資金供給オペレーション

<table>
<tr><th colspan="2">種類</th><th>売買対象の要件等</th><th>オペの期間</th></tr>
<tr><td colspan="2">共通担保オペ</td><td></td><td></td></tr>
<tr><td></td><td>〈金利入札方式〉</td><td>日本銀行が，「適格担保取扱基本要領」及び「適格外国債券担保取扱要領」に基づき適格と認める金融資産（国債，地方債，政府保証債，財投機関等債，社債，CP 等，手形，証書貸付債権等）を担保として，貸付利率を入札に付して決定する貸付によって，資金を供給する．</td><td rowspan="2">10年以内</td></tr>
<tr><td></td><td>〈固定金利方式〉(注1)</td><td>日本銀行が，「適格担保取扱基本要領」及び「適格外国債券担保取扱要領」に基づき適格と認める金融資産（国債，地方債，政府保証債，財投機関等債，社債，CP 等，手形，証書貸付債権等）を担保として，貸付日における誘導目標金利を貸付利率とする貸付によって，資金を供給する．</td></tr>
<tr><td colspan="2">国債オペ</td><td>日本銀行が，利付国債及び国庫短期証券を売戻条件付きで買い入れることによって資金を供給する．</td><td>1年以内</td></tr>
<tr><td colspan="2">国庫短期証券買入オペ</td><td>日本銀行が，国庫短期証券を買い入れることによって資金を供給する．</td><td>—</td></tr>
<tr><td colspan="2">国債買入れ</td><td>日本銀行が，利付国債を買い入れることによって資金を供給する．(注2)</td><td>—</td></tr>
<tr><td colspan="2">CP 等買現先オペ</td><td>日本銀行が，「適格担保取扱基本要領」に基づき適格と認める CP 等を売戻条件付きで買い入れることによって資金を供給する．</td><td>3ヶ月以内</td></tr>
<tr><td colspan="2">CP・社債等買入れ</td><td colspan="2">日本銀行が，CP・社債等を買い入れることによって資金を供給する．</td></tr>
<tr><td></td><td>CP 等（コマーシャル・ペーパー（CP），資産担保コマーシャル・ペーパー（ABCP），不動産投資法人コマーシャル・ペーパー等）</td><td>コマーシャル・ペーパー（CP）は a-2格相当以上，資産担保コマーシャル・ペーパー（ABCP）及び不動産投資法人コマーシャル・ペーパーは a-1格相当のもので，既発行かつ信用力その他に問題のないもの．(注3)</td><td>—</td></tr>
<tr><td></td><td>社債等（社債，不動産投資法人（J-REIT）債）</td><td>社債は BBB 格相当以上，不動産投資法人債は AA 格相当以上のもので，既発行，残存1年～3年かつ信用力その他に問題のないもの．(注3)</td><td>—</td></tr>
<tr><td colspan="2">ETF 及び J-REIT 買入れ</td><td colspan="2">日本銀行が，ETF 及び J-REIT を買い入れることによって資金を供給する．</td></tr>
<tr><td></td><td>指数連動型上場投資信託（ETF）</td><td>指数連動型上場投資信託（ETF）であって，東証株価指数（TOPIX）に連動して運用されるもの．(注4，5，6)</td><td>—</td></tr>
<tr><td></td><td>不動産投資信託（J-REIT）</td><td>不動産投資信託（J-REIT）であって，AA 格相当以上かつ信用力その他に問題のないもの．また，原則として，取引所で売買の成立した日数が年間200日以上あり，かつ年間の売買累計額が200億円以上であること．(注4，5，6)</td><td>—</td></tr>
<tr><td colspan="2">米ドル資金供給オペ
（平成20年9月18日～平成22年2月1日）
（平成22年5月10日再開～当面の間）</td><td>日本銀行が，「適格担保取扱基本要領」及び「適格外国債券担保取扱要領」に基づき適格と認める金融資産を担保として，その担保価額の範囲内で米ドル建て資金を貸付けることによって資金を供給する．(注13)</td><td>3ヶ月以内</td></tr>
</table>

2．資金吸収オペレーション

種類	売買対象の要件等	オペの期間
国債売現先オペ	日本銀行が，利付国債及び国庫短期証券を買戻条件付きで売却することによって資金を吸収する．	6ヶ月以内
国庫短期証券売却オペ	日本銀行が，国庫短期証券を売却することによって資金を吸収する．	―
手形売出オペ	満期が3ヶ月以内に到来する手形であって，日本銀行が振出人，受取人，支払人を兼ねるものを，日本銀行が売却することによって資金を吸収する．	3ヶ月以内

3．貸出支援基金(注14)

種類	概要	貸付枠	オペの期間
成長基盤強化支援資金供給(注15, 16)（平成22年6月導入）	金融機関が成長基盤の強化に向けた取り組みを進めるうえでの「呼び水」としての効果を発揮する狙いから，わが国経済の成長に資する融資・投資を行う金融機関に対し，その内容を個別に確認したうえで，日本銀行が低利かつ長期の資金を供給する枠組み．		
本則	成長基盤強化に資する円貨建て投融資が対象 ・適用金利：0％ ・貸付実行期限：令和4年6月末	上限なし 一貸付先当り：(注17)	4年以内 （1年単位で期日前返済可）
米ドル特則	成長基盤強化に資する外貨建て投融資が対象（平成24年4月導入） ・適用金利：米ドル6か月 SOFR＋0.42826％	240億米ドル 一貸付先当り： 20億米ドル(注18)	1年以内 （借換え含め最長4年）
貸出増加支援資金供給(注19)（平成24年12月導入）	金融機関の一段と積極的な行動と企業や家計の前向きな資金需要の増加を促す観点から，基準時点に比べて貸出残高を増やした金融機関に対し，希望に応じてその増加額の2倍まで，低利かつ長期で資金供給する枠組み	上限なし 一貸付先当り： 希望額	4年以内 （1年単位で期日前返済可）

4．その他

種類	概要	貸付枠	オペの期間
国債補完供給（国債の買戻条件付売却）(注20)	日本銀行が保有する利付国債及び国庫短期証券を市場参加者に対して一時的かつ補完的に供給する（品貸し）．	―	原則オーバーナイト
被災地金融機関支援資金供給オペ(注21)（令和2年7月導入）	適切な金融調節の実施を通じて，被災地の復旧・復興に向けた資金需要への対応を支援する観点から，被災地の金融機関に対し，日本銀行が定める限度額の範囲内で，低利かつ長期で貸付により資金を供給．	残高： 東日本大震災1兆円 平成28年熊本地震3,000億円 一貸付先当り： 被災地金融機関の貸出金残高および資金需要を勘案して災害ごとに決定	2年以内

気候変動対応を支援するための資金供給オペ（令和3年9月導入）	民間における気候変動対応を支援するため，わが国の気候変動対応に資する投融資[注22]の残高の範囲内で貸付により資金を供給	わが国の気候変動対応に資する投融資（残存期間が1年以上のものに限る.）の残高に相当する金額	原則1年（借換え可能）

（参考）平成20年秋以降臨時に制定されたオペレーション（完了済）

種類	売買対象の要件等	貸付・買入枠	オペの期間
企業金融支援特別オペ（平成20年12月19日～平成22年3月31日）	日本銀行が，「適格担保取扱基本要領」及び「適格外国債券担保取扱要領」に基づき適格と認める金融資産を根担保として，共通担保として差し入れられている民間企業債務（社債，CP等）の担保価額の範囲内で金額に制限を設けずに無担保コールレートの誘導目標と同水準の金利で貸し付けることによって資金を供給する.	残高：無制限 一貸付先当り：担保価額の範囲内	3ヶ月以内[注23]
CP等買入れ（買切り方式）（平成21年1月22日～12月31日）	日本銀行が，CP及びABCP（担保適格かつa―1格相当，既発行，残存期間3ヶ月以内のもの）を買い入れることによって資金を供給する.	残高：3兆円 一発行体当り：1,000億円	―
社債買入れ（買切り方式）（平成21年2月19日～12月31日）	日本銀行が，社債（担保適格かつA格相当以上，既発行，残存期間1年以内のもの）を買い入れることによって資金を供給する.	残高：1兆円 一発行体当り：500億円	―
成長基盤強化支援資金供給			
ABL特則（平成23年6月14日～令和元年6月20日）	100万円以上の出資や動産・債権担保融資（いわゆる「ABL」）など	残高：0.5兆円 一貸付先当り：500億円	4年以内（1年単位で期日前返済可）
小口特則（平成24年3月13日～令和元年6月20日）	小口投融資（100万円以上1,000万円未満）	残高：0.5兆円 一貸付先当り：―	
被災地金融機関支援資金供給オペ（平成23年4月28日～令和2年6月30日）	東日本大震災にかかる被災地の金融機関を対象に，今後予想される復旧・復興に向けた資金需要への初期対応を支援する観点から，適格担保を担保として貸付により資金を供給する.	残高：1兆円 一貸付先当り：1,500億円	1年以内
平成28年熊本地震にかかる被災地金融機関を支援するための資金供給オペ（平成28年5月13日～令和2年6月30日）	平成28年熊本地震にかかる被災地の金融機関を対象に，今後予想される復旧・復興に向けた資金需要への初期対応を支援するとともに，今後の被災地の金融機関の資金調達余力を確保する観点から，適格担保を担保として，貸付により資金を供給する.	残　高：3,000億円 一貸付先当り：被災地に所在する営業所等の貸出金残高を勘案して定める	1年以内

新型コロナウイルス感染症対応金融支援特別オペ(注24, 25) (令和2年3月16日～令和5年3月31日)	新型コロナウイルス感染症拡大による影響を踏まえ，適切な金融調節の実施を通じ，金融面の円滑確保に万全を期すとともに，金融市場の安定を維持する観点から，当該感染症対応として行われている適格融資(注26)残高の合計額の範囲内で，貸付により資金を供給.	上限なし 一貸付先当り：貸付先が報告する適格融資残高の合計額の範囲内	1年以内

(注1) 平成21年12月1日の臨時金融政策決定会合において，「固定金利オペ」として新たに導入を決定し，同日より開始.
平成28年1月29日の金融政策決定会合において，固定金利方式における貸付利率を当面の間，年0%とすることを決定（平成28年2月16日より開始).

(注2) 平成28年9月21日の金融政策決定会合において，「長短金利操作付き量的・質的金融緩和」が導入されたことに伴い，長期国債の買入れペースについては，「保有残高の増加額年間約80兆円」をめどとすることとされていたが，その後，令和2年4月27日の金融政策決定会合において，「上限を設けず必要な金額」へと変更された.

(注3) 令和3年3月19日の金融政策決定会合において，CP等・社債等は，令和3年9月末までの間，合計で約20兆円の残高を上限に買入れを実施することが決定された.（従来は，CP等・社債等については，それぞれ約2兆円，約3兆円の残高を維持し，加えて令和3年9月末までの間，CP等・社債の合計で約15兆円の残高を上限に，追加の買入れを行うとされていた.）一発行体当りの買入残高の上限は，令和3年9月末までの間，CP等については5,000億円，社債等については3,000億円とする．ただし，買入れの時点において，CP等は買入残高が一発行体の総発行残高の50%，社債等は30%を超えているものについては，買入対象から除外する．また，買入対象とする社債等の残存期間は，1年以上5年以下とする．これらの措置は令和3年6月18日の金融政策決定会合において，期限を令和4年3月末までに延長することが決定された．その後，令和3年12月18日の金融政策決定会合において，買入れ増額措置を令和4年3月末で終了し，残高を新型コロナウイルス感染症拡大前の水準へと徐々に引き下げていくことを決定した．また，買入対象とする社債等の残存期間を1年以上3年以下に戻すとともに，一発行体当りの買入残高の上限は，当面の間，CP等は5,000億円，社債等には3,000億円の範囲内で決定できることとされた.

(注4) 指数連動型上場投資信託（ETF），不動産投資信託（J-REIT）については，信託銀行を金銭信託の受託者として，市場の状況に応じ，日本銀行が定める基準に従って受託者に買入れを進捗させるものとする.

(注5) 令和3年3月19日の金融政策決定会合において，指数連動型上場投資信託（ETF），不動産投資信託（J-REIT）の買入れ額につき，原則的な買入れ方針であった，それぞれ年間約6兆円及び年間約900億円に相当する残高増加ペースでの買入れをやめ，新型コロナウイルス感染症への対応の時限措置としていた，それぞれ年間約12兆円及び年間約1,800億円の残高増加ペースの上限を感染症収束後も継続することとし，必要に応じて買入れを行うことが決定された．また，同日の決定会合において，指数連動型上場投資信託（ETF）の買入れにつき，日経225，JPX日経400に連動するものの買入れをやめ，TOPIXに連動するもののみの買入れを行うことが決定された.

(注6) 銘柄別の買入限度について，指数連動型上場投資信託（ETF）は，買入額が日本銀行保有分を除いた市中流通残高に概ね比例するよう銘柄毎の買入上限を設定する．不動産投資信託（J-REIT）は，各銘柄の発行済投資口の総数の10%以内であって，買入額が銘柄毎の日本銀行保有分を除いた市中流通残高に概ね比例するよう銘柄毎の買入上限を設定する.

(注7) ギリシャ等の財政問題に端を発する国際金融市場の不安定さの高まりに対処するため，平成22年5月10日の臨時金融政策決定会合において，実施体制を改めて整備することが決定された.

(注8) 平成23年11月30日の金融政策決定会合にて，ドル以外の5通貨（円，ユーロ，ポンド，スイスフラン，カナダドル）についても各中央銀行間でスワップ取極を締結することで合意．同年12月21日の金融政策決定会合にて，各国通貨資金供給オペレーションの詳細を決定.

(注9) 平成25年10月31日の金融政策決定会合にて，6中銀間（日，米，欧，英，加，スイス）スワップ取極の常設化に伴い，他の4通貨（ユーロ，ポンド，スイスフラン，カナダドル）の外貨資金供給オペレーションと合わせ，当分の間実施することを決定.

(注10) 平成26年1月24日，米ドル資金調達環境が安定していることなどにかんがみ，イングランド銀行，欧州中央銀行，スイス国民銀行とともに，平成26年5月以降の米ドル資金供給オペレーションのオファーを段階的に取り止める予定である旨公表（少なくとも平成26年7月までは継続)．ただし，必要な事態となれば再開できる体制となっていた.

(注11) 令和2年3月15日（日本時間では3月16日)，6中銀（日，米，欧，英，加，スイス）は，新型コロナウイルス感染症の拡大により経済の先行きに対する不透明感が強まるもとで，金融機関や企業のドル資金需要が高まっていることを受け，米ドル流動性供給を拡充するための協調行動を公表．貸付金利を0.25%引き下げるとともに，3か月物オペ（週次）を導入．同年3月20日には，1週間物オペの日次化（従来は週次）も実施．その後，米ドル資金調達環境の改善などに伴い，令和3年7月以降，3か月物オペのオファーを停止し，1週間物オペは週次での実施とされている.

(注12) 令和5年3月20日，米国地方銀行の破綻や欧州大手銀行の経営問題により，金融システム不安が広がる中

で，金融機関のドル資金需要が高まっていることを受け，米ドル流動性供給を拡充するための協調行動を公表．１週間物オペの日次化を実施．少なくとも４月末まで実施されることとなった．
(注13) 平成28年７月29日の金融政策決定会合において，金融機関に対する米ドル資金供給オペに関し，担保となる国債を日本銀行当座預金を見合いとして貸し付ける制度を新設．
(注14) 平成28年１月29日の金融政策決定会合において，成長基盤強化支援資金供給及び貸出増加支援資金供給の貸付利率は，当面の間，0％とすることを決定．
(注15) 平成22年６月15日の金融政策決定会合において，「成長基盤強化支援資金供給オペ」として新たに導入を決定（平成22年９月６日より開始)．平成24年12月の「貸出支援基金」創設後は，新たに創設された「貸出増加支援資金供給」と合わせて，同基金の枠組みにおいて実施．
(注16) 平成31年４月25日の金融政策決定会合において，これまでの成長基盤強化支援資金供給の利便性向上にかかる措置として，手続きの簡素化を決めたほか，一部の特則（ABL特則及び小口特則）を廃止した．(令和元年６月20日付で基本要領等を改定)
(注17) ①平成28年４月から平成31年３月末までの３年間のうち，新規利用額が最も大きかった年の利用額，または②新規実行相当額．
(注18) 平成28年７月29日の金融政策決定会合において，貸付枠の上限を120億ドルから240億ドルに引上げるとともに，一貸付先当りの上限も10億ドルから20億ドルに引上げ．
(注19) 平成24年10月30日の金融政策決定会合において，「貸出増加を支援するための資金供給」の枠組みの創設を執行部に指示，同年12月20日の金融政策決定会合において詳細を決定．
(注20) 国債売現先オペの取引形態で行う．
(注21) 令和２年３月16日の金融政策決定会合において，復旧・復興に向けた被災地金融機関の取り組みへの支援をより安定的に継続する観点から，東日本大震災にかかる「被災地金融機関を支援するための資金供給オペ」および「平成28年熊本地震にかかる被災地金融機関を支援するための資金供給オペ」について，新たな枠組みに一本化することが決定され，令和２年７月１日より実施された．なお，新たな枠組みでは，枠組みの期限の廃止（従来は枠組みの期限につき１年ずつ更新を実施）や貸付期間を２年以内に延長（従来は１年以内）するなどの見直しを行っている．
(注22) グリーンローン，グリーンボンド（サスティナビリティボンド)，サスティナビリティ・リンク・ローン，サスティナビリティ・リンク・ボンド，トランジションファイナンスであり，国際原則または政府の指針に適合するもの及びそれらに準じるもの．
(注23) 平成21年２月19日の金融政策決定会合において，企業金融支援特別オペレーションの強化が決定され，同日以降に追加されたオファーの資金供給期間については，全て３ヶ月とされた．
(注24) 新型コロナウイルス感染症拡大の影響を受け，企業の資金繰りを支援するための時限的措置として，令和２年３月16日の金融政策決定会合において，「新型コロナウイルス感染症にかかる企業金融支援特別オペ」が導入された．その後，令和２年４月27日の金融政策決定会合において，対象先や担保範囲が拡充されたほか，利用残高に相当する当座預金に＋0.1％の付利が決定されるとともに，名称が「新型コロナウイルス感染症対応金融支援特別オペ」と改められた．また，令和２年５月22日の臨時金融政策決定会合において，緊急経済対策における無利子・無担保融資等の残高を見合いとした資金供給（「新たな資金供給手段」）が導入された．
(注25) 令和３年３月19日の金融政策決定会合において，貸出促進付利制度の創設が決定され，新型コロナウイルス感染症対応金融支援特別オペの対象となる適格融資のうち，上記（２）「融資条件面で（１）に準ずるプロパー融資」を見合いとしたオペの利用残高分については，当座預金に＋0.2％の付利がなされることとなった．
(注26) 対象となる適格融資は，中小企業等への融資のうち，（１）政府が予算上の措置を講じた信用保証協会による保証または利子減免にかかる制度を利用して行っている融資，および（２）融資条件面で（１）に準ずるプロパー融資．グリーンローン，グリーンボンド（サスティナビリティボンド)，サスティナビリティ・リンク・ローン，サスティナビリティ・リンク・ボンド，トランジションファイナンスであり，国際原則または政府の指針に適合するもの及びそれらに準じるもの．
(注28) 平成21年２月19日の金融政策決定会合において，企業金融支援特別オペレーションの強化が決定され，同日以降に追加されたオファーの資金供給期間については，全て３ヶ月とされた．
(資料) 日本銀行

作目標は「量的・質的金融緩和」（平成25年４月４日）の導入後マネタリーベースとされていたが，「長短金利操作付き量的・質的金融緩和」（平成28年９月21日）の導入以降，長短金利に変更されている．

(3) 金融調節

金融調節とは，金融政策決定会合で決定された誘導目標を実現するために，短期金融市場における資金量を調節することである．その主たる手段はオペレーション（公開市場操作）といい，日本銀行が市中の金融機関との間で，有価証券を担保とした貸付けや国債などの売買を行うことにより，金融機関への資金供給や金融機関からの資金吸収を行う取引のことである．日本銀行は，日々，資金供給オペレーションや資金吸収オペレーションを行うことを通じて，金利水準をコントロールしている．（図表Ⅱ.18.1）

(4) 日本銀行の自主性の尊重と政府との関係

日本銀行法では，日本銀行の金融政策の自主性について「尊重されなければならない」と規定されている（日本銀行法第3条）．また，政府との関係については，金融政策が経済政策の一環をなすものであることを踏まえ，日本銀行は「政府の経済政策の基本方針と整合的なものとなるよう，常に政府と連絡を密にし，十分な意思疎通を図らなければならない」と規定されている（日本銀行法第4条）．

2 金融政策の変遷

(1) 量的緩和政策の導入・解除と政策金利の引上げ

(イ) 量的緩和政策

平成12年秋からの急速な景況悪化を背景に，日本銀行が金融機関に潤沢な資金を供給することでゼロ金利政策と同等以上の金融緩和効果を実現しようとする量的緩和政策が，平成13年3月19日の金融政策決定会合において導入された．

その基本的な枠組みについては，①金融市場調節の主たる操作目標を，それまでの無担保コールレート（O/N）から日銀当座預金残高に変更する（量的緩和政策導入時の日銀当座預金残高目標は5兆円程度とされた．なお，それまでの日銀当座預金残高は4兆円程度），②この新しい金融市場調節方式は消費者物価指数（全国，除く生鮮食品．以下コアCPI）の前年比上昇率が安定的にゼロ％以上となるまで継続する（「量的緩和政策継続のコミットメント」または「約束」と呼ばれている）[(注1)]，③日銀当座預金残高を円滑に供給するうえで必要と判断される場合には，月4,000億円ペースで行っている長期国債の買入れを増額する，ことが決定された[(注2)]．

また，金融面からの景気回復の支援や金融市場の安定化などの目的から，日銀当座預金残高目標は累次にわたって引き上げられた．さらに，その引き上げられた日銀当座預金残高目標のもとで円滑な資金供給に資するため，長期国債買入額も数次にわたり引き上げられた（平成18年３月の量的緩和政策解除時の日銀当座預金残高目標は30～35兆円程度，毎月の長期国債買入額は1.2兆円）．

（注１）平成15年10月，日本銀行は，この「量的緩和政策継続のコミットメント」を明確化し，①実際のコアCPI前年比が基調的な動きとしてゼロ％以上となること，②それが先行き再びマイナスとならないと見込まれること，③経済・物価情勢による総合的な判断を加えること，とした．

（注２）なお，平成13年３月の金融政策決定会合において，これまでの「長期国債買い切りオペは銀行券に対応させる」という考え方を守り，銀行券発行残高を長期国債保有残高の上限とすることがあわせて決定された（いわゆる「銀行券ルール」）．なお，長期国債の買入れは，金融政策目的で行うものであり，財政ファイナンスではないこと，平成25年１月に公表した「共同声明」において，政府が「日本銀行との連携強化にあたり，財政運営に対する信認を確保する観点から，持続可能な財政構造を確立するための取組を着実に推進する」としていることを踏まえ，「銀行券ルール」を「量的・質的金融緩和」の実施に際し一時停止する措置が講じられている．

(ロ) 量的緩和政策の解除

日本銀行は，平成18年３月９日の金融政策決定会合において，経済は着実に回復を続けており，先行きも息の長い経済回復が続き，物価面においても，コアCPIの前年比上昇率がプラスに転じており，かつ先行きプラス基調が定着していくと見られるという判断から，いわゆる「約束」の条件は満たされた，として量的緩和政策の解除を決定した．

量的緩和政策の解除にともない，日本銀行は，金融市場調節の操作目標を日銀当座預金残高から量的緩和政策導入前と同じ無担保コールレート（O/N）に戻し，それを「概ねゼロ％」で推移するよう促すこととした．一方，量的緩和政策時に増額されてきた長期国債買入額は，当面の間，月1.2兆円ペースを維持していくこととされた.

(ハ) 政策金利の引上げ

量的緩和政策解除後,経済は引き続き企業部門中心に改善が見られ,物価についても上昇傾向が見られるなど,デフレからの脱却が徐々に視野に入るようになった.こうした状況を踏まえ,日本銀行は,平成18年7月14日の金融政策決定会合において,経済・物価が今後とも望ましい経路をたどっていくためには,金利水準の調整を行うことが適当と判断し,無担保コールレート(O/N)誘導目標を概ねゼロ%から0.25%前後へ引き上げることを決定した.さらに,日本銀行は,平成19年2月21日の金融政策決定会合において,経済・物価情勢の改善が展望できる情勢を踏まえ,金利水準の調整を行うことが適当との判断から,さらなる政策金利の引上げを決定し,無担保コールレート(O/N)誘導目標を0.25%前後から0.5%前後へ変更した.

(2) 平成20年秋以降の金融危機に対する日本銀行の対応

平成19年夏からのアメリカのサブプライム住宅ローン問題に端を発した金融市場の混乱は,平成20年秋以降,リーマン・ブラザーズの破綻などを契機に世界的な金融危機へと発展していった.

我が国金融市場は,平成20年夏頃までは相対的に安定して推移してきたが,秋になると国際金融市場の混乱の影響をより強く受けるようになり,無担保コール市場で市場参加者のリスク回避姿勢の強まりから金利のばらつきが生じるなど,さまざまな市場で機能が低下した.また,実体経済の悪化等を背景に,CP発行金利の上昇や社債発行の困難化など,企業の資金調達環境も急速に悪化していった.

こうした状況に対して,日本銀行は,平成20年秋以降,金融政策面から我が国経済を支えるため,政策金利の引下げを行うとともに,金融調節面でのさまざまな措置を実施した(図表Ⅱ.18.2).

(イ) 政策金利の引下げ

国際金融資本市場の緊張が高まるなか,我が国の金融市況も株価下落や円高進行といった激しい変動に見舞われ,また,実体経済についても停滞色が強まるなど,短期間で経済金融情勢に大きな変化が生じた.こうした状況も踏まえ,

図表Ⅱ.18.2　平成20年秋以降の金融危機に対し日本銀行が実施した主な措置

【金融政策面での措置】

1．政策金利の引下げ等

○ 平成20年10月31日：0.5%⇒0.3%
　• 補完当座預金制度(注)の導入決定：適用利率0.1%（当面の間）
　（注）日銀当座預金のうち所要準備額を超える金額について利息を付す措置
○ 平成20年12月19日：0.3%⇒0.1%

2．金融市場安定化のための措置

○ 年末・年度末越え資金の積極的な供給
○ 国債買現先オペの拡充
○ 米ドル資金供給オペ(注)(平成20年9月24日～平成22年2月1日)
　• ドル資金を担保の範囲内で無制限に貸付け（固定金利）
　（注）欧州の米ドル短期金融市場における緊張が再び高まったため，平成22年5月10日に再開を決定.
○ 長期国債買入れの増額
　• 平成20年12月：月1.2兆円（年14.4兆円）⇒月1.4兆円（年16.8兆円）
　• 平成21年3月：月1.4兆円（年16.8兆円）⇒月1.8兆円（年21.6兆円）

3．企業金融を支援するための措置

○ CP買現先オペの積極的活用
○ 資産担保CPの適格担保要件の緩和（平成20年10月28日～平成22年12月末）
○ 民間企業債務の適格担保範囲の拡大（平成20年12月9日～平成22年12月末）
　• 社債と企業向け証書貸付債権の格付要件を緩和：A格相当以上⇒BBB格相当以上
○ 企業金融支援特別オペ（平成21年1月8日～平成22年3月末）
　• 民間企業債務（CP，社債等）の担保の範囲内で無制限に貸付け（固定金利(0.1%)）
○ CP買入れ（平成21年1月30日～12月末）
　• 総額：3兆円，対象：担保適格かつa-1格相当以上，残存期間3カ月以内
○ 社債買入れ（平成21年3月4日～12月末）
　• 総額：1兆円，対象：担保適格かつA格相当以上，残存期間1年以内

【金融システム安定化のための措置】

○ 金融機関保有株式買入れ（平成21年2月23日～平成22年4月末）
　• 総額：1兆円，対象：上場株式（BBB格相当以上）
○ 金融機関向け劣後特約付貸付（平成21年5月29日～平成22年3月末）
　• 総額：1兆円，対象：国際統一基準行

日本銀行は，平成20年10月31日及び同年12月19日の金融政策決定会合において，無担保コールレート（O/N）誘導目標を0.5%前後から0.1%前後に順次引き下げ，同時に，補完貸付制度(注1)の適用金利である基準貸付利率を0.75%

から0.3%に順次引き下げるとともに，補完当座預金制度（日銀当座預金のうち所要準備額を超える金額について利息を付す措置）（注2）の導入を決定し，その適用利率を0.1%とした．

（注1） 補完貸付制度とは，日本銀行があらかじめ定めた条件に基づき，取引先からの借入申込みを受けて受動的に貸出を実行する制度（いわゆる「ロンバード型貸出」制度）のこと．固定金利で受動的に貸し出すため無担保コールレート（O/N）の上限を画する．

（注2） 補完当座預金制度については，その適用利率が無担保コールレート（O/N）の下限を画することで，無担保コールレート（O/N）を誘導目標水準に適切に誘導しつつ積極的な資金供給を一層円滑に行い得る効果が期待された．

(ロ) 金融市場安定化のための措置

(a) 流動性供給の拡大

日本銀行は，金融市場の安定を確保するために，リーマン・ブラザーズ破綻以降，即日の資金供給や，国債買現先オペのオファー頻度・規模を拡大するなど，積極的な資金供給を行ったほか，年末・年度末越え資金の積極的な供給を行った．

(b) 米ドル資金供給オペレーションの導入

リーマン・ブラザーズの破綻等を契機に，欧米金融機関の信用不安が再燃するなか，米ドル短期金融市場において金利が急上昇するなど，米ドル資金の調達環境が世界的に顕著に悪化した．

こうした状況への対応として，平成20年9月18日，日本銀行を含めた6カ国中央銀行は，米ドル短期金融市場における資金調達圧力の持続的な高まりに対処するための協調策を公表した．日本銀行においては，同日，臨時金融政策決定会合を開催し，米国連邦準備制度との間で米ドル・スワップ取極を締結するとともに，これを原資とした「米ドル資金供給オペレーション」を時限的に導入することを決定した（注）．

（注） その後も，実施期限が順次延長されたが，米ドル短期金融市場の落ち着きを反映して国際的なドル資金調達圧力が緩和されたことから，平成22年1月28日，日本銀行を含む各国中央銀行は，米ドル・スワップ取極等を，予定どおり，平成22年2月1日をもって終了する旨公表したが，同年5月10日，欧州の米ドル短期金融市場における緊張が再び高まっている状況にかんがみ，米ドル・スワップ取極を再締結することとなった．その後，何度か延長を繰り返した後，平成25年10月31日以降，常設化されるに至った．

(c) 長期国債買入れの増額

長期の資金供給手段である長期国債の買入れについて，日本銀行は，平成14年10月以降，その買入額を年14.4兆円（月1.2兆円）ペースに据え置いてきたが，厳しい経済金融情勢が続くなか，長期の資金供給手段を一層活用し，円滑な金融調節を行っていくため，平成20年12月19日，長期国債買入れのペースを年16.8兆円（月1.4兆円）に増額し，さらに，平成21年3月18日には，年21.6兆円（月1.8兆円）に増額した．

(ハ) 企業金融を支援するための措置

(a) 企業金融円滑化のための流動性供給の拡大

(ⅰ) CP現先オペの積極活用

平成20年秋以降，企業業績の下振れや株価の大幅下落などを背景とした投資家のリスク回避姿勢の高まりなどにより，CP発行金利の上昇や社債発行の困難化など，企業の資金調達環境は急速に悪化した．こうした状況のなか，日本銀行は，市場を通じた企業金融の円滑化を図るため，平成20年10月14日及び同年11月21日に，CP買現先オペの積極的活用を表明し，オファー頻度・規模を，週に2回，1回当たり6,000億円程度まで段階的に引き上げた．また，平成20年10月14日，資産担保CP（ABCP）の適格要件を緩和し，日本銀行取引先の保証するABCPを時限的に担保及びCP現先オペの対象資産とすることを決定した．

(ⅱ) 企業金融支援特別オペレーションの時限的導入

CP現先オペの積極活用後も企業金融を取り巻く環境は悪化を続けたことから，平成20年12月19日，日本銀行は「企業金融支援特別オペレーション（注）」を時限的に導入することを決定した．この企業金融支援特別オペレーションは，企業債務を担保として相対的に有利な金利で長めの資金を供給することにより，資金調達面及びコスト面から金融機関の融資活動やCP・社債市場での取引を後押しする効果が期待された．

（注）民間企業債務（CP，社債等）の担保価額の範囲内で，金額に制限を設けずに，無担保コールレート（O/N）誘導目標と同水準の金利（0.1%）で資金を供給するオペレーション．

(b) 企業金融に係る金融商品の買入れ

企業金融を取り巻く環境が急速に悪化するなか，日本銀行は，上記のような企業金融円滑化のための流動性供給拡大策のほか，規模，範囲，期間などを限定したうえで，CP・社債の買入れを平成21年3月4日より時限措置として実施した．

(二) 各種時限措置の取扱い

以上で述べたように，日本銀行は，平成20年秋以降，金融市場の極端な収縮に対応するため，各種の時限措置を導入したが，平成21年度下期に入ると，我が国の金融環境は，厳しさを残しつつも，改善の動きの拡がりが見られるようになった．こうした状況のなか，日本銀行は，今後とも，金融市場の安定を確保し，それを通じて企業金融の円滑化を支援していくうえでは，金融市場の状況変化に即応した，最も効果的な金融調節手法を採用することが必要との考え方に基づき，平成21年10月30日の金融政策決定会合において，各種時限措置の取扱いを以下のとおりとすることを決定した．

(a) 企業金融支援特別オペレーション

企業金融支援特別オペレーションについては，年度末に向け，金融市場の安定確保に万全を期すため，その実施期限を平成22年3月末まで延長したうえで完了する．4月以降は，より広範な担保を利用できる共通担保オペなどの金融調節手段を活用して潤沢な資金供給を行う態勢に移行する．

(b) CP・社債買入れ

CP・社債買入れについては，CP・社債の発行環境が大幅に好転し，CP・社債市場の機能回復という所期の目的を達成したことを踏まえ，予定どおり，平成21年12月末をもって措置を完了する．

(c) 担保要件の緩和措置

民間企業債務（社債，企業向け証書貸付債権）及びABCPの担保要件の緩和措置については，引き続き，企業金融の円滑化を支援するうえで重要な役割を果たしていることを踏まえ，その実施期限を，平成22年12月末まで延長する．

(d) 補完当座預金制度

補完当座預金制度は，金融市場における需要を十分満たす潤沢な資金供給を行いつつ，円滑な金融市場調節を実施する観点から，その実施期限を，当分の間延長する.

また，日本銀行は，各種時限措置の取扱いが金融緩和姿勢の変化を意味しないことを市場に明確に示す観点から，各種時限措置の取扱いの公表と同時に，当面の金融政策運営方針として，「当面，現在の低金利水準を維持するとともに，金融市場における需要を十分満たす潤沢な資金供給を通じて，きわめて緩和的な金融環境を維持していく」旨表明した.

（参考）金融システム安定化のための措置

なお，日本銀行は，上記のような政策金利の引下げや金融調節面の諸措置などのいわゆる金融政策のほかに，国際金融資本市場における緊張の持続や内外経済環境の悪化が，金融機関の経営や資金仲介機能に悪影響を及ぼしているとの認識のもと，我が国金融システムの安定を確保するための措置を講じた.

第１に，我が国金融機関にとって，株式保有リスクへの対応が引き続き，きわめて重要な経営課題であるとの認識のもと，金融機関による今後の株式保有リスク削減努力を支援する観点から，平成21年２月，金融機関保有株式の買入れを再開（注）した（買入総額：１兆円，実施期間：平成21年２月～平成22年４月末）.

第２に，厳しい経済金融情勢のもとでも我が国の金融機関が十分な自己資本基盤を維持しうる手段を整えることにより，円滑な金融仲介機能を確保するとともに，これを通じて金融システムの安定を図る観点から，金融機関に対し劣後特約付貸付を実施した（対象：国際統一基準行，貸付総額：１兆円，実施期間：平成21年５月～平成22年３月末）.

（注）前回の株式買入れは，買入累計額：２兆180億円（総枠３兆円），実施時期：平成14年11月～平成16年９月末.

(3) 包括的な金融緩和の導入

日本銀行は，政府のデフレ判断後（注），デフレ脱却に向け，①固定金利オペの導入・拡充，②「中長期的な物価安定の理解」の明確化などを図ってきたが，日本経済がデフレから脱却し，物価安定のもとでの持続的成長経路に復帰するためには，成長力強化の努力と金融面からの後押しの両面での取組みが必要で

図表Ⅱ.18.3 包括的な金融緩和の概要（平成20.3.20〜量的・質的金融緩和導入前）

○強力な金融緩和の推進

日本銀行は，以下の3つの措置からなる「包括的な金融緩和政策」を通じて強力に金融緩和を推進.

① 実質的なゼロ金利政策の実施

政策金利「0％〜0.1％程度」とし，実質的なゼロ金利政策を採用.

※ 平成25年4月4日に導入された「量的・質的金融緩和」に伴い，政策金利は廃止.

②「資産買入等の基金」を通じた金融資産の買入れ等

多様な金融資産の買入れ等を通じて，長めの市場金利の低下と各種リスク・プレミアムの縮小を促進し，金融緩和を一段と強力に推進するため，総額35兆円程度の資産買入れ等の基金を創設．その後，累次にわたって規模を拡大.

平成25年1月22日の金融政策決定会合において，物価安定目標2％の実現を目指し，現行方式での買入れが完了した後，平成26年初から，期限を定めず（オープンエンド型）毎月一定額の資産を買入れる方式を導入.

※ 平成25年4月4日に導入された「量的・質的金融緩和」に伴い同基金は廃止.

〈最終的な資産買入等の基金の規模〉

「基金」の規模					
（増額完了の目途）	創設時（平成22年10月）の規模（平成23年末目途）	平成25年3月末（実績）	（平成25年末）	オープンエンド型	（平成26年年初〜）
総額	35兆円程度	72.0兆円	101兆円程度		111兆円程度（平成26年末見込み）
長期国債（※）	1.5	28.1	44.0		毎月13兆円程度買入れ
国庫短期証券	2.0	16.4	24.5		
CP等	0.5	1.2	2.2		
社債等	0.5	2.9	3.2		
ETF（指数連動型上場投資信託）	0.45	1.5	2.1		
J-REIT（不動産投資信託）	0.05	0.12	0.13		
共通担保資金供給オペ（固定金利オペ）	30.0	21.7	25.0		25.0

（※）「長期国債」の買入れ対象は残存期間が1年〜3年の国債.

③ 時間軸の明確化

• 中長期的な物価安定の目途の導入

平成24年2月14日の金融政策決定会合において，当面，消費者物価の前年比上昇率1％を目指して，それが見通せるようになるまで，実質的なゼロ金利政策と金融資産の買入れ等の措置により，強力に金融緩和を推進していくことを決定.

• 物価安定の目標（Price Stability Target）の導入

平成25年1月22日の金融政策決定会合において，今後，日本経済の競争力と成長力の強化に向けた幅広い主体の取り組みの進展に伴い，持続可能な物価の安定と整合的な物価上昇率が高まっていくとの認識に立って，日本銀行は，「物価安定の目標」を中心的な物価指標である消費者物価の前年比上昇率で2％とすることを決定.

○ 政府・日本銀行の「共同声明」の公表（平成25.1.22）

平成25年1月22日，デフレからの早期脱却と物価安定のもとでの持続的な経済成長の実現に向け，政府及び日本銀行は政策連携を強化し，一体となって取り組むことを掲げた「デフレ脱却と持続的な経済成長の実現のための政府・日本銀行の政策連携について（共同声明）」を公表.

【共同声明のポイント】

① 日本銀行の取組
- 2％の物価安定の目標の設定
- 金融緩和を推進し，できるだけ早期に実現を目指す

② 政府の取組
- 機動的なマクロ経済政策運営
- 競争力と成長力の強化に向けた取組
- 持続可能な財政構造を確立するための取組を着実に推進

③ 経済財政諮問会議による検証
- 物価安定の目標に照らした物価の現状と今後の見通し，雇用情勢を含む経済・財政状況を経済財政諮問会議で定期的に検証

○ 貸出支援基金の創設（量的・質的金融緩和政策のもとでも継続）

日本銀行は，金融機関による成長基盤強化の取り組みおよび貸出の増加を支援するため，貸出増加支援資金供給（②）の導入に伴い，成長基盤強化支援資金供給（①）と合わせて貸出支援基金を創設．

① 成長基盤強化を支援するための資金供給（成長基盤強化支援資金供給）（平成22年6月15日導入）

デフレ脱却は，成長力強化の努力と金融面からの後押しを通じて実現されていくものであるとの考えのもと，わが国の成長基盤強化に向けた民間金融機関の自主的な取り組みを金融面から支援するため，民間金融機関が特定の分野に融資等を行う場合に日銀から当該金融機関に資金の貸付けを行う制度（資金使途として，研究開発，起業，事業再編，環境・エネルギー，農林水産業，医療・介護・健康関連事業等，18分野を例示．平成27年12月18日の金融政策決定会合において，従来の18項目に「設備・人材投資に積極的に取り組んでいる企業」を追加することを決定．）

② 貸出増加を支援するための資金供給（貸出増加支援資金供給）（平成24年12月20日導入）

金融機関の一段と積極的な行動と企業や家計の前向きな資金需要の増加を促す観点から，金融機関の貸出増加額に日銀から金融機関に資金の貸付を行う制度．なお，資金供給の総額の上限は設定せず，無制限．

類型	成長基盤強化を支援するための資金供給		貸出増加を支援するための資金供給
	本則（※1）	米ドル特則	
概要	金融機関が成長基盤の強化に向けた取り組みを進めるうえでの「呼び水」としての効果を発揮する狙いから，わが国経済の成長に資する融資・投資を行う金融機関に対し，その内容を個別に確認したうえで，日本銀行が低利かつ長期の資金を供給する枠組み		金融機関の一段と積極的な行動と企業や家計の前向きな資金需要の増加を促す観点から，基準時点（※2）に比べて貸出残高を増やした金融機関に対し，希望に応じてその貸出増加額の2倍まで，低利かつ長期で資金供給する枠組み
導入時期	2010年6月	2012年4月	2012年12月
適用金利（※3）	0％	米ドル6か月 LIBOR	0％
貸付期限	4年以内 （1年単位で期日前返済可）	1年以内 （借換え含め，最長4年）	4年以内 （1年単位で期日前返済可）
貸付枠	上限なし	240億米ドル	上限なし
貸付対象	日本銀行の取引先であること等の条件を満たす金融機関，金融商品取引業者，証券金融会社及び短資会社並びに日本政策投資銀行（日本銀行の非取引先金融機関が各々の系統中央機関を通じた制度の利用も可）		日本銀行の取引先であること等の条件を満たす金融機関及び日本政策投資銀行（日本銀行の非取引先金融機関が各々の系統中央機関を通じた制度の利用も可）
対象先毎の貸付上限	①2016年4月から2019年3月末までの3年間うち，最大の年間新規利用額 ②新規実行相当額のうち，貸付先が選択した金額	20億米ドル（※4）	貸出増加額の2倍相当額（※5）
新規貸付実行期限	2022年6月末		2023年6月末
貸付残高（※6）	5兆6,033億円	198.8億米ドル	59兆2,629億円
補完当座預金制度上の取扱い	「貸出支援基金」からの借入残高（円建てのみ）を増加させた金融機関については，増加額（※7）の2倍の金額を当座預金の「マクロ加算残高（0％の金利が適用される）」に加算．		

※1：日本銀行は，「強力な金融緩和の継続に資する諸措置」（2019年4月20日）において，これまでの成長基盤強化支援資金供給の利便性向上にかかる措置として，手続の簡素化を決めたほか，これまでのABL特則及び小口投融資特則を廃止した．（2019年6月20日付で基本要領等を改定）．

※2：2012年10－12月期以降，直前の四半期までの各四半期における，貸付先（金融機関）による貸出の月末残高平均額のうち，最大の額．

※3：日本銀行は，貸出支援基金に対する金利を従来，0.1％としていたが，「マイナス金利付き量的・質的金融緩和」の導入（2016年1月29日）に伴い，ゼロ金利で実施することとした．

※4：ただし，借り換え以外の貸付については，貸付先が2012年4月以降に実施した「わが国経済の成長に資する」期間1年以上の外貨建て投融資の残高から，（1）本特則に基づく貸付残高（期日到来前）および（2）借り換え対象となる貸付にかかる借り換え希望額を除いた金額を貸付先毎の貸付上限額としている．なお，この場合も，（借り換えを含めた）貸付上限額は「20億米ドル」までとなっている．

※5：2020年4月1日以降は，従前通りの市中貸出残高の増加額の2倍相当の借入れに加えて，一定の条件の下で期日返還を迎える貸付についても借り換えを認める仕組みに見直されている．

※6：「成長基盤強化を支援するための資金供給」分については，2022年6月3日時点での見込額．「貸出増加を支援するための資金供給」分については，2022年6月20日時点での見込額．

※7：対象積み期間における貸出支援基金からの借入平均残高（円建てのみ）のうち，2016年3月末における貸出支援基金からの借入残高（円建てのみ）を上回る部分を指す．

○ 金融市場の安定確保（量的・質的金融緩和政策のもとでも継続）

日本銀行は，我が国の金融市場の安定確保に万全を期していく観点から，多様な資金供給オペレーションを活用して，潤沢な円資金の供給を行っているほか，外貨の面では，米ドル資金供給オペレーションの実施や，海外5中央銀行（カナダ銀行，イングランド銀行，欧州中央銀行，米国連邦準備制度およびスイス国民銀行）との間で多角的スワップ取極を締結・常設化などの措置を講じている．

あるとの認識のもと，包括的な金融緩和策を通じた強力な金融緩和の推進，成長基盤強化の支援，金融市場の安定確保に取り組んだ（図表Ⅱ.18.3）．以下では，「包括的な金融緩和政策」を中心に「物価安定の目標」導入前までの金融政策運営を概観する．

（注）政府は，平成21年11月20日の月例経済報告において，「物価の動向を総合してみると，緩やかなデフレ状況にある」と判断し，平成18年6月以来のデフレ認識を示した．日本銀行においても，平成21年11月30日の総裁講演において，デフレ状況にあることを明言し，デフレから脱却し，物価安定のもとでの持続的成長経路に復帰するために，中央銀行として最大限の努力を行っていく方針を表明した．

（イ）「成長基盤強化を支援するための資金供給」の導入（平成22年6月）

日本銀行は，日本経済が現在直面している最も重要な課題は潜在成長率の趨勢的な低下やその背後にある人口減少，生産性の低迷であるとし，デフレ問題についても成長期待の低下という日本経済が抱える根源的な問題の表れであるとの認識のもと，平成22年6月15日の金融政策決定会合において，成長基盤強化に向けた民間金融機関の自主的な取組みを金融面から支援するため，「成長基盤強化を支援するための資金供給」の導入を決定した(注1)．本資金供給は，民間金融機関による成長基盤強化に向けた融資・投資の取組みに応じて，当該金融機関に対し，長期（貸付期間は原則1年，3回まで借換え可能（最長4年））かつ低利（年0.1%）の資金を適格な担保を裏付けとして供給するものであり，貸付総額の残高上限は3兆円（対象金融機関ごとの貸付残高の上限は1,500億円），新規貸付実行期限を平成24年6月末までとする時限措置とされた．また，日本銀行は，成長基盤強化に資する資金使途として，研究開発，起業，事業再編，環境・エネルギー事業，医療・介護・健康関連事業など18分野を例示しており，各対象金融機関に対しては，資金使途を含む成長基盤強化に向けた取組み方針を策定し，日本銀行の確認を受けることが貸付けの要件とされた(注2)．

（注1）「成長基盤強化を支援するための資金供給」は，平成24年10月30日の金融政策決定会合において，「貸出増加を支援するための資金供給」の導入の決定にともない，両資金供給をあわせて「貸出支援基金」とすることを決定．

（注2）平成23年6月には，出資等，動産・債権担保融資（いわゆる「ABL」）などを担保とするいわゆるABL特則を導入し，平成24年3月には，小口（100万円以上1,000万円未満）の投融資を対象とした，5,000億円の貸付枠（小口特則）や，成長に資する外貨建

て投融資を対象として，日本銀行が保有する米ドル資金を用いた，１兆円の貸付枠（米ドル特則）を導入するとともに，本則，ABL特則については，新規貸付実行期限を平成26年６月末まで延長した．平成26年２月には，「量的・質的金融緩和」の実体経済への波及効果を強化するため，「貸出増加を支援するための資金供給」と「成長基盤強化を支援するための資金供給」について，貸出規模を２倍としたうえで，新規貸付実行期限を１年延長し，平成27年６月末までとした．平成27年１月には，新規貸付実行期限を１年延長し，平成28年６月末までとしたうえで，「成長基盤強化を支援するための資金供給」（本則）の対象金融機関ごとの上限を１兆円から２兆円へ，総枠を７兆円から10兆円にそれぞれ引き上げるとともに，「貸出増加を支援するための資金供給」及び「成長基盤強化を支援するための資金供給」について，日本銀行の非取引先金融機関が各々の系統中央機関を通じて制度を利用し得る枠組みを導入することとした．平成27年12月には，新規貸付実行期限を１年延長し，平成29年６月末としたうえで，「成長基盤強化を支援するための資金供給」における適格投融資として，従来の18項目に，「設備・人材投資に積極的に取り組んでいる企業」を追加するとともに，本項目の投融資について，手続きを簡素化した．平成28年１月には，「マイナス金利付き量的・質的金融緩和」の導入が決定されたことにともない，これまで年0.1％であった金利を，ゼロ金利で実施することとし，同年７月には，「成長基盤強化を支援するための資金供給」の米ドル特則の総枠を120億ドルから240億ドルへ倍増した．その後も，期限の延長が行われていたが，令和３年６月には令和４年６月末での終了が決定された（同時に後継として気候変動対応支援資金供給オペレーションの導入を決定）．

(ロ)「包括的な金融緩和政策」の導入（平成22年10月）

平成22年夏以降，アメリカにおいて雇用や住宅関連など多くの経済指標の改善が足踏みするなど，海外経済が減速したことや，83円を割る水準に達した円高による企業マインドへの影響などを背景に，我が国経済の改善の動きが弱まった．先行きについても，政府による需要刺激策の効果が減衰するなど，景気改善テンポの鈍化した状況がしばらく続くと見られ，さらに，アメリカ経済を中心とする不確実性の強い状況が続くもとで，景気下振れリスクが意識される状況にあった．こうした情勢を踏まえ，日本銀行は，平成22年10月５日の金融政策決定会合において，金融緩和を一段と強力に推進するために，以下の３つの措置からなる「包括的な金融緩和政策」を実施することとした．

(a) 金利誘導目標の変更（実質ゼロ金利政策の明確化）

無担保コールレート（O/N）を，０～0.1％程度で推移するよう促す．

(b)「中長期的な物価安定の理解」に基づく時間軸の明確化

「中長期的な物価安定の理解」に基づき，物価の安定が展望できる情勢になったと判断するまで，実質ゼロ金利政策を継続していく．ただし，金融面での不均衡の蓄積を含めたリスク要因を点検し，問題が生じていないことを条件とする．

(c)「資産買入等の基金」の創設

長めの市場金利低下と各種リスク・プレミアムの縮小を促す観点から，臨時の措置としてバランスシート上に基金を創設し，多様な金融資産の買入れ及び固定金利方式・共通担保資金供給オペレーション（基金オペ）を行う．基金の残高上限は，資産買入れ5兆円程度，基金オペ30兆円程度の総額35兆円程度とし，平成23年末を目途に買入れ限度額となるよう買入れを実施する（注）．

（注）基金は，平成25年4月に「量的・質的金融緩和」の導入にともない廃止されるまで，累次にわたって規模を拡大し，最終的な規模は101兆円程度となった．

(ハ)「中長期的な物価安定の目途」導入，時間軸の明確化等（平成24年2月）

平成23年10月の基金増額後，国内の金融環境は落ち着いた動きを見せていたが，世界経済は欧州ソブリン問題の影響や，アメリカのバランスシート調整の影響などにより不確実性の高い状態が続いていた．特に欧州ではギリシャやイタリア国債の利回りがユーロ導入後の最高水準を更新するなど，ソブリン問題は緊張度の高い状態が続き，また，欧州金融機関のカウンターパーティー・リスクが強く意識され，ドル調達コストが上昇を続けるなど国際金融市場への影響も顕在化していた．このような状況を受け，11月には日米欧の6中銀による協調対応策として米ドル・スワップ取極の適用金利引下げ措置，年末には欧州中央銀行による3年物の長期流動性供給オペが実施された．その結果，年明け以降，欧州各国の国債金利の低下，ドル調達コストの低下など，欧州ソブリン問題をめぐる国際金融資本市場の緊張はいくぶん和らいできた．また，アメリカでは，個人消費や雇用などに改善の動きが見られるようになり，国内経済についても震災復興関連の需要が顕在化し内需が底堅く推移するなど，前向きの動きが見られるようになっていた．

日本銀行は，平成24年2月14日，このような前向きの動きを金融面からさらに強力に支援し，我が国経済の緩やかな回復経路への復帰をより確実なものとすることが必要と判断し，デフレ脱却と物価安定のもとでの持続的な成長の実現に向けて，日本銀行の政策姿勢をより明確化するとともに，金融緩和を一段と強化するため，資産買入等の基金の増額のほか，下記の２点について決定した.

(a)「中長期的な物価安定の目途」の導入

従来,「中長期的な物価安定の理解」として，中長期的にみて物価が安定していると各政策委員が理解する物価上昇率の範囲を示していたが，日本銀行として，中長期的に持続可能な物価の安定と整合的と判断する物価上昇率を「中長期的な物価安定の目途（the price stability goal in the medium to long term)」として明示することとした．具体的には,「消費者物価の前年比上昇率で２％以下のプラスの領域にあると判断しており，当面は１％を目途とする」とされた.

(b) 時間軸の明確化

日本銀行は,「中長期的な物価安定の目途」の公表とあわせて，当面，消費者物価の前年比上昇率１％を目指して，それが見通せるようになるまで，実質的なゼロ金利政策と金融資産の買入れなどの措置により，強力に金融緩和を推進していくこととした.

このような「中長期的な物価安定の目途」導入，基金増額が決定された背景には，従来の「中長期的な物価安定の理解」が，日本銀行という組織，日本銀行政策委員会としての意思，判断を表すものになっていないという指摘があったこと，また，日本銀行のデフレ脱却に向けた政策姿勢を伝える努力をする必要があるとの認識のもと，表現の工夫をしたうえで，さらにそれを裏付ける政策措置をともなうことで，日本銀行の姿勢をより効果的に伝えることができるとの判断があった.

こうした決定を受け金融資本市場において，国債利回りが中短期ゾーンを中心に低下したほか，国際金融資本市場における緊張緩和や，アメリカ経済の改善を示す動きと相まって，為替相場は円安方向の動きとなり，株価もグローバルな投資家のリスク回避姿勢が弱まる流れのなかで，上昇していった.

(ニ)「貸出支援基金の創設」,「デフレ脱却に向けた取組について」の共同発表（平成24年10月）

(a) 貸出支援基金の創設

日本銀行は，平成24年10月30日の決定会合において，欧州債務問題の今後の展開やアメリカ経済の回復力，新興国・資源国経済の持続的成長経路への円滑な移行の可能性，日中関係の影響の広がりなど，日本経済をめぐる不確実性は引き続き大きいことから，日本経済が物価安定のもとでの持続的な成長経路に復していく軌道を踏みはずさないようにするため，金融緩和を一段と強化することが適当と判断し，資産買入等の基金を増額したほか，新たに「貸出支援基金」を創設した．この「貸出支援基金」は，新たに，金融機関の貸出増加額について，希望に応じてその全額を低利・長期により，資金供給の総額の上限は設定せずに無制限に資金供給することとし（「貸出増加を支援するための資金供給」(注)），これを従来からの「成長基盤強化を支援するための資金供給」と合わせて，１つの基金としたものである．

(注) 平成24年12月の金融政策決定会合で，実施期間を平成26年３月末までの15カ月間とすることなどを決定して以降，累次にわたり期限の延長・拡充などが決定されており，直近では，令和４年１月の金融政策決定会合において．令和５年６月末までの延長が決定された．また，令和元年12月の決定会合では，令和２年４月１日以降に期日償還を迎える貸出増加支援基金供給について，一定の条件の下で借り換えが認められた．

(b)「デフレ脱却に向けた取組について」の共同発表

また，同日，政府及び日本銀行は，我が国経済にとって，デフレから早期に脱却し，物価安定のもとでの持続的成長経路に復帰することがきわめて重要な課題であるとの認識から，「デフレ脱却に向けた取組について」を公表した．

この文書は，政府及び日本銀行がデフレからの「早期」脱却を両者共通の課題として改めて確認するとともに，両者が「一体」となって最大限の努力を行うこと及びそれぞれの具体的な役割を明記して共同発表した「共通理解」と位置づけられたものである．

(ホ) 物価安定の考え方の検討（平成24年12月）

金融緩和を一段と強力に推進し，かつその効果を高める観点から，資産買入等の基金の増額を決定し，原則１年ごとに点検していくこととされている「中長期的な物価安定の目途」について必要な論点を整理するよう議長指示を発出した．

(4)「物価安定の目標」と「量的・質的金融緩和」の導入

第２次安倍内閣の発足にともない，固定化したデフレ予想の払拭のため「物価安定の目途」を当面１％としていた従来の金融政策の枠組みを大きく見直す必要があるとの問題意識のもと，政府は，日本銀行と緊密な意思疎通を行い，日本銀行との間で，「デフレ脱却と持続的な経済成長の実現のための政府・日本銀行の政策連携について（共同声明）」を取りまとめた．このなかで日本銀行は，消費者物価の前年比上昇率で２％の「物価安定の目標」を自ら導入し，金融緩和を推進し，これをできるだけ早期に実現することを目指すこととした．これを受け，日本銀行は，黒田新総裁のもと，この「物価安定の目標」を，２年程度を念頭にできるだけ早期に実現するため，「量的・質的金融緩和」を導入した．平成28年１月には，企業コンフィデンスの改善や人々のデフレマインドの転換が遅延し，物価の基調に悪影響が及ぶリスクの顕在化を未然に防ぎ，２％の「物価安定の目標」に向けたモメンタムを維持するため，「マイナス金利付き量的・質的金融緩和」の導入を決定するに至った．以下では，「物価安定の目標」の導入から，「マイナス金利付き量的・質的金融緩和」の導入までを概観する．

（イ）デフレ脱却と持続的な経済成長の実現のための政府・日本銀行の政策連携について（共同声明）の公表と「物価安定の目標」の導入（平成25年１月）

第２次安倍内閣において，日本経済再生に向けて，大胆な金融政策，機動的な財政政策，民間投資を喚起する成長戦略の「三本の矢」で，長引く円高・デフレ不況から脱却し，雇用や所得の拡大を目指す「日本経済再生に向けた緊急経済対策（平成25年１月11日閣議決定）」が取りまとめられた．「三本の矢」の一本目の矢である大胆な金融政策について，政府は，固定化したデフレ予想の払拭には，「物価安定の目途」を当面１％としていた従来の金融政策の枠組みを大きく見直す必要があるとの問題意識のもと，日本銀行と緊密な意思疎通を行い，デフレからの早期脱却に向けて，政府と日本銀行の連携を強化する仕組みを構築すべく，調整を続けた結果，平成25年１月22日，デフレからの早期脱却と物価安定のもとでの持続的な経済成長の実現に向け，政府及び日本銀行の政策連携を強化し，一体となって取り組むため「デフレ脱却と持続的な経済成長の実現のための政府・日本銀行の政策連携について（共同声明）」を公表するに至った．

「共同声明」において，こうした政府との意思疎通を踏まえ，日本銀行は，日本経済の競争力と成長力の強化に向けた幅広い主体の取組みの進展にともない，持続可能な物価の安定と整合的な物価上昇率が高まっていくとの認識のもと，自ら消費者物価の前年比上昇率で２％の「物価安定の目標」（the price stability target）を導入し，「（２％の）物価安定の目標のもと，金融緩和を推進し，これをできるだけ早期に実現することを目指す」こととした．また，政府は「我が国経済の再生のため」，「日本経済の競争力と成長力の強化に向けた取組みを具体化し，これを強力に推進する」こととした．

同時に，政府は，「日本銀行との連携強化にあたり，財政運営に対する信認を確保する観点から，持続可能な財政構造を確立するための取組を着実に推進する」旨表明した．

なお，経済財政諮問会議において，「金融政策を含むマクロ経済政策運営の状況，そのもとでの物価安定の目標に照らした物価の現状と今後の見通し，雇用情勢を含む経済・財政状況，経済構造改革の取組状況などについて，定期的に検証を行う」こととし，実効性を確保する仕組みとしている．

(ロ)「期限を定めない資産買入れ方式」の導入（平成25年１月）

同日，日本銀行は，日本経済がデフレから早期に脱却し，物価安定のもとでの持続的成長経路に復帰することがきわめて重要な課題であるとの認識のもと，金融緩和を思い切って前進させることとし，「物価安定の目標」の導入に加え，資産買入等の基金について「期限を定めない資産買入れ方式」（オープンエンド型）を導入することなどを決定した．

具体的には，「資産買入等の基金」について，現行方式での買入れが完了した後，平成26年初から，期限を定めず毎月一定額の金融資産を買い入れる方式を導入し，当分の間，毎月，長期国債２兆円程度を含む13兆円程度の金融資産の買入れを行うこととした．これにより，基金の残高は，平成26年中に10兆円程度増加し（残高111兆円程度），それ以降残高は維持されることとなった．

(ハ) 量的・質的金融緩和の導入（平成25年４月）

さらに，日本銀行は，平成25年３月に就任した黒田新総裁のもと，同年４月４日，実体経済や金融市場に表れ始めた前向きな動きを後押しするとともに，高まりつつある予想物価上昇率を上昇させ，日本経済を，15年近く続いたデフレからの脱却に導くため，消費者物価の前年比上昇率２％の「物価安定の目標」を，２年程度の期間を念頭に置いて，できるだけ早期に実現するため，マネタリーベース及び長期国債・ETFの保有額を２年間で２倍に拡大し，長期国債買入れの平均残存期間を２倍以上に延長するなど，量・質ともに次元の違う金融緩和（「量的・質的金融緩和」）を行うことを決定した．さらに，平成26年10月31日には，マネタリーベース増加額の拡大など，「量的・質的金融緩和」の拡大を決定，平成27年12月18日には「量的・質的金融緩和」を補完するための諸措置の導入を決定した（図表Ⅱ.18.4）．

(a)「量的・質的金融緩和」の導入

（ⅰ）マネタリーベース・コントロールの採用

日本銀行の積極的な金融緩和姿勢を対外的にわかりやすく伝えるため，また，量的な金融緩和を推進する観点から，金融市場調節の操作目標を，無担保コールレート（オーバーナイト物）からマネタリーベースに変更し，マネタリーベースが，年間約60～70兆円に相当するペースで増加するよう金融市場調節を行うこととした．

（ⅱ）長期国債買入れの拡大と年限長期化

イールドカーブ全体の金利低下を促す観点から，長期国債の保有残高が年間約50兆円に相当するペースで増加するよう買入れを行うこととした．

また，長期国債の買入れ対象を40年債を含む全ゾーンの国債としたうえで買入れの平均残存期間を，現状の３年弱から国債発行残高の平均並みの７年程度に延長することとした．

（ⅲ）ETF，J-REITの買入れの拡大

資産価格のプレミアムに働きかける観点から，ETF及びJ-REITの保有残高が，それぞれ年間約１兆円，年間約300億円に相当するペースで増加するよう買入れを行うこととした．

（ⅳ）「量的・質的金融緩和」の継続

「量的・質的金融緩和」は，２％の「物価安定の目標」の実現を目指し，これを安定的に持続するために必要な時点まで継続することとし，その際，経済・物価情勢について上下双方向のリスク要因を点検し，必要な調整を行うこととした．

図表Ⅱ.18.4　量的・質的金融緩和の概要（平成25.4.4～）

○「量的・質的金融緩和」の導入

平成25年4月4日の金融政策決定会合において，日本銀行は，消費者物価の前年比上昇率2％の「物価安定の目標」を，2年程度の期間を念頭に置いて，できるだけ早期に実現するため，マネタリーベースおよび長期国債・ETFの保有額を2年間で2倍に拡大し，長期国債買入れの平均残存期間を2倍以上に延長するなど，量・質ともに次元の違う金融緩和を行う「量的・質的金融緩和」の導入を決定.

強く明確なコミットメント

- 2％の物価安定目標を，2年程度の期間を念頭に置いて，できるだけ早期に実現する.

量・質ともに次元の違う金融緩和

- マネタリーベース：年間約60～70兆円の増加（2年間で2倍）
  （注）金融市場調節の操作目標を，無担保コールレート（オーバーナイト物）からマネタリーベースに変更
- 長期国債の保有残高：年間約50兆円の増加（2年間で2倍以上）
- 長期国債買入れの平均残存期間：7年程度へ（2年間で2倍以上）
- ETFの保有残高：年間約1兆円の増加
- J-REITの保有残高：年間約300億円の増加

わかりやすい金融政策

-「資産買入等の基金」を廃止し，長期国債の買入れ方式の一本化
- 量的な緩和を行う場合の指標として「マネタリーベース」を選択

金融緩和の継続期間

- 2％の物価安定目標の実現を目指し，これを安定的に持続するために必要な時点まで継続.
- その際，経済・物価情勢について上下双方向のリスク要因を点検し，必要な調整を行う.

その他

- 銀行券ルール（注）の一時適用停止
  （注）「金融調節上の必要から行う国債買入れ」を通じて日本銀行が保有する長期国債の残高について，銀行券発行残高を上限とするという考え方（平成13年3月19日決定）
- 市場参加者との対話の強化

○「量的・質的金融緩和」の拡大

平成26年10月31日の金融政策決定会合において，「物価面では，このところ，消費税率引き上げ後の需要面での弱めの動きや原油価格の大幅な下落が，物価の下押し要因として働いている．このうち，需要の一時的な弱さはすでに和らぎはじめているほか，原油価格の下落は，やや長い目でみれば経済活動に好影響を与え，物価を押し上げる方向に作用する．しかし，短期的とはいえ，現在の物価下押し圧力が残存する場合，これまで着実に進んできたデフレマインドの転換が遅延するリスクがある．日本銀行としては，こうしたリスクの顕現化を未然に防ぎ，好転している期待形成のモメンタムを維持するため，ここで，『量的・質的金融緩

和』を拡大することが適当和』を拡大することが適当と判断した.」と発表.

【拡大の内容】

① マネタリーベース増加額の拡大
- 年間増加ペースを約60～70兆円から「約80兆円」に拡大

② 資産買入れ額の拡大および長期国債買入れの平均残存年限の長期化
- 長期国債の保有残高の年間増加額を約50兆円から約80兆円に「＋30兆円」
- 長期国債買入れの平均残存期間を7～10年程度に「＋3年」
- ETFの年間買入れペースを約1兆円から約3兆円に「3倍」
- J-REITの年間買入れペースを約300億から約900億に「3倍」
- 新たにJPX日経400に連動するETFを買入れの対象に加える

（注）CP等，社債等については，それぞれ約2.2兆円，約3.2兆円の残高を維持する（従来通り）.

○「量的・質的金融緩和」を補完するための諸措置の導入

平成27年12月18日の金融政策決定会合において，「「量的・質的金融緩和」を推進していくに当たっては，国債市場の動向や金融機関の保有資産の状況などを踏まえ，より円滑にイールドカーブ全体の金利低下を促していくことが適切である．また，「量的・質的金融緩和」のもとで企業や家計のデフレマインドは転換してきており，設備・人材投資に積極的に取り組んでいる企業も多いが，そうした動きがさらに広がっていくことが期待される．こうした観点に立って，日本銀行は，「量的・質的金融緩和」を補完するための諸措置を決定した.」と発表.

【設備・人材投資に積極的に取り組んでいる企業に対するサポート】

① 新たなETF買入れ枠の設定
「設備・人材投資に積極的に取り組んでいる企業」の株式を対象とするETFの買入れ枠（年間約3,000億円）を設定（平成28年4月より買入開始）

② 成長基盤強化支援資金供給の拡充
金融機関が投融資を行う先として日銀が定める特定の分野において，「設備・人材投資に積極的に取り組んでいる企業」を追加

③ 貸出支援基金等の延長
新規貸付の受付期間を1年間延長

【「量的・質的金融緩和」の円滑な遂行のための措置】

① 日本銀行適格担保の拡充
外貨建て証書貸付債権，金融機関の住宅ローン債権を適格担保に追加

② 長期国債買入れの平均残存期間の長期化
平均残存期間を現在の7年～10年程度→7年～12年程度に長期化

③ J-REITの銘柄別の買入限度額の引き上げ
発行済投資口の総数の「5％以内」→「10％以内」に引き上げ

(b)「量的・質的金融緩和」にともなう対応

（i）資産買入等の基金の廃止

全体として市場にわかりやすいかたちで金融緩和の姿勢を示していくため，資産買入等の基金は廃止する.「金融調節上の必要から行う国債買入れ（いわゆる輪番オペ)」は，既存の残高を含め，上記の長期国債の買入れに吸収することとした.

（ii）銀行券ルールの一時適用停止

上記の長期国債の買入れは，金融政策目的で行うものであり，財政ファイナンスではないこと，及び政府は1月の「共同声明」において，「日本銀行との連携強化にあたり，財政運営に対する信認を確保する観点から，持続可能な財政構造を確立するための取組を着実に推進する」としていることを踏まえ，いわゆる「銀行券ルール」を「量的・質的金融緩和」の導入に際し，一時停止することとした.

（iii）市場参加者との対話の強化

上記のような巨額の国債買入れときわめて大規模なマネタリーベースの供給を円滑に行うためには，取引先金融機関の積極的な応札など市場参加者の協力が欠かせない．このため，市場参加者との間で，金融市場調節や市場取引全般に関し，これまで以上に密接な意見交換を行う場を設けることとした（注)．また，差し当たり，市場の国債の流動性に支障が生じないよう，国債補完供給制度（SLF）の要件を緩和した.

(注)「市場参加者との意見交換会」,「市場調節取引実務担当者との意見交換会」及び「市場参加者会合」を設けるなど，市場との対話を現在でも継続的に行っており，必要に応じて，国債の買入れ方法の見直し，資金供給オペの機動的な実施など，弾力的なオペ運営を行っている.

(c)「量的・質的金融緩和」の拡大

日本銀行は，平成26年10月31日の金融政策決定会合において，「消費税率引き上げ後の需要面での弱めの動きや原油価格の大幅な下落が，物価の下押し要因として働いている．このうち，需要の一時的な弱さはすでに和らぎはじめているほか，原油価格の下落は，やや長い目でみれば経済活動に好影響を与え，物価を押し上げる方向に作用する．しかし，短期的とはいえ，現在の物価下押し圧力が残存する場合，これまで着実に進んできたデフレマインドの転換が遅延するリスクがある．日本銀行としては，こうしたリスクの顕現化を未然に防ぎ，好転している期待形成のモメンタムを維持する」ため，「量的・質的金融緩和」の拡大を決定した．

（i）マネタリーベース増加額の拡大

マネタリーベースが，年間約80兆円（約10～20兆円追加）に相当するペースで増加するよう金融市場調節を行うこととした．

（ii）資産買入れ額の拡大及び長期国債買入れの平均残存年限の長期化

長期国債について，保有残高が年間約80兆円（約30兆円追加）に相当するペースで増加するよう買入れを行うこととした．ただし，イールドカーブ全体の金利低下を促す観点から，金融市場の状況に応じて柔軟に運営することとし，買入れの平均残存期間は7年～10年程度に延長することとした．

また，ETF及びJ-REITについて，保有残高が，それぞれ年間約3兆円（3倍増），年間約900億円（3倍増）に相当するペースで増加するよう買入れを行うこととし，新たにJPX日経400に連動するETFを買入れの対象に加えることとした．

(d)「量的・質的金融緩和」を補完するための諸措置の導入

日本銀行は，平成27年12月18日の金融政策決定会合において，「『量的・質的金融緩和』を推進していくに当たっては，国債市場の動向や金融機関の保有資産の状況などを踏まえ，より円滑にイールドカーブ全体の金利低下を促していくことが適当である．また，『量的・質的金融緩和』のもとで企業や家計のデフレマインドは転換してきており，設備・人材投資に積極的に取り組んでいる企業も多いが，そうした動きがさらに広がっていくことが期待される」とし，こうした観点から，「量的・質的金融緩和」を補完するための諸措置の導入を決定した．

（i）設備・人材投資に積極的に取り組んでいる企業に対するサポート

①　新たなETF買入れ枠の設定

年間約3兆円の買入れに加え，新たに年間約3,000億円の枠を設け，「設備・人材投資に積極的に取り組んでいる企業」の株式を対象とするETFを買入れることとし，当初は，JPX日経400に連動するETFを買入対象とした．そして，この施策の趣旨に合致する新規のETFが組成された場合には，速やかに買入対象に加えることとした．また，新たな枠によるETF買入れは，日本銀行が買入れた銀行保有株式の売却開始（注）にともなう市場への影響を打ち消す観点から，平成28年4月より開始することとした．

（注）日本銀行は，平成14年10月に「金融システムの安定を確保するとともに，金融機関が不良債権問題の克服に着実に取り組める環境を整備する」という観点から，金融機関の株式保有リスクの軽減を促すための施策として，金融機関が保有する株式の買入れを行うことを決定した．その後，平成16年9月にいったん買入れを終了し，平成19年10月から当該株式の市場への売却を開始したが，国際金融資本市場における緊張の強まりのもと，我が国株式市場も不安定な状況を続けていることにかんがみ，平成20年10月には売却を停止，平成21年2月には株式の買入れを再開した．当該買入れは平成22年4月で終了し，平成28年4月以降，当該株式を売却している．

② 成長基盤強化を支援するための資金供給の拡充

成長基盤強化を支援するための資金供給における適格投融資として，従来の18項目に，「設備・人材投資に積極的に取り組んでいる企業」を追加するとともに，本項目の投融資について，手続きを簡素化した．

③ 貸出増加を支援するための資金供給等の延長

「貸出増加を支援するための資金供給」，「成長基盤強化を支援するための資金供給」，「被災地金融機関を支援するための資金供給オペレーション」及び「被災地企業等にかかる担保要件の緩和措置」について，受付期間を1年間延長した．

（ii）「量的・質的金融緩和」の円滑な遂行のための措置

① 日本銀行適格担保の拡充

外貨建て証書貸付債権を適格担保とするほか，金融機関の住宅ローン債権を信託などの手法を用いて一括して担保として受け入れることを可能とする制度を導入した．

② 長期国債買入れの平均残存期間の長期化

平均残存期間を従来の7年～10年程度から，7年～12年程度に長期化した．また，国債の市場流動性を確保する観点から，国債補完供給（SLF）の連続利用日数に関する要件を緩和し，長期国債の同一銘柄について連続利用可能な最長日数を，現在の原則15営業日から原則50営業日に変更した．

③ J-REIT の買入限度額の引上げ

銘柄別の買入限度額を当該銘柄の発行済投資口の総数の「5％以内」から「10％以内」に引き上げた．

(二)「マイナス金利付き量的・質的金融緩和」の導入（平成28年1月）

日本銀行は，平成28年1月29日の金融政策決定会合において，「我が国の景気は，企業部門・家計部門ともに所得から支出への前向きの循環メカニズムが作用するもとで，緩やかな回復を続けており，物価の基調は着実に高まっている．もっとも，このところ，原油価格の一段の下落に加え，中国をはじめとする新興国・資源国経済に対する先行き不透明感などから，金融市場は世界的に不安定な動きとなっている．このため，企業コンフィデンスの改善や人々のデフレマインドの転換が遅延し，物価の基調に悪影響が及ぶリスクが増大している．日本銀行は，こうしたリスクの顕現化を未然に防ぎ，2％の『物価安定の目標』に向けたモメンタムを維持する」ため，「マイナス金利付き量的・質的金融緩和」の導入を決定した（図表Ⅱ.18.5）．

(a) マイナス金利の導入

日本銀行当座預金を3段階の階層構造に分割し，それぞれの階層に応じてプラス金利，ゼロ金利，マイナス金利を適用する(注1)．

(注1) 平成28年2月16日からの準備預金積み期間から適用する．

(ⅰ) 3段階の階層構造

① 基礎残高（＋0.1％を適用）

「量的・質的金融緩和」のもとで各金融機関が積み上げた既往の残高については，従来の扱いを維持する．具体的には，各金融機関の日本銀行当座預金残高のうち，平成27年1月～12月積み期間（基準期間）における平均残高までの部分を，既往の残高に対応する部分として，＋0.1％を適用する．

② マクロ加算残高（ゼロ％を適用）

所要準備額に相当する残高，金融機関が貸出支援基金及び被災地金融機関を支援するための資金供給オペレーションにより資金供給を受けている場合には，その残高に対応する金額にはゼロ％を適用する．また，日本銀行当座預金残高がマクロ的に増加することを勘案して，適宜のタイミングで，マクロ加算額を加算していく(注2)．

図表Ⅱ.18.5 マイナス金利付き量的・質的金融緩和の概要（平成28.1.29～）

○「マイナス金利付き量的・質的金融緩和」の導入

平成28年1月29日の金融政策決定会合において，「企業コンフィデンスの改善や人々のデフレマインドの転換が遅延し，物価の基調に悪影響が及ぶリスクの顕在化を未然に防ぎ，２％の「物価安定の目標」に向けたモメンタムを維持するため，「マイナス金利付き量的・質的金融緩和」を導入することとした．日本銀行当座預金金利をマイナス化することでイールドカーブの起点を引き下げ，大規模な長期国債買入れとあわせて，金利全般により強い下押し圧力を加えていく．また，この枠組みは，従来の「量」と「質」に「マイナス金利」を加えた3つの次元で，追加的な緩和が可能なスキームである．」と発表．

【マイナス金利の導入】（平成28年2月16日からの準備預金積み期間から適用）

- 金融機関が保有する日本銀行当座預金に▲0.1％のマイナス金利を適用する．
- 日本銀行当座預金を３段階の階層構造に分割し，それぞれの階層に応じてプラス金利，ゼロ金利，マイナス金利を適用する．

① 基礎残高（＋0.1％を適用）
各金融機関の日本銀行当座預金残高のうち，平成27年１月～12月積み期間（基準期間）における平均残高部分．

② マクロ加算残高（ゼロ％を適用）
- 所要準備額に相当する部分
- 金融機関が貸出支援基金および被災地金融機関支援オペにより資金供給を受けている場合の，その残高
- 貸出支援基金および被災地金融機関支援オペの残高を増加させた金融機関については，増加額の２倍の金額(注１)(注２)
- MRF の受託残高に相当する額（昨年の受託残高を上限とする）(注１)
- 「マクロ加算残高」の見直しを原則として３か月毎に行う(注１)

（注１）平成28年３月15日金融政策決定会合において決定
（注２）５月積み期より適用

③ 政策金利残高（▲0.1％を適用）
各金融機関の当座預金残高のうち，(1) と (2) を上回る部分

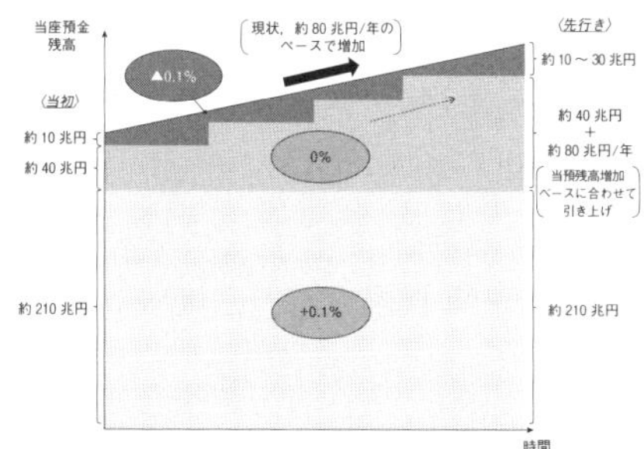

【量】（従来と同じ）

マネタリーベースが，年間80兆円に相当するペースで増加するよう金融市場調節を行う．

【質】（従来と同じ）

① 買入れの平均残残期間は７年～12年程度とする．
② ETF および J-REIT について，保有残高が，それぞれ年間約３兆円，年間約900億円に相当するペースで増加するよう買入を行う．
③ CP 等，社債等について，それぞれ約2.2兆円，約3.2兆円の残高を維持．

（注２）日本銀行は，平成28年３月15日の金融政策決定会合において，「マイナス金利付き量的・質的金融緩和」を円滑に実施する観点から，①ゼロ％の金利を適用する「マクロ加算残高」の見直しを原則として３カ月ごとに行う，② MRF の証券取引における決済機能にかんがみ，MRF を受託する金融機関の「マクロ加算残高」に，受託残高に相当する額（昨年の受託残高を上限とする）を加える，③金融機関の貸出増加に向けた取組みをより一層支援するため，今後「貸出支援基金」及び「被災地金融機関支援オペ」の残高を増加させた金融機関については，増加額の２倍の金額を「マクロ加算残高」に加算するという実務的な対応を決定した．

③　政策金利残高（▲0.1％を適用）

各金融機関の当座預金残高のうち，①②を上回る部分に，▲0.1％のマイナス金利を適用する．

（ⅱ）現金保有額が大きく増加した場合の取扱い

金融機関の現金保有によってマイナス金利の効果が減殺されることを防止する観点から，金融機関の現金保有額が基準期間から大きく増加した場合には，その増加額を，マクロ加算残高から控除する．

（ホ）金融緩和の強化（平成28年７月）

日本銀行は，平成28年７月29日の金融政策決定会合において，「英国の EU 離脱問題や新興国経済の減速を背景に，海外経済の不透明感が高まり，国際金融市場では不安定な動きが続いている．こうした不確実性が企業や家計のコンフィデンスの悪化につながることを防止するとともに，我が国企業及び金融機関の外貨資金調達環境の安定に万全を期し，前向きな経済活動をサポートする観点」から「金融緩和の強化」を決定した（図表Ⅱ.18.6）．

（a）ETF 買入れ額の増額

ETF について，保有残高が年間約６兆円に相当するペースで増加するよう買入れを行う（従来の約3.3兆円からほぼ倍増）．

（b）企業・金融機関の外貨資金調達環境の安定のための措置

（ⅰ）成長支援資金供給・米ドル特則の拡大

成長支援資金供給・米ドル特則（企業の海外展開を支援するため，最長４年の米ドル資金を金融機関経由で供給する制度）の総枠を240億ドル（約2.5兆円）に拡大する（従来の120億ドルから倍増）．

図表Ⅱ.18.6　金融緩和の強化の概要（平成28.7.29）

○ 金融緩和の強化

平成28年7月29日の金融政策決定会合において,「英国のEU離脱問題や新興国経済の減速を背景に，海外経済の不透明感が高まり，国際金融市場では不安定な動きが続いている．こうした不確実性が企業や家計のコンフィデンスの悪化につながることを防止するとともに，わが国企業および金融機関の外貨資金調達環境の安定に万全を期し，前向きな経済活動をサポートする観点」から決定したと発表.

【強化の内容】

① ETFの年間買入れペースを約3.3兆円から約6兆円にほぼ倍増
② 米ドル特則の総枠を120億ドルから240億ドルへ倍増
③ 米ドル資金供給オペの担保となる国債を，日銀当座預金を見合いに貸し付ける制度を新設

（ⅱ）米ドル資金供給オペの担保となる国債の貸付け制度の新設

金融機関に対する米ドル資金供給オペに関し，担保となる国債を，日本銀行当座預金を見合いとして貸し付ける制度を新設する.

(5)「総括的な検証」と「長短金利操作付き量的・質的金融緩和」の導入

平成28年7月29日の金融政策決定会合において，海外経済・国際金融市場をめぐる不透明感などを背景に，物価見通しに関する不確実性が高まっていることを踏まえ，２％の「物価安定の目標」をできるだけ早期に実現する観点から，次回金融政策決定会合において,「量的・質的金融緩和」・「マイナス金利付き量的・質的金融緩和」のもとでの経済・物価動向や政策効果について総括的な検証を行うこととし，議長はその準備を執行部に指示した．その指示に基づき，平成28年9月21日の金融政策決定会合において「総括的な検証」が行われ,「量的・質的金融緩和」・「マイナス金利付き量的・質的金融緩和」の政策枠組みを強化するかたちで,「長短金利操作付き量的・質的金融緩和」を導入することが決定された（図表Ⅱ.18.7).

（イ）「総括的な検証」

これまでの「量的・質的金融緩和」及び「マイナス金利付き量的・質的金融

図表Ⅱ.18.7　総括的な検証と長短金利操作付き量的・質的金融緩和の概要（平成28.9.21～）

○「総括的な検証」と「長短金利操作付き量的・質的金融緩和」の導入

「総括的な検証」のポイント

【総括的な検証】

①金融緩和の効果と２％未達成の理由

- 「量的・質的金融緩和」は，**実質金利の低下**を通じて**経済・物価を好転**.
  ⇒**デフレではなくなった.**
- **２％が実現できていない理由**は,
  ⇒①原油価格の下落，②消費税率引き上げ後の需要の弱さ，③新興国発の市場の不安定化などの**「逆風」によって，物価上昇率が下落.**
  ⇒もともと過去の物価に引きずられやすい**予想物価上昇率が弱含んだ.**

②マイナス金利の効果と影響

- **マイナス金利と国債買入れの組み合わせ**は，長短金利の押し下げに有効.
- 国債金利の低下は**貸出・社債金利の低下**につながっている.
  ⇒もっとも，これは**金融機関収益を圧縮**する形で生じている.
- **保険や年金の運用利回りの低下**などが，マインド面を通じて経済活動に悪影響を及ぼす可能性.

【政策の方向性】

- 「量的・質的金融緩和」の主たるメカニズムは，実質金利の低下．また，マイナス金利と国債買入れの組み合わせにより，長短金利に影響を与えることが可能に.
  ⇒**長短金利操作（イールドカーブ・コントロール）を導入.**
- 予想物価上昇率を引き上げるために，期待形成を強める手段を導入する必要．また，マネタリーベースについては，長期的な増加にコミットすることが重要.
  ⇒**マネタリーベースの拡大方針について強力なコミットメントを導入.**
- 我が国では，予想物価上昇率の引き上げには不確実性があり，時間がかかる可能性.
  ⇒**状況に応じて柔軟に対応でき，持続性の高い政策枠組みが必要.**

➡ **金融緩和強化のための新しい枠組みを導入**

「長短金利操作付き量的・質的金融緩和」のポイント

「２％の『物価安定の目標』をできるだけ早期に実現する」とのコミットメントは堅持

1. **長短期金利操作（「イールドカーブ・コントロール」）**
   ⇒経済・物価・金融情勢を踏まえて，２％の「物価安定の目標」に向けた**モメンタムを維持**するために**最も適切**と考えられる**イールドカーブの形成を促す.**
   ⇒金融市場調節方針として，従来のマネタリーベース増加額目標にかえて，**短期政策金利**と**長期金利操作目標**を決定する.

【今回の金融市場調節方針】：概ね現状程度の長短金利を想定

- 短期政策金利　　　：「▲0.1％」
- 長期金利操作目標　：10年物国債金利で「概ね現状程度（ゼロ％程度）」
  ――買入れ額は，金利操作方針を実現するよう運営（概ね現状程度の買入れペース〈保有残高の増加額年間約80兆円〉をめど).
  ――指値オペなど新型オペレーションを導入.

2. **「オーバーシュート型コミットメント」**
   ⇒消費者物価（除く生鮮食品）前年比上昇率の**実績値**が**安定的に２％を超える**まで，**マネタリーベースの拡大方針**を継続.

――マネタリーベース対名目GDP比率は，あと１年強で100％（約500兆円）を超える見込み.

3. ２％の実現に向けた**モメンタムを維持**するため，必要と判断すれば，**追加緩和**を実施.

【追加緩和手段】
①短期政策金利の引き下げ　　③資産買入れの拡大
②長期金利操作目標の引き下げ　④マネタリーベース拡大ペースの加速

緩和」のもとでの経済・物価動向と政策効果について総括的な検証を行った.

(a)「量的・質的金融緩和」の効果と２％の「物価安定の目標」の実現を阻害した要因

「量的・質的金融緩和」は，予想物価上昇率の押し上げと名目金利の押し下げにより，実質金利を低下させることで，経済・物価の好転をもたらし，物価の持続的な下落という意味でのデフレではなくなった．しかしながら，２％の「物価安定の目標」は実現できておらず，その点については，（ｉ）①原油価格の下落，②消費税率引上げ後の需要の弱さ，③新興国経済の減速とそのもとでの国際金融市場の不安定な動きといった外的な要因が発生し，実際の物価上昇率が低下したこと，（ⅱ）そのなかで，もともと適合的な期待形成の要素が強い予想物価上昇率が横ばいから弱含みに転じたことが主な要因と考えられる.

(b) 予想物価上昇率の期待形成メカニズム

マネタリーベースの拡大は,「物価安定の目標」に対するコミットメントや国債買入れとあわせて，金融政策レジームの変化をもたらすことにより，人々の物価観に働きかけ，予想物価上昇率の押し上げに寄与したと考えられる．また，マイナス金利の導入は，国債買入れとの組み合わせにより，短期金利のみならず長期金利も大きく押し下げ，中央銀行がイールドカーブ全般に影響を与えるうえで，この組み合わせが有効であることが明らかになった.

(c) 示唆される政策の方向性

２％の「物価安定の目標」を実現するためには，予想物価上昇率をさらに引き上げる必要がある．その際，適合的期待による予想物価上昇率の引上げには不確実性があり，時間がかかる可能性があることを踏まえ，フォワード・ルッキングな期待形成を強める手段を導入する必要がある．また，より持続性があり，状況に応じて柔軟に対応できるスキームとする必要がある.

(ロ)「長短金利操作付き量的・質的金融緩和」の導入

上記の「総括的な検証」を踏まえ，２％の「物価安定の目標」をできるだけ早期に実現するため,「量的・質的金融緩和」及び「マイナス金利付き量的・質的金融緩和」の政策枠組みを強化するかたちで,「長短金利操作付き量的・質的金融緩和」を導入することを決定した．その主な内容は，第１に，長短金利操作を行う「イールドカーブ・コントロール」，第２に，消費者物価上昇率の実績値が安定的に２％の「物価安定の目標」を超えるまで，マネタリーベースの拡大方針を継続する「オーバーシュート型コミットメント」である．

(a) 長短金利操作（イールドカーブ・コントロール）

(ⅰ) 金融市場調節方針

① 短期金利：日本銀行当座預金のうち政策金利残高に▲0.1％のマイナス金利を適用する．

② 長期金利：10年物国債金利がゼロ％程度で推移するよう，長期国債の買入れを行う．買入れ額については，概ね現状程度の買入れペース（保有残高の増加額年間約80兆円）をめどとしつつ，金利操作方針を実現するよう運営する．買入対象については，引き続き幅広い銘柄とし，平均残存期間の定めは廃止する．

(ⅱ) 長短金利操作のための新型オペレーションの導入

① 日本銀行が指定する利回りによる国債買入れ（指値オペ）

② 固定金利の資金供給オペレーションを行うことができる期間を，従来の１年から10年に延長

(b) オーバーシュート型コミットメント

日本銀行は，２％の「物価安定の目標」の実現を目指し，これを安定的に持続するために必要な時点まで，「長短金利操作付き量的・質的金融緩和」を継続する．マネタリーベースの残高は，上記イールドカーブ・コントロールのもとで短期的には変動しうるが，消費者物価指数（除く生鮮食品）の前年比上昇率の実績値が安定的に２％を超えるまで，拡大方針を継続する．今後とも，経済・物価・金融情勢を踏まえ，２％の「物価安定の目標」に向けたモメンタムを維持するため，必要な政策の調整を行う．

(6) 強力な金融緩和継続のための枠組み強化

日本銀行は，平成30年７月31日の金融政策決定会合において，「我が国の景気は，所得から支出への前向きの循環メカニズムが働くもとで，緩やかに拡大しており，労働需給も着実な引き締まりを続けている．一方，物価は，経済・雇用情勢に比べて弱めの動きが続いている．その背景には，同日公表した「経済・物価情勢の展望」で示したように，企業の慎重な賃金・価格設定スタンス

図表Ⅱ.18.8　強力な金融緩和継続のための枠組み強化の概要（平成30.7.31）

○ 強力な金融緩和継続のための枠組み強化

「強力な金融緩和継続のための枠組み強化」のポイント

2％の「物価安定の目標」の実現には，時間がかかる
需給ギャップがプラスの状態をできるだけ長く続けることが適当

強力な金融緩和を粘り強く続けていく

政策金利に関するフォワードガイダンス
「日本銀行は，平成31年10月に予定されている消費税率引き上げの影響を含めた経済・物価の不確実性を踏まえ，当分の間，現在のきわめて低い長短金利の水準を維持することを想定している.」
⇒「物価安定の目標」実現に対するコミットメントの強化

「長短金利操作付き量的・質的金融緩和」の持続性強化
長期金利　：「ゼロ％程度」の操作目標を維持．その際，金利は，経済・物価情勢等に応じて上下にある程度変動しうる.
ETF買入れ：「約6兆円」の残高増加目標を維持．その際，買入れ額は，市場の状況に応じて上下に変動しうる．等

や値上げに対する家計の慎重な見方の継続といった要因が複合的に作用しており，2％の「物価安定の目標」の実現には，これまでの想定より時間がかかることが見込まれる．もっとも，マクロ的な需給ギャップがプラスの状態を続けることにより，消費者物価の前年比は，2％に向けて徐々に上昇率を高めていくと考えられる．こうした認識のもとで，日本銀行は，政策金利のフォワードガイダンスを導入するとともに，金融市場調節や資産の買入れをより弾力的に運営していくことにより,「長短金利操作付き量的・質的金融緩和」の持続性を強化し，需給ギャップがプラスの状態をできるだけ長く続けることが適当と判断した」ため,「強力な金融緩和継続のための枠組み強化」を決定した（図表Ⅱ.18.8).

（イ）政策金利のフォワードガイダンスの導入

「2019年10月に予定されている消費税率引き上げの影響を含めた経済・物価の不確実性を踏まえ，当分の間，現在のきわめて低い長短金利の水準を維持することを想定している」ことを示した．なお，このフォワードガイダンスにつ

いては，平成31年4月25日，令和元年10月31日，令和2年4月27日の金融政策決定会合において見直しが行われている▲（注）.

（注）平成31年4月25日の金融政策決定会合において，海外経済等の持ち直しが展望できる時期が当年後半以降になると想定されること，消費税率引き上げの影響を見極めるには，増税後ある程度の期間を要すると考えられること等を踏まえ，「海外経済の動向や消費税率引き上げの影響を含めた経済・物価の不確実性を踏まえ，当分の間，少なくとも2020年春頃まで，現在のきわめて低い長短金利の水準を維持することを想定している」と明確化され，令和元年10月31日の決定会合において「物価安定の目標」に向けたモメンタムが損なわれる惧れに注意が必要な間，現在の長短金利の水準，または，それを下回る水準で推移することを想定している」に変更された．また，その後，令和2年4月27日の決定会合において，新型コロナウイルス感染症拡大の影響等により，物価のモメンタムが損なわれた状態にあると判断されたことから，「物価安定の目標」に向けたモメンタムに関する記述が削除され，「現在の長短金利の水準，または，それを下回る水準で推移することを想定している」に変更されている.

(ロ) 長短金利操作（イールドカーブ・コントロール）

(a) 短期金利：日本銀行当座預金のうち政策金利残高に▲0.1%のマイナス金利を適用する.

(b) 長期金利：10年物国債金利がゼロ%程度で推移するよう，長期国債の買入れを行う．その際，金利は，経済・物価情勢等に応じて上下にある程度変動しうるものとし（注1），買入れ額については，保有残高の増加額年間約80兆円をめどとしつつ，弾力的な買入れを実施する.

（注1）金利が急速に上昇する場合には，迅速かつ適切に国債買入れを実施する.

(ハ) 資産買入れ方針

(a) ETFおよびJ-REITについて，保有残高が，それぞれ年間約6兆円，年間約900億円に相当するペースで増加するよう買入れを行う．その際，資産価格のプレミアムへの働きかけを適切に行う観点から，市場の状況に応じて，買入れ額は上下に変動しうるものとする（注2）.

(b) CP等，社債等について，それぞれ約2.2兆円，約3.2兆円の残高を維持する.

（注2）平成27年12月に決定した「設備・人材投資に積極的に取り組んでいる企業」の株式を対象とするETFの買入れについては，これまでどおり，年間約3,000億円の買入れを行う.

(ニ) 上記措置と合わせて行われた実務的な対応

(a) 政策金利残高の見直し

日本銀行当座預金のうち，マイナス金利が適用される政策金利残高（金融機関間で裁定取引が行われたと仮定した金額）を，長短金利操作の実現に支障がない範囲で，従来の水準（平均して10兆円程度）から減少させる.

(b) ETFの銘柄別の買入れ額の見直し

ETFの銘柄別の買入れ額を見直し，TOPIXに連動するETFの買入れ額を拡大する.

(7) 新型コロナウイルス感染症の拡大を受けた金融緩和の強化

(イ) 新型感染症拡大の影響を踏まえた金融緩和の強化（令和2年3月）

新型コロナウイルス感染症は，令和元年12月に中国において確認されて以降，感染が世界全体に広がりを見せる中で，世界経済に対する不透明感の高まりから，内外金融資本市場では不安定な動きが続いていた．こうしたもとで，日本銀行は，わが国の景気が弱い動きとなっていることや，中小企業の資金繰りなどの企業金融を中心に金融環境の緩和度合いが低下していることを踏まえ，企業金融の円滑確保に万全を期すとともに，金融市場の安定を維持し，企業や家計のコンフィデンス悪化を防止する観点から，令和2年3月16日の金融政策決定会合（注）において，「新型感染症拡大の影響を踏まえた金融緩和の強化」を決定した（図表Ⅱ.18.9).

(注) 令和2年3月の金融政策決定会合は，当初3月18日・19日の2日間で開催される予定であったが，新型コロナウイルス感染症の影響を踏まえて日程が変更され，16日のみの1日間開催となった.

(a) 一層潤沢な資金供給の実施

(i) 円資金の一層潤沢な供給

積極的な国債買入れ等のほか，(b)，(c) の手段も活用しつつ円資金の一層潤沢な供給に努める.

(ii) 米ドル資金の一層の流動性供給

主要6中央銀行と協調（注）し，米ドル資金の流動性供給にも万全を期す.

(注) 令和2年3月16日（米国時間では15日)，日本銀行は，カナダ銀行，イングランド銀

行，欧州中央銀行，米国連邦準備制度およびスイス国民銀行と共同で，「グローバルな米ドル流動性供給を拡充するための中央銀行の協調行動」を公表し，６中銀による協調行動として，資金供給オペについて，貸付金利を0.25%引き下げるとともに，これまでの１週間物に加え，３か月物を週次で実施することとした．

さらに，同年３月20日には「米ドル流動性供給を一層拡充するための中央銀行の協調行動」を公表し，米ドル資金供給の有効性を高めるため，１週間物の米ドル資金供給の頻度を週次から日次に引き上げることとした．

(b) 企業金融支援のための措置（令和２年９月末まで）

(ⅰ) 新型コロナウイルス感染症にかかる企業金融支援特別オペの導入

中小企業の資金繰りを支援するための時限的措置として，民間企業債務（注）の差入担保の範囲内で金融機関へ資金供給（貸付期間１年以内，貸付利率０％）を行う特別オペを導入することとした．なお，本オペにつき，貸付額の２倍の金額が日銀当座預金の「マクロ加算残高（０％の金利を適用）」に加算される．

（注）社債，短期社債，保証付短期外債，手形，CP，企業を債務者とする電子記録債権，企業に対する証書貸付債権

(ⅱ) CP・社債等買入れの増額

CP・社債等について，既存の買入れ（それぞれ約2.2兆円，約3.2兆円の残高）を維持しつつ，それぞれ１兆円の追加買入枠を設け，その範囲を上限（CP：残高上限約3.2兆円，社債等：残高上限約4.2兆円）に買入れを実施する．

(c) ETF・J-REITの積極的な買入れ

ETFについては年間約12兆円の残高増加ペースを上限に買入れ（従来は年間約６兆円），J-REITについては年間約1,800億円の残高増加ペースを上限に買入れ（従来は年間約900億円）を行う．

(ロ) 金融緩和の強化（令和２年４月）

新型コロナウイルス感染症は，内外で感染の拡大が継続しており，関東・関西・九州の７都府県を対象とする「緊急事態宣言」が令和２年４月７日に発出される（同月16日には全国へ拡大）など，わが国に大きな影響を与えた．同年４月の月例経済報告では，同年３月の「足下で大幅に下押しされており，厳しい状況にある」という基調判断から，「急速に悪化しており，極めて厳しい状況にある」という基調判断へ更に引き下げられている．このように，同年３月の金融政策決定会合以降，わが国の景気は厳しさを増しており，また，金融環境

図表Ⅱ.18.9 新型コロナウイルス感染症の拡大を受けた金融緩和の強化

○ 新型感染症拡大の影響を踏まえた金融緩和の強化（令和２年３月16日）

新型コロナウイルス感染症の拡大

➢世界経済の不透明感が高まり，内外金融資本市場では不安定な動き
➢わが国の景気はこのところ弱い動き．金融環境も中小企業の資金繰りなど企業金融の一部で緩和度合いが低下

金融緩和の強化

企業金融の円滑確保に万全を期すとともに，金融市場の安定を維持し，企業や家計のコンフィデンス悪化を防止

一層潤沢な資金供給
①円資金の一層潤沢な供給（国債買入れ等）
②６中銀で協調して，米ドル資金の流動性供給を拡充

企業金融支援のための措置
①新型感染症にかかる企業金融支援特別オペの導入
民間企業債務を担保に，最長１年の資金を金利０％で供給
② CP・社債等買入れの増額（追加買入枠を２兆円設定）
CP 等：残高上限約3.2兆円，社債等：同4.2兆円

ETF・J-REIT の積極的な買入れ（既往の２倍ペース）
ETF：上限年間約12兆円ペース
J-REIT：上限年間約1,800億円ペース

○ 金融緩和の強化（令和２年４月27日）

内外における新型コロナウイルス感染症拡大の影響

わが国の景気は厳しさを増しており，企業の資金繰りが悪化.

金融緩和の強化

企業金融の円滑確保に万全を期すとともに，金融市場の安定を維持する観点から，以下の措置を決定

CP・社債等買い入れの増額等（令和２年９月まで）
①追加買い入れ枠の大幅な拡大により20兆円を上限に買入れ　②発行体毎の買入れ限度を大幅に緩和　等

新型コロナ対応金融支援特別オペの拡充（令和２年９月まで）
①対象となる担保範囲（民間債務全般）と金融機関（系統会員金融機関）を拡大
②本オペ利用残高に +0.1％を付利

新たな資金供給手段の検討
・中小企業等の資金繰りをさらに支援するため，政府の緊急経済対策等における資金繰り制度も踏まえて検討

国債のさらなる積極的な買入れ
①債券市場の安定を維持し，イールドカーブ全体を低位で安定させるため，当面，長短国債をさらに積極的に買入れる
②10年物国債金利がゼロ％程度で推移するよう，上限を設けず必要な金額の長期国債を買入れる

強力な金融緩和措置が，政府の各種対策や各国・地域の政府・中銀による様々な対応と相俟って，金融経済活動の下支えに貢献するものと考えている

（出典）日本銀行

においても企業の資金繰りが悪化するなど企業金融面で緩和度合いが低下していることなどを踏まえ，日本銀行は，同年4月27日の金融政策決定会合▲（注）において，金融機関や企業等の資金調達の円滑確保に万全を期すとともに，金融市場の安定を維持する観点から，「金融緩和の強化」を決定した（図表Ⅱ.18.9）.

（注）当初は，4月27日・28日の2日間開催の予定であったが，新型コロナウイルス感染症の拡大防止に万全を期す観点から，会合の時間を短縮するため，27日の1日間開催となった.

(a) CP・社債買入れ増額等（令和2年9月末まで）

（ⅰ）CP・社債等の追加買入れ枠の増額

CP・社債等の追加買入れ枠を合計15兆円（CP・社債それぞれ7.5兆円）に大幅増額し，合計約20兆円の残高を上限に買入れを実施する．なお，追加買入れ枠以外の既存のCP・社債等は，それぞれ約2兆円，約3兆円の残高を維持する.

（ⅱ）発行体毎の買入限度を大幅に緩和

一発行体当りの買入残高の上限を，従来の1,000億円から，CP等は5,000億円，社債等は3,000億円に緩和する．また，一発行体の総発行残高に占める日本銀行の保有割合の上限を，従来の25％から，CP等は50％，社債等は30％に緩和する.

（ⅲ）買入れ対象とする社債等の残存期間の延長

買入れ対象とする社債等の残存期間を，従来の1年以上3年以下から，1年以上5年以下に延長する.

(b) 新型コロナ対応金融支援特別オペ（「新型コロナウイルス感染症にかかる企業金融支援特別オペ」から名称変更）の拡充

（ⅰ）対象となる担保範囲の拡大

住宅ローン債権受託受益権，資産担保債券等を含めた民間債務全般へ担保範囲を拡大.

（ⅱ）本オペの対象先の拡大

日本銀行の非取引先金融機関が，各系統中央機関を通じて本オペを利用できるようにするため，

✦「新型コロナ対応金融支援特別オペ」について

〈概要〉

- 対象：共通担保オペ（全店貸付）の対象先，系統中央機関，日本政策投資銀行のうち希望する先
- 適用金利：0％
- 貸付期限：1年以内
- 貸 付 枠：上限なし
- 貸付上限：日本銀行に共通担保として差し入れている民間企業債務の担保価額相当額
- 補完当座預金制度上の取扱い：貸付額の2倍の金額が当座預金の「マクロ加算残高（0％の金利を適用）」に加算される.
- 本オペは，令和2年9月末まで実施する.
- 本オペの利用残高に相当する当座預金に＋0.1％の付利を行う.

対象先に系統会員金融機関等を追加.

(iii) 日銀当座預金の本オペ利用残高に＋0.1％を付利

(c) 国債のさらなる積極的な買入れ

債券市場の流動性が低下しているもとで，政府の緊急経済対策により国債発行が増加することの影響も踏まえ，債券市場の安定を維持し，イールドカーブ全体を低位で安定させる観点から，当面，長期国債・短期国債ともに，さらに積極的な買入れを行うこととした．従来の長期金利の金融市場調節方針で示していた長期国債の買入れ額について，「保有残高の増加額年間約80兆円をめど」から「上限を設けず必要な金額」と変更した.

(ハ)「新型コロナ対応資金繰り支援特別プログラム」(「新たな資金供給手段」の決定)（令和2年5月）

日本銀行は，令和2年5月22日に臨時の金融政策決定会合を開催し，「新たな資金供給手段」の導入を決定した．これは，同年4月の金融政策決定会合において，中小企業等の資金繰りをさらに支援するため，早急に検討を行うとしていたものである．この「新たな資金供給手段」(資金供給の対象：約30兆円)

✦「新たな資金供給手段」について

〈概要〉

- 貸付先が報告する適格融資の残高を限度に，共通担保を担保として，期間１年以内，利率ゼロ％で資金供給を行う制度.

〈対象となる適格融資〉

(1) 制度融資

- 緊急経済対策における無利子・無担保融資や新型コロナウイルス感染症対応として，信用保証協会による保証の認定を受けて実行した融資

(2) (1) に準じるプロパー融資

- プロパー融資のうち，新型コロナウイルス感染症の影響を受けた中小企業等に対して行う，融資条件面で (1) に準じる融資（１先当りの上限：1,000億円）

〈「マクロ加算残高」への加算措置〉

- 利用残高の２倍の金額を「マクロ加算残高」に加算

〈当座預金への付利〉

- 利用残高に相当する当座預金へ＋0.1%を付利

に加え，既に決定済みの「CP・社債等の買入れ」(残高上限：約20兆円)，「新型コロナウイルス感染症対応金融支援特別オペ」(資金供給の対象：約25兆円) の３つの措置をあわせて「新型コロナ対応資金繰り特別支援プログラム」(総枠約75兆円) とし，期限を半年間延長して，令和３年３月末まで実施することを決定した.

(8)「より効果的で持続的な金融緩和を実施していくための点検」と「より効果的で持続的な金融緩和」について

日本銀行は，令和2年12月18日の金融政策決定会合において，新型コロナウイルス感染症の影響により，経済・物価の下押し圧力が長期間継続すると予想される状況を踏まえ，経済を支え，2％の「物価安定の目標」を実現する観点から，より効果的で持続的な金融緩和を実施していくための点検を行うこととし，翌年3月の金融政策決定会合を目途にその結果を公表することを決定した．その後，令和3年3月19日の金融政策決定会合では，上記の点検を行い，その結果を踏まえ，2％の「物価安定の目標」を実現するため，持続的な形で，金融緩和を継続していくとともに，経済・物価・金融情勢の変化に対して，躊躇なく，機動的かつ効果的に対応をしていくことが重要であるとの認識のもと，「より効果的で持続的な金融緩和」を決定した（図表Ⅱ.18.10）.

（イ）「貸出促進付利制度」の創設

金融仲介機能への影響に配慮しつつ，機動的に長短金利の引き下げを行うため，短期政策金利に連動する「貸出促進付利制度」の創設を決定した．この制度により，金利引き下げ時の金融機関の収益へ及ぼす影響を一定程度和らげることで，金融仲介機能への影響に配慮しつつ，より機動的に長短金利の引き下げを行うことが可能となる.

（ロ）長期金利の変動幅の明確化

イールドカーブ・コントロールを持続的に運営していくために，市場機能の維持と適切な金利コントロールとの両立を図ることが重要との観点から，長期金利の変動幅は±0.25％程度であることを明確化した．同時に，必要な場合に強力に金利の上限を画すため，連続指値オペ制度の導入を決定した.

✦「貸出促進付利制度」について

〈概要〉

- 日本銀行が金融機関の貸出を促進する観点から行っている各種資金供給について，その残高に応じて一定の金利をインセンティブとして付利する制度．対象となる資金供給と付利金利の水準の組合せは次の通り．

〈対象となる資金供給と付利金利の水準〉

【カテゴリーⅠ】

適用金利：0.2%（カテゴリーⅡより高い金利(注)）

対象：新型コロナ対応特別オペ（プロパー融資分）

【カテゴリーⅡ】

適用金利：0.1%（短期金利の絶対値(注)）

対象：新型コロナ対応特別オペ（プロパー融資分以外）

【カテゴリーⅢ】

適用金利：ゼロ%（カテゴリーⅡより低い金利(注)）

対象：貸出支援基金，被災地金融機関支援オペ

（注）残高に応じた一定の付利（インセンティブ）は，短期金利と連動するものとされている．また，各カテゴリーの付利水準及び対象となる資金供給は，今後の状況に応じ，必要があれば，金融政策決定会合において変更を行う．

(ハ) 新たな ETF・J-REIT 買入れ方針

ETF・J-REIT 買入れについては，点検において，市場が大きく不安定化した場合に，大規模な買入れを行うことが効果的であることが確認された．この結果を踏まえ，ETF・J-REIT 買入れについては，原則的な買入れ方針であった，それぞれ年間約6兆円及び年間約900億円に相当する残高増加ペースでの買入れをやめ，新型コロナウイルス感染症への対応の時限措置としていた，それぞれ年間約12兆円及び年間約1,800億円の残高増加ペースの上限を感染症収束後も継続することとし，必要に応じて買入れを行うこととした．また，ETF 買入れについては，個別銘柄に偏った影響ができるだけ生じないよう，日経225，JPX 日経400に連動するものの買入れをやめ，指数の構成銘柄が最も多い TOPIX に連動するもののみの買入れを行うこととした．

図表Ⅱ.18.10 より効果的で持続的な金融緩和

２％の「物価安定の目標」実現のため，①持続的な形で，金融緩和を継続するとともに，②情勢変化に対して，躊躇なく，機動的かつ効果的に対応することが重要．

イールドカーブ・コントロールの運営

「貸出促進付利制度」の創設（右図参照）

長期金利の変動幅の明確化
±0.25％程度で変動することを想定

「連続指値オペ制度」の導入
金利の大幅な上昇を抑制する指値オペを強化

当面の運営
特に，感染症の影響が続くもとでは，イールドカーブ全体を低位で安定させることを優先

ETF・J-REIT 買入れ

年間増加ペースの上限*を感染症収束後も継続し，必要に応じて買入れ
＊ETF：約12兆円，J-REIT：約1,800億円

ETF は TOPIX の連動のみ買入れ

展望レポートを決定する MPM（年４回）において，金融機構局から金融システムの動向について報告

〈貸出促進付利制度〉

➢貸出促進のための資金供給の残高に応じて，インセンティブを付利（短期政策金利と連動）
――金利引き下げ時の金融機関収益への影響を貸出状況に応じて和らげる
――各カテゴリーの付利水準・対象資金供給は，今後の状況に応じて，MPM で変更

〈今回の決定〉

	付利金利	対象資金供給
カテゴリーⅠ	0.2％ カテゴリーⅡより高い金利	コロナオペ （プロパー分）
カテゴリーⅡ	0.1％ 短期政策金利の絶対値	コロナオペ （プロパー分以外）
カテゴリーⅢ	ゼロ カテゴリーⅡより低い金利	貸出支援基金・被災地オペ

⇒ 金融仲介機能への影響に配慮しつつ，より機動的に長短金利の引き下げが可能に

あわせて，政策金利残高の実際と完全裁定後の乖離縮小のための調整を行う．

（出典）日本銀行

(9) 金融政策運営の運用の一部見直し

令和３年に入って以降，世界各国で緩和的な金融環境が続く中で，コロナ禍からの経済再開が進んで需要が回復する一方，供給制約が生じたことで需給がタイト化し，物価が上昇し始めていたところ，令和４年２月のロシアによるウクライナ侵攻を受けて，各国の物価上昇は更に進行した．急速な物価上昇に対し，各国・地域の中央銀行が金融政策の引締めを通じてインフレ抑制に努めたが，令和４年の春以降，金融政策の先行きの不透明感から海外の金融資本市場のボラティリティは高まり，日本の債券市場もその影響を強く受けた．これに対し，日本銀行は連続指値オペ等を実施し，夏頃に債券市場は落ち着きを見せたものの，その後，市場機能の低下が大きくなってきたことから，日本銀行は，令和４年12月20日及び令和５年１月18日の金融政策決定会合において，市場

機能の改善のためにイールドカーブ・コントロールの運用の一部見直し等を決定した．

(イ) 長短金利変動幅の拡大

債券市場では，各年限間の金利の相対関係や現物と先物の裁定などの面で，市場機能が低下しており，こうした状態が続けば，企業の起債など金融環境に悪影響を及ぼすおそれがあるとして，日本銀行は，令和４年12月20日の金融政策決定会合において，イールドカーブ・コントロールについて，国債買入れ額を大幅に増額（月間7.3兆円→９兆円程度）しつつ，長期金利の変動幅を，従来の「±0.25％程度」から「±0.5％程度」に拡大することとした．日本銀行は，この措置により，イールドカーブ・コントロールを起点とする金融緩和の効果が，企業金融などを通じて，より円滑に波及していくと考え，金融緩和の持続性を高めることで,「物価安定の目標」の実現を目指していくとした．(図表Ⅱ.18.11)

(ロ) 共通担保資金供給オペの拡充

さらに，日本銀行は，令和５年１月18日の金融政策決定会合において，金融市場調節方針と整合的なイールドカーブの形成を促す手段として，より弾力的な資金供給を可能とするため．共通担保資金供給オペの拡充を決定した．具体的には，日本銀行が，必要に応じて，様々な年限や方式を有効に組み合わせながら共通担保資金供給オペを実施することで，金融機関がスワップ等の現物国債市場以外の市場も含めて様々な裁定行動を行うことを促し，現物国債の需給に直接的な影響を与えることなく，長めの金利の低下を促すことを狙いとした．

図表Ⅱ.18.11　イールドカーブ・コントロール（YCC）の運用の見直し

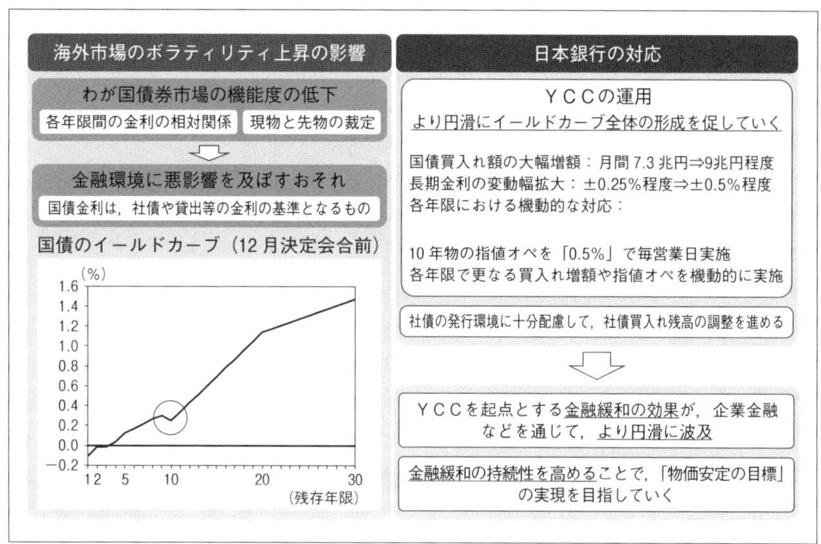

（出典）日本銀行

（参考）基金オペ（資産買入等の基金創設前の「固定金利オペ」）について

平成21年11月末に発生したドバイ・ショックを契機とした円高の進行，株価下落が，企業マインドの悪化を通じて実体経済活動に悪影響を及ぼすリスクへの対応として，日本銀行は，平成21年12月1日に臨時金融政策決定会合を開催し，新たな資金供給手段として固定金利方式の共通担保資金供給オペ（固定金利オペ）を導入した．具体的には，固定金利（年0.1%），期間3カ月，供給額10兆円程度の資金供給オペで，やや長めの金利のさらなる低下を促すことを通じ，金融緩和の一段の強化を図ることを目的とした．

さらに，日本銀行は，平成22年3月17日の金融政策決定会合において，4月以降，企業金融支援特別オペレーションの残高が漸次減少していくことを踏まえ，デフレ脱却に向けた追加緩和措置として，固定金利オペを大幅に増額（供給額：10兆円程度→20兆円程度）し，やや長めの金利の低下を促す措置を拡充することを決定した．その後，同年8月30日，アメリカ経済を中心に先行きをめぐる不確実性が高まり，為替相場や株価が不安定な動きを続けていたことから，日本銀行は，臨時金融政策決定会合を開催し，従来の固定金利オペを拡充し，追加的に期間６カ月，供給額10兆円程度の資金供給を開始した．

その後，平成22年10月の包括的な金融緩和政策による「資産買入等の基金」創設後は「基金オペ」と名称が変更されたが，「量的・質的金融緩和」の導入により，「基金」の廃止にともない従来の共通担保オペに名称が戻った．

（参考）東日本大震災（平成23年３月11日）後の日本銀行の対応

平成23年３月11日に発生した東日本大震災の影響により，民間企業設備の毀損，サプライチェーンの障害，電力供給の制約などの問題が生じ，我が国経済は弱い動きとなった．先行きについても，当面弱い動きが続くと見込まれ，また，地震の影響で発生した福島第１原子力発電所事故の影響などを背景としたマインドの悪化も含め，不確実性がきわめて高い状況にあった．

こうした状況に対し，日本銀行は，震災発生直後から，金融市場の安定確保や経済の下支え等の観点から，即日オペによる流動性供給，「資産買入等の基金」の増額及び「被災地金融機関を支援するための資金供給オペレーション」など，さまざまな措置を実施した．

（イ）即日オペによる流動性供給

日本銀行は，震災発生以降，先行きの不確実性が高い状況となり，金融機関の資金需要が高まっていたことを踏まえ，金融市場の安定を確保し，資金面に関する不安を解消させるため，平成23年３月14日以降，即日の資金供給を含め，連日大規模な資金供給を実施した．その結果，同年３月24日には日銀当座預金残高は42兆円に達し，過去最高の水準となった．

（ロ）「被災地金融機関を支援するための資金供給オペレーション」等の実施

平成23年４月28日の金融政策決定会合において，「被災地金融機関を支援するための資金供給オペレーション」について，貸付受付期限を平成23年10月末までとする時限措置として，被災地に貸出業務を行う営業所等を有する金融機関などを対象に，期間１年の資金を金利0.1％で総額１兆円の規模で供給することとし，適格担保要件の緩和措置について，適用期間を平成24年10月末までとする時限措置として，被災地の企業や地方公共団体の債務に関する適格要件の緩和を実施することが決定された．

その後，金融政策決定会合において，順次期限の延長が決定され，資金供給オペレーションの貸付受付期限は平成31年4月末，適格担保要件の緩和措置の適用期限は令和2年4月末まで延長することが決定された．また，平成28年1月29日の決定会合において「マイナス金利付き量的・質的金融緩和」の導入が決定されたことにともない，これまで年0.1%であった金利は，ゼロ金利で実施されることとなった．

（参考）熊本地震（平成28年4月14日）後の日本銀行の対応

平成28年4月28日の金融政策決定会合において，被災地の金融機関を対象に，復旧・復興に向けた資金需要への対応を支援するため，被災地金融機関支援オペ（貸付総額3,000億円，無利息で実施，残高の2倍の金額をゼロ%の金利を適用する「マクロ加算残高」に加算）などの措置を導入することが決定された．

（参考）欧州債務問題を受けた日本銀行の対応（米ドル資金供給オペの再開等）

平成22年以降，ギリシャをはじめとする欧州一部国の財政問題に端を発した国際金融市場の不安定さの高まりを背景に，欧州の米ドル短期金融市場における緊張が再び高まったため，平成22年5月10日，日本銀行は，臨時金融政策決定会合を開催し，各国中央銀行（カナダ銀行，イングランド銀行，日本銀行，欧州中央銀行，米国連邦準備制度及びスイス国民銀行）と協調して，平成23年1月31日を実施期限として，米ドル資金供給オペレーションの再開を決定した．その後も国際金融資本市場の状況，円市場の流動性に及ぼし得る影響にかんがみ，米ドル資金供給オペの期限を順次延長し，平成25年10月31日には，中央銀行間スワップ取極の常設化にともない，米ドル資金供給オペは，当分の間，これを行い得るものとした．

なお，平成26年1月24日，米ドル資金調達環境が安定していることなどにかんがみ，5月以降の米ドル資金供給オペのオファーを段階的に取り止める予定である旨公表した．

（参考）新型コロナウイルス感染症の拡大を受けた日本銀行の対応

コロナウイルス感染症は，令和元年12月に中国において確認されて以降，感染が世界全体に広がりを見せており，わが国にも大きな影響を与えている．ここでは，新型コロナウイルス感染症の拡大を受けた日本銀行の対応について，概観する．

まず，新型コロナウイルス感染症の欧米諸国の拡大により，内外金融資本市場で不安定な動きが続くもとで，令和2年3月2日には，潤沢な資金供給と金融市場の安定確保に努めていく方針を総裁談話により発表した．次に，同月13日には，年度末に向けた金融市場調節面での対応として，ターム物資金の積極的な供給や追加的な国債買入れの実施とレポ市場の安定を確保するための措置の実施を，同月15日・20日には，グローバルな米ドル流動性供給を拡充するための中央銀行の協調行動を公表した．また，同月16日の金融政策決定会合では，国債買入れ等による一層潤沢な資金供給の実施，新たなオペレーションの導入を含めた企業金融支援のための措置，ETF・J-REITの積極的な買入れにより，金融緩和を強化することを決定した．更に，同年4月27日の金融政策決定会合では，CP・社債等買入れの増額，新型コロナウイルス感染症対応金融支援特別オペの拡充，国債のさらなる積極的な買入れにより，金融緩和を一段と強化することを決定した．加えて，同年5月22日の臨時の金融政策決定会合では，中小企業の資金繰り支援のための「新たな資金供給手段」の導入を決定し，既存の措置と合わせて「新型コロナ対応資金繰り支援特別プログラム（総枠約75兆円）」とし，期限を半年間延長して，令和3年3月末まで実施することを決定した．

同年12月18日の金融政策決定会合では，「新型コロナ対応資金繰り支援特別プログラム」について，その期限を半年間延長して，令和3年9月末まで実施することを決定するとともに，CP・社債における追加買入れ枠の合算や新型コロナ感染症対応金融支援特別オペの対象となる融資のうち，プロパー融資について，一金融機関当たりの上限1,000億円の撤廃を行うなどの運用面の見直しを決定するとともに，経済を支え，2％の「物価安定の目標」を実現する観点から，より効果的で持続的な金融緩和を実施していくための点検を行うことを決定した．令和3年3月19日の金融政策決定会合では，上記の点検を行うとともに，その結果を踏まえ，新型コロナ対応特別オペのうち，プロパー融資分への＋0.2％の付利を行うこととした，「貸出促進付利制度」の創設などを決定した．その後，令和3年6月18日の金融政策決定会合では「新型コロナ対応資金繰り支援特別プログラム」について，その期限を半年間延長して，令和4年3月末まで実施することを決定した．

そして，令和3年12月17日の金融政策決定会合では，金融環境が全体的に改善してきているが，中小企業の一部には，なお厳しさが残っているとして，新型コロナ対応資金繰り支援特別プログラムのうち，中小企業等向けの資金繰り支援に相当する部分を令和4年9月まで延長し，大企業向け等については，期限どおり令和4年3月末までで終了することを決定するとともに，CP・社債等の買入れ増額措置についても，令和4年3月末までで終了することが決定された．

その後，大企業向け資金繰り支援及びCP・社債等の買入増額措置は予定通り終了し，令和4年9月22日の金融政策決定会合では，新型コロナウイルス感染症の影響は，中小企業等の一部になお残存しているものの，これらの中小企業等の資金繰りも改善方向にあるとして，コロナ対応金融支援特別オペを段階的に終了しつつ，幅広い資金繰りニーズに応える資金供給による対応に移行していくことを決定し，中小企業等向けの資金繰り支援のうち，プロパー融資分については，令和5年3月末に終了するとともに，制度融資分については，令和4年12月末に終了することとした．また，これらの期限到来後も中小企業等の資金繰りを支えるとともに，より幅広い資金繰りニーズに応える観点から，「共通担保資金供給オペ」について，金額に上限を設けずに実施することとした．

そして，中小企業等向けの資金繰り支援はプロパー融資分・制度融資分ともに予定通り終了し，日本銀行の新型コロナ対応は終了した．

（参考）気候変動対応を支援するための資金供給オペレーションの導入

気候変動問題は，中長期的に経済・物価・金融情勢にきわめて大きな影響を及ぼしうるもので，日本銀行が中央銀行の立場から民間における気候変動への対応を支援していくことは，長い目でみたマクロ経済の安定に資するものと考えたことから，令和3年6月18日の金融政策決定会合において，新たな資金供給の仕組みを導入することを決定した．対応に当たっては，市場中立性に配慮するため，金融機関が自らの判断に基づき取り組む気候変動対応投融資をバックファイナンスする仕組みとした．同年7月には骨子素案を公表し，同年9月に詳細を決定した上で，同年12月には初めての資金供給を実施した．また，貸付期間を原則1年とする一方で，回数に制限を設けず，借り換えを可能とすることで，実質的に長期に亘るバックファイナンスを可能とし，金融機関による中長期の取り組みを支援することとしている．

新型コロナウイルス感染症への日本銀行の主な対応

令和2年 3月2日（月）	•総裁談話 —潤沢な資金供給と，金融市場の安定確保に努めていく方針を発表
3月13日（金）	•「年度末に向けて金融市場調節面の対応について」 —潤沢な資金供給の実施（ターム物資金の積極的な供給，追加的な国債買入れの実施）およびレポ市場の安定を確保するための措置を講じることを発表
3月15日（日）	•「グローバルな米ドル流動性供給を拡充するための中央銀行の協調行動」を発表
3月16日（月）	•「新型感染症拡大の影響を踏まえた金融緩和の強化」 —金融政策決定会合において，国債買入れやドルオペを含む一層潤沢な資金供給の実施，企業金融支援のための新たなオペレーションの導入やCP・社債等買入れの増額，ETF・J-REITの積極的な買入れを決定
3月20日（金）	•「米ドル流動性供給を一層拡充するための中央銀行の協調行動」を公表
3月30日（月）	•「新型コロナウイルス感染症の影響拡大を踏まえた当座預金取引における選定基準等の要件にかかる確認について」を公表
4月16日（木）	•「新型コロナウイルス感染症の影響を踏まえた手形・小切手等の取扱いについて」を公表
4月27日（月）	•「金融緩和の強化」 —金融政策決定会合において，CP・社債等買入れの増額等，新型コロナ対応金融支援特別オペの拡充，国債のさらなる積極的な買入れを決定
5月22日（金）	•「中小企業等の資金繰り支援のための『新たな資金供給手段』の導入」を発表 •「新型コロナ対応金融支援特別プログラム」の半年間（令和3年3月末まで）の延長を決定
12月18日（金）	•より効果的で持続的な金融緩和を実施していくための点検を行うことを公表 •「新型コロナ対応金融支援特別プログラム」の半年間（令和3年9月末まで）の延長等を決定
令和3年 3月19日（金）	•「より効果的で持続的な金融緩和」 —金融政策決定会合において，「貸出促進付利制度」の創設等を決定
6月18日（金）	•「新型コロナ対応金融支援特別プログラム」の半年間（令和4年3月末まで）の延長等を決定
12月17日（金）	•新型コロナ対応金融支援特別オペの一部延長を決定 •CP・社債等の買入れ増額措置の期限どおり（令和4年3月末）の終了を決定
令和4年 9月22日（金）	•中小企業等向けのプロパー融資分については，半年間（2023年3月）末延長し，中小企業等向けの制度融資分は，期限を3か月間（2022年12月末に）延長を決定. •期限到来後も中小企業等の資金繰りを支えるとともに，より幅広い資金繰りニーズに応える観点から，「共通担保資金供給オペ」について，金額に上限を設けずに実施することを決定.

（出典）日本銀行

コラム　諸外国の金融政策

諸外国（アメリカ，ユーロ圏及びイギリス）では，新型コロナウイルス感染症（COVID-19）の感染拡大の影響を考慮した金融政策の緩和姿勢の後，需要の急拡大，供給制約，2022年2月以降のウクライナ情勢に起因するエネルギー価格の上昇などを背景とした物価の上昇を受け，金融政策は引締め姿勢に転換された．本コラムでは，金融危機以降の諸外国の金融政策について概観する．

(1) アメリカ

（イ）金融危機を受けた金融緩和政策の拡大

アメリカの連邦準備制度理事会（FRB）は，物価の安定と雇用の最大化という2つの責務を負って金融政策を決定している．アメリカの物価安定の基準は，インフレ率（PCEデフレーターの前年（同月）比）のプラス2%である．

2006年6月以降，FRBはインフレを警戒して政策金利[1]の据え置きを続けていたが，2007年夏からのサブプライムローン問題に端を発した金融市場の混乱を受けて，2007年9月，政策金利を5.25%から4.75%に引き下げた．その後，金融市場の混乱は深刻化し，リーマン・ブラザーズの破綻等をきっかけに世界的な金融危機へと発展していくなかで，FRBは利下げを繰り返し，2008年12月，政策金利を事実上の下限である0.00%～0.25%へ引き下げた．さらに，2008年12月以降，さらなる金融緩和を図るべく，量的緩和政策（いわゆる「QE：Quantitative Easing」）を3回にわたり実施してきた（表1）．

まず，2008年12月から2010年3月にかけて，アメリカ経済の大幅な落ち込みや，緊迫化する金融市場への対応策として，FRBはエージェンシー債[注1]，エージェンシーMBS[注2]及び長期国債の買入れを実施した（いわゆる「QE1」）．2008年12月時点での買入れ対象は，エージェンシー債及びエージェンシーMBS（合計総額6,000億米ドル）のみであったが，2009年3月には，エージェンシー債及びエージェンシーMBSの買入れ総額を増額するとともに

1　FRBの政策金利（Federal Fund Rate：フェデラル・ファンド・レート）は，翌日物・無担保の銀行間取引金利．

表１　FRB による量的緩和政策の概要

	QE1		QE2	QE3	
買入れ資産	エージェンシー債，エージェンシーMBS	国債	国債	エージェンシーMBS	国債
発表日	2008年11月	2009年３月	2010年11月	2012年９月	2012年12月
期間	2008年12月～2010年３月	2009年３月～10月	2010年11月～2011年６月	2012年９月～2014年10月	2013年１月～2014年10月
買入れ額	(買入れ総額)１兆4250億米ドル	(買入れ総額)3000億米ドル	(買入れ総額)6000億米ドル	(毎月の買入れ額)当初:400億米ドル 2014年１月～10月にかけて，各FOMCにて50億米ドルずつ縮小	(毎月の買入れ額)当初:450億米ドル 2014年１月～10月にかけて，各FOMCにて50億米ドルずつ縮小

(注) COVID-19対応としての債券購入は，上記の量的緩和政策と異なり，目的が債券市場の円滑な機能回復等と考えられるため表には記載しない

(合計総額１兆4,250億米ドル)，買入れ対象として新たに長期国債を加えた(総額3,000億米ドル).

(注１) フレディマックやファニーメイなど，住宅関連の政府機関（エージェンシー）が発行する債券.

(注２) エージェンシーなどが保証する住宅ローン担保証券.

QE1が実施されるなかで，家計及び企業を取り巻く金融環境は改善し，アメリカ経済は最悪期を脱した．しかしながら，経済の回復ペースはきわめて緩慢なものにとどまり，2010年半ばにはインフレ率が低下し，デフレリスクも懸念されるようになった．こうした事態に対処すべく，FRB は，2010年11月から2011年６月にかけて，総額6,000億米ドルに及ぶ長期国債の買入れを実施した(いわゆる「QE2」).

2012年に入ると，住宅価格の上昇や個人消費の堅調な拡大を背景に，アメリカ経済は緩やかな回復が続いたが，同年夏以降，労働市場の回復が鈍化し始めた．そのため FRB は，2012年９月にエージェンシーMBS を毎月400億米ドルのペースで，また，同年12月には長期国債を毎月450億米ドルのペースで，ともに「労働市場の見通しが著しく改善するまで」買い入れる措置を決定した(いわゆる「QE3」)．こうして，2013年１月からは，毎月合計850億米ドルの資産買入れが行われることとなった.

(ロ) その後の出口戦略

2011年6月，FRBはQE2終了直前の連邦公開市場委員会（FOMC）において，「出口戦略の原則」に合意した．出口戦略，すなわち「金融政策の正常化」とは，政策金利の水準とFRBの保有証券（いわゆる「バランスシート」）を，通常の水準に回帰させる計画のことを指す．この原則において，保有証券の再投資の停止・減少（バランスシート縮小）を開始した後に，政策金利の引上げを行うとして，出口戦略の手段と順序を明確にした．また，利上げ実施後，しばらく経過した後に，エージェンシーMBS等の売却も行うと言及した．

QE3の開始以降，アメリカ経済は再び緩やかな回復基調をたどり，失業率も低下するなど労働市場にも改善が見られた．こうした動きなども踏まえ，FRBは，2013年12月のFOMCにおいて，資産買入れ額の段階的な縮小（いわゆる「テーパリング」）を2014年1月から実施することを決定し，毎月の資産買入れ額を合計100億米ドル減額した．資産買入れ額は，その後のFOMCにおいても毎回100億米ドルずつ減額され，QE3に基づく資産買入れは2014年10月末をもって終了した．

また，2014年春以降，FRBは出口戦略の見直しに向けた議論を活発化させ，2014年9月に，出口戦略に関する指針をまとめた「政策正常化の原則と計画」を公表した．この新たな出口戦略では，まず政策金利の引上げを開始した後に，バランスシート縮小を開始するとして，従来，最初にバランスシートの縮小を行うとしていた出口戦略の順序を入れ替えた．また，正常化の過程において，従来はエージェンシーMBS等の売却の可能性を示唆していたが，売却は原則として行わないことも確認された．

その後，アメリカ経済の回復が継続するなかで，2015年に入ると，金融市場ではいよいよ利上げ開始への期待が高まってきた．そして，2015年12月，9年半ぶりに政策金利の引上げを決定し，その後も2016年に1回（12月），2017年に3回（3月，6月，12月），2018年に4回（3月，6月，9月，12月）と段階的に利上げを進めた結果，2018年12月末時点の政策金利は2.25%～2.50%となった．

バランスシートの縮小については，利上げが軌道に乗るまでは保有証券の再投資を継続（QE3終了時点のバランスシート規模を維持）する方針を示していたが，2017年になると，FRBのなかでは再投資政策に関する議論も活発になってきた．そして，2017年6月，FRBは「政策正常化の原則と計画の追記」にて，満期の到来した債券の再投資を減少させる形でバランスシートを段階的に縮小させる方針を公表．この方法により，2017年10月からバランスシートの縮小が開始された．

（ハ）出口戦略の見直し

2018年12月以降，株式市場を中心にみられたマーケットの変調などを受け，景気減速懸念や不確実性が増大したこと等から，2019年1月のFOMC後，FRBは，通常のFOMC声明文とは別の文書において「経済活動や市場動向に応じて，バランスシートの正常化の詳細を修正する用意がある」旨を表明した．

続く2019年3月のFOMCにおいては，2019年5月より保有国債の毎月の縮小ペースを鈍化させること，2019年9月末でバランスシート縮小を終了することを表明し，2017年から続けてきたバランスシートの縮小の終了が決定された．更に2019年7月のFOMCでは，2008年12月以来約10年半ぶりの利下げを決定すると同時に，バランスシートの縮小を更に2カ月前倒して8月から終了することを決定した．続く9月，10月にも米中貿易戦争などにより企業心理が弱含んだことから保険としての利下げを行い，2019年は計3回の利下げを実施することになり，大きく方針転換をすることとなった．翌年，2020年1月のFOMCでは，「現在の金融政策スタンスは，経済活動の持続的な拡大，力強い労働市場の状況，FOMCの目標とする（対称的な）2%のインフレ率への回帰（returning），をサポートするのに適切である」とし，金融政策を当面維持することを示唆した．

（ニ）新型コロナウイルス（COVID-19）拡大を受けた金融緩和政策

中国の武漢市で最初に感染が確認された新型コロナウイルス（COVID-19）の感染が全世界に拡大するなか，ロックダウンなどの封じ込め策により経済・金融市場への影響が深刻になり，FRBは矢継ぎ早に金融緩和策や流動性支援策を打ち出した．

2020年3月3日，緊急で開催されたFOMCにおいて，政策金利の誘導レンジを0.50%引き下げて1.00%～1.25%としたが，金融市場の混乱が収まらないことから，更に3月17～18日に開催予定であった定例会合を前倒して開催した3月15日のFOMCにおいて，政策金利のレンジを1.00％引下げ，0.00％～0.25％とすることを決定した．フォワードガイダンスとして「米国経済が（新型コロナウィルスの広がりという）最近のイベントを乗り切り，かつ，最大限の雇用と物価安定に向けた経路に戻るとの自信が得られるまで」ゼロ金利政策を継続する方針も示した．また，今後数カ月にわたって米国債を最低5,000億ドル，エージェンシーMBSを最低2,000米億ドル購入することを決定し，保有債券の償還分を全額再投資することも決定した．7,000億米ドルに上る債券購入は事実上のQE4とも考えられるが，その目的は金融緩和ではなく，債券市場の円滑な機能を支援し，家計や企業への円滑な資金供給を促進することにあった．更に3月23日には，FOMCは，総額7,000億米ドルとしていた購入額を撤廃し，「円滑な市場機能を支援し，金融政策の効果的波及に必要なだけ」購入すると発表した．加えて，新型コロナウイルス対応として，特別目的会社（SPV）を介した流動性供給策として，Primary Dealer Credit Facility（PDCF）をはじめとした複数のファシリティを設立した（なおこれらのファシリティは，2020年12月31日から徐々に終了し，2021年7月30日に全て終了）．

その後，2020年6月のFOMCにおいて，債券購入額について，「円滑な市場機能を維持するため，今後数カ月は少なくとも現状のペースで，国債及びエージェンシーMBSの保有額を増加させる」と発表した（米国債を月約800億米ドル，エージェンシーMBSを月約400億米ドル）．また，2020年9月のFOMCにおいて，フォワードガイダンスを変更し，「労働市場の情勢がFOMCの雇用最大化の判断と一致する水準に達し，インフレが2％に上昇し，しばらくの間2％をやや上回る軌道にのるまで」ゼロ金利政策を維持する方針も示した．2020年12月のFOMCでは，債券購入のペースこそ変更しなかったが，「最大雇用及び物価安定の目標に向けて著しい進展がみられるまでは，米国債の保有を少なくとも月額800億米ドル，エージェンシーMBSの保有を少なくとも月額400億米ドル増やし続ける」と表明し，円滑な市場機能と緩和的な金融環境を促進し，家計や企業への信用の流れを支える強い姿勢を示した．

（ホ）新型コロナウイルス拡大後の金融緩和から金融引締めへの移行

FRBは，新型コロナウイルスの拡大を受け緩和的な金融政策を導入した一方で，アメリカ経済においては，新型コロナウイルスを背景とした景気後退からの需要の急回復，及びサプライチェーンの混乱といった供給制約などを背景に，インフレ率が急上昇した．また，失業率の低下に見られるように，労働市場の状況は改善し，むしろタイトな労働市場を一因とする賃金上昇が，インフレ率のさらなる上昇圧力に繋がることが懸念される状況となった．こうした状況を背景として，下で述べるように，FRBの金融政策は，金融緩和からの金融引締めに移行していった．

FRBは，新型コロナウイルスの拡大を受けた対応として，米国債の保有額を少なくとも月額800億米ドル，エージェンシーMBSの保有額を少なくとも月額400億米ドル増やしていたが，2021年11月のFOMCにおいて，資産買入額の段階的な縮小（テーパリング）の実施を決定した．これにより資産買入額は，米国債については毎月100億米ドル，エージェンシーMBSについては毎月50億米ドル，縮小することとなった．2021年12月のFOMCにおいては，テーパリングのペースを倍にすることが決定され，資産買入額は，米国債については毎月200億米ドル，エージェンシーMBSについては毎月100億米ドル，縮小することとなった．そしてテーパリングは，2022年1月のFOMCでの決定に基づき，2022年3月初旬に終了され，FRBの債券保有額（バランスシート）の規模拡大は終了した．

2022年1月のFOMCにおいては「バランスシートの規模縮小に関する原則」も公表され，政策金利の引き上げプロセスの開始後にバランスシート縮小を行うこと，主に再投資の量を調整することによってバランスシート縮小を行うこと，長期的には主に（エージェンシーMBSではなくて）米国債を保有するつもりであること，といった原則が示された．2022年3月のFOMCにおいては，「米国債，エージェンシー債，エージェンシーMBSの保有を，今後の会合で減らし始めると予想する」とのフォワードガイダンスが導入された．そして2022年5月のFOMCにおいて，同年6月よりバランスシートの規模縮小を開始することが決定された．バランスシート縮小は，保有債券を売却する形ではなく，償還期限到来時の再投資の量を調整することにより行われることとされ，また毎月の削減額には上限が設けられた．具体的には，2022年6月から2022年8月までは月475億米ドル（うち米国債が300億米ドル，エージェンシーMBSが175億米ドル），2022年9月からは月950億米ドル（うち米国債が

600億米ドル，エージェンシーMBSが350億米ドル）を上限に，バランスシートの縮小が行われており，本稿執筆時点においても継続されている．

政策金利に関しては，新型コロナウイルスの拡大を受けた対応として，2020年３月に0.00％～0.25％に引き下げられていたが，2022年１月のFOMCにおいて，「2%を大きく上回るインフレ率と力強い労働市場を踏まえ，政策金利の目標レンジを引き上げることがもうすぐ適切となるであろうと予想」とのフォワードガイダンスを導入した．そして2022年３月のFOMCにおいて，2018年12月以来の利上げを決定し，政策金利の目標レンジは0.25％～0.50％とされた．また同FOMCにおいては，政策金利の「目標レンジの継続的な引上げが適切であろうと見込む」とのフォワードガイダンスが導入された．その後もインフレ率が高位で推移する中で，政策金利は通常の0.25％の利上げ幅よりも大幅に引き上げられ，2022年５月に0.50％，2022年６月・７月・９月・11月に0.75％の利上げが実施された．利上げ局面における政策金利の到達点（ターミナルレート）に注目が集まる中，2022年11月のFOMCにおいては，「目標レンジの継続的な引上げが適切であろうと見込む」とのフォワードガイダンスは維持されたが，新たに「将来の目標レンジの引き上げのペースを決定する際に，金融政策の累積的な引締め度合い，金融政策が経済活動とインフレ率に影響する時間的ラグ，経済と金融の動向を考慮に入れるであろう」との記載が声明文に追加され，今後の利上げペースの減速が示唆された．そして2022年12月に0.50％，2023年２月・３月に0.25％の利上げが行われ，政策金利の目標レンジは4.75％～5.00％となった．このように2022年３月以降，約１年の間に4.75％の利上げが行われた．

2023年３月のFOMCでは，急速な利上げ局面で維持されてきた「目標レンジの継続的な引上げが適切であろうと見込む」とのフォワードガイダンスが変更され，新たに「ある程度のさらなる金融引締めは（中略）適切かもしれないと見込む」とされ，利上げ局面の終了が以前より近づいてきたことが示唆された．なお2023年３月に示されたFOMC参加者の見通しの中央値によると，2023年末の政策金利は本稿執筆時点の政策金利（4.75％～5.00％）対比で0.25％高い水準が示されている．

なお2023年３月のFOMCに先立ち，シリコンバレー銀行の経営破綻等を受けて金融市場でリスク回避的な動きが見られた．パウエルFRB議長は同FOMC後の記者会見において，銀行システムについて「厚い資本と流動性を有しており，健全で回復力がある」と発言しつつも，「家計や企業の信用状況の引き締めに繋がり，次第に経済活動へ影響を与えるであろう」「影響の程度を判断するには時期尚早であり，よって，どのように金融政策で対応するか言及することも時期尚早」と発言した．

(2) ユーロ圏

欧州中央銀行（ECB）は物価の安定を目的に金融政策を決定している．ECBが物価安定とする目標は，ユーロ圏の物価上昇率（消費者物価指数（HICP）の総合指数の前年（同月）比）の「中期的にプラス2%で上下対称」である．

ECBは2011年に物価上昇率が目標を上回って推移したため二度の政策金利の引上げを行ったが，欧州債務危機[2]の深刻化により11月には引下げに転じ，その後も，ユーロ圏の景気回復が緩慢なものにとどまったことを背景に物価上昇率は2013年秋以降，1%未満という目標を下回る状態が続いた．ECBは複数回にわたり政策金利の引下げを行い，2014年6月には，超過準備預金に適用する中央銀行預金金利をマイナスの水準とするいわゆるマイナス金利を導入した．2014年9月にはマイナス金利の一段の引下げを行ったが，物価上昇率はゼロ%前後で推移し，ECBは物価上昇の低水準の長期化に対応するため，2015年1月，国債などの資産を月600億ユーロのペースで買い入れるプログラム（APP）を量的緩和政策として導入した．また2015年12月，2016年3月と，マイナス金利の一層の引下げも決めた．3月には資産についても量的緩和を行うとして買入額の月800億ユーロへの増額と，買入対象に社債を加える拡充も行った．さらに12月，量的緩和を2017年12月まで続けるとする一方，デフレーションのリスクがおおむね解消されたとして買入額を月600億ユーロに減

2　2009年10月，ギリシャの政権交代を機に，2002年に通貨ユーロを導入済みの同国が，導入条件である財政赤字対GDP比3%を上回っていたことが明らかとなり，信用不安がイタリアやアイルランドといった比較的信用の低位の国に波及した．国債の信用が低下し，保有金融機関の破綻が発生．ユーロ圏安定のためドイツ，フランスが支援したことによりこれらの国の経済不安も懸念され，信用不安が欧州各国に及んだ．

額した.

2017年に入りユーロ圏は景気回復がみられ，ECBは10月，量的緩和を2018年9月まで続ける一方，2018年1月以降の資産買入額を月300億ユーロに減額することを決めた．2018年6月には量的緩和を12月で中止するとし，10月以降は買入額を月150億ユーロに減額するとした．政策金利の先行きについても，「少なくとも2019年夏まで現水準に維持する」とした．2018年12月，量的緩和が中止された．一方，ユーロ圏の景気に一部で弱い動きがみられることや物価上昇率の低迷を背景に，ECBは2019年3月，6月と政策金利を「少なくとも2020年上半期まで現水準に維持する」として水準を明示する期間を延長し，7月には「少なくとも2020年上半期まで現水準又はより低水準に維持する」とした．これに対し市場の一部からは，政策金利の引下げの可能性を含むと受け止められた．9月にECBは，政策金利[3]を引き下げ（中央銀行預金金利をマイナス0.40%からマイナス0.50%に引下げ），また，APPでの月200億ユーロの資産買入れを2019年11月から再開することを決定した.

2020年に入ると新型コロナウイルス感染症の感染が拡大し，行動制限措置が執られたことの影響を背景にECBは金融緩和，流動性支援策を打ち出した．3月12日には2020年末までAPPでの上限1,200億ユーロの資産買入れを行うこととし，加えて条件付長期資金供給オペ（TLTRO Ⅲ）の条件緩和や長期資金供給オペ（LTRO）の適用金利を引き下げて，金融機関経由での家計，企業の資金調達を支える施策を発表した．3月18日には緊急会合を開き，APPとは別に2020年末までに上限7,500億ユーロの買入れを行うパンデミック緊急買入プログラム（PEPP）の新設を発表した．4月にも，資金供給の追加措置としてパンデミック緊急長期資金供給オペレーション（PELTROs）を導入するとともに，TLTRO Ⅲの適用金利を引き下げて拡充した．APPについても，買入れは政策金利を引き上げる前まで続けることを示した．PEPPについては，

3　ECBの政策金利（ECBが金融政策を決定する会合で決定し公表する金利）は3つ．①中央銀行預金金利（金融機関が市場で適当な運用先（貸出先）がない場合の余剰資金などを翌日まで中央銀行に預ける際に付される金利）の外，②中央銀行が行う金融機関に対する資金供給のうち一週間物の供給に適用する金利（メイン・リファイナンス・オペレーション金利），③市場での資金調達が困難などの金融機関に対して中央銀行が資金を翌日まで貸し出す際の中央銀行貸出金利.

6月には2021年6月末までに上限1兆3,500億ユーロ，12月には2022年3月末までに上限1兆8,500億ユーロと，買入期間の延長，上限の増額を決めた．12月にはさらにTLTRO Ⅲの追加実施，貸出限度額の引上げといった条件の緩和に加え，PELTROsの追加実施を決めた．ラガルドECB総裁は，良好な資金調達環境を維持することが重要であると繰り返し表明した．

2021年も新型コロナウイルス感染症の感染が続き需要の弱さがみられるなかでECBは金融緩和政策を続けた．政策金利の先行きについては，物価上昇率が①ECBが予測する期間（二年間）の最後よりも十分前で2%に達し，②残りの予測期間も2%に維持されると見通すことができ，③基調インフレも中期的に2%で進む，と判断されるまで現水準又はより低水準に維持するとした．APP，PEPPについても継続した．

しかしながら，新型コロナウイルス感染症の感染拡大防止のための行動制限解除後の需要の急拡大，行動制限にともなう工場稼働，物流の停止に起因する原材料の供給不足，産油国による増産の見送りなどを背景に物価はエネルギー価格を中心に上昇基調を示し，6月の物価上昇率は1.9%と2%近傍にまで上昇した．ECBは7月8日，物価安定の目標の水準を，それまでの「中期的にプラス2%未満かつその近辺」から「中期的にプラス2%で上下対称」に改定し，対象とする指標についても消費者物価指数（HICP）に持ち家関連費用を含めるとした（ただし，含める作業には数年を要するとしている.）．さらに7月22日には，PEPPについて年初の買入ペースを上回るペースで買い入れるとしたものの，物価上昇率の加速は続いて7月に2.2%と2%を超え，8月に3.0%に達した．域内総生産（実質GDP）については，ECBは9月，第4四半期は製造部門，サービス部門の再開により新型コロナウイルス感染症の感染拡大前の水準に回復するとして10月～12月のPEPPでの買入れを前の2四半期よりも緩やかに低いペースで行うこととした．12月には，堅調な内需により景気回復が続くとして2022年1月～3月のPEPPでの買入れを前の四半期よりも低いペースで行うとし，買入れを2022年3月末で中止することとした．一方，償還分の再投資については，それまで少なくとも2023年末まで行うこととしていたところ，少なくとも2024年末まで行うことに延長した．PEPPでの買入れを中止する4月以降は，買入急減を緩和するためAPPでの買入れを4月から月

400億ユーロに増額し，7月からは月300億ユーロに増額幅を減じて10月以降は月200億ユーロに戻すとした．

2022年も物価の上昇は続き，2月以降はウクライナ情勢に起因するエネルギー供給懸念からエネルギー価格は顕著に上昇し，価格の上昇は他の品目にも波及した．こうした状況を受けECBは，金融政策を引締め方向に転換した．3月には，2月の物価上昇率が5.8％に達するなか，政策金利の調整をAPP終了の後に行うと表明し，市場ではいずれ政策金利の引上げが行われると受け止められた．また，APPでの買入額の増額幅を減じることを前倒しし，5月に月300億ユーロ，6月に月200億ユーロと元の買入水準に戻し，7月～9月はデータ次第であるとした．市場では，買入終了の余地を示したとも受け止められた．4月には，データは買入れが終了されるべきであるという期待を強めるものであるとし，6月には，6月末で買入れを終了することを決めた．政策金利についても，5月の物価上昇率が5.1％となるなか，7月の会合で0.25％の引上げを行うと明確に示した．7月には，6月の物価上昇率が8.6％となるなかECBは政策金利を0.50％引き上げた（中央銀行預金金利はマイナス0.50％から0.00％となった．）．政策金利の変更は2019年9月の引下げ以来となる．9月及び10月も0.75％ずつ引き上げ，12月も0.50％引き上げた．この間，物価上昇率は10月に10.6％のピークをつけ，その後原材料不足といった供給制約やエネルギー供給懸念が和らいだことを背景に減速したが，12月の物価上昇率は9.2％と依然高水準で推移した．

2023年も物価上昇率は高水準が続いたことからECBは金融引締めを継続した．2月に政策金利を0.50％引き上げ，先行きについては物価上昇圧力の基調を考慮し次回3月会合でも0.50％引き上げることを表明した．APPでの買入資産については，買入れは2022年6月末で終了していたところ，償還分について2月まで全額を再投資するが，3月～6月は月150億ユーロ，その後は随時決定するペースで残高を削減することを示した．3月にも政策金利を0.50％引き上げた．政策金利は2022年7月から2023年3月までで合計3.50％引き上げられたこととなり中央銀行預金金利は3.00％となった．2月の物価上昇率が8.5％となるなか，ECBは，物価上昇は非常に長期間，過度に高水準にとどまる見込みであるとの判断を示し，また，消費者物価指数の総合指数だけでなくエネルギーと食品を除く指数（コア指数）についても予想を上回る高水準が長引いていることを懸念しているとした．APPでの買入資産残高については，償還分の再投資において3月～6月に月150億ユーロ削減し，その後も随時決定するペースで削減することを改めて示した．

ECBの3月会合に先立ち，アメリカのシリコンバレー銀行の経営破綻等を受けて金融市場でリスク回避的な動きがみられた．これに対しECBのラガルド総裁は3月19日，ユーロ圏の銀行部門の資本ポジションと流動性ポジションは堅調であり，ECBはユーロ圏の金融システムに流動性を提供する旨の声明を発出した．また同日，カナダ銀行，英国イングランド銀行，日本銀行，米国連邦準備制度理事会，スイス国立銀行と協調して米ドルの流動性供給を強化する旨を発表した．3月20日にはECB銀行監督局が欧州単一破綻処理委員会，欧州銀行監督局との協調声明を発出し，破綻処理枠組みにおいて，破綻した銀行の株主と債権者が損失を負担すべき順序は定められていること，普通株式が初めに損失を吸収しこれが完全に使用された後にのみその他Tier1債券（AT1債）の評価減が求められること，AT1債は欧州の銀行の資本構成の重要な要素であることを改めて表明した．ECBはまた，3月会合においても，ECBはユーロ圏の物価の安定と金融の安定を維持するために対応する準備ができていること，ユーロ圏の銀行部門は資本ポジションと流動性ポジションは堅調であり，ECBはユーロ圏の金融システムに流動性を提供することを再び示した．

(3) イギリス

イギリスの中央銀行であるイングランド銀行（BOE）は物価の安定を目的に金融政策を決定している．イギリスが物価安定とする目標は，物価上昇率（消費者物価指数（CPI）の総合指数の前年（同月）比）のプラス2%である．

2007年12月，景気減速の兆候や資金調達環境の悪化からBOEは政策金利[4]の引下げを行った．2008年も段階的に引き下げ，政策金利は2009年3月には当時の史上最低水準の0.50%となった．BOEはまた，世界的な金融危機とそ

4 BOEの政策金利（「Bank Rate」）は，中央銀行と金融機関との間で行われる一週間物買い戻し条件付き売買取引（レポ取引）に適用される金利（2023年4月現在）．

れにともなうイギリス経済の落込みには政策金利の引下げという手段のみでは物価が目標を下回るリスクがあるとして，資産買入措置（APF）を通じて英国債や社債などの資産の買入れを行う，いわゆる量的緩和政策を決定した．買入額は当初，上限を750億ポンドとしたところ，欧州債務危機が深刻化するなかでこれを段階的に拡大し，2012年7月には上限3,750億ポンドとした．2014年にはイギリス経済は回復が進んでいると判断したが，2015年に入りエネルギー価格が下落し物価上昇率が低迷していることや新興国を中心に民間の債務懸念が拡大すると，BOEは政策金利の引上げを急がない旨の方針を示した．

2016年6月，国民投票の結果，イギリスは欧州連合（EU）から離脱すること[5]が選択されたところ，イギリス経済の先行きに対する不透明感が高まった．BOEは8月，政策金利を引き下げて0.25%とするとともに資産買入上限額を4,450億ポンドに拡大した．その後，アメリカでのシェール層石油，天然ガスの2013年の生産開始（いわゆるシェールガス革命）を背景とするエネルギー価格の下落を受けた石油輸出国機構（OPEC）及び他産油国の減産決定（2016年11月）にともない，エネルギー価格は2017年，上昇が顕著となった．イギリスの2017年の物価上昇率は2.7%と2016年の0.7%から加速して目標を超える水準となり，BOEでは政策金利の引上げを主張するメンバーが現れた．BOEは，2017年11月，2018年8月と政策金利を引き上げて0.75%とした．イギリスの物価上昇率は2018年には2.5%，2019年には1.8%となった．

2020年に入り，新型コロナウイルス感染症の感染拡大に対処するためBOEは，臨時会合を開催して3月11日には政策金利の引下げ（0.75%→0.25%）と中小企業資金調達追加支援（TFSME）の導入を決めた．さらに19日には政策金利を一層引き下げ（0.25%→0.10%），資産買入の上限6,450億ポンドへの拡大も決めた．同月にはさらに，短期社債を買い入れる新型コロナウイルス企業資金調達枠組み（CCFF），短期流動性供給条件付枠組み（CTRF）を導入した．資産買入上限額については6月，11月にも拡大して8,950億ポンドとした．物価上昇率は2020年年間では0.9%にまで減速したが，年央には，気候変動対応の拡充，新型コロナウイルス感染症の感染の落ち着きにともなう新興国を中

5　イギリスは2020年1月31日午後11時（日本時間同2月1日午前8時），47年間加盟していたEUを離脱した（加盟は1973年1月1日.）.

心とするエネルギー需要の増加を背景に原油価格が上昇基調となり，物価は広範囲に上昇基調となった．

2021年5月，物価上昇率は目標を超える2.1%となり，BOEは8月，第4四半期と2022年第1四半期には4%になると見通した．そこでBOEは，これまで買い入れてきた資産について，政策金利が0.5%となったときに英国債の償還分の再投資をやめ，1%となったときに売却の開始を検討するとした．政策金利の水準と資産残高を縮小する時期について関係を示したことに対して市場では，いずれ政策金利の引上げが行われると受け止められた．9月にはさらにBOEは，それまでの金融引締めを行わないとしていた方針はもはや有用でないとし，11月には数か月のうちに政策金利の引上げが必要であると表明した．11月の物価上昇率が5.1%に達するなか，BOEは12月，政策金利を引き上げ（0.10%→0.25%），資産の買入れについても12月で最後とすることを表明した．先行きについては，2021年第4四半期の国内総生産（実質GDP）を11月時点に見通した1%から0.6%に下方修正する一方，物価上昇率は明年4月に6%程度に達すると見通した．物価の一層の上昇は主に卸売ガス価格の進展にともない遅れて影響を受ける光熱費で説明されるとし，イギリス経済には物価上昇と新型コロナウイルス感染症の経済に対する影響という二つの方向のリスクがあるものの，物価目標の達成には引締めが必要であるとの判断を示した．また，EU離脱にともなうEU労働力のEUへの帰還もあって，労働に関するデータが政策金利の引上げの判断の基となったと述べた．

2022年2月にもBOEは政策金利を引き上げ（0.25%→0.50%），資産については政策金利が0.50%となったことから英国債の償還分の再投資を2月で終えて残高を削減し始めるとした．社債についても，償還分の再投資を終え，残高を2023年末ごろまでにすべて解消するとした．3月には，政策金利を引き上げ（0.50%→0.75%），物価は年後半に一層上昇するとの判断を示すとともにウクライナ情勢について，経済への影響を含む物価に対する影響をデータに照らして見直していくとした．BOEは5月にも政策金利を引き上げ（0.75%→1.00%），英国債については償還分を再投資せず残高削減を続け，政策金利が1%となったことから売却の開始を検討するとして9月に売却を始める計画があることを表明した．その後も6月（1.00%→1.25%），8月（1.25%

→1.75%）と政策金利を引き上げ，同月には売却開始を9月に予定していると表明した．9月，政策金利の引上げ（1.75%→2.25%）とともに英国債を9月の会合後に売却し始め，売却と償還とで残高を12か月で800億ポンド削減し，社債についても9月27日に売却を始めて，両者で8,570億ポンドの残高を12か月で7,580億ポンドにするとした．英国債の売却開始は10月3日とするとした．

ただ，トラス政権が9月23日に税率の引下げ等を含む家計，企業支援策を発表すると，財政悪化懸念を背景にイギリスの長期金利（英国国庫債券10年債の利回り）は急上昇しポンドは急落した．金融市場の急変動を受けBOEは9月28日，9月会合で示した年800億ポンドの残高削減に変更はないとしつつ，金融安定のために9月28日から10月14日まで長期（20年超）の英国債を一時買い入れることを発表し，10月10日には小売物価指数連動（3年～7年）の英国債の追加買入れを発表した．10月3日としていた売却開始については10月31日に延期し，10月18日にはさらに延期して11月1日に売却は開始された．

9月の物価上昇率が10.1%にまで達するなか，BOEは11月にも政策金利を引き上げた（2.25%→3.00%）．引上げについてBOEは，労働市場が逼迫し，コストと価格圧力が高まるなかで強い対応が正当化されたとし，先行きについても，物価上昇率が目標に戻るには一層の利上げが必要であるとした．10月の物価上昇率が11.1%から11月に10.7%に減速したものの，これは，政府による家計支援として電気代，ガス代等光熱費の年2,500ポンドの支払上限が2023年3月まで設定されたことが一因であると受け止められ，BOEは12月にも，物価上昇率は依然高水準であるとして政策金利を一層引き上げた（3.00%→3.50%）．物価の先行きについては，エネルギーと他の財の価格上昇の前年比での剥落にともない2023年第1四半期に徐々にではあるが減速するものの食品とサービスの価格の上昇は強まっているとした．

12月の物価上昇率が10.5%と燃料価格の下落により11月から小幅ながら減速したことを受け，BOEは2023年2月，物価上昇率はピークを迎えた可能性があるものの依然高水準であるとして政策金利をさらに引き上げた（3.50%→4.00%）．BOEはサービスの価格の上昇率と賃金の伸びが11月時点の予測に比べて高いとして，サービスの価格上昇は賃金の伸びが強い状態が長引くことを反映しており，2023年前半には歴史的な高水準で推移すると判断したことを明らかにした．3月もBOEは，労働市場の逼迫，賃金の伸びとサービス価格上昇を含む物価上昇圧力の兆候を監視するとして，賃金とサービス価格の上昇に注目して政策金利の引き上げを決定した（4.00%→4.25%）．物価上昇率は1月の10.1%から2月に10.4%と加速したことについては，価格変動が比較的大きな衣料品の上昇によるため加速が続く可能性は低いと判断した．資産については，3月22日の残高が8,260億ポンド程度にまで削減されたことを示した．これに先立つ1月，エネルギーを中心とする物価高対策として政府による企業向け支援が発表され，2023年4月から2024年3月までは，製造業といったエネルギー多消費業種はガス使用量の70%相当部分について1メガワット時当たり40ポンドを支払額の上限とする措置がとられた．家計に対しても，電気代，ガス代等光熱費の支払額上限設定が3月までとされていたところ6月まで延長されることが3月に発表された．一部ではこれらが4月以降の物価上昇率の押し下げに引き続き寄与する可能性があると受け止められたが，家計支援は7月以降，上限の設定は継続されるものの上限額については年3,000ポンドに引き上げられる．

BOEの3月会合に先立ち，アメリカのシリコンバレー銀行の経営破綻等を受けて金融市場でリスク回避的な動きがみられた．BOEは3月19日，欧州中央銀行，カナダ銀行，日本銀行，米国連邦準備制度理事会，スイス国立銀行と協調して米ドルの流動性供給を強化する旨を発表した．3月会合においても，金融市場におけるリスク回避的な動きについて，世界の金融市場は大きく変動しているところ，それは市場の懸念を反映しているものである，国債の利回りはほぼ横ばいであり，リスク資産の価格は2月の前回会合の時点に比べ若干低下はしているがイギリスの銀行システムは潤沢な資本と強固な流動性ポジションを維持しているとの判断を示した．

第Ⅲ部

我が国財政のあゆみ

我が国財政のあゆみ

1 近代国家創設期の財政（明治元～22年）

(1) 明治維新と財政（明治元～14年）

維新戦争にともなう多額の債務をかかえて出発した新政府は，財政支出の急激な増加に対応し，従来の封建貢租に替わる近代的で安定的な租税収入を確保するため，明治6年，新たに設定した地価に定率を賦課して金納租税とする「地租改正」の作業に着手した．

しかし，近代産業育成のための「殖産興業」政策や西南戦争，その他の多大な財政支出は租税収入だけではまかないきれず，多額の不換紙幣の発行や銀行借入れに頼らざるをえなかった．こうした不換紙幣の増大などが引き金となり，一挙にインフレが進み，我が国経済は重大な危機に直面した．

先進諸国の幣制にならって明治4年に導入された金本位制度は定着せず，金銀複本位制に後退するなかで大量の正貨（金貨など）の流出が続いた．他方，明治5年の「国立銀行条例」によって国立銀行が各地に設置され，やがて私立銀行や銀行類似会社も累増するところとなり，金融制度は整備されていった．

(2) 松方財政と近代国家の体制整備（明治14～22年）

明治14年に大蔵卿となった松方正義（後の初代大蔵大臣）は紙幣整理のため強力な緊縮財政政策を断行して税収の増加に努め，これと並んで正貨蓄積を図った．明治15年には中央銀行である日本銀行を設立し，紙幣整理を進めた．

同年に日本銀行は兌換銀行券（日本銀行券）を発行し，銀本位による貨幣制度が確立された．地租と酒税などに加え，明治20年には近代的な租税の代表としての所得税が創設された．この松方財政によるデフレ政策は景気の沈滞を招いたが，金利は低下して民間の起業意欲が高まり，近代的企業の創設を促した．

2 明治後半期の財政（明治23～大正3年）

(1) 日清戦争前後の財政（明治23～37年）

明治23年には帝国議会が設置された．議会において野党は行政費等の節減，地租軽減などのため歳出の大幅削減を迫り，軍備拡張，鉄道国有化など政府の構想は後退を余儀なくされ，また，議会の要請に応じて官吏の定員の削減も行われ，明治28年まで国の一般会計の歳出規模は8000万円内外にとどめられた．しかし，日清戦争が始まると，野党各派はそろって戦争協力を表明し，軍事予算案は貴族・衆議両院とも全会一致で可決され，2億5000万円の臨時軍事費特別会計予算が組まれた．これは明治27年度一般会計予算の約3倍にものぼり，その半分は公債により調達された．

日清戦争の結果，約3億円にのぼる巨額の賠償金を得たが，その収入は臨時軍事費の補塡のほか，軍備拡張や重要国策の財源とされた．同時に，それを正貨準備として明治30年に金本位制度が確立された．なお，政府は戦後拡大する財政支出の恒久財源とするため増税計画を立て，明治34年までの間に営業税，法人所得税などの新税を創設し，以後の日本の税制体系の原型が形づくられた．

(2) 日露戦争前後の財政（明治37～大正3年）

日露戦争では日清戦争以上に膨大な戦費を必要とし，戦費の大部分は公債（特に多額の外債）でまかなわれたが，そのほかにも非常特別税として各種税目の大増税が行われた．明治38年9月に日露講和条約によって戦争は終結したが，賠償金は皆無であったため戦時財政の債務はその後の財政に大きな負担を残した．戦前5億円であった政府債務は20億円を超えるまでに膨張し，政府はその債務整理の対策を新領土の開発と国内産業の発達による経済力の強化に求め，積極財政方針を打ち出した．この結果，日露戦争前に3億円に満たなかっ

図表Ⅲ.1　政府債務残高の推移（明治3年度〜昭和20年度）（各年度末）

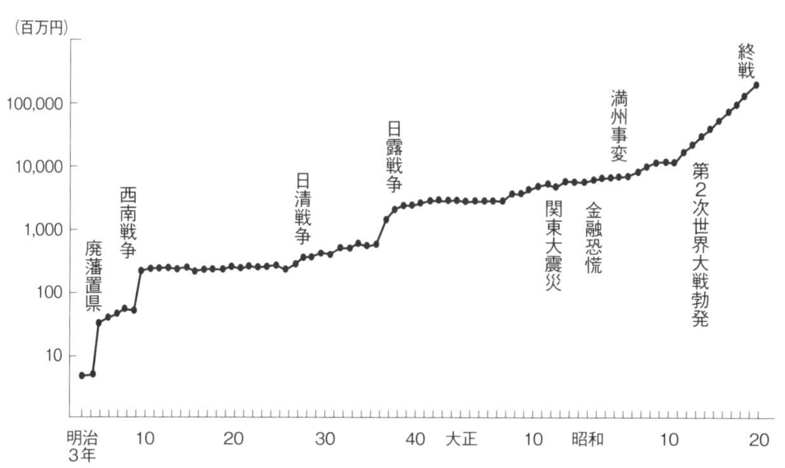

（出典）　大蔵省財政史室『大蔵省史』第2巻.

た一般会計予算は，明治40年にはその倍額を上回る規模にまで増大した．このような政府の積極政策のもとで，我が国経済は急速に発展した．

明治40年1月の反動恐慌により，我が国経済は深刻な状況を迎え，財政は緊縮整理方針に転換した．なかでも国債の整理は急務とされ，明治39年に設けられた国債整理基金によって公債整理を断行し，明治43年には公債低利借換えを実施し，あわせて国債引受シンジケート銀行団が結成された．

3　大正から昭和初期の財政（大正3〜昭和6年）

(1)　第1次世界大戦前後の財政（大正3〜昭和2年）

第1次世界大戦の輸出を中心とした需要は，我が国の経済活動に大幅な拡張をもたらした．この間，政府は積極的な財政政策をとり，好況下において重化学工業が著しい発展を見せた．

しかし，好況は大正9年の反動恐慌で終わり，それに対応して政府・日銀は大規模な救済融資を実施したが，この融資は大戦中膨張した企業と金融機関の根本的整理合理化を遅らせ，経済は不健全なまま推移した．正貨蓄積のため大

図表Ⅲ.2　国民経済の推移（明治15年度〜昭和30年度）

	(A) 国民所得	(B) 財政（一般会計歳出決算額）	(B)/(A)	日銀券発行高（年末）	卸売物価指数（年平均：昭和9〜11年＝1）
	百万円	百万円	%	百万円	
明15年度	713	73	10.2	—	—
20	661	79	12.0	53	—
25	901	77	8.5	125	—
30	1,490	224	15.0	226	—
35	1,915	289	15.1	232	—
40	3,102	602	19.4	369	—
大元	4,148	594	14.3	448	—
5	4,716	591	12.5	601	—
10	11,037	1,490	13.5	1,546	1.296
昭元	13,195	1,579	12.0	1,569	1.157
5	11,598	1,558	13.4	1,436	0.885
10	15,600	2,206	14.1	1,766	0.994
15	33,914	5,860	17.3	4,777	1.641
19	56,937	19,872	34.9	17,745	2.319
25	3,381,500	633,295	18.7	422,063	246.8
30	6,718,900	1,018,169	15.2	673,890	343.0

（注）　国民所得統計の昭和15年以前（大川推計）及び19年は暦年計数，25年以降は年度計数である．
大川推計については大川一司ほか編『国民所得（長期経済統計Ⅰ）』，東洋経済新報社．

正6年に行われた金輸出禁止（金本位制の停止）の措置は昭和に入るまで継続された．

政府は不況による歳入不足から緊縮財政政策に乗り出したが，大正12年9月に発生した関東大震災の応急措置や震災復興に多額の支出を余儀なくされ，財源確保のため多額の公債が発行された．震災復旧費の負担は財政を圧迫したため，政府は大正末期から昭和初頭にかけて，行財政の緊縮整理を実行したが，公債の利払い増加や社会政策上の諸施策の実行などによって，いったん膨張した財政の緊縮は困難であった．一方，この行財政整理にともない，大正15年に税制整理が行われ，負担の均衡，中低所得者階層の負担の軽減，産業の発展を目指した租税体系の整備が図られた．

図表Ⅲ.3　一般会計と臨時軍事費純計中の直接軍事費の割合

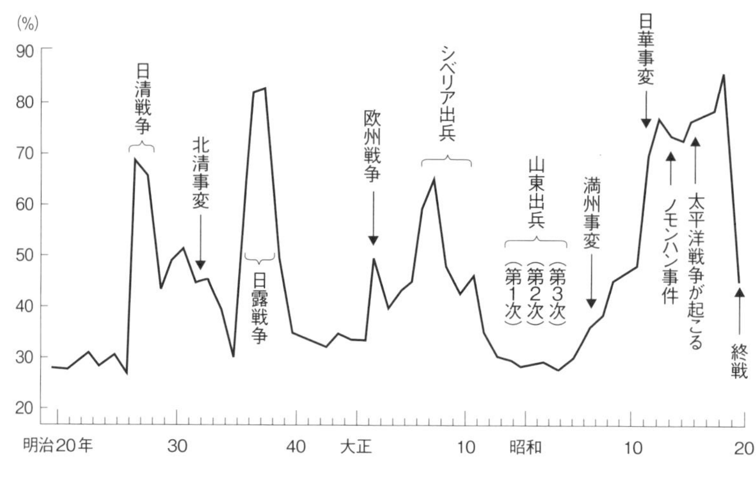

（出典）　大蔵省昭和財政史編集室編『昭和財政史』第4巻「臨時軍事費」，東洋経済新報社.

(2)　金融恐慌と金解禁（昭和2～6年）

慢性的な不況と震災応急対策のなかで，銀行の保有する不良債権に対する不安が高まり，昭和2年3月に起きた京浜地方の銀行の取付け騒ぎを発端に全国規模で銀行の取付けが起こり，金融恐慌に発展した．昭和4年7月に就任した井上準之助蔵相は，金輸出の再開と緊縮政策とによって日本経済を立て直すという基本政策のもと，昭和5年1月に金解禁を断行した．金解禁により経済の国際競争力を高め，為替相場安定のなかでの経済発展を期待したものであったが，アメリカに始まった世界恐慌の影響により当初の目標は達成できず，我が国経済は正貨流出に加えて緊縮政策と世界恐慌という内外の圧迫を受け，深刻な不況に突入していった．

4　満州事変から終戦までの財政（昭和6～20年）

(1)　満州事変と高橋財政（昭和6～12年）

世界恐慌のなか，昭和6年9月にイギリスが金本位制を離脱したことを契機

図表Ⅲ.4　歳入（一般会計）構成の推移（明治33年度～平成14年度）

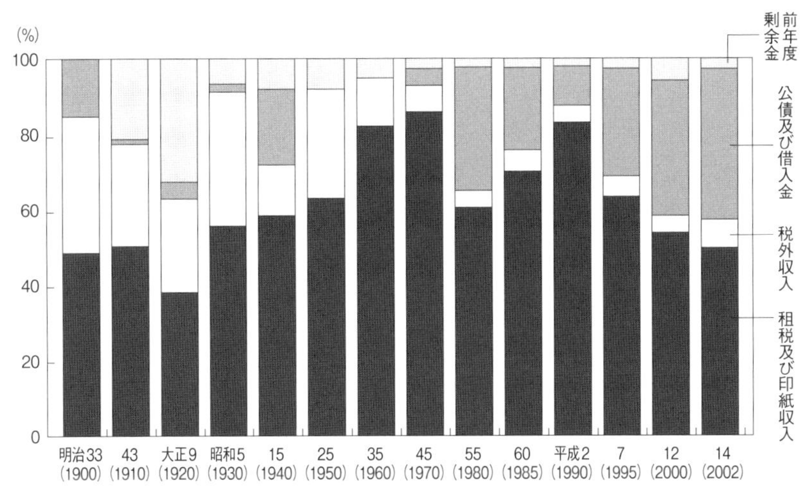

（注）　決算額である.
（出典）　昭和5年度以前は日本銀行『明治以降本邦主要経済統計』による.

に，国際的な金本位制は崩壊し，金解禁を柱とした井上財政の維持は困難となった．昭和6年末に蔵相に就任した高橋是清はただちに金輸出を禁止し，以降我が国は管理通貨制度の時代となった．高橋蔵相は，景気回復を図るために財政支出を赤字公債でまかなうという積極政策を行った．昭和7年度から歳入補塡公債を発行し，日銀に引き受けさせるとともに，日銀はいったん引き受けた国債については，これを短期間で売却することで通貨の過剰供給の回避に努めた．また高橋蔵相は同時に，為替政策による輸出の振興を図った．これらは，極度に沈滞した産業界に通貨を供給し，生産力を増加させるのみならず，国債発行を容易にし，金利水準の引下げを促した．

こうした積極政策の結果，昭和7年頃から生産の回復と輸出の伸長が見られ，経済は徐々に不況から脱出していった．しかし，満州事変以降，我が国は国際的に困難な立場に立たされ，世界経済のブロック化の進展と日本へのダンピング批判が高まって輸出が伸び悩んだ．また，日銀引受国債の市中消化も困難となり，高橋財政の景気回復策は限界に達した．政府は公債政策の行詰まりを懸念して，昭和10年度の予算編成時に公債漸減方針を掲げ，健全財政への復帰を図った．しかし，軍部は軍事費の増額を要求し，昭和11年度予算編成過程で軍部の要求を削減した大蔵省の査定案は予算閣議で大幅に増額され，陸海軍省予算の規模はますます膨張した．さらに，議会解散により昭和11年度予算案が不成立となった直後，「2・26事件」で高橋蔵相は暗殺され，公債漸減方針は放棄された．

(2) 戦時財政（昭和12～20年）

「2・26事件」以後，財政金融政策の目標は国防の充実が最優先とされた．また，昭和12年に日中戦争が始まると，我が国は戦時経済体制に移行した．生産力拡充政策が本格的に始まり，財政は，物資需給との調整を図りつつ経済力を戦争に向けて極限まで動員する手段となった．予算面では，戦争との関係が薄い経費は大幅に節減される一方で，軍事費の膨張が続いた．昭和12年の所得税の臨時増税以降，巨額の経費をまかなう財源として毎年大幅な増税を行い，昭和15年度税制改正では給与所得の源泉徴収制度の導入，物品税と法人税制度の整備等による大増税が実施された．しかし，歳出の膨張は税収の増加をはるかに上回り，公債への依存度は一段と高まった．大量の公債は主として日銀引受けで発行され，あわせて金融機関への強制的な割当てのほか，大衆消化を図るため国民貯蓄奨励策が強化された．

5 高度成長・安定成長期の財政（昭和21～60年）

(1) 経済社会の復興と自立（昭和21～30年）

① 経済再建と悪性インフレの克服（昭和21～26年）

戦後の我が国の最大の課題は，生産力回復による経済の再建であり，その目的のためにとられた措置が「傾斜生産方式」である．これは，少ない資源を鉄鋼等の基幹産業に集中的に投入することにより，基礎資材不足による生産のボトルネックを解消するものであった．そして，この実施にあたり重要な役割を果たしたのが，物価統制のための価格補給金制度と長期資金・設備資金の供給を目的として設立された復興金融金庫である．しかし，終戦処理にともなう財政拡大や，復興金融金庫の原資調達のための復金債の日銀引受けなどにより，インフレの高進を見ることとなった．

この事態に対処するため，昭和24年にドッジ・ラインの導入や価格補給金の漸減，復興金融金庫の新規貸出停止などが行われた．また，財政については，昭和22年以降均衡予算原則がとられていた一般会計に加えて，特別会計，政府関係機関を含めた財政全体の収支均衡を図るものであった．ドッジ・ラインによる財政引締政策により，インフレは急速に収束したが，その反動でデフレが深刻化した．いわゆる「安定恐慌」である．また，歳入面においては，昭和25年度にいわゆるシャウプ税制改正が行われ，負担の公平を目標とする所得税中心主義など，以後の日本税制の方向性が決定づけられた．

② 経済自立化への歩み（昭和26～30年）

ドッジ・デフレ政策によって後退した景気は，朝鮮戦争にともなう「特需景気」で回復を見たが，昭和26年には休戦と世界景気後退の影響を受け，悪化していった．これに対して財政は，昭和27年度補正予算以後は総合収支の均衡という考え方を放棄し，景気拡大を目標とした．このような積極的な財政政策の効果もあり，昭和28年頃には景気は上向いたが，それにつれて国際収支は次第に悪化した．このため，財政支出は，昭和29，昭和30年度の両年ともほぼ前年度並みに抑えられるとともに，金融も引き締められた．これは国際収支対策の観点から戦後初めてとられた本格的な引締政策であり，このような景気過熱に対する金融引締めはこの時期のパターンとなった．

(2) 高度経済成長期（昭和30～45年）

(イ) 均衡財政原則の堅持（昭和30～39年）

昭和29年に一時後退した景気は昭和30年には回復を見せ，「神武景気」と呼ばれる好況を現出し，我が国経済は高度経済成長への軌道に乗ることとなった．これ以降昭和39年まで，財政は公共事業，社会保障関係費などの増加のためにおおむね拡大を続けたが，高度経済成長に支えられた自然増収によって十分にまかなわれ，一般会計における均衡財政原則は堅持された．この間，しばしば景気の過熱から国際収支の悪化を招いたが，それに対する引締めには窓口指導などの金融政策が主に用いられ，総じて財政が景気安定政策として積極的に利用されるということはなかった．とはいえ，昭和30年代の財政収支を見ると，毎年計上された剰余金の額は景気循環とともに変動し，いわゆるビルト・イン・スタビライザーの役割を果たしたということができよう．また，中長期的に見て，財政支出に占める政府資本形成の割合が高かったこと，基幹産業の育成のため長期低利の政府資金が重点的に配分されたこと，個人・法人の貯蓄を奨励するための税制上の措置がとられたことなどが，高度経済成長の重要な要因であったとされている．なお，昭和30年代後半に入って「岩戸景気」の終焉を迎える頃には，自然増収にもかげりが見られ，その後，高度成長を支えるための財源として公債発行の必要性が論議されるようになった．

(ロ) 公債政策の登場（昭和40～45年）

国際収支の悪化から昭和38年に引締めに転じた日本経済は，昭和40年には不況の様相を濃くした．いわゆる「40年不況」である．昭和40年度予算は当初均衡予算であったが，税収不足が明らかとなったため，歳入補塡の公債発行を盛り込んだ補正予算を組み，財政による景気の下支えを図ることとした．こうして，財政は公債発行という政策手段を備えることになり，その弾力性が増し，景気調整機能は著しく強化された．さらに，昭和41年度予算においては，当初予算から建設国債を発行し，積極的に有効需要の拡大を図ることとされた．ここに，我が国の財政はそれまでの均衡予算主義から離れ，1つの転換点を迎えることとなった．ただし，公債政策はインフレを高進し財政への安易な依存ムードを醸成する危険を有していたため，政府は，建設公債の原則，市中消化の原則を堅持するとともに，昭和42年度には「減債制度」を確立した．積極的な財政政策の効果もあって，景気は昭和41年後半から民間需要を中心とした急速な回復を示し，その後昭和45年まで「いざなぎ景気」と呼ばれる好況期を迎えることとなった．しかし，その一方で，公債依存度は昭和42年度においても高水準にとどまったため，昭和43年度予算編成にあたっては，「財政硬直化」打開のキャンペーンが打ち出され，財政への安易な依存ムードの排除が試みられた．この結果，その後の税収の順調な伸びにも助けられて，昭和45年度にかけて公債依存度は顕著に低下した．

(3) 経済構造の転換期（昭和45～50年）

景気は昭和45年夏頃から後退局面に入ったが，それに加えて昭和46年のニクソン・ショックにより停滞感が強まったため，昭和46年度補正予算において公共事業の追加や減税が行われ，続く昭和47年度予算も景気回復を主眼として編成された．景気は昭和47年に入ると回復に転じたが，その後次第に過熱した様相を呈するようになった．さらに，昭和48年10月の石油価格引上げを契機とする第1次石油危機が重なったため，「狂乱物価」と呼ばれる異常なインフレが現出した．このため，政府は一転して強力な総需要抑制策を講じた．財政について見ると，昭和48年度には公共事業の執行抑制，執行繰延措置がとられ，昭和49年度予算では公共事業費は伸び率ゼロに抑えられた．

昭和48年末から景気は急速に下降し，昭和49年には戦後初のマイナス成長を記録した．そこで，財政はふたたび景気回復に重点をおいて編成，運用されることになった．しかし，成長率の鈍化とともに税収が伸び悩み，収支ギャップを埋めるため，昭和50年度補正予算において10年ぶりに特例公債が発行された．財政運営についても，昭和48年度以降の税収が急激に落ち込むなかで，福祉の充実や社会資本設備の促進といった重要課題への対応を迫られ，その後の公債発行に拍車がかけられることとなる．

(4) 安定成長期（昭和50〜60年）

(イ) 国債の大量発行への傾斜（昭和50〜54年）

昭和50年年央から景気は回復の様相を見せてきたがその足どりは重く，また，国際収支の黒字幅拡大から諸外国による内需拡大要請が強まったこともあって，昭和52，昭和53年度には積極的な財政運営を行った．特に昭和53年度予算は，昭和52年度第2次補正予算を合わせたいわゆる「15カ月予算」として編成され，公共事業費を中心に切れ目のない執行が図られた．こうしたなかで，内国債の新規発行額（補正予算ベース）は急増し，昭和50年度に約5兆円であったものが，昭和53年度には初めて10兆円を突破した．

(ロ) 財政再建へ向けてのあゆみ（昭和55〜60年）

第2次石油危機後，我が国の財政状況が悪化するなか，昭和55年を「財政再建元年」とし，昭和59年度の特例公債脱却（「59年度脱却」）を目標とする財政改革が開始された．このなかで，昭和56年度予算では約2兆円の公債発行額の減額（当初予算ベース）が行われ，昭和57年度予算においては概算要求の段階で一律ゼロシーリングの設定がなされるなどの歳出抑制が行われた.

しかし，景気の低迷によって税収が減退し，また，国民に広く薄く負担を求める一般消費税の導入が議論されたが実現せず，予算編成は困難の度を強めた．こうした状況から公債発行額の減額は思うように進まず，昭和59年度の特例公債脱却の目標は断念された．そして，昭和58年8月には，新たに昭和65年度の特例公債依存体質からの脱却（「65年度脱却」）が目標とされ，引き続き財政改革が行われることとなった．このなかで，昭和58年度予算以降，マイナスシーリングの設定が行われたほか，臨時行政調査会の答申を受けた政府全体の取組みもあり，年金，医療保険，老人保健制度の改革，地方財政改革，補助率等の見直し，食糧管理費の合理化，3公社の民営化等の制度改革が行われた．こうした徹底した歳出の節減合理化の結果，昭和60年度当初予算においては公債依存度が22.2%にまで低下し，財政再建の効果が表れてきた．なおも我が国財政のかかえる課題は多く，財政再建の努力はその後も続けられることとなる.

6　バブル期以降の財政（昭和60年以降）

(1)　バブル経済の生成・崩壊とその後（昭和60～平成8年）

(イ)　バブル経済の生成と65年度脱却目標の達成（昭和60～平成2年）

昭和60年度以降においては，引き続き財政改革が進められる一方，内外の経済情勢にも配慮した財政運営が行われた.

昭和60年9月のプラザ合意以降，主要国間の対外不均衡の是正を目指し，ドル高を是正すべく，各国による協調政策がとられたが，その結果，急速に進展した円高により，我が国はいわゆる「円高不況」の様相となった．これに対し，不況対策としての昭和61年度補正予算に続いて，昭和62年度には本予算の直後に大型補正予算が組まれ，従来の財政再建のための緊縮方針から転換した政策運営が開始された．なお，大型間接税の導入による税の直間比率の見直しなども計画され，昭和63年度にかけて所得税などの減税とあわせて，消費税（平成元年4月1日実施）の導入により実現された.

昭和61年末以降の景気は，個人消費，設備投資といった内需を中心に回復し，その後，長期の自律的な拡大を見せた．さらに，我が国経済の先行きにつ

図表Ⅲ.5　近年の経済対策（平成20年度以降）

策定時期	内閣	経済対策名	事業規模	主な内容
平成20年8月	福田	安心実現のための緊急総合対策	11.5兆円程度	生活者の不安の解消 「持続可能社会」への変革加速 新価格体系への移行と成長力強化
平成20年10月	麻生	生活対策	26.9兆円程度	生活者の暮らしの安心 金融・経済の安定強化 地方の底力の発揮
平成20年12月		生活防衛のための緊急対策	財政面 10兆円程度 金融面 33兆円程度	雇用対策 雇用創出のための地方交付税増額 経済緊急対応予備費の新設 税制改正 「生活対策」の実現 金融市場・資金繰り対策
平成21年4月		経済危機対策	56.8兆円程度	緊急的な対策 成長戦略 「安心と活力」の実現 税制改正
平成21年12月	鳩山	明日の安心と成長のための緊急経済対策	24.4兆円程度	雇用 環境 景気 生活の安心確保 地方支援 「国民潜在力」の発揮
平成22年9月	菅	新成長戦略実現に向けた3段構えの経済対策	9.8兆円程度	「雇用」の基盤づくり 「投資」の基盤づくり 「消費」の基盤づくり 耐震化・ゲリラ豪雨対策等の「地域の防災対策」 日本を元気にする規制改革100
平成22年10月		円高・デフレ対応のための緊急総合経済対策	21.1兆円程度	雇用・人材育成 新成長戦略の推進・加速 子育て，医療・介護・福祉等の強化による安心の確保 地域活性化，社会資本整備，中小企業対策等 規制・制度改革
平成23年10月	野田	円高への総合的対応策	23.6兆円程度	円高による“痛み”の緩和 リスクに負けない強靱な経済の構築 円高メリットの徹底活用
平成24年11月		日本再生加速プログラム	（第1弾） 7,200億円程度 （第2弾） 1.2兆円程度	「日本再生戦略」における重点3分野をはじめとする施策の実現前倒し 東日本大震災からの早期の復旧・復興及び大規模災害に備えた防災・減災対策 規制改革や民間の融資・出資の促進策など財政措置によらない経済活性化策
平成25年1月	安倍	日本経済再生に向けた緊急経済対策	20.2兆円程度	復興・防災対策 成長による富の創出 暮らしの安心・地域活性化
平成25年12月		好循環実現のための経済対策	18.6兆円程度	競争力強化策 女性・若者・高齢者・障害者向け施策 復興，防災・安全対策の加速 低所得者・子育て世帯への影響緩和，駆け込み需要及び反動減の緩和

図表Ⅲ.5 （つづき）

策定時期	内閣	経済対策名	事業規模	主な内容
平成26年12月	安倍	地方への好循環拡大に向けた緊急経済対策	16.0兆円程度	現下の経済情勢等を踏まえた生活者・事業者への支援 地方が直面する構造的課題等への実効ある取組を通じた地方の活性化援 災害復旧・復興加速化など災害・危機等への対応 経済の好循環を確かなものとするための取組
平成28年8月		未来への投資を実現する経済対策	28.1兆円程度	一億総活躍社会の実現の加速 21世紀型のインフラ整備 中小企業・小規模事業者及び地方の支援 熊本地震や東日本大震災からの復興や安全・安心，防災対応の強化
令和元年12月		安心と成長の未来を拓く総合経済対策	26.0兆円程度	災害からの復旧・復興と安全・安心の確保 経済の下振れリスクを乗り越えようとする者への重点支援 未来への投資と東京オリンピック・パラリンピック後も見据えた経済活力の維持・向上
令和2年4月		新型コロナウイルス感染症緊急経済対策	117.1兆円程度	感染拡大防止策と医療提供体制の整備及び治療薬の開発 雇用の維持と事業の継続 次の段階としての官民を挙げた経済活動の回復 強靱な経済構造の構築 今後への備えとして新たな予備費の創設
令和2年12月	菅	国民の命と暮らしを守る安心と希望のための総合経済対策	73.6兆円程度	新型コロナウイルス感染症の拡大防止策 防災・減災，国土強靱化の推進など安全・安心の確保 ポストコロナに向けた経済構造の転換・好循環の実現 新型コロナウイルス感染症対策予備費の適時適切な執行
令和3年11月	岸田	コロナ克服・新時代開拓のための経済対策	78.9兆円程度	新型コロナウイルス感染症の拡大防止 「ウィズコロナ」下での社会経済活動の再開と次なる危機への備え 未来社会を切り拓く「新しい資本主義」の起動 防災・減災，国土強靱化の推進など安全・安心の確保
令和4年4月		コロナ禍における「原油価格・物価高騰等総合緊急対策」	13.2兆円程度	原油価格高騰対策 エネルギー・原材料・食料等安定供給対策 新たな価格体系への適応の円滑化に向けた中小企業対策等 コロナ禍において物価高騰等に直面する生活困窮者等への支援 今後への備え 公共事業の前倒し
令和4年10月		物価高克服・経済再生実現のための総合経済対策	71.6兆円程度	物価高騰・賃上げへの取組 円安を活かした地域の「稼ぐ力」の回復・強化 「新しい資本主義」の加速 防災・減災，国土強靱化の推進，外交・安全保障環境の変化への対応など，国民の安全・安心の確保 今後への備え

いての強気の期待などを背景に株式・土地の価格が大幅かつ長期にわたって上昇し，いわゆる「バブル」と呼ばれる状況が発生した．

こうしたなか，財政面においては，一定の歳出の合理化努力が行われたほか，好調な税収に助けられ，内国債の新規発行額（補正予算ベース）は昭和63年度には11年ぶりに10兆円未満となり，さらに平成2年度予算において，15年間にわたり続いた特例公債依存からの脱却がようやく達成された（「65年度脱却」目標の達成）．

（ロ）バブル経済崩壊後の景気対策（平成３～８年）

株価・地価の上昇は1980年代後半を通じて続き，平成元年末に日経平均株価は史上最高値をつけた．しかし，ファンダメンタルズから乖離した資産価格の上昇は平成2年に入ると下落に転じ，株価が年初から下落したのに続き，地価も総じて鎮静化し，その後は株価・地価ともに大幅な下落を続けることとなった（バブル経済の崩壊）．バブル崩壊後は，金融機関や事業会社のバランスシート調整に多大な時間とコストを要することとなり，経済や財政に多大なる負担をもたらし，平成9年以降の相次ぐ金融機関の破綻と企業倒産の増加につながった．

こうしたバブル崩壊後の厳しい経済状況に対し，日銀は公定歩合を平成3年7月以降7次にわたり引き下げ，平成5年9月には1.75%の水準となった．政府は，「総合経済対策」（平成4年8月），「総合的な経済対策の推進について」（平成5年4月）などを決定した．こうした財政金融両面からの政策効果もあり，平成5年10月を谷として，我が国経済は緩やかながら回復を続けた．

しかし，平成7年に入ると，1月の阪神・淡路大震災や3月以降の急激な為替レートの変動などにより，年半ばからは景気は足踏み状態となった．こうした状況に対し，政府は，景気の先行きに生じている不透明感を払拭し，我が国経済の回復を確実なものとするため，「緊急円高・経済対策」（平成7年4月）などを決定した．また，平成7年9月には，公定歩合も0.5%と史上最低の水準となった．これらの効果もあり，公共投資の増加とともに，個人消費や民間設備投資に緩やかな回復傾向が見られるようになり，平成7年度は2.5%，平成8年度には3.4%という高い実質経済成長率を記録した．

(2) 財政健全化への取組み（平成9年～）

(イ) 財政構造改革の推進（平成9年）

バブル経済崩壊後のたび重なる財政出動などを原因に，我が国財政は主要先進国中最悪の水準といえる危機的な状況に陥った．このため，平成9年度予算においては，平成9年度を財政構造改革元年と位置づけ，聖域を設けることなく徹底した歳出の洗い直しに取り組んだ．

さらに平成9年6月，「財政構造改革会議の推進について」が閣議決定され，また財政構造改革のための方策と枠組みを法律により明確化するため，同年11月には「財政構造改革法」が制定された．平成10年度予算においては，財政構造改革法に従って，歳出全般について徹底した見直しが行われた．

(ロ) 財政構造改革法の凍結と景気回復への取組み（平成10～13年）

しかし，平成9年秋以降，金融機関の相次ぐ破綻に端を発する金融システム不安と貸し渋りの発生，企業倒産の増加による雇用不安の増大などによって，消費や設備投資の最終需要が減少し，景気は急速に悪化した．またアジア地域の通貨・金融市場の混乱の影響もあり，我が国経済は，平成10年度にはマイナス成長に陥った．

このような状況のもと，経済情勢に弾力的に対応するため，平成10年4月には「総合経済対策」が策定され，同年5月には特例公債発行枠の弾力化などを図るため財政構造改革法が改正された．さらに，当面の景気回復に向けて全力を尽くすとの観点から，平成10年11月に「緊急経済対策」が策定され，12月には財政構造改革法が凍結されることとなった．

また，平成11年度予算は景気に最大限配慮して編成され，同年6月に「緊急雇用対策及び産業競争力強化対策」，11月に「経済新生対策」が策定され，二度にわたる補正予算が編成された．平成12年度においても，景気回復に向けた取組みが積極的に進められた．

③　小泉内閣の発足と構造改革への取組みの本格化（平成13～18年）

平成13年4月に発足した小泉内閣では，財政構造改革をはじめとした諸般にわたる構造改革に本格的に取り組むこととし，平成13年1月に内閣府に設置された経済財政諮問会議を中心に取りまとめられた「今後の経済財政運営及び経済社会の構造改革に関する基本方針」(いわゆる「基本方針」,「骨太の方針」)を同年6月に,「構造改革と経済財政の中期展望」を平成14年1月にそれぞれ閣議決定し,日本が目指す経済社会の姿と,それを実現するための構造改革を中心とした経済財政運営について将来展望を示した(「基本方針」はその後平成21年まで毎年6月頃に閣議決定された).

平成18年7月に閣議決定された「基本方針2006」では,国・地方あわせた長期債務残高の対GDP比が先進国中で最も高いなど,我が国財政がきわめて厳しい状況にあることを踏まえ,歳出削減と歳入改革を車の両輪とする「歳出・歳入一体改革」の基本的考え方が示された.具体的には,2010年代半ばまでに,安定的な経済成長を維持しつつ,国・地方それぞれの債務残高対GDP比を安定的に引き下げることを目指して,2011年度には国・地方を合わせたプライマリー・バランス(基礎的財政収支)を確実に黒字化する目標が掲げられている.

④ 第1次安倍内閣における経済財政政策(平成18～19年)

平成18年9月に発足した第1次安倍内閣では,「改革なくして日本の未来なし」,「成長なくして財政再建なし」との理念のもと,イノベーションとオープンな姿勢を打ち出した.また平成19年1月に「日本経済の進路と戦略」を閣議決定し,平成14年以来の「構造改革と経済財政の中期的展望」(「改革と展望」)に代わって,中期的な経済財政運営についての将来展望を示した.

⑤ 福田内閣における経済財政政策(平成19～20年)

平成19年9月に発足した福田内閣は「自立と共生」の考えを基本理念とし,平成20年1月には「日本経済の進路と戦略」を閣議決定した.また,「革新的技術創造戦略」,「グローバル戦略」,「全員参加の経済戦略」の3つの柱からなる経済成長戦略の具体化を進めた.そして,同年8月には,アメリカのサブプライムローン問題に端を発した世界経済の成長鈍化と世界的な資源・食料価格の高騰を受け,政府・与党は「安心実現のための緊急総合対策」を決定し,生活者の不安解消,「持続可能社会」への変革加速,新価格体系への移行と成長力強化を図った.

⑥ 麻生内閣における経済財政政策(平成20～21年)

平成20年9月に発足した麻生内閣は,「当面は景気対策,中期的に財政再建,中長期的には，改革による経済成長」の考えのもと，「生活対策」「生活防衛のための緊急対策」を決定した．また，同年12月には社会保障と税財政に関する「中期プログラム」を閣議決定した．そのなかで，経済状況を好転させることを前提として，段階的に消費税を含む税制抜本改革を行うため，2011年度までに必要な法制上の措置を講じることとした．平成21年1月には「経済財政の中長期方針と10年展望」を閣議決定し，中長期的な経済財政運営についての将来展望を示した．さらに政府・与党は同年4月に「経済危機対策」を決定し，経済の下支えと中長期的な成長を図ることとした．このような景気回復に向けた諸施策の実施にともなう歳出の増大や減税に加え，景気低迷による税収減により，我が国の財政は，きわめて厳しい状況に陥ったことを踏まえ，同年6月には「基本方針2009」を閣議決定し，経済成長や社会保障制度を持続可能なものとするため，新たな目標が掲げられ，財政健全化の取組みを進めることとされた．

⑦　鳩山内閣における経済財政政策（平成21～22年）

平成21年9月に発足した鳩山内閣は，厳しい経済・雇用状況を踏まえ，12月に「明日の安心と成長のための緊急経済対策」を閣議決定し，さらに同月，知恵を使って新たな雇用・需要を生み出すべく「新成長戦略（基本方針）」を閣議決定した．また，平成22年度予算においては，「国民生活が第一」，「コンクリートから人へ」の理念のもと，子ども手当，農業の戸別所得補償，高校の実質無償化等の施策を盛り込んだ．

⑧　菅内閣における経済財政政策（平成22～23年）

平成22年6月に発足した菅内閣は，「強い経済」「強い財政」「強い社会保障」の一体的実現を目指し，「新成長戦略」（平成22年6月18日閣議決定）と「財政運営戦略」（平成22年6月22日閣議決定）を策定した．

その後，円高や海外経済の減速懸念等が我が国経済の大きな下振れリスクになっているとの認識のもと，同年9月10日には「新成長戦略実現に向けた3段構えの経済対策」を，同年10月8日には「円高・デフレ対応のための緊急総合経済対策」を閣議決定した．

未曾有の被害をもたらした東日本大震災に対しては，平成23年度第1次補正予算及び第2次補正予算を策定し当面の対応の財源を手当てし，さらに，平成

23年７月29日には東日本大震災復興対策本部にて，「東日本大震災からの復興の基本方針」を決定し，復旧・復興のための予算規模と財源確保についての基本的な考え方を示した．

また，社会保障と税の一体改革については，大震災の後も議論を重ね，同年６月30日には，「社会保障・税一体改革成案」を政府・与党社会保障改革検討本部にて決定した．

⑨　野田内閣における経済財政政策（平成23～24年）

平成23年９月に発足した野田内閣では，「東日本大震災からの復興の基本方針」に基づき，東日本大震災・原子力災害からの本格的な復興予算として同年10月21日に平成23年度第３次補正予算を閣議決定した．また同日，①円高による「痛み」の緩和，②リスクに負けない強靱な経済の構築，③円高メリットの徹底活用を柱とした「円高への総合的対応策」を閣議決定した．

また，平成24年７月31日には，『フロンティアを拓き，「共創の国へ」』を基本理念に「日本再生戦略」を閣議決定した．本戦略においては，震災からの復興と福島の再生を最優先するとともに，2020年度までの平均で，名目成長率３％程度，実質成長率２％程度を目指すこととされた．

社会保障と税の一体改革については，政府・与党で一層議論を深め，同年２月17日に，「社会保障・税一体改革大綱」を閣議決定した．消費税については，平成26年４月に８％，平成27年10月に10％へと，段階的に地方分を合わせた税率の引上げを行い，全額社会保障財源化することとした．その後，上記大綱等に沿った関連法案が国会に提出され，同年８月10日に成立した．

その後，景気が弱めの動きとなるなか，景気下押しリスクに対応し，デフレからの早期脱却と経済活性化に向けて，経済危機対応・地域活性化予備費等を活用した経済対策の第１弾を同年10月26日に，第２弾を同年11月30日に決定した．

⑩　第２次・第３次・第４次安倍内閣における経済財政政策（平成24年～）

平成24年12月に発足した第２次安倍内閣は，「大胆な金融政策」，「機動的な財政政策」，「民間投資を喚起する成長戦略」の「三本の矢」によって，長引く円高・デフレ不況から脱却し，雇用と所得を増大させることを目指している．

具体的には，大胆な金融政策として，平成25年１月に消費者物価の前年比上昇率２％という明確な「物価安定の目標」を共有する「共同声明」が政府・日本銀行間で取りまとめられ，４月には日本銀行により目標の早期実現を裏打ちする施策として「量的・質的金融緩和」が導入された．また，平成26年10月31日には，日本銀行が「量的・質的金融緩和」の拡大を決定，平成28年１月29日には「マイナス金利付き量的・質的金融緩和」の導入を決定した．

機動的な財政政策としては，組閣後ただちに平成24年度補正予算の編成に取り組むとともに，これと平成25年度予算を合わせ，いわゆる「15カ月予算」の考え方で，切れ目のない経済対策を実行することとされた．

また，平成25年10月１日には，「消費税率及び地方消費税率の引上げとそれに伴う対応について」を閣議決定し，消費税率（国・地方）を平成26年４月１日より５％から８％に引き上げることを確認すると同時に，消費税率の引上げにともなう反動減を緩和して，その後の持続的な経済成長につなげることを目的とした「経済政策パッケージ」を策定し，これを踏まえ，平成25年12月５日には，「好循環実現のための経済対策」を閣議決定した．そして，平成26年４月１日，17年ぶりに消費税率引上げを実施し，社会保障・税一体改革を実現する最初の第一歩とするとともに，デフレ脱却・経済成長と財政健全化の両立に向けた第一歩を踏み出した．

平成27年10月に予定されていた消費税率の10％への引上げについては，平成26年11月18日に，経済状況等を総合的に勘案し１年半延期する判断，続く平成28年６月１日に，さらに２年半延期する判断がされ，令和元年10月１日に実施された．また，平成29年12月８日に閣議決定された「新しい経済政策パッケージ」で消費税の使い道が変更されたことを受け，2020年度のPB黒字化の達成は困難となったが，「新経済・財政再生計画」では，財政健全化について，2025年度のプライマリーバランスの黒字化を目指すことなどが掲げられた．

さらに，安倍内閣は，経済財政諮問会議を復活させるとともに日本経済再生本部・未来投資会議を発足させた．令和２年７月17日には，そこでの議論を踏まえて，経済再生と財政健全化を両立するための取組方針を示した「経済財政運営と改革の基本方針2020」と，デフレ脱却と経済再生を目指すための具体的な方策を示した「成長戦略実行計画」が閣議決定された．

「経済財政運営と改革の基本方針2020」では，「危機の克服，そして新しい未来へ」という副題を付されている．新型コロナウイルス感染症や，毎年のように頻発化する豪雨災害を経験し，この危機を克服し，その後に新しい未来，「新たな日常」を構築していくことが大きなテーマとなった．「新たな日常」を早期に実現するため，（ｉ）「新たな日常」構築の原動力となるデジタル化への集中投資・実装とその環境整備（デジタルニューディール），（ⅱ）「新たな日常」が実現される地方創生，（ⅲ）「人」・イノベーションへの投資の強化，（ⅳ）「新たな日常」を支える包摂的な社会の実現，（ｖ）新たな世界秩序の下での活力ある日本経済の実現，を５つの柱としている．

また，「成長戦略実行計画」には，新しい働き方の定着，決済インフラの見直し及びキャッシュレスの環境整備，デジタル市場への対応，オープン・イノベーションの推進等が盛り込まれた．

⑪　菅内閣における経済財政政策（令和２年～）

令和２年９月に発足した菅内閣は，アベノミクスを継承し，更なる改革を進めることとし，経済あっての財政との考え方の下，当面は感染症対策に全力を尽くし，経済再生に取り組むとともに，今後も改革を進めることとしている．

政府としては，令和２年12月８日に，「国民の命と暮らしを守る安心と希望のための総合経済対策」を閣議決定した．総合経済対策を通じて，雇用と事業を支えながら新型コロナウイルス感染症の拡大を防止するとともに，ポストコロナに向けた経済構造の転換・好循環の実現を図り，防災・減災，国土強靱化の推進など安全・安心の確保を進めていくこととしている．

また，「経済財政運営と改革の基本方針2021」では，新型コロナウイルス感染症への対応に万全を期したうえで，グリーン・デジタル等の成長分野への民間需要喚起や，労働生産性の向上，持続的な所得の増加等に取り組んでいくこと，2025年度のプライマリー・バランスの黒字化等の財政健全化目標を堅持，社会保障の持続可能性を高めるなど，歳出・歳入両面の改革にしっかりと取り組んでいくこと等が示されている．

「成長戦略実行計画」には，生産性を向上させ，その成果を賃金に分配をし，経済の好循環をしっかりと実現していくこと等が盛り込まれた．また，14の分野のグリーン成長戦略の具体化，フリーランスの働く環境整備，経済安全保障，SPAC（Special Purpose Acquisition Company）によるスタートアップ支援，私的整理の法制面の整備などに取り組むこととしている．

⑫　岸田内閣における経済財政政策（令和３年～）

令和３年10月に発足した岸田内閣は，「新しい資本主義」の下，官民が連携し，社会課題を成長のエンジンへと転換することで，構造的賃上げなどを通じた成長と分配の好循環を実現し，社会課題の解決と持続的な成長につなげていくこととしている．また，経済あっての財政との考え方の下，経済を立て直し，そして，財政健全化に向けて取り組むこととしている．

政府としては，令和３年11月19日に，「コロナ克服・新時代開拓のための経済対策」を閣議決定した．経済対策を通じて，新型コロナウイルス感染症の困難を乗り越え，ポストコロナの未来を切り拓くことで，国民に安心と希望を届けることとしている．

また，令和４年４月26日に，「コロナ禍における「原油価格・物価高騰等総合緊急対策」」を決定した．総合緊急対策を通じて，物価高騰による影響を緩和するための対応を緊急かつ機動的に実施するとともに，円滑な価格転嫁や賃上げを促し，コロナ禍からの経済社会活動の回復を確かなものとすることとしている．

さらに，令和４年10月28日に，「物価高克服・経済再生実現のための総合経済対策」を閣議決定した．総合経済対策を通じて，足元の物価高や世界経済の下振れリスクを乗り越え，社会課題の解決と持続的な成長の実現により日本経済を再生することとしている．

令和５年６月16日には，経済財政諮問会議と新しい資本主義実現会議の合同会議において，「経済財政運営と改革の基本方針2023」（骨太方針2023）と「新しい資本主義のグランドデザイン及び実行計画2023改訂版」を取りまとめた．

「経済財政運営と改革の基本方針2023」では，三位一体の労働市場改革を通じた構造的賃上げの実現やこれによる分厚い中間層の形成，人への投資，グリーン，経済安全保障など，市場や競争に任せるだけでは過少投資となりやすい分野における官民連携投資の拡大による持続的な成長の実現，こども・子育て政策の抜本強化，同志国等との連携強化を通じた戦略的外交・安全保障の展開，経済あっての財政との考え方の下での経済財政一体改革の着実な推進などをはじめとした岸田内閣の経済財政政策の基本方針が示された．財政面では，

「財政健全化の「旗」を下ろさず，これまでの財政健全化目標に取り組む．経済あっての財政であり，現行の目標年度により，状況に応じたマクロ経済政策の選択肢が歪められてはならない．必要な政策対応と財政健全化目標に取り組むことは決して矛盾するものではない．経済をしっかり立て直し，そして財政健全化に向けて取り組んでいく．ただし，最近の物価高の影響を始め，内外の経済情勢等を常に注視していく必要がある．このため，状況に応じ必要な検証を行っていく．」とされた．また，令和6年度予算編成に向けては，「本方針，骨太方針2022及び骨太方針2021に基づき，経済・財政一体改革を着実に推進する．ただし，重要な政策の選択肢をせばめることがあってはならない．」とされた．

第Ⅳ部

諸外国の財政

第1章

主要国の予算制度の国際比較

(1) 予算の性格・対象

〈アメリカ〉

アメリカの連邦政府予算は複数の法律として成立する.

歳出は裁量的経費と義務的経費があり，前者は毎年成立する歳出予算法によって定められるものであり，後者は社会保障年金など，授権法（Authorizing Legislation）で一度定められれば毎年自動的に支出が認められるものである.

歳入は歳入関連の措置が必要な場合に歳入法が制定されるのみで，議会での議決を要するものではない．また歳入見積りは，議会審議の資料として大統領府行政管理予算局（Office of Management and Budget：以下 OMB）あるいは議会予算局（Congressional Budget Office：以下 CBO）によって作成される.

連邦政府予算はオン・バジェットとオフ・バジェットとに分けられる．オフ・バジェットとは連邦政府の業務でありながら予算の対象から区別されているものを指し，郵政事業や社会保障信託基金（老齢・遺族年金及び障害年金）が該当する．連邦政府の財政収支は，通常，オフ・バジェットも含んだ統合予算ベースで表されている．また，一般目的のために政府の所有にかかる資金を経理する連邦資金（Federal Funds）と，社会保険など特定計画を遂行するために連邦政府に信託される資金を経理する信託資金（Trust Funds）とに区分することもできる.

〈イギリス〉

イギリスの予算は，統合国庫資金及び国家貸付資金を中心に構成されている．前者は我が国の一般会計に，後者は財政投融資及び国債整理基金特別会計にほぼ相当する．

統合国庫資金の歳出は，既定費と議定費とに分けられている．既定費は法律に基づきその支出を恒久的に授権された経費（国債費の国家貸付資金繰入など）であり，議定費は議会の審議を経て成立する，単年度の議定費歳出予算法に基づき支出される経費である．

国家貸付資金は，一般会計部門と投融資的会計部門とを分離するため，1968年，国家貸付法に基づいて創設されたものである．収入は，公債金収入，統合国庫資金の国債費繰入，貸付金利子などから，支出は地方公共団体，国有企業等への貸付，国債費，統合国庫資金の赤字補填などから構成されている．

〈ドイツ〉

ドイツの連邦予算は，ドイツ連邦共和国基本法（憲法に相当），連邦・州を通じた予算基本法及び連邦予算規則に基づいて運営される．

予算は総予算及び個別予算からなる．総予算は，①個別予算の歳入・歳出及び債務負担授権額の総括（予算一覧），②収支差額の計算（資金調達一覧），③信用収入及び償還支出（信用資金計画）から構成されている．①の個別予算とは各省庁別の予算のことであり，歳入・歳出及び債務負担授権額が示される．

〈フランス〉

フランスの予算は，暦年ごとに予算法のかたちで定められ，歳入及び歳出とも議決の対象となっている．また，年の途中で補正の必要が生じた場合には，修正予算法のかたちで定められる．

予算法は2編に分かれている．第1編では，税率，各種控除の改正などを踏まえた租税収入など，国庫財源の確保に関する規定を盛り込んで財政収支を定めており，第2編では，一般予算，付属予算，特別勘定について，当年の歳出額を定めているほか，租税特別措置，脱税防止協定を盛り込んでいる．

フランスの予算は，一般予算，付属予算，特別勘定から構成される．原則として，すべての歳入及び歳出は，我が国の一般会計に相当する一般予算に計上するが，例外的に，特定の歳入をもって特定の歳出に直接充当させる場合には，付属予算または特別勘定の形式をとる．付属予算は，法人格なき国の部局の活動で，対価の支払いをともなう財の生産またはサービスの提供を目的とするものについて，一般予算とは別に経理をするため，予算法により設置できるものであり，特別勘定は，特別充当勘定，金融支援勘定，商業勘定，通貨取引勘定の4種類を予算法により設置できる．

(2) 予算過程

〈アメリカ〉

アメリカの予算過程は次の3段階からなる．

（イ）第1段階：大統領による予算案の作成と議会への提出

大統領予算案の作成は，当該会計年度の開始日を含む年の前年の春頃からOMBを中心に始められる．OMBは各機関の計画を検討し暫定的な予算見積りを行い，大統領は，経済諮問委員会（Council of Economic Advisers：以下CEA），財務省，OMBが共同で作成した経済見通しに照らしてこの予算見積りを検討し，予算についての一般的ガイドライン及び各機関の計画・目標を設定する．各機関はこうした方針に基づき，夏頃に正式な予算要求を行う．

秋から初冬にかけて各機関とOMBとの折衝が繰り返され，その後，OMBはCEAや財務省と協力して経済見通し及び財政政策を再検討し，予算案（予算教書原案および各種の予算関係資料）を作成する．大統領はそれらの内容を詳細に検討・修正した後，毎年1月最初の月曜日から2月最初の月曜日までの間に大統領予算教書を議会に提出する（同予算教書には予算年度を含む向こう10年度分の財政見通しが付される）．

（ロ）第2段階：裁量的経費に関する歳出予算法案の作成

大統領から予算案が提出されると，議会においては，裁量的経費に関し当該年度の歳出権限（債務負担行為を行い，それに基づいて歳出を行う権限）を付与するための歳出予算法の成立に向けた審議が始まる．こうした歳出予算法の前提となっているのが個別の授権法であり，この授権法が歳出予算法による予算への計上を授権しているわけである．一方，義務的経費に関しては，授権法

図表Ⅳ.1.1　アメリカの主な予算過程

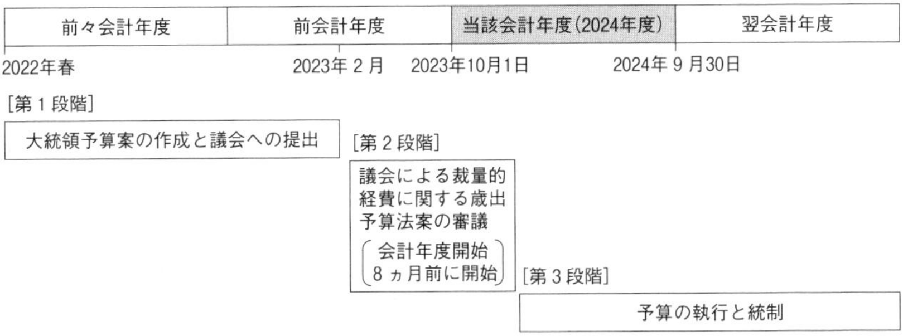

が成立すると自動的に歳出権限も付与されて毎年度の支出が可能となり，歳出予算法の成立は要しない．なお，新たに付与された歳出権限のすべてが当該年度内に支出されるわけではなく，翌年度以降の支出に繰り越すことができ，また，前年度以前の権限を当該年度で支出することもできる．

（注）歳出予算法は，国防分野歳出予算法，国土安全保障分野歳出予算法など個別の法律によることとされているが，これら歳出予算法で規定される歳出権限（裁量的経費）は歳出権限全体の３割程度である．

議会における予算審議の日程は1974年議会予算法（その後の法律により一部修正）により次のように規定されている．

①　上下両院の各常任委員会は，大統領による予算教書提出後６週間以内に，それぞれの所轄プログラムに関する予算報告を両院の予算委員会に提出する．

②　予算委員会は４月１日までに当該年度を含む５年間の歳入総額，歳出総額，機能別歳出額の目標額を設定する予算決議案を本会議に報告する．

③　本会議は４月15日までに予算決議を採択する．同決議可決後，歳入関連措置が必要な場合は歳入法案が下院歳入委員会において作成・審議される．歳出予算法案は下院歳出委員会において小委員会別にそれぞれ作成・審議され，その後本会議で審議される．下院はすべての歳出予算法案を６月30日までに可決する．下院を通過すると法案は上院に送付され，同様の手続きで審議される（ただし，最近は同時並行的に審議が進められることが多い）．なお，両院が異なった法案を可決した場合は両院協議会で調整を

図表Ⅳ.1.2　アメリカの2024年度の予算権限と予算支出の関係

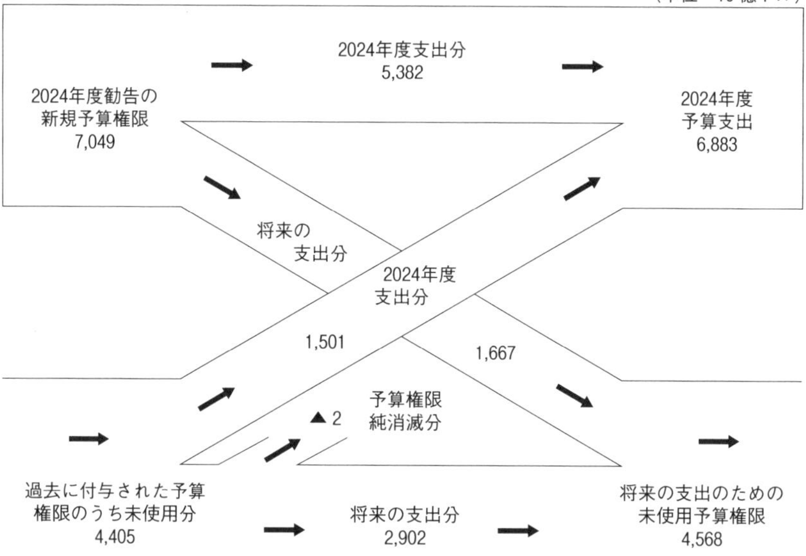

（注）計数は2024年度大統領予算教書による．

図る．

（注）予算決議は予算目標を前もって設定することにより個々の歳出予算法案及び歳入法案の作成・審議に指針を与えようとするものであり，拘束力はない．

④　議会は上記の調整作業を終了し，歳入法案，歳出予算法案を大統領に送付する．これらの法案は，大統領の署名を受け法律として成立する．大統領が拒否権を行使した場合は，議会が3分の2以上の多数で再び可決すれば成立する．

⑤　10月1日，新会計年度開始．このときまでに歳出予算法が成立しない場合には，暫定予算成立のための継続決議（法律）が採択されなければならない．

（ハ）第3段階：予算の執行と統制

予算はいったん成立すれば当該年度における各機関の資金計画の基礎となる．歳出権限の大部分はOMBが各機関に対して行う予算割当てによって使用可能となる．同割当ては歳出権限の効率的使用を目的としたものであり，通常四半期単位で行われる．歳出権限の取消しについては議会への要請及びその承認が必要となる．また，歳出権限の増額が必要となった場合には議会に対し追加要求がなされることになる（補正予算）.

〈イギリス〉

イギリスの予算案は，毎年秋に財務大臣が行う予算演説において，その概要が明らかになる．また，予算演説と同時に財務省から「予算」(Budget)，予算責任庁から「経済財政見通し」(Economic and Fiscal Outlook）が発表される．このなかで，経済政策の目標及びその達成に向けた具体的施策，歳出歳入両面における政策運営の基本方針，税制改正案が示されるとともに，経済見通し，公的支出及び財政収支の見通しが公表される.

統合国庫議定費歳出予算法案（予算法案）は４～５月中に提出され，その審議においては下院の優越性，すなわち先議権，否決権及び減額修正権が認められている．各委員会で審議・議決後，本会議で審議・議決が行われ，例年７月に本予算が成立する.

〈ドイツ〉

ドイツの予算編成は連邦財務省が担当し，経済安定成長促進法（1967年６月成立）に基づき，毎年改定される５カ年の財政計画に基づいて編成される.

（イ）政府予算案閣議決定までの動き

予算編成は予算開始１年前の前年度予算成立（毎年12月中）以降に始まるとされる.

政府は，１月下旬，経済安定成長促進法第２条に基づく連邦政府年次経済報告を連邦議会及び連邦参議院に報告する．同報告は，予算策定の前提となる当該年度の経済成長見通し及び経済政策が記述されており，予算案はこれに沿う内容となる.

連邦財務省では，経済成長見通しに基づき税収予測を行うとともに，各省庁の歳出上限大枠（予算基準値）をトップダウンで設定する．この予算基準値は３月頃に閣議決定される.

この予算基準値に基づき政府部内で取りまとめられる予算案は，４月に行われる連邦政府春季経済見通しや，５月に開催される税収見積り委員会及び財政計画委員会（連邦・州間の財政計画調整など）を経て，マクロ的な見地から歳出入・財政計画について調整が加えられる．こうした手続きを経て，政府は７月頃に政府予算案及び中期財政計画（後述）を通常同時に閣議決定する．閣議決定された予算案は，予算案及び中期財政計画に，税制改正，EU関係予算，地方関係予算及び財政統計などを加え，１冊の財政報告書（Finanzbericht）に編纂される．

（ロ）連邦議会での審議から予算成立まで

予算案は，閣議決定を経たのち，法律案として，遅くとも９月１日以降最初の連邦議会の開催週に，連邦議会及び連邦参議院へ同時に提出される．連邦参議院が態度表明を行った後，連邦議会における財務大臣の財政演説に続き，第１読会（一般討論）を経て予算委員会に付託され，詳細な審議が行われる．その後，第２読会（個別予算総括審議）に送付される．この間10月下旬には連邦政府秋季経済見通し（当年度と翌年度の２年間の経済予測を春季経済見通し時点から改定）が発表されるとともに，税収見積り委員会及び財政計画委員会により，歳出入を中心とした予算案の最終調整が行われる．その後，第３読会（議会議決）に送付し可決される．その後連邦議会の採択結果を踏まえ，連邦参議院による採択が行われる．なお，連邦参議院は，予算案に対して異議を申し立てることはできるが，連邦議会はそれを拒否することができる．ただし，参議院の異議により両院協議会が開かれるなど，予算編成に影響がないわけではない．また，成立した予算は連邦大統領の認証を経て連邦官報により公布されると法律になる．

〈フランス〉

フランスの予算編成権及び提出権は内閣に専属しており，予算法案は，首相の権限のもとに財政を担当する財務大臣が策定する．例年，春頃に策定される予算編成方針に関する首相指示（「枠組書簡」（非公表））に基づき，各省の予算見積りの提出，予算折衝などを経て編成され，９月に予算法案としてその基礎となる経済見通しとともに閣議決定され，10月の第１火曜日までに予算の先議

図表Ⅳ.1.3 ドイツにおける予算編成の流れ

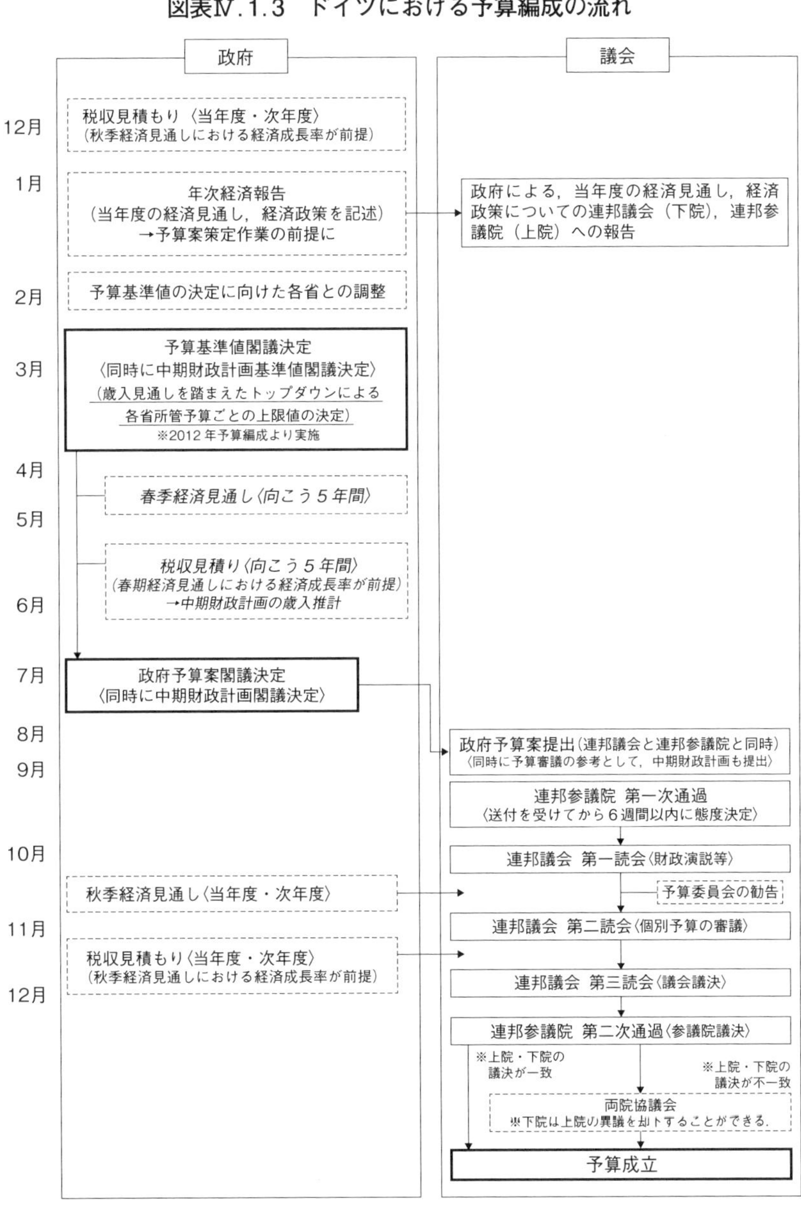

権が与えられている国民議会（下院）に提出される．国民議会に提出された予算法案は，財務委員会の審議を経て本会議にかけられ，採決後に上院に送付される．両院で異なった議決が行われた場合には，再度本会議で審議が行われ，それでも議決が一致しない場合は，両院協議会が開かれる．その後の審議を経ても両院の議決が不一致の場合には，最終決定権は国民議会にある．国会の議決を経た予算法案は，憲法院の審査を経た後，遅くとも12月31日には大統領の署名により成立して官報に掲載される．なお，国民議会への提出の日から70日以内に議決が得られない場合は，予算法の政府提出案の規定を大統領令（Ordonnance；オルドナンス）により予算執行することができる．

会計年度

ドイツ，フランスにおいては暦年（1～12月）であるが，アメリカにおいては前年10月～9月，イギリスにおいては日本と同様に4～翌年3月である．

(3) 各国予算制度の主な特徴

〈アメリカ〉～大統領予算と議会予算との関係～

大統領が提出する予算案（予算教書）と議会が作成する予算案（歳出予算法案）とは性格が異なっている．すべての立法権は議会に属するという憲法の規定を受けて，法律である歳出予算法は議会により制定される．これに対し大統領予算教書は，法案提出権のない大統領が自己の必要かつ適切と判断する措置を議会に審議・立法化させるために提出する勧告であり，直接議会で議決の対象となるような性格を有するものではない．当該年度において取るべき政策のために議会に対して要請する諸立法措置であり，歳出・歳入見積りなどを表明するものである．しかし事実上は，議会で審議される各歳出予算法案の原型となっている．

〈イギリス〉～中央政府財政と公的部門収支～

イギリスの財政は，中央政府の収支だけでなく，地方公共団体も加えた一般政府部門の収支，さらには公企業の収支も加えた公共部門全体の収支が重視されている．すなわち，中央政府全体の収支に，地方公共団体の収支と公企業の収支を合計した公的部門全体の収支（「公的部門純借入（PSNB：Public Sector Net Borrowing）」）が，経済政策運営上，重要な指標の１つとされている．

図表Ⅳ.1.4　主要国

	日本	アメリカ
財政制度		
1. 予算などの区分	○国の予算は，一般会計予算及び特別会計予算からなり，このほか，政府関係機関の予算がある． ○国の財政投融資にかかるものとしては，財政投融資計画がある．	○連邦政府予算は，連邦政府の所有にかかる資金を経理する連邦資金と連邦政府に信託される資金を経理する信託資金からなる．
2. 会計年度	○4～3月	○前10～当9月
3. 予算の法形式	○法律とは異なる議決形式である「予算」として成立． ○歳出・歳入ともに議決の対象．	○法律（歳出予算法）として成立． ○歳入は単なる見通しとして提示されるにすぎない．
4. 予算手続き上の特色	○予算の編成権及び提出権は，内閣に専属． ○予算は先に衆議院に提出．	○大統領は毎年初，予算教書を議会に提出する．議会における直接の議決対象とならないが，各歳出予算法案の原型となる． ○歳入法案を審議する場合は，憲法により下院先議，歳出予算法案も慣習により下院先議．
5. 補正予算	○予算の追加・変更が必要な場合に提出（通常，年1～2会程度）．	○予算の追加・変更が必要な場合に提出（頻度は高い）．
6. 暫定予算	○本予算が年度開始までに成立する見込みのないとき，一定期間にかかる暫定予算を提出．	○歳出予算法が年度開始までに成立しないとき，暫定予算のための継続決議が行われる．
7. 予算外・予算超過支出	○国会の事前の議決なしに行政府限りで国費を支出しうる制度はない．	○議会の事前の決議なしに，行政府限りで国費を支出しうる制度はない．
8. 公債金収入・公債償還支出について	○歳入・歳出予算に含まれる（収支尻は均衡）．	○歳入・歳出に計上されない（したがって歳出入は一致しない）．
9. 決算	○決算は会計検査院の検査を経て，国会に提出．	○収支実績の年次報告書を議会に提出（会計検査院の検査対象ではない）．別途，97年度より，連邦政府全体の財務諸表を会計検査院の検査を経て議会に提出．
10. 歳入欠陥の処理など	○年度内に歳入不足が見込まれる場合は補正予算を作成する．時間的に不可能な場合は決算調整資金からの組入れにより対処．	○歳入欠陥は，国庫の資金繰りとして処理（この結果，公債が発行される）．

の財政，公債制度

イギリス	ドイツ	フランス
○国の予算は，統合国庫資金と国家貸付資金からなり，前者は我が国の一般会計に，後者は財政投融資計画及び国債整理基金特別会計に，ほぼ相当.	○予算は総予算と個別予算からなる．総予算は，予算一覧，資金調達一覧，信用資金計画から，個別予算は省庁別の歳入・歳出などからなる． ○一般会計，特別会計の区分はない.	○予算は，一般予算（一般会計に相当），付属予算及び特別勘定に区分される.
○４～３月	○１～12月	○１～12月
○統合国庫資金の議定費は法律（議定費歳出法）として成立． ○統合国庫資金の既定費及び歳入見積り，国庫貸付資金は議会の議決の対象とならない.	○法律（予算法）として成立． ○予算法は，歳入・歳出額を示し，付録として総予算が添付される．個別予算も議決の対象となるが，形式的には予算法の一部ではなく，公布の手続きもされない.	○法律（予算法）として成立． ○歳入・歳出とも議決の対象.
○予算編成権は内閣に専属．ただし，形式的に法案はすべて議員提出とされており，予算法案も財務大臣の名で提出． ○予算法案は先に下院に提出.	○予算編成権及び提出権は，内閣に専属． ○予算法案は連邦議会，連邦参議院に同時に提出.	○予算編成権及び提出権は内閣に専属． ○予算法案は，下院である国民議会が先議.
○歳出予算の追加・変更が必要な場合に提出.	○予算外・予算超過支出によって処理できず，予算の追加・変更が必要な場合に提出.	○予算の追加・変更が必要な場合に提出.
○議定費歳出予算法が成立するのは通常７月末頃となるので暫定予算が組まれる．歳入法の成立は５月頃だが，それまでの間，下院歳入委員会の議決により改正税制を暫定的に施行.	○年度開始までに予算が確定しないとき，連邦政府には前年度予算の範囲内での調達，給付の継続，法律で定められた措置の実施などの事項につき支出権限を有する.	○予算法案は，国民議会提出後70日以内に議決がなされないとき，予算法の政府提出案の規定を大統領令により施行することができる.
○歳出予算の各項の金額を超過した支出があった場合，議会は審議のうえ，事後的に承認する決議を行う.	○財務大臣の同意により可能であるが，議会への報告を必要とする．この資金については他の支出の節約によってまかなわなければならない.	○年金，公債利払費など，その支出が国の義務に属する概算費については，予算超過支出が可能．その他支出についても，一定の要件のもと事前支出命令で超過支出が可能.
○統合国庫資金には計上されない.	○歳入・歳出予算に含まれる（収支尻は均衡）.	○歳入・歳出に含まれない（したがって歳出入は一致しない）.
○決算は会計検査院の検査を経て下院に提出.	○決算は会計検査院が検査し，連邦議会及び連邦参議院に報告.	○決算は会計検査院の検査を経て，決算法として国会で議決.
○統合国家資金収入の過不足は，国家貸付資金に持ち込まれ，同資金の不足時は，公債発行または借入れが行われる	○前年度信用調達権限未使用枠内での公債発行及び歳出の抑制で対処．さらに不足する場合は補正予算を組み信用調達限度額を増額.	○国債の発行，国庫預託金の操作により補填.

図表Ⅳ.1.4　主要国

	日本	アメリカ
11. 公債の発行	○財政法上建設国債に限られ，国会の議決を経た金額の範囲内とされている．建設国債以外の発行については，特例法の制定が必要． ○日銀引受けは原則禁止．	○法定限度の範囲内であれば自由に発行できる． ○連邦準備銀行の直接引受けは原則禁止．
12. 長期財政計画	○数年度にわたる予算という意味での長期財政計画はないが，「日本経済の針路と戦略」（閣議決定）において中期的な経済財政運営の基本方針が示される．	○予算年度を含む向こう10年度分の財政見通しが大統領予算教書において示される．

公債制度

1. 公債発行上の制限	○歳出の財源として公債を発行しまたは借入れをなしうるのは，公共事業費，出資金及び貸付金の財源に限られ，かつ国会の議決を経た金額の範囲内であることを要する． ○建設公債以外の発行については，特例法の制定が必要．	○歳入補塡と資金繰りの区別及び支出目的に関する制限はない． ○連邦普通債については，政保債も含め，連邦債務残高限度額の規制に服する（第二自由公債法）．
2. 中央銀行による引受けなど	○日本銀行の引受けによる公債発行または日本銀行からの借入れは原則禁止．ただし，特別の事由がある場合には，国会の議決を経た金額の範囲内で認められる．	○連邦準備銀行による直接引受けは，原則禁止． ○時限立法により，残高50ドルの範囲で普通債及び政保債の直接引受けが認められていたが1981年6月に失効．
3. 公債の償還	○減債制度としては，国債整理基金特別会計がある． ○基金へ繰り入れられる額は，前年度期首の国債残高の1.6%（定率繰入れ）と一般会計の決算剰余金の2分の1を下らない額（剰余金繰入れ）などのほかに，そのときどきの必要に応じた額（予算繰入れ）．	○国庫収支に剰余が生じた場合には，公債の償還に充てられる． ○1919年に設けられた減債基金制度が存在するが，現在は機能していない．

の財政，公債制度（つづき）

イギリス	ドイツ	フランス
○政府の借入れ権限については，国家貸付金の支払に充てるために必要な金額について借入れができる，と包括的かつ一般的に規定.	○連邦政府は構造的財政収支対GDP比▲0.35%以内に収めなければならない. ○ドイツ連邦銀行を経由して発行されるが，同行による直接引受けは禁止.	○各年度の予算法で，財務大臣に対し，公債発行の権限について一般的認可が与えらえる. ○フランス銀行による直接引受けは禁止.
○3～4年ごとに中期財政計画である「歳出見直し」が作成され，同計画を踏まえ各年度の予算が編成される.	○予算基本法，経済安定成長促進法に基づき，当計画策定時の年度を初年度とする5ヵ年の財政計画（ローリング方式により1年ごとに改定）が作成され，予算案と同時に議会に提出．ただし，計画は議会の議決不要.	○予算年度を含む，少なくとも向こう3年度分を計画期間とした複数年財政計画法案が作成され，予算法案と同時期に議会に提出，議決. ○複数年財政計画法は基本方針を定めるものであり，毎年策定される予算法に取って代わるものではないが，各年の予算法案は複数年財政計画法で定められた歳出総額の上限及びミッションごとの歳出上限を遵守して作成されることとされている.
○歳入補塡と資金繰りの区別，支出目的及び発行限度額に関する制限はない. ○公債は，国家貸付金（国有企業，地方団体などの事業に対する貸付け，国債利払いなどを行う）から発行される．なお，いわゆる一般会計に相当する統合公庫資金の黒赤字は国家貸付資金に日々持ち込まれる.	○連邦政府は，構造的財政収支の赤字対GDP比が0.35%を超過しない範囲で公債発行が認められる（景気が悪化した場合（GDPギャップがある場合）には，一定の超過が認められる．また，緊急事態等の場合も例外として起債可能）（基本法（憲法）及び基本法第115条の規定の施行に関する法律）. ○各年度の信用調達限度額は予算法で規定.	○歳入補塡と資金繰りの区別及び支出目的に関する制限はない. ○予算法上は，財務大臣の権限において借入れを行いうることが言及されるとともに，1年以上を期間とする中長期債の残高純増限度額が示される.
○中央銀行が公募入札の残高を引き受けていた（タップ制）時期もあるが，現在ではDebt Management Office（財務省のエージェンシー）が一部の公債について行っているのみであり，中央銀行による引受けは行われていない.	○マーストリヒト条約は加盟国の中央銀行による国債引受けを禁止しており，中央銀行による直接引受けを行うことはできない.	同左
○国家貸付資金に黒字が生じた場合には一時借入金の償還に充てられる. ○過去に減債基金付きで発行された公債は存在するが，ウエイトは小さく，一般的な減債金制度は現在存在しない.	○歳入超過額は，その年の公債発行額の減額に充てるか，債務の償還に使用するか，景気調整準備金に繰り入れなければならない. ○減債基金制度はない.	○発行・償還は予算外の国庫資金操作として行われる（予算組織法). ○歳入超過額は，毎年の決算法により国庫資金操作に繰り入れられる（予算組織法). ○一般的な減債基金制度はない.

第2章

アメリカ

1 最近の経済財政動向

(1) 最近の財政運営（オバマ政権以降）

（イ）2009年度の財政運営

2009年度（2008年10月～2009年9月）において，オバマ大統領はリーマン・ショックを契機としたアメリカ経済の景気低迷を打開すべく，大統領就任直後の2009年2月に「2009年アメリカ再生・再投資法」（American Recovery and Reinvestment Act of 2009）を成立させた．同法は，約4990億ドルの歳出措置と約2880億ドルの減税措置からなる，総額約7870億ドル規模（対GDP比約6％）の経済対策であり，歳出措置としては，州・地方への財政支援，インフラ・科学技術への投資，雇用保険や住宅支援の拡充など，歳入措置としては，定額型の所得税減税などが含まれている．同法の執行による経済への影響については，実質GDP成長率に2009年は0.4～1.8％，2010年は0.7～4.1％，2011年は0.4～2.3％，2012年は0.1～0.8％，2013年は0.1～0.4％分の寄与があったとアメリカ議会予算局（CBO）は推計していた．一方で，一定の経済効果が見られた反面，同法による歳出増及び税収減のほか，TARP（不良債権買取りプログラム）やGSE（政府支援機関）支援等の金融危機対策などにより，2009年度（2008年10月～2009年9月）の財政赤字は，前年度から9541億ドル拡大の1兆4127億ドル（対GDP比9.8％）と，戦後最大（当時）となった．

（ロ）2010年度の財政運営

2010年度（2009年10月～2010年9月）においては，中小企業向けの減税措置などを内容とする「2010年中小企業支援法」（Small Business Jobs Act of 2010）を2010年9月に成立させた一方，経済状況の好転などにより歳入面が改善するとともに，TARPなどの金融危機対応プログラム関連支出が減少したことを主因として歳出面も改善，財政赤字は1兆2944億ドル（対GDP比8.7％）に縮小した．

（ハ）2011年度の財政運営

2011年度（2010年10月～2011年9月）においては，歳入が増加した一方，歳出面では社会保障関連支出等の増加により，財政赤字は1兆2996億ドル（対GDP比8.5％）と，2010年度とほぼ同水準となった．

2011年度における財政上の主な動きとしては，2011年度予算及び債務上限引上げに係る与野党間の協議があげられる．

2011年度予算に関しては，年度開始後も民主・共和両党が歳出削減幅をめぐって対立し，各政府機関は，暫定予算によって業務を継続したものの，暫定予算が期限切れを迎えるたびに，政府機関の一部閉鎖が懸念されるという事態に至った（その後，2011年4月に2011年度の歳出予算法は成立している）．

この財政健全化策をめぐる両党の対立は，その後の債務上限引上げ問題において顕著なものとなった．すなわち，アメリカでは，連邦政府債務残高の上限が法定されているところ，この上限の引上げのために法律改正を行う政治的な前提として，民主党は増税を含む財政健全化策を主張する一方，共和党は歳出削減のみによるべきとして，財政健全化の方法論において大きな対立が生じた．2011年5月，連邦政府の債務残高は法定上限にほぼ到達し，財務省は債務上限の超過を遅らせるための「異例の措置」（例：州・地方政府の余裕資金運用のための非市場性債券の発行を停止等）を講じて資金繰りを行い，債務上限超過を先送りしていたものの，最悪の場合にはデフォルトに陥る懸念が持たれていた．同年8月，与野党間で合意が成立し，債務上限を引き上げることを含む「2011年予算管理法」（Budget Control Act of 2011）が成立したことにより，最悪の事態は回避されたが，その後，一部の格付け会社は，政治的な不安定性などを指摘し，アメリカ国債の格付けを引き下げた．

図表Ⅳ.2.1　アメリカの財政収支対 GDP 比推移

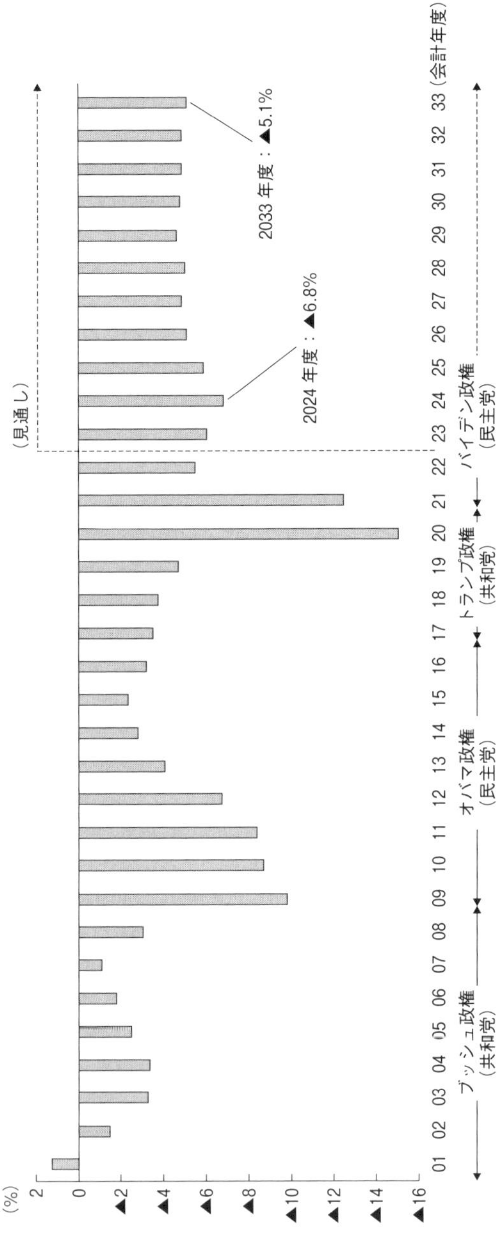

同法は，①第一段階として，裁量的経費に上限（Cap）を設定し，10年間合計で約0.9兆ドルの歳出削減を実施するとともに，同額の債務上限引上げを認めること，②第二段階として，2011年11月23日までに超党派の委員会（「財政赤字削減のための合同特別委員会」）において財政健全化策をとりまとめるとともに，その財政健全化策と同額の債務上限引上げを認めること，また，仮に超党派の委員会がとりまとめに失敗した場合には，9年間で総額約1.2兆ドルにのぼる強制歳出削減措置を発動すること（ただし，年金や低所得者対策など一部例外あり），を内容とするものである．同法に基づき，与野党の議員で構成される超党派の委員会が財政健全化策のとりまとめに向けて議論を重ねたが，ここでも，民主党が増税を含む歳出・歳入両面での対策を主張したのに対し，増税に反対する共和党は歳出削減のみによるべきと主張し，2011年前半と同様の対立が繰り返された．そのため，委員会は2011年11月21日，財政健全化策のとりまとめを断念する旨を発表し，2013年以降，9年間で総額約1.2兆ドルの強制歳出削減措置が発動されることが確定した（後述のとおり，「2012年アメリカ納税者救済法」（American Taxpayers Relief Act of 2012）による2カ月の発動先送りを経て，2013年3月に発動）．

オバマ大統領と民主党は，経済対策についても共和党と激しく対立した．2010年12月には，時限措置であるブッシュ減税の期限延長が問題となった．オバマ大統領は，従来，高所得者層に対する減税の延長に反対してきたが，2010年末の議論においては，すべての所得者層に対する減税延長を主張する共和党に譲歩する形となった（「2010年減税延長・失業保険特例延長・雇用創出法」（Tax Relief, Unemployment Insurance Reauthorization, and Job Creation Act of 2010））．2011年末にも同様に，社会保障税減税など，いくつかの時限措置の期限延長が問題となった．オバマ大統領は，各種時限措置の期限延長を含む，雇用対策のパッケージを発表したが，財源確保策として増税を認めるか否かという点で与野党が対立し，議会ではことごとく否決されることとなった．その後，短期的な期限延長を行ったうえで，議論は継続され，最終的には十分な財源が確保されないまま，2012年2月，「2012年中間層のための減税・雇用創出法」（Middle Class Tax Relief and Job Creation Act of 2012）が成立した．

（ニ）2012年度の財政運営

2012年度（2011年10月～2012年9月）においては，歳出面では社会保障関連支出等が増加した一方，歳入が増加したことにより，財政赤字は1兆870億ドル（対GDP比6.8％）と，2011年度から改善がなされた．歳入増の主な要因は法人税収の増加，歳出減の主な要因は経済対策に基づく歳出の減少のほか，イラクやアフガニスタンにおける戦費の減少があげられる．

2012年度における財政上の主な動きとしては，「財政の崖」回避に向けた与野党の協議があげられるが，詳しくは後述する．

（ホ）2013年度の財政運営

2013年度（2012年10月～2013年9月）の財政赤字については，約6795億ドル（対GDP比4.1％）となり，2008年度以来5年ぶりに1兆ドルの大台を下回る水準となった．これは，歳入の大幅増と歳出削減の組合せによるものであり，特に歳入については，前年度と比べ約3251億ドル増加し，歳出についても約823億ドル減少している．このような財政収支の改善要因について，2013年10月に公表された財務長官と大統領府行政管理予算局（OMB）長官の共同声明によれば，歳入増は，所得税及び法人税収の増加や「2012年アメリカ納税者救済法」に定められた富裕層に対するブッシュ減税の失効など，歳出減は，国防費や失業給付の減少，GSEからの高い配当金収入，「2011年予算管理法」に基づく強制歳出削減措置などがあげられる．

2013年度における財政上の主な動きとしては，2012年度から続く「財政の崖」回避に向けた与野党協議があげられる．アメリカでは，「2011年予算管理法」や税法等を改正する手続きが行われない場合，大幅な歳入増及び歳出減が重なることとなり，これによって経済に大きな影響が生じることが想定されていた（いわゆる「財政の崖」）．具体的には，①2010年末に2年間の延長が決定された「ブッシュ減税」や，2012年初めに延長が決定された社会保障税減税等の各種措置が2012年末に期限切れを迎え，②2013年からの9年間で総額約1.2兆ドルの強制歳出削減措置（各年度機械的な均等割り，初年度の影響大）が発動することとなっていたことである．民主・共和両党ともに，中長期的な財政健全化の必要性を踏まえながら「財政の崖」による経済への悪影響を回避すべきだとする点では概ね一致していたが，「財政の崖」を回避するに当たり，特に富裕層に対するブッシュ減税を延長するか否かが両党の大きな対立点となった．2012年11月の大統領選・議会選後に本格化した協議は，2012年末を過ぎても続いたが，2013年1月1日に議会両院で可決し，その翌日に成立した「2012年アメリカ納税者救済法」によって，ブッシュ減税の延長に係る両党の妥協が図られた．

同法の主な内容は，①所得45万ドル以下の世帯（夫婦共同申告の場合．単身者の場合は所得40万ドル以下）に限り，ブッシュ減税を延長・恒久化し（上記超の高額所得者については事実上増税），②約1.2兆ドルの強制歳出削減措置の発動日を2カ月先送りするというものである．なお，被雇用者の社会保障減税は延長されなかった．その後，強制歳出削減措置については，特段の修正なく，3月1日に発動がなされた．

（へ）2014年度の財政運営

2014年度（2013年10月～2014年9月）の財政赤字については，約4846億ドル（対GDP比2.8%）となった．

2014年度における財政上の主な動きについては，2013年10月，医療保険制度改革の取扱い等をめぐり，上下両院の対立が続き，2014年度暫定予算の不成立による政府機関の一部閉鎖及び債務上限問題の二つの財政問題が発生したことがあげられる．

1996年以来17年ぶりとなる政府機関の一部閉鎖は，10月1日から16日間続いた．10月16日に上院において超党派での合意が成立し，同日中に合意内容に沿った法案が上下両院で可決，大統領の署名により成立し，この政府機関の一部閉鎖は解除された．主な合意内容は，①暫定予算の期間は2014年1月15日まで，②債務上限を2014年2月7日まで適用しない，③長期の財政問題及び2014年度の歳出水準について両院協議会において議論を行い，12月13日までに報告することであった．その後12月10日に両院協議会において，①2014年度及び2015年度において，裁量的経費の強制歳出削減額を約630億ドル緩和すること，②2014年度から2023年度の10年間で，義務的経費の削減及び税外収入の増加により約850億ドルの収支改善をさせることが合意された．この合意内容を反映した「2013年超党派予算法（Bipartisan Budget Act of 2013)」には2014年度及び2015年度の歳出予算法の策定を円滑に進めるためのプロセス

図表Ⅳ.2.2　連邦債務残高見通し

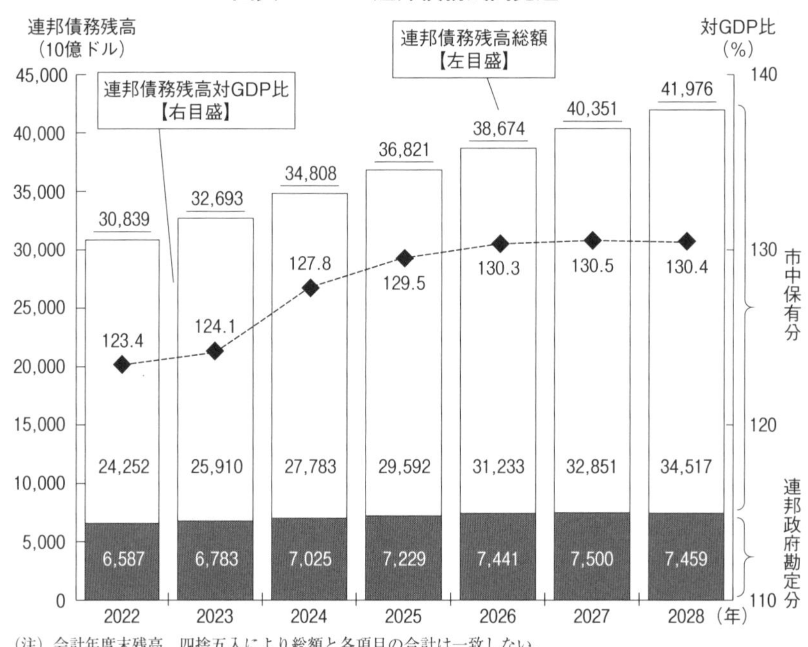

（注）会計年度末残高，四捨五入により総額と各項目の合計は一致しない．
（出所）2024年度大統領予算教書

も規定されることとなった．

債務上限問題については，2013年10月の超党派合意に基づき，2014年2月7日まで債務上限を適用しない旨の法案が成立していたところ，2月8日以降は，財務省が「異例の措置」（例：公務員年金基金によるアメリカ債運用の停止措置等）を講じて資金繰りを行い，債務上限超過を先送りしていたが，最悪の場合にはデフォルトに陥る懸念が持たれていた．2月11日，下院にて2015年3月15日までの付帯条件なしの債務上限延長法案が可決され，翌12日には上院においても同法案が可決されたことで最悪の事態は回避された．

（ト）2015年度の財政運営

2015年度（2014年10月～2015年9月）の財政赤字については，約4385億ドル（対GDP比2.4%）となった．当初の見通しである約5825億ドル（対GDP比3.2%）よりも改善し，財政収支の対GDP比は，2008年以来最も低い水準となった．

2015年度におけるアメリカ財政上の主な動きについては，2015年度歳出予算法の成立をめぐる動きがあげられる．2014年12月13日，国土安全保障省関連を除く2015年度歳出予算法は成立したが，移民政策が争点となった国土安全保障省関連については，期限付きの歳出しか認められなかった．その後，2015年3月4日に国土安全保障省関連の歳出予算法は成立し，政府機関閉鎖は回避された．

債務上限問題については，2015年3月15日が債務上限の規定を不適用とする期限とされていたが，同年3月6日にルー財務長官から議会に宛てた書簡の中で，債務上限を議会が引き上げない場合には，「異例の措置」を実施する用意があると表明した．同書簡の中では，いつまで債務上限の超過回避が可能かは示されていないが，CBO（議会予算局）が同年3月に公表したレポートでは，2015年10月から11月までと見込まれている．

（チ）2016年度の財政運営

2016年度（2015年10月～2016年9月）の財政赤字については，約5847億ドル（対GDP比3.2%）となった．

2016年度におけるアメリカ財政は，新しい会計年度が始まる前日の9月30日に暫定予算が成立し，10月1日からの政府閉鎖が直前に回避されてスタートした．同暫定予算により，12月11日までの財政運営が可能になった一方で，民主党と共和党とで引き続き対立しており，債務上限が引き上げられないことによる債務不履行のリスクも抱えていた．米財務省が発動している臨時措置が枯渇すると見込まれていた11月3日の直前である10月26日にホワイトハウスと両党議会指導部との間で財政に関する大筋合意が実現し，11月2日に「2015年超党派予算法」が成立した．これにより，債務上限が2017年3月15日まで撤廃された．また，「2011年予算管理法」に基づく裁量的経費の上限（キャップCap）が2016年度は500億ドル，2017年度は300億ドル緩和（緩和額は国防費・非国防費で折半）された．12月11日，12月16日に短期間の暫定予算が組まれ，最終的に12月18日に2016年度歳出予算法が成立した．

2016年2月に発表されたオバマ政権最後の大統領予算教書では，2025年度まで財政収支（連邦政府）を▲3%未満に収めるという財政健全化目標が掲げられた．しかしながら，議会が上下両院ともに野党が過半数を占めていること

図表Ⅳ.2.3 実質 GDP 成長率の推移

（前期比年率，%）

項目 ＼ 年・四半期	2020	2021	2022	2022 Ⅰ	2022 Ⅱ	2022 Ⅲ	2022 Ⅳ	2023 Ⅰ
実質 GDP 成長率	▲2.8	5.9	2.1	▲1.6	▲0.6	3.2	2.6	1.1
個人消費	▲3.0 (▲2.01)	8.3 (5.54)	2.7 (1.85)	1.3 (0.91)	2.0 (1.38)	2.3 (1.54)	1.0 (0.70)	3.7 (2.48)
民間設備投資	▲4.9 (▲0.67)	6.4 (0.83)	3.9 (0.50)	7.9 (0.98)	0.1 (0.01)	6.2 (0.80)	4.0 (0.52)	0.7 (0.10)
民間住宅投資	7.2 (0.28)	10.7 (0.47)	▲10.6 (▲0.53)	▲3.1 (▲0.15)	▲17.8 (▲0.93)	▲27.1 (▲1.42)	▲25.1 (▲1.20)	▲4.2 (▲0.17)
民間在庫投資	(▲0.55)	(0.24)	(0.74)	(0.15)	(▲1.91)	(▲1.19)	(1.47)	(▲2.26)
政府消費及び投資	2.6 (0.45)	0.6 (0.11)	▲0.6 (▲0.10)	▲2.3 (▲0.40)	▲1.6 (▲0.29)	3.7 (0.65)	3.8 (0.65)	4.7 (0.81)
国内需要	(▲2.50)	(7.19)	(2.46)	(1.49)	(▲1.74)	(0.38)	(2.14)	(0.96)
純輸出	(▲0.26)	(▲1.25)	(▲0.40)	(▲3.13)	(1.16)	(2.86)	(0.42)	(0.11)
輸出	▲13.2 (▲1.54)	6.1 (0.64)	7.1 (0.79)	▲4.6 (▲0.53)	13.8 (1.51)	14.6 (1.65)	▲3.7 (▲0.44)	4.8 (0.54)
輸入	▲9.0 (1.28)	14.1 (▲1.89)	8.1 (▲1.19)	18.4 (▲2.60)	2.2 (▲0.35)	▲7.3 (1.21)	▲5.5 (0.86)	2.9 (▲0.43)

（注）（　）は寄与度，2023年4月末現在

や，選挙の関係で会期が短いことなどもあり，2017年度歳出予算法が年度内に成立することはなく，2016年9月29日に12月9日までの暫定予算が成立した．

（リ）2017年度の財政運営

2016年11月8日に大統領選挙が行われ，共和党のトランプ大統領候補が民主党のヒラリー大統領候補を破り当選し，2017年1月20日にトランプ政権が誕生した．予算に関しては，2016年12月10日に2017年4月28日までの暫定予算が，4月28日に5月5日までの暫定予算が成立するなかで議会での交渉が行われ，最終的に2017年5月5日に2017年度歳出予算法が成立した．トランプ大統領は，国防費の増額やメキシコとの国境に壁を建設するための費用の追加などを要求していたが，議会の合意は得られず，設定されていた上限（Cap）と同額の予算が成立することとなった．

なお，2017年5月23日に提出された2018年度大統領予算教書では，2017年度（2016年10月～2017年9月）の財政赤字については，約6030億ドル（対GDP比3.1%）となる見通しであることが示されている．

図表Ⅳ.2.4　実質 GDP 成長率の寄与度別推移

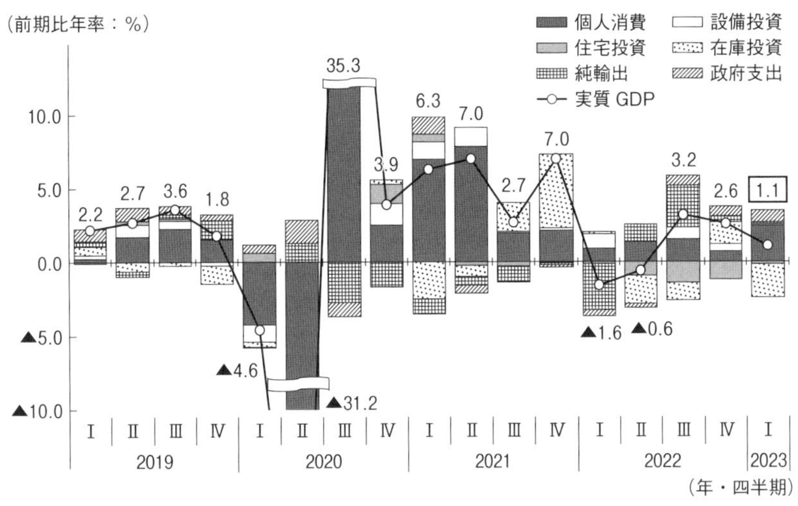

（出所）米商務省

（ヌ）2018年度の財政運営

2018年のアメリカ財政は，トランプ大統領がメキシコとの国境に建設するよう主張している「壁」の建設費用について政府・与野党間の合意が得られず，暫定予算を組んでスタートした．同時に浮上した債務上限問題については，2017年9月8日，ハリケーン・ハービーを受けた災害救助予算に附帯した債務上限凍結措置によって2017年12月8日まで債務上限を定めた法律が不適用となり，いったんは問題が先送りされた．その後，暫定予算の延長を繰り返して予算をつなぎつつ，財務省による「異例の措置」（extraordinary measures）を講じることによって債務上限問題をしのいでいたが，2018年1月20日，暫定予算の期限切れにより，一部の政府機関が閉鎖される事態となった．ただし，同日は土曜日であったことや，安全保障や郵便，航空管制などの幅広い部局が国民生活への影響が大きいとして閉鎖対象から外されたこと，2018年2月8日までの暫定予算が速やかに成立したことなどから大きな混乱は生じなかった．

2018年2月9日，2018年超党派予算法が成立し，2018年度と2019年度の歳出上限を3000億ドル程度引き上げることが決定すると同時に，債務上限も2019年3月1日まで凍結されることとなった．

その後，大統領と共和党が2018年の国防費を800億ドル引き上げること，民主党が薬物中毒対策やインフラ投資に関する予算を盛り込むことで妥協した結果，2018年3月23日に「2018年度統合歳出法案」が成立し，2019年度まで予算不成立に伴う政府機関封鎖の問題は回避されることとなった．

(ル) 2019年度の財政運営

トランプ大統領は2019年2月15日，「2019年統合歳出法案」に署名し，同法は成立した．これにより2019年9月末までの2019会計年度歳出法はすべてが成立し，政府機関の閉鎖は回避された．

当初，トランプ大統領は議会に対し，メキシコ国境の壁建設費として57億ドルを要求したが，民主党が反発し議会審議は紛糾した．その結果，一部の予算が成立せず，2018年12月22日から35日間にわたり連邦政府機関の一部が閉鎖に追い込まれた．その後，2019年1月25日に同年2月15日までの暫定予算が成立したことにより政府機関が再開された．暫定予算成立後，議会の共和党側と民主党側とが，壁予算について協議を続け，2月11日，一部の壁予算を認めることで合意に至った．「2019年統合歳出法案」にはトランプ大統領が要求していたメキシコ国境の壁建設費57億ドルは含まれていなかったが，トランプ大統領は経済への悪影響や国民感情を配慮し署名したとの見方もある．

最終的に2019年度の財政収支は9,844億ドルの赤字．前年度比で26%増加し，金融危機後の財政拡張期であった2012年度以来7年ぶりの水準となった．歳出は社会保障費等が膨らみ9%増加した一方，大型減税の影響を受けて歳入の伸びは鈍く3%の増加に留まり，財政赤字は増加した．また，中国製品の輸入に賦課した追加関税の影響で，関税収入は前年度比71%増加し，データが存在する1954年以降で最高額となった点も特徴的であった．

(ヲ) 2020年度の財政運営

2019年3月11日，トランプ大統領は2020年度（2019年10月～2020年9月）の予算教書「A Budget For A Better America, Promises Kept, Taxpayers First」を公表した．裁量的支出のうち，国防費の歳出上限を前年度比4.7%増の7,500億ドル規模とする一方で，非国防費に関しては2019年会計年度の予算上限から5%削減することが盛り込まれていた．

8月2日，「2019年度超党派予算法（Bipartisan Budget Act of 2019）」が成

立し，2020年度及び2021年度の裁量的経費の歳出上限を，それぞれ1,686億ドル，1,529億ドル引き上げるとともに，連邦政府の法定債務上限を2021年7月31日まで凍結することとした．

12月20日には，「2020年度歳出予算法」が成立した．

いわゆる“壁予算”を巡って多少のもつれがあったものの，予算案が（2019年とは異なり）政府閉鎖に陥ることなく比較的スムーズに合意された背景には，2020年秋の大統領選・連邦議会選を控え，共和党は国防費の増額を，民主党は公共事業や教育費などの増額を求めており，両党が歳出拡大に対して積極的である点で一致していた事情があるとの指摘もある．

新型コロナウイルス感染症（Covid-19）の拡大を受けて，アメリカにおいても累次の対策がなされた．具体的には，3月6日に「コロナウイルス対策緊急歳出法」（83億ドル程度），3月18日に「家族第一コロナウイルス対策法」（1,919億ドル程度），3月27日に「コロナウイルス援助，救援及び経済的保障法」（2兆2,240億ドル程度），4月24日に「中小企業給与保護プログラム及び医療強化法」（4,830億ドル程度）が成立し，総額ではおよそ3兆ドルに及ぶ．また，3月13日には，トランプ大統領が国家緊急事態を宣言し，連邦予算の500億ドルを医療支出に転用することを可能にした．その後も追加の経済対策案が与党共和党や野党民主党において協議されたが，支援対象や対策規模等について両党の隔たりが大きく，議会審議は難航した．8月8日，トランプ大統領は民主党との経済対策交渉の合意が不調に終わったことを受け，失業給付の上乗せ措置の延長等を盛り込んだ経済対策を大統領令等によって発動した．

（ワ）2021年度の財政運営

2020年2月10日にトランプ大統領が発表した2021年度（2020年10月～2021年9月）予算教書では，歳出は前年度比0.8％増の4兆8,290億ドルまで増加し，歳入は前年度比4.2％増の3兆8,630億ドル，財政赤字は前年度比10.8％減の9,660億ドルまで減少するとしていた．しかし，新型コロナウイルス感染症の流行拡大・長期化により，12月27日に，コロナ対策として2度目の現金給付等を盛り込んだ9,000億ドル程度の追加経済対策が成立．その後，2021年1月にバイデン新政権へと移行すると，3月11日，バイデン大統領は就任後初となる経済対策として，3度目の現金給付等を盛り込んだ「米国救済計画」

図表Ⅳ.2.5　政府経済見通し

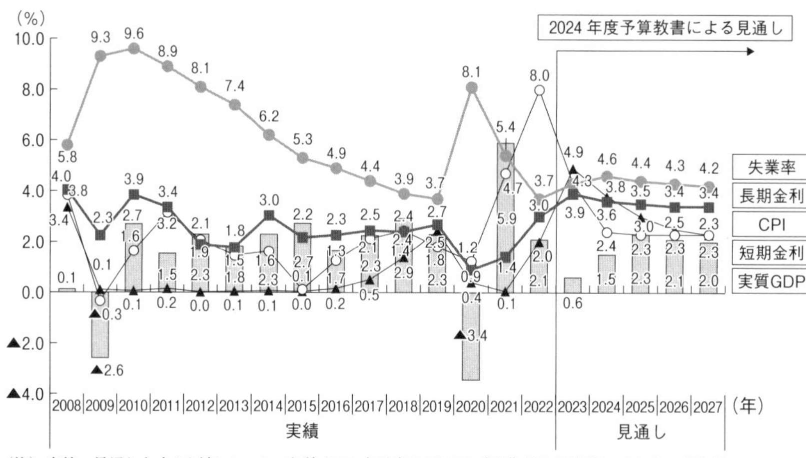

（注）実績，見通しともに暦年ベース．実質 GDP 成長率及び CPI（消費者物価指数）はともに前年比．
短期金利は財務省証券３か月物利回り．長期金利は同10年物利回り．
（出所）実績は商務省，労働省，FRB．見通しは2024年度大統領予算教書．

（American Rescue Plan）（1.9兆ドル程度）に署名した．累次のコロナ対策が講じられたことで，財政赤字は２兆7,750億ドル（対 GDP 比12.4％）にまで膨らんだ．

（カ）2022年度の財政運営

2021年５月28日，バイデン大統領は政権初となる2022年度（2021年10月～2022年９月）予算教書を発表した（４月９日に各省庁別予算にあたる裁量的経費の予算方針を先行公表しており，５月28日の公表は義務的経費及び経済・財政の見通しを含む提案）．同予算教書は，バイデン政権が長期的な経済再生計画として掲げる「米国雇用計画」（インフラへの投資．８年で総額２兆ドル規模）や「米国家族計画」（育児・教育・医療など家計への投資．10年で総額1.8兆ドル規模）の内容を含み，同時に，両計画の財源として法人税率の引上げ等が盛り込まれた．

「米国雇用計画」の一部施策については，議論を経て，11月15日に超党派インフラ法（５年間で新規支出5,500億ドル規模．財源は，既存事業の余剰金の活用等により確保）として成立．超党派インフラ法に含まれなかった「米国雇用計画」の施策と「米国家族計画」の施策について，民主党は単独での成立を目指すものの，党内で歳出規模・内容を巡り合意形成が難航．11月19日に下院で「ビルド・バック・ベター法案」として可決されたが，一部の上院民主党議員が反対姿勢を示した．

また，7月31日まで凍結されていた連邦政府の法定債務上限が8月1日に復活し，債務上限問題が発生した．財務省は「異例の措置」を講じて資金繰りを行い，債務上限超過の先送りを実施．最終的には，民主党と共和党トップの協議等を経て，12月16日に上限が2.5兆ドル引き上げられ，連邦政府資金の枯渇は回避された．

（キ）2023年度の財政運営

2022年3月28日，バイデン大統領は2023年度（2022年10月～2023年9月）予算教書を発表した．同予算教書には，企業への課税（自社株買い総額に対する1％の課税）や，富裕層への増税（1億ドル超の資産を持つ上位0.01％の富裕層を対象に，株式の含み益などを含む所得に対して最低20％の課税）が盛り込まれ，財政赤字の縮小（10年間で3,600億ドルの赤字縮小との試算）を目指す一方，ロシアによるウクライナ侵略などを念頭に，国防関連予算が増額された．

上院での審議が難航していた「ビルド・バック・ベター法案」は，2023年度予算教書に盛り込まれたものの，予算規模など具体的な数値は盛り込まれなかった．その後，同法案は，米国史上最大の気候変動対策や税制改革，処方箋薬価改革等を盛り込んだ「2022年インフレ抑制法」（Inflation Reduction Act of 2022）と名称を変え，当初から予算規模を縮小したうえで2022年8月16日に成立した．

また，連邦政府の債務残高は，2023年1月19日にその上限である31兆4,000億ドルに到達し，同日，債務不履行を回避するための「特別措置」の適用が開始された．

(2) 最近の経済・金融情勢（金融危機以降）

2007年夏以降のサブプライム住宅ローン（信用度合いが低い人に対する住宅ローン）問題を端緒として発生した金融市場の混乱は，2008年9月の米大手投資銀行リーマン・ブラザーズの破綻（いわゆる「リーマン・ショック」）を契機

図表Ⅳ.2.6　2024年度予算案の内訳

（単位：10億ドル，％）

項目＼年度	2022	2023			2024		
	実績	実績見込み	前年度比	構成比	予算案	前年度比	構成比
歳入総額	4,897	4,802	▲1.9	100.0	5,036	4.9	100.0
個人所得税	2,632	2,328	▲11.6	48.5	2,390	2.7	47.5
法人所得税	425	546	28.5	11.4	666	22.0	13.2
社会保障税	1,483	1,675	12.9	34.9	1,741	3.9	34.6
個別間接税	88	91	3.4	1.9	114	25.3	2.3
遺産・贈与税	33	21	▲36.4	0.4	25	19.0	0.5
関税	100	102	2.0	2.1	61	▲40.2	1.2
その他	137	39	▲71.5	0.8	38	▲2.6	0.8
歳出総額	6,273	6,372	1.6	100.0	6,883	8.0	100.0
裁量的経費	1,664	1,736	4.3	27.2	1,900	9.4	27.6
国防	752	800	6.4	12.6	885	10.6	12.9
非国防	912	936	2.6	14.7	1,015	8.4	14.7
義務的経費	4,133	3,975	▲3.8	62.4	4,194	5.5	60.9
社会保障	1,212	1,346	11.1	21.1	1,459	8.4	21.2
メディケア	747	821	9.9	12.9	842	2.6	12.2
メディケイド	592	608	2.7	9.5	558	▲8.2	8.1
その他義務的経費	1,581	1,200	▲24.1	18.8	1,335	11.3	19.4
純利払費	476	661	38.9	10.4	789	19.4	11.5
財政収支	▲1,376	▲1,569	14.0	—	▲1,846	17.7	—

（注）歳出は支出ベース．四捨五入により総額と各項目の合計は一致しない．
（資料）2024年度大統領予算教書

として，世界的な金融危機にまで発展した．アメリカでは，2008年第3四半期には実質GDP成長率が前期比年率▲2.1％とマイナス成長に転じた後，第4四半期には同▲8.4％と，1980年第2四半期（同▲8.0％）以来の大幅な落ち込みとなるなど，経済は悪化の一途をたどった．FED（米国連邦準備制度）は，上記のような金融市場の混乱から金融危機の発生に際し，政策金利の引下げに始まり，2008年12月には，長期国債の買入れやエージェンシー債とエージェンシーが保証するMBSの買入れを含む大規模な資産買入れプログラムを開始した（いわゆる「QE1」）．

図表Ⅳ.2.7　歳出・歳入の構成割合（2024年度，10億ドル）

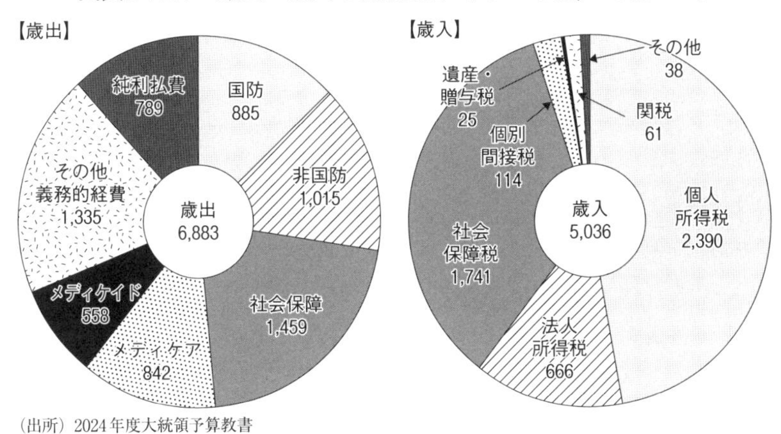

（出所）2024年度大統領予算教書

2009年は労働市場及び住宅市場が悪化の度合いを一層増し，実質GDP成長率は前年比▲2.5%と，2年連続のマイナス成長となった．住宅投資は，2008年以降実施されていた初回住宅取得減税措置の拡大・延長が講じられたものの，大幅な落ち込みが続いた．一方，個人消費は景気後退と金融危機の発生のなかで，いったんは大幅に減少したものの，2009年夏以降実施された自動車買換え支援策などにより，年後半には持ち直しの動きが見られた．アメリカ経済全体を見ると，上記の消費拡大措置を含むオバマ政権による大規模な景気刺激策と金融安定化策の効果等もあり，同年6月より景気回復局面へ移行，その後は緩やかな回復を続けた．

2010年においても，労働市場と住宅市場は依然低迷を続けた．労働市場については，非農業雇用者数は同年秋以降，継続的な増加に転じたものの，失業率は2010年平均で9.6%と，1983年（9.6%）以来の高水準となった．また，住宅投資についても，同年4月の初回住宅取得減税の終了前に，駆込み需要により増加したものの，その後の反動減も大きく，年後半には減少に転じた．このような状況のなか，インフレ期待の低下にともなうデフレ懸念の台頭を背景として，FEDは同年11月のFOMCにおいて長期国債の買入れプログラムを決定した（いわゆる「QE2」）．なお，通年でみれば，新興国需要の拡大にともない輸出が増加したことや，年末にかけブッシュ減税の延長が可決され，消費者の購買意欲が高まったことなどもあり，個人消費を中心に，回復の勢いは着実に増し，2010年の実質GDP成長率は，前年までの2年連続のマイナス成長から，前年比2.6%とプラス成長に転じた．

2011年に入ると，連邦債務の法定上限問題が顕在化した．アメリカ経済は，アメリカがデフォルトに陥るとの緊張が高まった同年夏にかけて，一時的に消費者及び企業のマインド悪化により株価が下落したほか，長引く雇用回復の遅れやガソリン高などもあいまって，これまで景気を牽引してきた個人消費が鈍化した．また，州・地方財政の悪化による政府支出の減少なども景気回復の足かせとなり，2011年の実質GDP成長率は，前年比1.6%と，前年（同2.6%）から回復のペースは鈍化した．

2012年に入ると，住宅価格の上昇や個人消費の堅調な拡大を背景に，アメリカ経済は緩やかな回復が続いた．同年夏以降，生産や労働市場の回復が鈍化し始めたことなどから，同年9月以降，FEDはエージェンシーMBSや長期国債の買入れプログラムを決定した（いわゆる「QE3」）．なお，2012年通年の実質GDP成長率は，前年比2.2%と，前年（同1.6%）から成長が加速した．

2013年に入ると，個人消費や設備投資が経済成長を牽引したほか，失業率の低下をはじめとした労働市場の回復が加速した．このような経済状況を背景として，同年5月，バーナンキFRB議長（当時）はQE3縮小を示唆した．また同年10月には，1996年以来17年ぶりに16日間にわたり政府機関が一部閉鎖されるなどしたが，通年の実質GDP成長率は前年比1.8%と，前年（同2.2%）から鈍化したものの回復が続いた．

2014年に入ると，年初の寒波等の悪天候の影響により，第1四半期の実質GDP成長率は前期比年率▲1.2%とマイナス成長となったものの，天候が回復した第2四半期以降は個人消費や設備投資が牽引役となり，プラス成長に回帰した．通年では，実質GDP成長率は前年比2.5%と，前年（同1.8%）から成長ペースは加速した．

なお，2012年9月に開始されたQE3における新規の資産買入れは，2014年1月以降に順次買入れ額を縮小（テーパリング）し，2014年10月末をもって終了した．

2015年に入ると，原油価格下落やドル高の影響等が経済の下押し圧力となったが，雇用・所得環境の改善が個人消費の増加に結び付くという好循環がみられたことから，15年8月半ばまでは9月利上げ説が市場でも支持されていた．しかし，8月後半に中国を発端とした世界的な金融市場の混乱が発生したことなどもあり，9月のFOMCにおける利上げは見送られた．その後，世界的な金融市場の状況が落ち着いたことや，アメリカの労働市場の改善がさらに進んだこと等を受け，FEDは12月のFOMCにおいて，約9年半ぶりに政策金利を引き上げた．

なお，通年の実質GDP成長率は前年比3.1%と，前年（同2.5%）から成長ペースは加速した．

2016年に入ると，中国をはじめとした新興国からの資金流出懸念や原油安をきっかけとして，年初は金融市場が混乱した．イギリスのEU離脱を問う国民投票の実施の決定やその結果などを受けてFEDは，金融政策の正常化を進めるものの海外情勢や金融環境が内外景気に与える影響を注視しつつ極めて緩やかなペースで利上げを実施するとの方針を示した．また，原油価格が低位で安定したことから物価の上昇ペースは緩やかに留まるとの意見も存在し，11月のFOMCまで7会合連続で利上げを見送った．好況下での財政拡大政策を唱えるトランプ大統領が当選したことも，アメリカ経済の上下双方のリスクや不透明感を高めることとなり，FEDが政策金利の引上げを慎重に進める要因のひとつとなったとの指摘も存在した．結局，FEDは12月のFOMCにおいて約1年ぶりに利上げを決定した．

2017年に入ると，労働市場が堅調な一方，物価が思うように上がらず物価上昇率は引き続きFEDの目標を下回って推移した．しかしFEDは，物価は中期的には目標の近傍で安定的に推移するとの見通しを示して金融緩和を正常化するプロセスを進め，3月，6月，12月のFOMCにおいて政策金利の引上げを行った．6月のFOMCでは，声明文においてバランスシートの縮小を「年内」に開始する旨を明示し，9月のFOMCでは，10月から保有資産の縮小を開始することを決定した．11月にはトランプ大統領が，2018年2月で1期目の任期を終えるイエレン議長の後任に，副議長であったジェローム・パウエル氏を指名した．

2018年は，堅調な個人消費や民間設備投資等に支えられ，前年比3.0%という高い実質 GDP 成長率を記録した．この背景には同年１月から実施されている税制改革や歳出上限の引上げよる拡張的な財政政策があった．雇用・所得環境が堅調で，失業率は自然失業率の水準を下回り，約50年ぶりの低水準で推移した．しかし賃金の伸びは依然として金融危機前よりも鈍く，物価面では，エネルギーと食品を除いたコア PCE デフレーターの加速は限定的であった．好調な経済を背景に同年 FOMC は計４回の利上げを実施したが，同年12月，世界経済が減速する中，FOMC が金融正常化方針の継続姿勢を示したこと等を背景に，世界的に株価が下落し，先行きに対する懸念・不安が高まった．

2019年に入ると，景気の先行きに対する懸念や，米中貿易摩擦問題・英国の EU 離脱問題等に伴う不確実性が増大し，FED は利上げを様子見する姿勢に転換した．また，同年３月の FOMC では同年５月より保有国債の毎月の縮小ペースを鈍化させること，同年９月末でバランスシート縮小を終了すること，を決定した．７月の FOMC では，当初の予定から２カ月前倒し，７月末でバランスシート縮小を終了することを決定．10月には臨時 FOMC を開催し，９月に急騰したレポ金利にみられるような，短期金融市場の資金の流動性の低下に対応する措置として，FED の負債の増加に沿ったペースで準備預金を増加させるべく短期国債の買入れ開始を決定した．また政策金利に関しては，７月 FOMC において，世界経済の動向がアメリカの経済見通しに与える影響とインフレ圧力が抑制されている点を理由とした予防的な措置として，2008年12月以来，約10年半ぶりの利下げを実施．続く９月，10月の FOMC と合わせて2019年は計３回の利下げを行った．

2020年に入ると世界的な新型コロナウイルス感染症（Covid-19）の急拡大を受けて，アメリカの経済・金融情勢は著しい混乱に陥った．３月には国家非常事態宣言が発令された中，FED においては３度の臨時 FOMC が開催され，政策金利目標の引下げ（0.00％～0.25％），米国債や MBS の買入拡大や流動性供給のための各ファシリティ設立などの金融支援策が相次いで実行された．

2020年の経済指標を確認すると，実質 GDP 成長率は前年比▲3.4％と，2009年以来のマイナスとなった．また，失業率も前年の3.7％から2020年は8.1％まで悪化した．

2021年に入ると，アメリカの景気は，新型コロナウイルス感染症の影響を受けるなど依然として厳しい状況にあったが，持ち直しが続き，2021年第1四半期の実質GDPの水準は，コロナ危機前の2019年第4四半期の水準を上回った．

失業率も5.4%まで回復した一方，景気回復にともなう需要の増加と，コロナ禍による供給制約などによってインフレ圧力が高まり，CPI（消費者物価指数）は前年比＋4.7%となった．FEDは11月のFOMCにおいて，経済が著しく進展したことを受けて，米国債等の買入ペースの縮小を決定するなど，金融政策にも変化が見られた．

2022年に入ると，インフレ圧力は更に高まった．インフレは幅広い財やサービスに広がっていたが，そこにロシアによるウクライナ侵略が重なったことで，エネルギー価格は更に上昇した．インフレ率を2%の目標に戻すため，FEDは3月以降，急速なペースでの利上げを実施するとともに，6月からはFEDのバランスシートの規模縮小を開始した．米国経済は，金利上昇の中，住宅ローン金利の高まりなどを背景に住宅市況が減速し，米国景気の下押し圧力となった．一方，堅調な個人消費を主な背景に，2022年の米国の実質経済成長率は＋2.1%となるなど，景気の持ち直しは続いた．

2 2024年度予算教書の概要

(1) 予算教書本体

2023年3月9日，2024年度（2023年10月～2024年9月）の予算教書が公表されたところ，概要は以下の通り．

(イ) 主要係数（対GDP比，%）

	2022年度	2023年度	2024年度
義務的経費	16.5	15.1	15.4
裁量的経費	6.7	6.6	7.0
国防関連	3.0	3.0	3.2
非国防関連	3.6	3.6	3.7
歳出計	25.1	24.2	25.3
歳入計	19.6	18.2	18.5

財政赤字	5.5	6.0	6.8
債務残高	97.0	98.4	102.0

（注１）2023年度（2022年10月～2023年９月）については，予算教書作成時（2023年３月）の見込み.
（注２）債務残高は，民間保有の公的債務残高（Debt held by the public）の数値.

（ロ）概要

- 雇用の創出や財政赤字の縮小といったバイデン大統領の過去２年間の成果を土台に，アメリカへの投資，家庭のコスト削減，メディケアと社会保障の保護強化などにより，ボトムアップとミドルアウトからの経済成長を持続させることを提案．また，富裕層と大企業への公平な税負担を提案.
- これらの政策の結果，今後10年間で累計３兆ドル程度の財政赤字を削減できるとしている.

（ハ）主な要求事項

(1) コストを下げ，家庭にゆとりを与える（Lowering Costs And Giving Families More Breathing Room）

- 子どものいる家庭とアメリカの労働者のための減税
- 医療費の削減，処方薬価の引き下げ
- 手頃で質の高い幼児ケア，学習アクセスの拡大，大学の学費負担の改善，無料のコミニュティカレッジの拡大
- 家庭のエネルギー，水道料金の削減

(2) メディケアと社会保証の保護，強化（Protecting And Strengthening Medicare And Social Security）

- メディケア信託基金の支払能力の延長

(3) アメリカ経済を支える基盤への投資（Investing in The Foundations of America's Economic Strength）

- アメリカの製造業や先端技術への投資
- 全ての労働者への有給病気休暇の付与

(4) アメリカの安全確保とグローバルな課題への対応（Keeping America Safe And Confronting Global Challenges）

- ウクライナ，欧州の同盟国，その他パートナーへの支援

- インド太平洋地域および世界的な統合抑止力の促進
- 民主主義の強化，世界的に人権保護を促進

(5) 富裕層と大企業が公平に負担を行うことによる財政赤字の削減(Reducing The Deficit By Ensuring The Wealthy And Big Corporations Pay Their Fair Share)

- 資産1億ドル以上の富裕層（全世帯の0.01％）の所得（株式の含み益など投資による未実現利益を含む全所得）に対する25％の最低税率の導入
- 法人税率の引き上げ（21％→28％）
- 自社株買いに対する課税の強化（1％→4％）

(二) 各省庁別の前年との裁量的経費の比較

＊主な省庁の裁量的経費

省庁	2023年度歳出法（10億ドル）	2024年度予算教書（10億ドル）	2023年度からの増減（%）
農務省	26.4	30.1	+ 14.3
商務省	11.2	12.3	+ 10.7
国防省	816.0	842.0	+ 3.2
教育省	79.2	90.0	+ 13.6
エネルギー省	47.8	52.0	+ 8.7
保健福祉省	130.4	145.3	+ 11.4
国土安全保障省	61.0	60.4	▲1.0
住宅都市開発省	72.1	73.3	+ 1.6
内務省	17.2	18.8	+ 9.3
司法省	37.5	39.7	+ 5.9
労働省	13.6	15.1	+ 10.9
国務省	63.4	70.5	+ 11.2
運輸省	28.7	27.8	▲2.9
財務省	14.2	16.3	+ 15.0
退役軍人省	134.9	137.9	+ 2.2
環境保護庁	10.1	12.1	+ 19.2
裁量的経費計	1,616.5	1,693.6	+ 4.8

(2) 2024年度予算教書に関するバイデン大統領の声明（抜粋）

今こそ，アメリカの未来への新たな投資によって，これまでの野心的な進展

を土台に，仕事を終わらせる時です（it is time to finish the job）．

私の2024年度予算は，誰も置き去りにすることなく，財政的に責任のある方法でアメリカを再建させるためのブルーカラーの青写真である．本予算は，医療保険の拡大や処方薬価の上限設定，質の高い保育への投資，手ごろな価格の住宅の建設，家庭のエネルギー料金の削減，大学の費用をより手ごろな価格するなどの新たな施策により，家庭の負担を引き続き軽減する．本予算は，何千万人もの高齢者が，尊厳を持って引退できるように，給料のたびに生涯を通じて支払ってきた，ライフラインとも言うべき社会保障とメディケアを保護し，強化するものである．これらのプログラムに対するいかなる削減も拒否し，メディケア信託基金の支払能力を少なくとも25年延長し，高齢者と障害者が獲得したベネフィットを享受できるよう投資するものである．

本予算はまた，アメリカ経済の強さの基盤である米国民に投資することで，経済成長を持続させる．それは，有給休暇や医療休暇を提供し，2021年に子どもの貧困を半減させ，史上最低水準に引き下げた子ども税額控除を復活させることで，家族を助けることを意味する．また，中小企業向け融資の拡大，労働者とその基本的な団結権の保護，科学とイノベーションへの投資，就学前教育へのアクセス拡大，コミュニティカレッジやキャリアに直結した高校，その他の質の高い職業訓練への道筋を改善することも意味している．また，地域社会の安全性の向上，メンタルヘルスケアへのアクセスの拡大，がん撲滅など，多くのことに取り組んでいくことを意味する．

さらに，本予算は，グローバルな課題に立ち向かい，米国の安全を維持するという我々のコミットメントを確固たるものにする．この予算は，世界的に中国に打ち勝つための重要な投資と，いわれのないロシアの侵略に直面したウクライナへの支援を継続するための概要を示す．また，米国の世界的なリーダーシップを回復するための取組を継続し，重要な同盟とパートナーシップの復活，軍の強化，民主主義と人権の育成，世界の健康の保護，退役軍人の顕彰，国内での移民制度の改善，そして私が署名したばかりの国家サイバーセキュリティ戦略の実施によるサイバーセキュリティの進展を図る．

重要なことは，私の予算は，今後10年間で赤字を３兆ドル近く削減しつつ，これらすべてを実現するということである．私たちの未来へのこれら投資は，富裕層や大企業に公平な負担を求めることにより十分に賄うことができる．億万長者が学校の先生や消防士よりも低い税率を払うことは決してあってはならならず，評価資産を含む全ての所得に対して少なくとも25％を支払うことを求める最低税率（a billionaire minimum tax）を提案する．本予算はまた，企業の自社株買いに対する課税を４倍にすることを提案する．これにより，企業は品質を向上と価格を下げるための生産により投資を行い，株主やCEOの利益にしかならない自社株買いを行わないようになる．本予算は，富裕層の税の抜け穴を塞ぎ，税金泥棒を取り締まるものであり，年収40万ドル以下の人が新たな税金を１円も払わないことを改めて保証するものである．

今日，我々の国は，今後何十年という未来を決定する分岐点にある．また，我々が実施してきた投資により，アメリカは地球上のどの国よりもリードできる立場にいる．この予算は，我々の国家としての価値観を反映している．それは，善良な人々の国であり，新しい可能性のある時代に成長し，世界への道標になっている．そして，我々はこの価値観を実践し，誰一人取り残さない，より強く，より公平な経済を構築し続けることで，民主主義が実現することを証明しよう．

第3章

欧州（イギリス，ドイツ，フランス）

1 イギリス

(1) 最近の経済情勢

イギリスの実質GDP成長率は，リーマン・ショックの影響により前年比▲4.5%と大きく落ち込んだ2009年から緩やかに回復し，2010年は同2.4%，2011年には同1.1%となった．2012年は，欧州債務危機の影響を受けたものの，堅調な個人消費等に支えられ同1.4%となった．その後も内需のプラス寄与が続き，2013年は同1.8%，2014年は同3.2%，2015年は同2.4%，2016年は同2.2%，2017年は同2.4%，2018年は同1.7%，2019年は同1.6%と推移した．2020年は新型コロナウイルス感染拡大の影響を受け前年比▲11.0%となったが，2021年はワクチン接種の進展に伴う経済活動の再開により前年比＋7.6%となった．

2022年は，ロシアのウクライナ侵略を背景としたエネルギー価格の上昇や供給制約などの影響を受けたものの，新型コロナウイルス感染症により制限されていた経済活動の再開による個人消費の増加等により前年比4.1%[i]となった．需要項目別の内訳をみると，個人消費は前年比＋5.6%，総固定資本形成は同＋8.6%，政府支出は同＋1.8%となり，内需の寄与度は＋4.4%となった．外需に

---

i　図表Ⅳ．3．1の“Economic and fiscal outlook March-2023”（2023年3月15日公表）において財政責任庁は，英国政府による同月31日公表確報値（前年比＋4.1%）前の暫定値（同＋4.0%）を記している．

図表Ⅳ.3.1　政府経済見通し（前年比）（イギリス）

（%）

	2022年 実績	2023年 見通し	2024年 見通し	2025年 見通し	2026年 見通し	2027年 見通し
実質GDP伸び率	4.0	▲0.2	1.8	2.5	2.1	1.9
内需	4.0	0.5	1.4	2.0	1.8	1.5
個人消費	5.4	▲0.8	1.5	1.8	1.7	1.9
政府消費	1.9	3.7	1.6	1.2	1.5	1.9
固定投資	7.7	▲1.6	0.7	3.5	2.1	▲0.4
輸出	10.3	▲6.6	▲0.3	1.1	0.7	0.4
輸入	12.6	▲4.0	▲1.3	▲0.4	▲0.5	▲0.9
経常収支 （対GDP比）	▲5.1	▲6.1	▲4.6	▲3.6	▲3.1	▲2.6
消費者物価上昇率	9.1	6.1	0.9	0.1	0.5	1.6
失業率	3.7	4.1	4.4	4.3	4.2	4.1

（出典）財政責任庁「Economic and fiscal outlook-March 2023」

ついては，輸出が前年比＋9.9%，輸入が同＋13.3%となり，外需の寄与度は▲1.2%となった．

(2) 経済見通し

予算責任庁（OBR）は，2023年３月15日に公表した2023年度経済財政見通し（Economic and fiscal outlook-March 2023）において，2023年・2024年のGDP成長率見通しを，それぞれ前年比▲0.2%・同1.8%とした．2023年の見通しについては，民間消費，企業投資，純貿易が成長の足を引っ張り，政府消費の伸びで相殺され，実質GDPは0.2%減少するとした．2024年以降は，金利が低下し始め，エネルギー価格やその他の貿易財価格の下落によってインフレ率が目標の２%を下回ることなどを背景に，GDP成長率は2024年に1.8%，2025年に2.5%まで回復する．

(3) 2023年度予算の概要

イギリス財務省は，2023年３月15日に春季予算（Spring Budget）を公表した．春季予算は，英国民の繁栄を実現する長期的・持続的な経済成長の達成を

図表Ⅳ.3.2　総歳出の内訳（イギリス）

（単位　億ポンド）

	2021年度 実績	2022年度 見通し	2023年度 見通し
総歳出	10401	11720	11892
公的部門経常的支出	9357	10558	10556
公的部門純投資的支出	493	587	736
固定資本減耗	−551	−575	−599

（出典）財政責任庁「Economic and fiscal outlook-March 2023」

目指し，就労の障壁を撤廃し，企業投資を解放し，労働力不足に正面から取り組むものとされ，施策パッケージにより，英国のインフレ率は2023年中に半減し，政府債務は低下し，経済は成長する軌道に乗るとされた．また，新規の増税措置を全く盛り込んでいないことも強調された．

（イ）2023年度の歳出・歳入

2023年度の歳出総額は１兆1,892億ポンドと見込まれ，2022年度の１兆1,720億ポンドから172億ポンド増加する見込み．2023年度の歳入総額は１兆576億ポンドと見込まれ，前年度の１兆196億ポンドから380億ポンド増加する見込み．春季財政演説における主な税制改正等については以下のとおり．

①　国防

- 国防予算を今後５年間で計110億ポンド増加させ，2025年までに対GDP比で約2.25％とすることを確認．また，今後，経済財政的に許される状況になり次第，これを対GDP比で2.5％まで引き上げるとした．

②　子育て支援

- 両親が就労する生後９か月超の子１人当たり30時間の保育を2025年９月までに無料化．また，現行制度上の保育無料化サービスの提供のために保育所に対し補助している資金も2023年９月から２億400万ポンド増加させ，2024年には２億8,800万ポンドまで増加させる．

③　社会保障

- 年金拠出に係る107万ポンドの生涯非課税限度額（Lifetime Allowance）を撤廃．年金拠出に係る年間非課税限度額（Annual Allowance）を４万

図表Ⅳ.3.3　公的部門経常的収入の内訳（イギリス）

（単位　億ポンド）

	2021年度	2022年度			2023年度		
	実績	見込み	前年度比（%）	構成比（%）	見込み	前年度比（%）	構成比（%）
公的部門経常的収入	8288	9221	11.3	(100.0)	9505	3.1	(100.0)
所得税	2250	2498	11.0	(27.1)	2680	7.3	(28.2)
国民保険料等	1597	1767	10.7	(19.2)	1723	▲2.5	(18.1)
付加価値税	1433	1596	11.4	(17.3)	1622	1.6	(17.1)
法人税	682	744	9.1	(8.1)	820	10.2	(8.6)
炭化水素油税	259	248	▲4.4	(2.7)	243	▲1.8	(2.6)
印紙税	44	39	▲11.5	(0.4)	42	9.4	(0.4)
たばこ税	102	100	▲1.8	(1.1)	104	4.2	(1.1)
酒税	132	124	▲5.6	(1.3)	131	5.1	(1.4)
自動車税	71	74	3.7	(0.8)	80	8.4	(0.8)
その他	1718	2031	18.2	(22.0)	2060	1.4	(21.7)

（出典）財政責任庁「Economic and fiscal outlook-March 2023」

ポンドから6万ポンドに引き上げ.

④　企業投資

- 2023年4月1日から2026年3月31日まで，企業の設備投資の全額を課税所得から控除する投資全額控除（full expensing）を導入するほか，研究開発（R&D）税額控除の改革を通じ，R&D重点型企業に対して年間5億ポンドの支援パッケージを展開.

⑤　家計支援

- 2022年11月に導入された家計の光熱費の支払額を制限する「エネルギー価格保証（Energy Price Guarantee)」について，上限価格を，導入当初は2023年3月までは年間2,500ポンド，4月以降は年間3,000ポンドに引き上げるとしていたが，4月から3か月間は年間2,500ポンドに据置き.

(ロ)　その他の施策

- 予定されている燃料税の1リットル当たり11ペンス引上げを取りやめ，2022年に公表された1リットル当たり5ペンスの引下げ措置を12か月間延長.

図表Ⅳ.3.4 財政見通し（イギリス）

（単位 億ポンド，%）

		2021年度	2022年度	2023年度	2024年度	2025年度	2026年度	2027年度
		実績	推計	推計	推計	推計	推計	推計
公的部門財政収支		▲1,224	▲1,524	▲1,316	▲854	▲767	▲635	▲493
	対GDP比	▲5.2	▲6.1	▲5.1	▲3.2	▲2.8	▲2.2	▲1.7
公的部門構造的経常収支		▲928	▲1,104	▲418	71	27	40	133
	対GDP比	▲4.0	▲4.4	▲1.6	0.3	0.1	0.1	0.4
公的部門純債務残高		20,541	22,496	24,211	25,455	26,495	27,499	28,400
	対GDP比	83.9	88.9	92.4	93.7	94.6	94.8	94.6

（出典）財政責任庁「Economic and fiscal outlook-March 2023」

- 生ビールに対する税制優遇（Draught Relief）も5%から9.2%に大幅に拡充.

2 ドイツ

(1) 最近の経済情勢

ドイツ経済は2008年の世界的な金融危機によって，輸出と投資が大きく縮小し，2009年には実質GDP成長率が前年比▲5.6%と大きく落ち込んだ．しかし，世界経済の回復需要を取り込んだ輸出の伸びや，それにともなう投資の持ち直し，堅調な労働市場を背景とした個人消費の伸びに支えられ，2010年には同4.0%，2011年に同4.0%と堅調な成長を見せた．しかしながら，2010年以降の欧州債務問題の影響が長期化し，ユーロ圏各国が景気後退に陥るなか，ドイツ経済も成長鈍化を免れず，2012年は同0.6%，2013年は同0.6%と大きく減速した．2014年は個人消費などに牽引され同2.2%へと加速し，2015年は同1.2%，2016年は同2.1%，2017年は3.0%，2018年は同1.1%と拡大が継続したものの，2019年は米中貿易摩擦の影響や英国のEU離脱に係る影響を受け前年比1.1%と成長率は低下した．2020年は新型コロナウイルス感染拡大の影響を受け前年比▲4.9%となったが，2021年はワクチン接種の進展に伴う経済活動の再開により前年比+2.6%となった．

2022年は，ロシアのウクライナ侵略を背景としたエネルギー価格の上昇や供

図表Ⅳ.３.５　一般政府財政収支及び債務残高の対 GDP 比（EU 基準）

（単位　%）

年	2019	2020	2021	2022	2023	2024
一般政府財政収支	1.5	▲4.3	▲3.7	▲2.6	▲2.3	▲1.2
一般政府債務残高	59.6	68.7	69.3	66.3	65.2	64.1

（出典）欧州委員会

図表Ⅳ.３.６　2023年，2024年の見通し（IMF WEO 2023年４月11日公表）

	2023	2024
実質 GDP 成長率（%）	▲0.1	1.1
消費者物価（%）	6.2	3.1
失業率（%）	3.3	3.3
経常収支（対 GDP 比，%）	4.7	5.1

〔出所〕IMF World Economic Outlook, April 2023

給制約などの影響を受けたものの，新型コロナウイルス感染症により制限されていた経済活動の再開による個人消費の増加等により前年比1.9% となった．需要項目別の内訳をみると，個人消費は前年比＋4.9%，総固定資本形成は同＋0.5%，政府支出は同＋1.2% となり，内需の寄与度は＋3.2%となった．外需については，輸出が前年比＋3.5%，輸入が同7.0%となり，外需の寄与度は▲1.3%となった．

(2)　経済見通し

IMF の世界経済見通し（2023年４月11日公表）によると，ドイツの実質 GDP 成長率見通しは，2023年▲0.1%，2024年＋1.1%となった．

IMF は，新型コロナウイルス感染拡大やロシアのウクライナ侵略といった過去のショックの影響により世界経済には高い不確実性があるとし，金融引締めやロシアの戦争によるコモディティ価格の上昇，地政学的な分断等は2023年も継続する見込みであり，金融安定性への懸念の下で，「ハードランディング」のリスクがより大きくなっているとした．結果として，IMF によるドイツの2023年の見通しは，同年１月時点の予測から0.2%ポイント引き下げられた．

(3) 2023年度予算の概要

連邦議会において11月25日，連邦参議院において2022年12月16日，2023年度予算法案は可決された.

(ア) 歳出

2023年度予算における歳出額は4,763億ユーロとされた．概要は以下のとおり.

- ロシアのウクライナへの侵略に伴う人道的，社会的，経済的負担を軽減するための措置

  エネルギー多消費型企業に対する10億ユーロの支援金や，約7億ユーロの浮体式貯蔵・再ガス化装置（FSRU）の運用費用を含むエネルギー供給を確保するための支出，学生に対する一律200ユーロのエネルギー価格高騰手当などが盛り込まれている.

- 持続可能・気候ニュートラル・デジタルな経済への変革のための投資

  約189億ユーロの交通への投資，気候変動に対する中立性を達成するための気候・変革基金（KTF）からの支出，マイクロエレクトロニクスの分野への27億ユーロの支出を含むデジタル化に関する投資等が盛り込まれた．2023年度予算における投資支出は約542億ユーロであり，2019年の新型コロナウイルス感染症の拡大以前の水準（381億ユーロ）を約161億ユーロ，42.3% 上回る.

- コロナへの対応

  新型コロナウイルス対策予算は2023年で一部期限切れとなるが，2023年度予算では約10億ユーロの企業への支援金，検査やワクチン接種に係る支出や，ワクチンの調達に関する支出約30億ユーロなどが盛り込まれている.

(イ) 歳入

2023年度予算案における歳入は3,899億ユーロとなり，そのうち税収が3,581億ユーロとされている.

ドイツでは，連邦基本法（憲法）において，連邦政府及び州政府に対し財政収支を原則として均衡させることを義務付けており，連邦政府については，対

図表Ⅳ.3.7　実質 GDP 成長率と需要項目別寄与度の推移

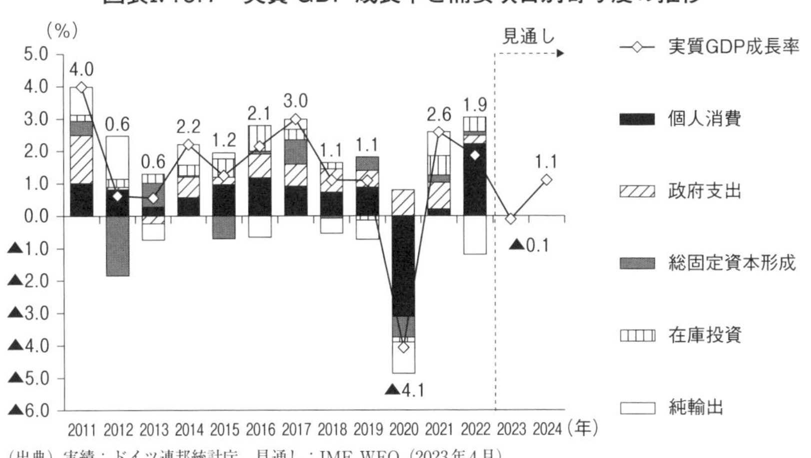

（出典）実績：ドイツ連邦統計庁，見通し：IMF WEO（2023年4月）

GDP 比0.35％の基準までは公債発行が可能となっている（債務ブレーキ条項）．しかし，2020年から2022年の3年間は，新型コロナウイルス感染拡大の影響に対応するための巨額な財政支援やウクライナにおける戦争の影響により，債務ブレーキの例外規定が適用された．これにより，2020年は7年ぶりの新規公債発行が行われ，純借入額は，2020年は1,305億ユーロ，2021年は2,154億ユーロ，2022年は1,154億ユーロとなったが，2023年からは債務ブレーキ条項を再び適用するとし，2023年の純借入額は456億ユーロとなっている．

(4) 2024年度予算基準値の概要，2024年度予算案及び中期財政計画

例年3月頃に公表される，翌年度（2024年）の予算基準値，2024年度予算案及び中期財政計画は，政権内で意見の相違があることを理由に公表が延期されている．

3 フランス

(1) 最近の経済情勢

フランス経済は2008年の世界的な金融危機により，2009年に実質 GDP 成長

率が前年比▲2.8%と落ち込んだ後，2010年，2011年にはそれぞれ前年比1.8%，同2.2%と内需を中心に堅調な伸びを見せた．しかし，高い失業率や欧州経済の先行き不透明感による企業投資の慎重姿勢を背景に，個人消費と総固定資本形成といった成長を下支えしてきた内需の落込みが顕著となり，2012年は同0.4%，2013年は同0.6%と緩慢なペースの成長となった．その後，2014年は同1.0%，2015年は同1.0%，2016年は同1.0%，2017年は同2.4%，2018年は同1.8%，2019年は同1.8%となった．2020年は新型コロナウイルス感染拡大の影響を受け前年比▲8.0%となったが，2021年はワクチン接種の進展に伴う経済活動の再開により前年比＋7.0%となった．

2022年はロシアのウクライナ侵略を背景としたエネルギー価格の上昇や供給制約などの影響を受けたが，新型コロナウイルス感染症にかかる経済活動の再開に伴う投資の増加等により前年比2.6%となった．需要項目別の内訳をみると，家計消費支出が前年比＋2.7%，政府消費支出が同＋2.7%，総固定資本形成が同＋11.4%となり，内需の寄与度は＋3.3%となった．外需については，輸出は前年比＋7.1%，輸入は同＋9.1%となり，外需の寄与度は▲0.8%となった．

(2) 経済見通し

IMFの世界経済見通し（2023年4月11日公表）によると，フランスの実質GDP成長率見通しは，2023年＋0.7%，2024年＋1.3%となった．同年1月時点の見通しと比較すると，2023年は変更なく，2024年は0.3%ポイント引き下げられた．

(3) 2023年度予算の概要

フランスの2023年予算法案は2022年9月26日に閣議決定され，12月30日に議会で可決された．主なポイントは以下のとおり．

---

i 一般会計の歳出合計額から，地方交付金及びEU拠出金を加え，国税及び地方税の還付・減免を差し引いた額．

ii 一般会計の歳入合計額から，地方交付金及びEU拠出金を加え，国税及び地方税の還付・減免を差し引いた額．

（ｉ）予算規模は，歳出額[i]は5,160億ユーロ，歳入額[ii]は3,545億ユーロとなった．付属予算，特別勘定も含めた財政赤字は1,649億ユーロ（2022年1,538億ユーロ）となり，対GDP比は目標である５％（前年も５％）を達成する見通し．

（ⅱ）ロシアのウクライナ侵略を背景とした世界的なエネルギー価格高騰に対する家計の購買力の維持として，2021年10月より講じられた家計の電気料金及びガス料金の上昇を制限する措置[iii]を2023年末まで延長する[iv]．また，当該措置の対象を零細企業や小規模のコミューン（市町村）等にも拡大するほか，対象ではない中小企業，団体等に対し，請求される電気料金の一部を国が負担する支援制度を導入する．さらに，累進課税に関する2023年の所得税率を，インフレ率に連動させる形でスライドさせ，家計の可処分所得を保護する．

（ⅲ）地政学的・経済的に不透明な状況下で国民を守るための措置として，国防予算を2022年度当初予算から30億ユーロ増額する．

（Ⅳ）将来への備えとして，教育関係予算，エコロジーへの転換・気候変動対策のための予算を増額する．また，完全雇用を目指し，そのための企業の競争力強化としてCVAE（法人の付加価値に係る地方税）を2023年から2024年末にかけて段階的に廃止するほか，職業教育及び職業訓練に関する支出も拡大する．

（ｖ）国家の運営のため，内務省，法務省，軍事省及び教育省を中心に，１万人以上の公務員の増員を行う．

---

iii　ガス料金を2021年10月の水準で凍結し，電気料金の上昇率を４％に制限．この措置は，当初，2022年12月31日までの時限的措置であった．

iv　ガス料金は2023年１月１日から，電気料金は2023年２月１日から，価格上昇率の制限を15％まで引上げ．

図表Ⅳ.3.8　一般政府財政収支及び債務残高の対 GDP 比（EU 基準）

年	2019	2020	2021	2022	2023	2024
一般政府財政収支	▲3.1	▲9.0	▲6.5	▲4.7	▲4.7	▲4.3
一般政府債務残高	97.4	114.6	112.9	111.6	109.6	109.5

（出典）欧州委員会

図表Ⅳ.3.9　2023年，2024年の見通し（IMF WEO 2023年4月11日公表）

	2023	2024
実質 GDP 成長率（%）	0.7	1.3
消費者物価（%）	5.0	2.5
失業率（%）	7.4	7.3
経常収支（対 GDP 比，%）	▲1.2	▲0.7

〔出典〕IMF World Economic Outlook, April 2023

図表Ⅳ.3.10　実質 GDP 成長率と需要項目別寄与度の推移

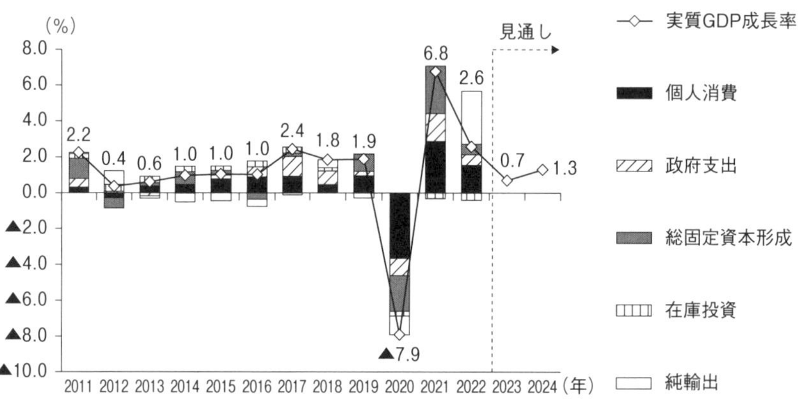

（出典）実績：フランス国立統計経済研究所，見通し：IMF WEO（2022年4月）

図表Ⅳ.3.11表　2023年予算法の主要計数

（億ユーロ）

	2021	2022	2023
一般会計歳出	4,885	5,054	5,160
一般会計歳入	3,170	3,472	3,545
一般会計収支	▲1,715	▲1,582	▲1,614
付属予算収支	0	0	1
特別会計収支	8	67	▲36
財政収支	▲1,707	▲1,514	▲1,649

（注）2021年は決算額，2022年は決算法案額，2023年は当初予算額
（出典）2021年決算法，2022年決算法案，2023年予算法

第4章

中国

1 予算制度

(1) 制度の概要

中国の国家予算は,「中華人民共和国予算法」(以下「予算法」) 及び「予算法実施条例」(以下「実施条例」) に基づき作成され, 中央予算と地方予算から構成される. 予算の会計年度は1～12月の1年間で, 通常, 中央予算は毎年3月に開催される全国人民代表大会 (全人代:日本の国会に相当) において, また地方予算は, 1～3月に開催される地方人民代表大会においてそれぞれ審議・可決される (詳細は「1 (2) 予算編成過程」を参照). 政府組織は, 中央政府と4層からなる地方政府組織を含めた5層から構成されている(注1). 中国では, 上位の政府が1つ下位の政府を指導する立場にあり, 中央政府は, 各省級政府の運営状況を監督する立場にあるが, 地方財政制度は各省ごとに異なる体制が取られており, 各省級政府には大きな権限が与えられている.

(注1) 中国の政府組織は, 中央, 省級 (省, 自治区, 直轄市), 地区級 (市, 自治州等), 県級 (県, 県レベル市, 自治県等), 郷鎮級 (郷, 鎮, 街道弁事処等) の5層から構成されており, 国家予算には中央政府予算のほかに, こうした各級の地方予算が含まれている.

中央・地方両予算は,「公共財政予算」,「政府性基金予算」などによって構成されている.「政府性基金予算」は, いわゆる特別会計に該当し, 一定の目的に応じて設立された収支完結型の予算項目である.

図表Ⅳ.4.1　政府組織図

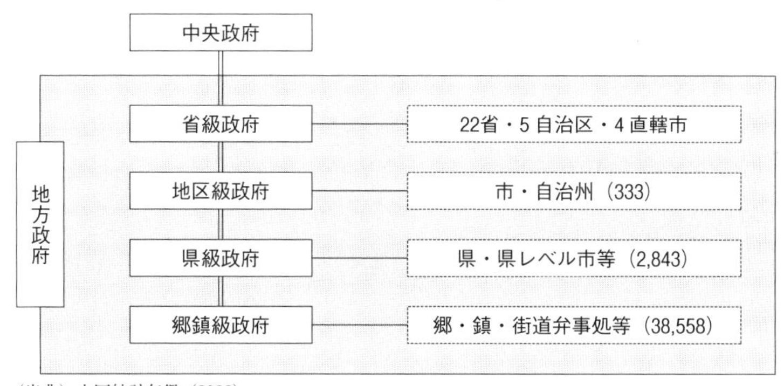

（出典）中国統計年鑑（2022）

(2) 予算編成過程

「予算法」,「実施条例」に規定された予算編成過程は次のとおりである.

（イ）中央予算

(a) 中央政府各部門の財政部局（日本の各省の会計課に相当）が策定した予算案を財政部（日本の財務省に相当）が取りまとめ，国務院（日本の内閣に相当）へ提出

(b) 国務院が審査した予算案のシーリングを，財政部が11月10日までに中央政府各部門に伝達

(c) 中央政府各部門は12月10日までに修正予算案を財政部に提出

(d) 財政部は中央政府の予算案を編成するとともに，各省級政府から提出される地方予算案を集計した中央及び地方の予算案を作成し，国務院の許可を得て全人代へ提出

(e) 全人代において審議・可決され，中央予算が成立（地方予算は後述）

(f) 可決日より30日以内に財政部が各部門などに通知し，その後，15日以内に各部門の財政部局が下部組織に予算を通知

なお，中国では予算制度改革が進みつつあり，かつては，不明確であった予算編成過程が，より明確になったほか，国務院や全人代で十分な審査ができるよう予算案の提出時期の早期化等の改革が進められている.

(ロ) 地方予算

(a) 地方各級政府による予算収支要望額がその上位の地方各級政府で審査・集計され，最後に，財政部が省級政府の予算収支要望額を取りまとめ，国務院へ提出

(b) 国務院が審査した予算のシーリングを，財政部が11月10日までに地方政府に伝達

(c) 地方の省級政府は各地方予算案を審査・集計し，翌年1月10日までに財政部に提出

(d) 財政部は地方予算案を集計し，中央の予算案を加えた中央及び地方の予算案を作成し，国務院の許可を得て全人代へ提出

(e) 地方予算は，地方各級人民代表大会において審議・可決され，地方予算として成立

(f) 可決日より30日以内に地方各級政府財政部門が地方各部門などに通知し，その後，15日以内に地方各部門が下部組織に通知

(参考) 会計年度開始時期と予算可決の時期のずれ

中国の会計年度は1月～12月であるが，予算案が全人代によって審議・可決されるのはおおむね3月半ばであるため，1月の会計年度開始後から予算が可決されるまでの期間にずれが生じることとなる．この点に関しては，予算法及び実施条例において，予算可決前の当年度の歳出は「前年同期に使用した人件費等の正常な運営にかかる支出のみ可能」と規定されている．

(3) 決算

中央政府，地方政府それぞれの決算案は，会計年度終了後に作成される．中央政府決算に関しては，財政部が中央政府決算案を作成し，国務院が審査を行って6月の全人代の常務委員会に提出して最終的に承認を受ける．同様に，地方政府決算については，各地方政府の財政部門が地方政府決算案を作成し，各地方の人民代表大会に提出して承認を受ける．

(4) 歳入及び歳出

租税歳入には，間接税である増値税・消費税などと，直接税である企業所得税（法人税）・個人所得税(注2)などがある．各税目は「分税制」(注3)のもと，中央税，地方税，共有税（中央と地方とで比率按分）に3分類されている．

歳出面では，中央政府と地方政府が各々の職権に基づき財政支出を執行している．中央の財政は主に，国家の安全保障，マクロ・コントロールなどに係る支出を担い，一方，地方の財政は，地域における地方政府機構の経常的支出，地域経済の発展などに係る支出を担っている．

（注2）

- 増値税［共有税］…物品の譲渡及び役務提供を課税対象とする付加価値税（2019年4月，製造業等の業種にかかる税率を16%から13%，交通運輸・建築・基礎電信サービス等の業種及び農産物等の物品にかかる税率を10%から9%に引き下げた．この結果，増値税率は13%,9%,6%の3段階となった．）
- 消費税［中央税］…酒，たばこ，ガソリン，自動車など15品目の特定消費物品を対象とした個別間接税（消費一般を課税対象とした日本の消費税とは異なる）
- 企業所得税［共有税］…中国国内の企業及びその他収入を得る組織の所得に対し課税（基本税率は25%だが，軽減税率が存在）
- 個人所得税［共有税］…所得は9種類に分類され，一部総合課税・一部分離課税となっている．（2019年の個人所得税法の改正に伴い，これまで全ての所得が原則分離課税であったものを，一部総合課税へと転換した）

（注3）「分税制」とは，各税目を中央と地方に分ける制度であり，中央財政の強化を目的として1994年から導入された．

なお，分税制における中央と地方の財政バランスを補正するため，中央から地方財政に対する資金移転として，日本の地方交付税，国庫補助金などに該当する「移転支出」が行われている．具体的には，(a) 中央税収返還，(b) 専項移転支出（特定補助金），(c) 一般性移転支出等があり，概要は以下のとおりである．

(a) 中央税収返還

1994年の分税制の導入によって生じた地方税収の逸失分を一部補填するため，1993年の地方の税収を考慮して中央から地方へ税収を還付するもの．（2002年に実施された企業所得税，個人所得税の共有税化に係る所得税基数還付[注4]，2009年の燃料税化改革により取り消された6費用に係る精製油価格・燃油税改革還付など）.

（注4） 2001年を基数とし，各地方の同年の所得税収基数を下回らないよう還付.

（b） 専項移転支出（特定補助金）

プロジェクト所管官庁へ交付され，その官庁の裁量により地方における建設，社会保障，価格補助，貧困対策等，使用される使途が特定された移転資金.

（c） 一般性移転支出

地方政府間の財政力格差を是正し，地域間の基本的な公共サービスの均衡化を図ることを主目的とする移転資金.

2　2023年度予算の背景と概要

(1) 経済・財政政策

第14期全人代第1回会議（2023年3月）において，2023年の実質GDP成長率目標は5.0％前後と，2022年の目標（5.5％前後）から引き下げられるとともに，積極的な財政政策の効果を向上させ，穏健な金融政策は的確で強力なものにするとされた．今年の実質GDP成長率目標は，成長，雇用，物価を安定させる上での要請を体現し，潜在的な成長力に沿ったものであり，外部の不確定要因が比較的多いものの，的確な政策を講じれば実現可能として設定された.

また，新型コロナウイルス対策は「乙類乙管[注5]」に移行し，より科学的に，的確に，効率よく感染症対策に取り組み，健康維持と重症化予防を指針とし，高齢者や子ども，基礎疾患のある者の感染予防と治療を重点的に行い，新ワクチンと新薬の開発を進め，大衆の医療需要を確実に充足するとされた.

（注5） 中国では感染症をその感染力や危険度に応じて3種類（甲類，乙類，丙類）に分類している．新型コロナウイルスは乙類に分類されていたものの，甲類と同水準の取扱い（乙類甲管）とされていた．乙類乙管に移行されることにより，感染者の隔離や濃厚接触者のトラッキングは不要となる.

(2) 最近の経済情勢

2022年の実質GDP成長率は前年比3.0％増となった．厳しい行動制限を伴う「ゼロコロナ」政策が経済活動の足かせとなり，12月の緩和後は新型コロナウ

図表Ⅳ.4.2　2023年の主要目標（抜粋）

	2023年目標	2022年目標	（参考） 2022年実績
実質GDP成長率（前年比）	5％前後	5.5％前後	3.0％
消費者物価上昇率（前年比）	3％前後	3％前後	2.0％
社会融資総量（前年比）	伸び率と名目経済成長率との基本的一致を保ち，実体経済の発展を後押しする	伸び率と名目経済成長率との基本的一致を保ち，債務総額の対GDP比の基本的安定を保つ	9.6％
通貨供給量（M2）伸び率（前年比）			11.8％
財政赤字（中央・地方合計）（対GDP比）	3％	2.8％前後	2.8％
地方政府特別債発行	3兆8,000億元	3兆6,500億元	4兆384億元
都市調査失業率	5.5％前後	5.5％以内	5.5％
都市部新規就業者数	1,200万人前後	1,100万人以上	1,206万人

（出典）政府活動報告，2023年度国民経済・社会発展計画，財政部より作成

イルス感染症の急拡大によって消費などが落ち込んだ．2022年の中国経済を項目ごとに見ると，内需関連では，都市部固定資産投資は前年比5.1％増と前年（同4.9％増）から伸びが拡大し，2年連続で前年の伸びを上回った一方，社会消費品小売総額は同0.2％減と，前年（同12.5％増）の伸びからマイナスに転じた．外需関連では，2022年の輸出入は，輸出が同7.0％増，輸入が同1.0％増となり，前年の輸出同29.6％増，輸入同30.0％から伸び率が鈍化した．貿易収支は8778億ドルの黒字と，前年（6704億ドル）から黒字幅が拡大した．また，外貨準備高は，2022年末には3兆1277億ドルと前年から減少（同3.8％減）したものの，引き続き世界最大となっている．

第13期全人代第5回会議で示された政府活動報告では，2022年の実質GDP成長率を「5.5％前後」，消費者物価上昇率を「3.0％前後」，都市部登録失業率を「5.5％以内」，都市部新規就業者数を「1100万人以上」，M2・社会融資総量の伸び率を名目GDP成長率とほぼ一致させ，債務総額の対GDP比の基本的安定を保つとする目標を掲げたが，実質GDP成長率は24年ぶりに目標未達となった．

図表Ⅳ.4.3　主要経済指標（中国）

（前年比，％）

	2018	2019	2020	2021	2022	2023目標値
実質 GDP	6.7	6.0	2.2	8.4	3.0	5.0前後
都市部固定資産投資	5.9	5.4	2.9	4.9	5.1	―
社会消費品小売総額	9.0	8.0	▲3.9	12.5	▲0.2	―
輸出	9.9	0.5	3.6	29.6	7.0	安定・質的向上
輸入	15.8	▲2.7	▲0.6	30.0	1.0	
貿易収支（億ドル）	3,509	4,211	5,240	6,704	8,775	
外貨準備高（年末値：億ドル）	30,727	31,079	32,165	32,502	31,277	―

（出典）中国国家統計局，中国海関総署，中国人民銀行，2023年度国民経済・社会発展計画

図表Ⅳ.4.4　中央と地方の歳入・歳出（中国）

（単位　億元，％）

	2019年決算額	2020年決算額	2021年決算額	2022年執行額	2023年予算額	対前年伸び率
全国歳入	190,390	182,914	202,555	203,703	217,300	6.7
全国歳出	238,858	245,679	245,673	260,609	275,130	5.6

（注）　1．2022年執行額は，決算編成後に変更される可能性がある．
　　　 2．近年，予算制度に変更が加えられている影響により，前年度の数値との比較が不可能になっているため，対前年伸び率は財政報告上の値を記入している．
（出典）　各年度財政決算，財政報告

(3) 2023年度財政報告

第14期全人代第1回会議において報告された2023年度の中央・地方予算（財政報告）の概要は次のとおりである．

（イ）2023年度の財政政策

2023年度の財政政策は，「積極的な財政政策はその効果をさらに高め，支出の合理的増加と最適化に力を入れ，金融政策や産業政策，科学技術政策，社会政策などとの連携・協調を重視し，積極的な財政政策の役割をより直接的かつより効果的に発揮させる」とし，財政赤字の対GDP比を適度に引き上げ，地方政府特別債の規模を適度に拡大し，中央から地方への移転支出の強化に力を入れる．

加えて財政資源配分の効果，財政政策の効果，資金使用の効果を向上させる．

図表Ⅳ.4.5　中央予算の概要（中国）

（単位　億元，%）

		2019年決算額	2020年決算額	2021年決算額	2022年執行額	2023年予算額	対前年伸び率
①収入総額（公債収入を除く）		92,503	91,651	93,405	107,550	107,415	—
	中央の歳入	89,309	82,771	91,470	94,885	100,165	5.6
	基金及び国有資本経営予算からの繰入	3,194	8,880	1,935	12,665	7,250	—
②支出総額（公債の元本償還費を除く）		109,475	118,314	117,202	132,715	139,015	4.7
	中央の歳出	35,115	35,096	35,050	35,570	37,890	6.5
	地方への租税還付，移転支出	74,360	83,218	82,152	97,145	100,625	3.6
	中央財政予備費	—	—	—	—	500	—
	中央予算安定調節基金への繰入	1,328	1,137	3,703	1,335	—	—
③中央財政収支（①－②）		▲183,00	▲27,800	▲27,500	▲26,500	▲31,600	—
中央財政収支対GDP比		▲1.9%	▲2.7%	▲2.4%	▲2.2%	—	—
（参考）	④地方債収入	▲9,300	▲9,800	▲8,200	▲7,200	▲7,200	—
	全国財政収支（③＋④）	▲27,600	▲37,600	▲35,700	▲33,700	▲38,800	—
	全国財政収支対GDP比	▲2.8%	▲3.7%	▲3.1%	▲2.8%	▲3.0%	—

（注）　1．2022年執行額は，決算編成後に変更される可能性がある．
　　　2．近年，予算制度に変更が加えられている影響により，前年度の数値との比較が不可能になっているため，対前年伸び率は財政報告上の値を記入している．
（出典）　各年度財政決算，財政報告

【参考】主要国における財政収支対GDP比（%）の推移

	2021年	2022年	2023年
日本	▲5.5	▲6.7	▲5.9
アメリカ	▲12.1	▲4.1	▲3.7
ドイツ	▲3.9	▲2.7	▲3.2
イギリス	▲8.2	▲6.2	▲7.6
フランス	▲6.5	▲4.9	▲5.2

（出典）　OECD「Economic Outlook No 112 database」(2022年11月)
（注1）　数値は一般政府ベース．
（注2）　日本は2021年以降，それ以外の国々は2022年以降が推計値．

財政支出構造を最適化するため，中央レベルの支出は中央備蓄支出，国債利払い費など必要不可欠な固定支出や重点支出を優先し，中央部門の支出は数年にわたって厳しく抑えたうえで，前年度並みとする．現行の減税・料金引き下げ，租税還付・納付猶予など政策・措置を全面的に評価・分析し，現在の経済発展における企業の実際の需要を考慮した上で，年度間の政策のかみ合わせを強化

図表Ⅳ.4.6　地方予算の概要（中国）

（単位　億元，％）

	2019年決算額	2020年決算額	2021年決算額	2022年執行額	2023年予算額	対前年伸び率
①財政収入	175,441	183,361	193,237	205,963	217,760	—
地方の歳入	101,081	100,143	111,084	108,819	117,135	7.6
中央からの助成	74,360	83,218	82,152	97,145	100,625	—
②財政支出	203,743	210,583	210,623	225,039	236,740	5.2
③繰越明許費	—	—	—	—	—	—
④地方債元本償還金	—	—	—	—	—	—
⑤地方財政繰戻し	19,003	17,422	9,186	11,876	11,780	—
⑥剰余金（①－②－③－④＋⑤）（地方債発行額）	▲9,300	▲9,800	▲8,200	▲7,200	▲7,200	—

（注１）2022年執行額は，決算編成後に変更される可能性がある．
（注２）近年，予算制度に変更が加えられている影響により，前年度の数値との比較が不可能になっているため，対前年伸び率は財政報告上の値を記入している．
（出典）各年度財政決算，財政報告

し，政策の継続・改善・調整・強化などの方法をそれぞれ実施し，政策の中断や急転換を防ぐことで租税・料金面の優遇政策の確実性・的確性を高める．予算の拘束力を強め，財政・経済制度の執行，重要財政・租税政策の実施，財政資金の使用状況の監督・検査を強化，財政・経済規律をさらに厳しく執行し，財政資金の使用効果を高める．

（ロ）2023年度の主な収支政策

①重点都市の流通・供給確保体系の整備を支援し，重要な生活物資の供給保障能力を高めることや条件の整った地区がエコ・スマート家電，エコ建材，省エネ製品に対し適度な補助金支給あるいは利子補給の措置をとるよう奨励することを通じて内需の拡大に力を入れる．

②「地域的な包括的経済連携（RCEP）」などの自由貿易協定を実施し，関税，輸入段階の租税政策と輸出税還付政策を充実させ，対外貿易の安定化を支援する．

③国家自然科学基金助成体系を整え，基礎研究人材支援特別プロジェクトの試行を実施し，財政の研究開発費の配分の仕組みをさらに改革することを検討し，より大きなテクノロジーロードマップ決定権と経費使用権を科学

図表Ⅳ.4.7　2023年度の中央歳出（中央財政支出）（中国）

（単位　億元，%）

項　目	2023年予算額	対前年伸び率
一般公共サービス	1,568	▲0.7
外交	548	12.2
国防	15,537	7.2
公共安全	2,090	6.4
教育	1,555	2.0
科学技術	3,280	2.0
文化・スポーツ・メディア	173	▲0.3
社会保障・雇用	992	19.0
医療・衛生	227	2.9
省エネ・環境保護	162	▲8.6
都市・農村コミュニティ	3	5.3
農林水産業	219	▲12.1
交通・運輸	620	▲2.4
資源探査・電力・情報等	369	5.2
商業・サービス業	38	11.8
金融監督管理等	405	▲4.2
国土資源・気象等	255	▲1.6
住宅保障	623	0.9
穀物・食用油・物資備蓄	1,329	13.6
災害・緊急事態	450	6.3
国債元利償還	7,230	10.8
国債発行費用	56	29.3
その他支出	161	▲0.9
合　計	37,890	6.5

（出典）財政部

者に与え，研究開発投資の費用対効果を高める．

④産業構造の最適化・高度化を推進するため，産業基盤再生構築プロジェクトと製造業の質の高い発展特別資金を44億元増やして133億元とし，集積回路など基幹産業の発展を支援するほか，新エネルギー車取得税免除政策の実施期間を延ばし，新エネルギー車の普及・応用を支援する．

⑤増値税の軽減・免除や個人所得税優遇政策などの実施期限を適宜延長等，

租税・料金面の優遇政策を充実させる.

⑥政府系貸付保証機構の役割を発揮させ，引き続き小企業・零細企業向けの貸付保証料引き下げ奨励・補助政策を実施し，中小・零細企業向け融資の「量的増加，範囲の拡大」を促進する.

⑦グリーン・低炭素化につながる重要技術開発と普及・応用を強化し，工業や交通など重点業種と重点分野のグリーン・低炭素化を促す.

⑧若年層とくに大学新卒者の雇用促進をいっそう重要な位置に据え，農民工や脱貧困者，退役軍人など重点層の就業・起業を支援するため，雇用助成金に前年度比50億元増となる668億元を計上して，地方による就業・起業支援策の実施を支援する.

⑨「住宅は住むためのものであり，投機のためのものではない」という見地を堅持し，公共賃貸住宅と保障タイプ賃貸住宅，財産権共有住宅を主体とした住宅保障体系の充実を支援し，保障タイプ賃貸住宅の供給を効果的に拡大し，長期賃貸住宅市場を整備する方策を模索し，新市民層や若者層などの居住難を早期に解決する.

(ハ) 2023年度の全国総歳出入予算と財政赤字

全国総歳入は23兆6330億元（中央予算安定調節基金からの繰入金及び前年度の繰越金・剰余金の計上分計1兆9030億元を含む）となり，一方，全国総歳出は27兆5130億元となる．収支差額（財政赤字）は3兆8800億元（そのうち中央財政赤字は3兆1600億元，地方財政赤字は7200億元）となり，対GDP比は3.0%となることが見込まれている（前年は2.8%）.

(ニ) 2023年度の中央財政支出予算

中央財政支出は総額3兆7890億元となる．歳出額が大きいのは，国防1兆5537億元（前年比7.2%増），国債元利償還7230億元（同10.8%増），科学技術3280億元（同2.0%増）である.

索引

【タ行】

【ナ行～ハ行】

【マ行～ラ行】

【執筆者一覧（五十音順）】

伊藤　恭平	胡桃澤佳子	白石　達也	西村　海生
岩松　大洋	河野　　愛	瀬尾　　功	華田　峻佑
大村　直人	越田　華子	世良多加紘	原本　真由
小野寺峻哉	後藤　貴央	田矢　祐樹	日沖　駿介
笠置　雅弘	小守菜々子	都賀　友美	前田　　肇
片岡　　脩	小山　真未	寺井　理子	山田　浩介
加藤　千鶴	篠原　裕晶	時永　和明	和田　尚馬
木下　裕也	下田　滉太	中本　拓也	

【取りまとめ】

瀬尾　　功

【編著者】

関口　祐司

図説　日本の財政（令和５年度版）

2023年11月15日発行

編著者——関口祐司（せきぐちゆうじ）

発行者——宮本弘明

発行所——株式会社財経詳報社

〒103-0013　東京都中央区日本橋人形町1-7-10

TEL 03(3661)5266　FAX 03(3661)5268

https://www.zaik.jp

印刷・製本……創栄図書印刷株式会社

編集担当………吉永剛也

　ISBN 978-4-88177-606-3